Erich von Manstein / Franz Kurowski.
An den Brennpunkten des Zweiten Weltkriegs.
Werdegang und Kriegseinsatz eines Feldmarschalls

Erich von Manstein / Franz Kurowski

AN DEN BRENNPUNKTEN DES ZWEITEN WELTKRIEGS

Werdegang und Kriegseinsatz eines Feldmarschalls

Bublies-Verlag

IMPRESSUM:
Erich von Manstein / Franz Kurowski.
An den Brennpunkten des Zweiten Weltkriegs. Werdegang und Kriegseinsatz eines Feldmarschalls

Internetadresse: http://www.bublies-verlag.de
e-mail-Adresse:Siegfried.Bublies@t-online.de
Gesamtherstellung: Lindenbaum Verlag GmbH
Umschlaggestaltung: Studio Haneke, Essen
Printed in Germany
ISBN: 3-926584-87-4

Vorwort

Dieses Werk wurde nach einer Reihe von Gesprächen und einer intensiven Korrespondenz sowie authentischen Unterlagen aus dem Archiv des Generalfeldmarschalls Erich von Manstein erstellt. Es wurde vom Feldmarschall selbst gelesen, korrigiert und mit umfangreichen Ergänzungen versehen.

So gelang es dem Mitautor, in komprimierter Form, und dennoch im Ablauf der Geschehnisse lückenlos, die Lebensgeschichte eines deutschen Soldaten dazustellen, der „immer im Dienst" war.

Dieses Werk ist zugleich auch die Geschichte eines jungen Menschen vom Pagen zum Fähnrich, vom Offizier zum General und Feldmarschall und vom Kommandeur einer Division bis zum Oberbefehlshaber einer Heeresgruppe.

Dem Chef der Operationsabteilung und Oberquartiermeister I im Generalstab des Heeres und Kommandeur der 18. Infanterie-Division in Liegnitz gelang die geniale Aufmarschanweisung für die West-Offensive und damit die Initialzündung zum Blitzkrieg im Westen.

Als Kommandierender General des LVI. Panzerkorps vor Leningrad - ebenso wie als Oberbefehlshaber der 11. Armee auf der Krim - stand Erich von Manstein im Brennpunkt der Geschehnisse am Nord- wie am Südflügel des Rußland-Feldzuges.

Auf der Krim mit der Gewinnung der Halbinsel Kertsch und dem Sieg über die Rote Armee in der für uneinnehmbar gehaltenen Festung Sewastopol errang Erich von Manstein den Marschallstab.

Alles dies, und nicht zuletzt seine privaten Erlebnisse und Schicksalsschläge, findet in diesem Werk seinen Niederschlag, zeigt den Menschen und Soldaten von Manstein, den Offizier alter Schule und den Befehlshaber.

Seine Auseinandersetzungen mit Hitler, die schließlich zur Enthebung dieses unersetzlichen Mannes aus seiner Stellung führten, das Kriegsende und sein Prozeß vor einem britischen Tribunal sind ebenso wie die zuvor unermüdliche Aktivität zur Ehrenrettung des Deutschen Generalstabes und des Oberkommandos des Heeres ein Ruhmesblatt in der Vita dieses deutschen Soldaten, dem es in Nürnberg gelang, sowohl für den Generalstab als auch für das Oberkommando des Heeres einen Freispruch zu erreichen.

Daß der Feldmarschall im Jahre 1954 zu den führenden Köpfen der Wiedereinführung der Wehrpflicht und zum festen Garanten für den Aufbau einer deutschen Bundeswehr wurde, ist ein bisher unbekannt gebliebenes Kapitel seines Wirkens, das hier aufgeschlagen wird.

Ob im Westen, beim Blitzkrieg gegen Frankreich, oder im Osten bei der Heeresgruppe Nord und später auf der Krim, als er beim Entsatzversuch für die in Stalingrad eingeschlossene 6. Armee und danach am Südflügel der Ostfront pausenlos in Krisenlagen das Schlimmste zu verhüten wußte, ist Geschichte.

Dies alles sei dem Leser bei der Lektüre dieses Werkes ans Herz gelegt, klar und übersichtlich dargeboten, in einem Werk, das der Autor gemeinsam mit dem Generalfeldmarschall erarbeitet hat.

Hier ist sie: Die Geschichte eines Soldaten, der sich für sein Vaterland aufgeopfert hat.

Inhaltsverzeichnis

Herkunft und Geburt
Kadettenzeit und Pagendienst
Persönlichkeiten, die ich kennenlernte

Zu Anfang meines Eintritts in diese Welt der Lebenden, steht ein Telegramm, das am 24. November 1887 in Berlin getastet, in der kleinen thüringischen Residenz Rudolstadt empfangen wurde und an den dort in Garnison stehenden Major Georg von Manstein und seine Frau Hedwig gerichtet war.

Dieses Telegramm hatte folgenden seltsamen Wortlaut: „Euch ist heute ein gesunder Junge geboren. Mutter und Kind wohl. Herzlichen Glückwunsch! Helene und Lewinski."

Der Junge, der auf diese ungewöhnliche Art angezeigt wurde, war ich. Ich war an jenem trüben Novembertage des Jahres 1887 in Berlin geboren worden. Als zehntes Kind meines Vaters, Eduard von Lewinski, und als fünftes Kind seiner zweiten Frau Helene, geborene von Sperling.

Mein leiblicher Vater, Eduard von Lewinski, hatte im Stabe seines Schwiegervaters, des Generals von Sperling, im Kriege 1870/71 als Generalstäbler gedient. Als Oberstleutnant hatte er die Tochter seines Chefs, der während dieses Krieges Chef des Generalstabes der 1. Armee (General von Steinmetz) war, geheiratet.

Die Lewinskis sind ein westpreußisches Adelsgeschlecht. Seit dem Siebenjährigen Kriege standen sie als Offiziere des Königs von Preußen im Militärdienst.

So gehörte die Familie Lewinski zu jenen 100 Familien, die durch Generationen hindurch den Kern des preußischen Offizierskorps stellten.

Wie es nun kam, daß ich ein Manstein wurde, soll im Folgenden skizziert werden.

Bei meiner Taufe, die der Oberhofprediger Frommel zelebrierte, wurde ich meinen Adoptiveltern von Manstein übergeben.

Nun waren die Mansteins nicht etwa irgendeine Familie, sondern den Lewinskis verschwägert, denn eine andere Tochter des Generals von Sperling heiratete ebenfalls einen Offizier, Georg von Manstein, der es bis zum preußischen Generalleutnant bringen sollte.

Die Mansteins wiederum sind preußischer Uradel. Sie dienten zur Zeit des Großen Kurfürsten in der brandenburgisch-preußischen Armee. Der Vater meines Adoptivvaters führte im Deutsch-Französischen Krieg 1870/71 als Kommandierender General das IX. Armeekorps.

Übrigens wurde die jüngste Tochter des Generals von Sperling später die Frau Paul von Hindenburgs, des späteren Armeeführers, Chef des Generalstabes und Reichspräsidenten.

Die Frage, warum ich in Adoption gegeben wurde, ist rasch erklärt. Ich war als zehntes Kind der Familie von Lewinski ein Nachkömmling. Hingegen war die Ehe der Familie von Manstein kinderlos geblieben. Deshalb hatten sich die beiden Schwestern bereits vor meiner Geburt verbündet und miteinander beschlossen, daß das erwartete Kind - falls es ein Junge wurde - an die Mansteins abgegeben werden sollte.

So wurde ich ein Manstein und erhielt später durch Kabinettsorder ein neues Wappen und den Namen „von Lewinski genannt von Manstein“.

Ich erhielt später noch eine Schwester mit Namen Martha. Sie war die Tochter eines früh verstorbenen Bruders meiner Mutter, die ebenfalls von den Mansteins an Kindesstatt aufgenommen wurde.

Wir beide, Martha und ich, wurden mit einer Liebe umgeben, wie sie auch leibliche Eltern ihren Kindern nicht schöner und tiefer hätten schenken können.

Der ursprüngliche Name der Lewinskis lautete Royk. Sie gehörten zum alten pommerellisch-kassubischen Adel. Unter der polnischen Herrschaft wurde dieser Familienname nach dem langjährigen Besitz Lewyno ergänzt, so daß ein Teil der Familie den Doppelnamen von Royk-Lewinski führte.

Seit Beginn des 18. Jahrhunderts erschien in den Urkunden lediglich noch der Name von Lewinski.

Unter der Regierung Friedrichs des Großen wurde mein Urgroßvater im Jahre 1759 preußischer Offizier. Mein Großvater und Vater haben vor mir ihr Leben dem Soldatenberuf gewidmet, und unser ältester Sohn wurde ebenfalls Soldat.

Als Fahnenjunker machte mein Großvater Lewinski den Krieg von 1806 mit und als Offizier stand er während der Freiheitskriege im Einsatz. Daß er es nie über den Major hinausgebracht hat, wird seiner stürmischen Jugend zugeschrieben, in der er ein wilder Bursche gewesen sein soll.

Von seinen zehn Kindern, unter ihnen zwei Söhne, erwarben mein Vater und sein Bruder Alfred in den Einigungskriegen den Orden Pour le mérite. Beide Söhne kamen in den Generalstab und beendeten ihre soldatische Karriere als Kommandierende Generale.

Auch meine vier älteren Brüder waren sämtlich Offiziere.

Die Familie von Sperling hat ebenfalls in mehreren Generationen Offiziere für Preußen gestellt. Mein Großvater mütterlicherseits war, wie eingangs erwähnt, im Kriege 1870/71 Chef des Generalstabes einer Armee.

Die Familie von Manstein, in der ich nun aufwuchs, war im Laufe von Jahrhunderten zu einer Offiziersfamilie geworden. Sie zählte zum altpreußischen Uradel und ist nicht etwa mit dem Deutschen Orden in Preußen eingewandert, sondern war eine Häuptlingsfamilie der alten Pruzzen. Die Mansteins hatten sich – ähnlich wie andere pruzzische Familien – durch Übertritt zum Christentum der Ausrottung entzogen.

Ursprünglich in Ostpreußen begütert, verlor die Familie von Manstein als Folge der napoleonischen Notzeiten ihre Besitzungen.

Bereits als kleiner Junge konnte ich im Arbeitszimmer meines Adoptivvaters ein Bild des Prinzen Friedrich-Karl bewundern, das dieser dessen Vater Gustav-Ehrenreich von Manstein geschenkt hatte, der das schleswig-holsteinische IX. Armeekorps geführt hatte. Seinen Namen trug das „Infanterie-Regiment von Manstein (Schleswigischer) Nr. 84". Die alten Soldaten dieses Regiments, das erfuhr ich bald, nannten sich die „Mansteiner".

Und noch einige Erinnerungsstücke entdeckte ich sehr früh: einen silbernen Lorbeerkranz der Stadt Altona und den Ehrenbürgerbrief der Stadt Hamburg, der das Arbeitszimmer meines Vaters schmückte.

Den Ehrendegen, den sein Korps meinem Großvater geschenkt hatte und dessen Klinge die Namen Düppel, Alsen, Königsgrätz, Gravelotte, Orléans und Le Mans zieren, habe ich nach meinem Vater getragen.

Auch mein Vater hatte die Kriege von 1866 und 1870 mitgemacht und beendete seine Laufbahn als General.

In dieser Umgebung, im dauernden Kontakt mit Offizieren, wuchs ich heran. Und wen wundert es, wenn ich schon sehr bald den Wunsch verspürte, auch Offizier zu werden?

Ich war zu der Zeit sehr lebhaft und körperlich etwas zu zart. Obwohl mein Vater mir nichts durchgehen ließ, stand ich seinem Herzen besonders nahe. Trotz aller Strenge empfand ich immer wieder den Humor, der durchbrach und die Herzensgüte, die jeder spürte, der ihm näher kam.

Meine Adoptivmutter war außergewöhnlich charmant und verstand es, die Herzen der Menschen zu gewinnen. In einer Umwelt preußischer Einfachheit, in einer Atmosphäre tiefer Frömmigkeit ohne Frömmlerei, wuchs ich auf. In Rudolstadt und

Schwerin verbrachte ich die ersten Kinderjahre, weil mein Vater dort in Garnison stand. Erinnerungen an diese Städte habe ich aus damaliger Zeit nicht.

Als wir aber im Jahre 1894 nach Straßburg verzogen, wo mein Vater Regimentskommandeur wurde, und wo ich von meinem siebenten bis zum zwölften Lebensjahr zur Schule ging, erlebte ich bewußt diese „wunderschöne Stadt", von der das bekannte Soldatenlied singt.

Diese Stadt prägte sich mir tief ein. Die engen Straßen und Häuser der mittelalterlichen Altstadt, von der Ill und dem Stadtgraben umrahmt, boten einen frappierenden Gegensatz zum gotischen Münster auf dem Schloßplatz, das von Erwin von Steinbach erbaut worden war. Das Schloß Rohan aus dem 18. Jahrhundert, der Kaiserpalast und der wunderbare Orangeriepark vervollständigten dieses Bild.

Bald lernte ich auch, daß dieser Platz als alte römische Siedlung den Namen Argentoratum getragen hatte und daß hier im Jahre 842 der Straßburger Eid zwischen Ludwig dem Deutschen und Karl dem Kahlen beschworen worden war. Seit 1262 Reichsstadt, seit dem 16. Jahrhundert Zentrum des Humanismus und des Protestantismus, 1681 durch Ludwig XIV. besetzt, wurde diese Stadt durch Herder und den jungen Wolfgang von Goethe zur Wiege des „Sturm und Drang".

Daß sie 1870 von General von Werder belagert und erobert worden war, wußte ich am frühesten.

Das Lyceum, in das ich ging, lag dicht am Münster. In einer kleinen Villa am Schiltigheimer Tor wohnten wir. So führte mein täglicher Schulweg mich direkt an dem neuerbauten Kaiserpalasts vorbei, den ich durchaus nicht schön fand. Vorbei an der Universität, über die Ill durch die Altstadt mußte ich zur Schule gehen.

Ich erinnere mich an einige Straßennamen der Altstadt, die

ich alltäglich durchquerte: Die „Blauwolkengasse“ und „Wo der Fuchs den Enten predigt“.

Der Park Contades erinnerte an die französische Epoche dieser Stadt, der Broglieplatz ebenfalls. Und das Standbild von General Kléber auf dem Kléberplatz erinnerte mich daran, daß Jean Baptiste Kléber im Jahre 1753 in dieser Stadt geboren wurde. Interessanter war für uns Jungen natürlich die Tatsache, daß der General 1800 in Kairo ermordet worden war.

Diese historischen Erinnerungen lebten gut miteinander. Keiner dachte jemals daran, sie zu entfernen. So lernte ich recht früh die charmante Mischung aus Deutschem und Französischem kennen. Als Sitz des Statthalters hatte die Stadt den Charakter einer Residenz.

Die nationalen Spanungen, die zwischen reichsdeutschen Kreisen und elsäßischen Familien bestanden, bemerkten wir Kinder zum Glück nicht. Im Lyceum saßen auch Kinder aus eingesessenen Kreisen, und wir verstanden einander gut.

Daß Straßburg Festung und als Grenzstadt mit starker Militärbelegung ausgestattet war, zeigte mir allein, daß wir hier im Grenzland wohnten.

Die schönsten Erinnerungen meiner Kindheit sind mit Straßburg verknüpft. Und wenn ich mich auch stets als Berliner fühlte, wenn auch mein Herz der weiten offenen Landschaft Nordostdeutschlands verhaftet blieb und ich die verschwiegenen Wälder und Seen der Mark Brandenburg, Pommerns und Preußens in meinen Gedanken hatte, so war Straßburg für mich das Paradies meiner Kindheit, voller unbeschwerter Fröhlichkeit.

Im Herbst 1899 nahm mein Vater seinen Abschied. Wir zogen vorübergehend nach Berlin, und da meine Eltern danach für mehrere Jahre auf Reisen gingen und mein Wunsch, Soldat zu werden, sich gefestigt hatte, trat ich zu Ostern 1900 in das Kadettenkorps ein. Die ersten beiden Jahre verbrachte ich im Kadettenkorps Plön und die letzten vier Schuljahre bis zum Abitur in der Hauptkadettenanstalt Groß-Lichterfelde bei Berlin.

Lassen Sie mich ein Bild geben von der Bildung und Umgebung eines Kadetten, von seinen Freunden, von seinen Pflichten und seiner Erziehung.

Gewiß, die Ausbildung war – der Aufgabe dieser Anstalten entsprechend – auf den zukünftigen Soldatenberuf zugeschnitten. Bei der Internatserziehung war das Familienleben ausgeklammert. Das war für die Jüngeren oft genug schwer.

Wir wurden durch ältere Kameraden erzogen, und so gewöhnten wir uns rasch daran, in einer großen Gemeinschaft zu leben, die Gemeinschaft zu achten und Rücksicht im Sinne dieser Gemeinschaft zu üben. Die eigenen Wünsche, das erfuhr man bald, mußten zurückgesteckt werden, wenn sie den Wünschen der Gemeinschaft zuwiderliefen.

Doch dies alles war nicht so schlimm, wie es auf den ersten Blick scheinen mag. Einmal stammten wir Kadetten nahezu ausschließlich aus den gleichen Kreisen der Offiziers-, Beamten- und der Gutsbesitzerfamilie des Landes. Da wir fast alle den Soldatenberuf ergreifen wollten, hatten wir die gleichen Anschauungen, die gleichen Erziehungsgrundlagen und überwiegend die gleichen Interessen. Das machte das Leben in der Gemeinschaft leichter.

Daß sich ein starker Korpsgeist entwickelte, sei zugestanden. Die Frage, ob dieser Korpsgeist nicht auch die Gefahr der Einseitigkeit mit sich bringe, muß bejaht werden. Und dennoch: jede Armee brauchte einen solchen Korpsgeist und braucht ihn noch heute!

Im Mittelpunkt unserer Erziehung standen Ehrgefühl, Gehorsam – auch bei lästigen Pflichten, von denen man sich oftmals gern frei gewußt hätte – und eine eiserne Härte gegen sich selbst.

Die Furcht, die jeder Mensch hat, mußte überwunden werden. Wir lernten Haltung bewahren. In diesem Punkte der Erziehung befinden sich die Kadettenkorps der früheren Zeit in Übereinstimmung mit den heutigen großen Offiziersschulen und den englischen Colleges.

Daß der Dichter Fritz von Unruh im Jahre 1948 in der Frankfurter Paulskirche anläßlich der Verleihung des Goethepreises an ihn die Kadettenanstalt als „Sklavenanstalt" gescholten hat, nimmt den wunder, der zur gleichen Zeit wie Fritz von Unruh Kadett war.

Ich war einer von Unruhs Kameraden in Plön. In der Untertertia war er unser Klassenältester, ein frischer, forscher Junge: das, was man einen „Musterkadetten" nennen darf. Er war ein vielbewunderter Turner, und man konnte damals von ihm nicht den Eindruck gewinnen, daß er sich in unserer Mitte unglücklich fühlte. Eher das Gegenteil!

Wenn ich seine Worte von der „Sklavenanstalt" aufgreifen darf, so ist festzustellen: weder er noch ich, noch die übrigen Kadetten haben das Kadettenkorps als eine solche Einrichtung empfunden. Wir wurden nicht zu Sklaven, sondern zu Herren erzogen! Und dies im guten Sinne dieses Wortes.

Als wir in die Obertertia versetzt wurden, kam Fritz von Unruh mit zwei anderen ausgewählten Kadetten als Erziehungskamerad zum Prinzen Oskar von Preußen. So erhielt auch er die beste Erziehung, die jemals in Deutschland denkbar war.

Seine Wandlung während des Ersten Weltkrieges zum Pazifisten kann man verstehen. Seine Darstellung des Kadettenkorps aber kann nicht hingenommen werden.

Der Pagendienst bei Hofe war ein strahlender Höhepunkt der Kadettendienste. Darüber sei in einigen Streiflichtern berichtet.

In jedem Jahr wurden die dem Adel angehörenden Lichterfelder Kadetten, für eine kurze Zeitspanne zum Pagendienst eingeteilt. Während dieser Zeit fanden im Berliner Schloß die großen Hoffestlichkeiten statt. Wer Unterprimaner und Selektaner war, wurde als Page zum Hofe kommandiert.

Ich möchte aber betonen, daß dies die einzige Vergünstigung adeliger Kadetten gegenüber ihren bürgerlichen Kameraden war.

Wir Pagen wurden entweder als Leibpagen oder als Hofpagen eingeteilt.

Mit der Gratulationscour zu Neujahr begannen die Hoffestlichkeiten. Da wir immer rechtzeitig fertig waren, konnten wir das Eintreffen der Gäste beobachten. Dabei interessierten mich und meine Kameraden vor allen Dingen die Militärs.

So erinnere ich mich zum Beispiel des alten Generalfeldmarschalls Graf Haeseler, der eine sehr originelle und auch charakteristische Erscheinung war. Stets kam er in einer Droschke zweiter Klasse vor dem Schloß an und trug die Uniform seines Ulanen-Regimentes. Seine eisgrauen Haare fielen ihm bis auf den Kragen herab.

Der Chef des Großen Generalstabes, Feldmarschall Graf Schlieffen war genau das Gegenstück dazu. Er flößte uns Kadetten einen unheimlichen Respekt und größte Hochachtung ein.

In der Uniform der Bonner-Königshusaren erschien der damalige Reichskanzler, Fürst Bülow. Das orangefarbene Band des Schwarzen Adlerordens und seine liebenswürdige Art, Konversation zu machen, stempelten ihn zu einem guten Gast.

Auch viele ausländische Diplomaten lernten wir als Pagen kennen.

Besonders eindrucksvoll - nicht von der Statur her, denn er war wohl stets der Kleinste, was die Körpermaße betrifft - war für uns der berühmte Maler und Graphiker Adolf von Menzel. Sein mächtiger Schädel mit dem Backenbart zog viele Blicke der Pagen magisch an. Winzigklein ging er zwischen den Ehrenposten der präsentierenden Gardes du Corps-Riesen heran, suchte sich mit schlichter Selbstverständlichkeit den besten Platz aus und zog oft genug einfach sein Skizzenbuch hervor, um die berauschenden Bilder in knappen prägnanten Strichen festzuhalten.

Sobald das Kaiserpaar den Saal betrat, erklangen im Schweizer Saal die Trompeten, die das „Wilhelmus von Nassauen“ spielten.

Die Frage, welchen Eindruck das Erscheinen des Kaiserpaares auf uns Pagen machte, ist nur mit der Vokabel „majestätisch“ auszudrücken. Heutzutage kann man sich das Gefühl der jungen Menschen überhaupt nicht mehr vorstellen.

Die Würde des Herrschers atmete aus jeder Geste, aus jedem Wort und jeder Bewegung des Kaisers. Er verstand es, sich brillant zu unterhalten, und ab und zu flocht er auch eine burschikose Bemerkung ein, die rasch die Runde machte.

Die Kaiserin hingegen war zurückhaltender, aber dennoch stets liebenswürdig und voll Güte.

Daß uns der Kronprinz von den Prinzen am meisten interessierte, schien klar. In der Uniform der Pasewalker Kürassiere sah er blendend aus.

Dem Kaiser folgten wie ein Schatten seine Generaladjutanten, der Generaloberst von Plessen und der General von Scholl. Der Standort der Kaiserin wurde durch einen Offizier der Königin-Kürassiere in friderizianischer Uniform gekennzeichnet.

Große Ereignisse waren immer die Investituren des Schwarzen Adlerordens, die im Rittersaal des Schlosses stattfanden. In meinem Pagenjahr wurden der Herzog von Anhalt, der Erzgroßherzog von Mecklenburg-Strelitz und zwei Generale investiert.

Als Page war ich bei dieser Zeremonie dem General der Kavallerie von Massow zugeteilt und hatte den Ordensmantel zu tragen. Das war eine ziemlich anstrengende Tätigkeit. Aber sie erfüllte mich mit Stolz und Freude.

Mein großes Glück während der Pagenzeit war, daß ich auch noch in meinem Oberprimanerjahr Page sein durfte. Und zwar zur Hochzeit des Kronprinzen und zur Silbernen Hochzeit des Kaiserpaares.

Bei der Hochzeit des Kronprinzen war ich Page der Großfürstin Wladimir.

Abends beim Galadiner mußte ich zum ersten Mal servieren. Das Einschenken des Sektes war nicht so leicht, da sich auf den Rückenlehnen der Stühle der Damen die Courschleppen zu hohen Türmen aufbäumten.

Der große Hochzeitsball im Weißen Saal war ein Bild von unbeschreiblicher Pracht.

Der traditionelle Fackeltanz war der berauschende Höhepunkt dieses Festes. Zur Erinnerung an diese Tage erhielten wir Pagen von der Großfürstin ihr Bild und eine goldene Uhr als bleibende Erinnerung.

Die Rückkehr in die Eintönigkeit des Dienstes und Lernens war naturgemäß nicht besonders leicht. Aber es ging weiter, das Abitur rückte näher und trotz der skeptischen Vorbemerkungen einige Lehrer bestand ich es mit der Gesamtnote „gut".

Das war im März 1906. Unmittelbar danach trat ich als Fähnrich in das 3. Garderegiment zu Fuß ein, dem ich acht Jahre lang angehören sollte.

Der junge Offizier Manstein
Dienst im Ersten Weltkrieg
Waffenstillstand
Der Kaiser geht

Im Regiment waren die dienstlichen Anforderungen sehr hoch. Die Operetten-Darstellungen eines Gardeoffiziers wurden durch die Tatsachen Lügen gestraft. Wir waren nicht etwa nur eine Paradetruppe, sondern gerade in der Gefechtsausbildung wurden wir immer wieder hart hergenommen, damit wir keinem anderen Verband nachstanden.

Zu Kaisers Geburtstag, am 27. Januar 1907, wurde ich Leutnant.

Das Besondere der Ausbildung in unserem Regiment waren die selbstverständliche Treue zum König und das Pflicht- und Ehrgefühl des Soldaten. Das Bewußtsein, zur Garde zu zählen, war für uns nicht nur ein Privileg, sondern vor allem ein Ansporn zu besonderer Leistung. Es verleitete uns nicht zur Überheblichkeit. Auch hierin stimmt die gehässige Zeichnung einer soldatenfeindlichen Propaganda nicht. Im Ersten Weltkrieg hat gerade auch die Garde unter Beweis gestellt, daß ihre Divisionen zu den besten der Armee zählten.

Meine Kameraden beim Regiment waren unter anderem Oskar von Hindenburg, Kurt Freiherr von Hammerstein-Equord und Kurt von Schleicher.

Darüber hinaus war das gesamte Offizierskorps des Regimentes eine einzige Familie. Die Mitglieder der Familie waren ungeachtet der Rangunterschiede und des Alters Gleiche unter Gleichen. Auch heute noch halten diejenigen, die zwei Weltkriege überlebt haben, eng zusammen.

Ich fand dort auch Freunde! Zwischen mir und meinen älteren

Kameraden Günther von Niebelschütz, von Riedel, von Loebell und meinem Vetter Oskar von Hindenburg wurde eine Freundschaft fürs Leben geschlossen.

Meine Altersgenossen von Ditfurth und von Bismarck und der etwas jüngere Karl von Oven zählten ebenfalls dazu.

So wuchs ich in einem Kreis guter Kameraden heran, die sich meiner annahmen und mir Halt gewährten. Hier – das spürte ein jeder, der diese Atmosphäre einmal empfunden hatte – fühlte sich der Ältere für den Jüngeren verantwortlich.

Beim Kompanie-Exerzieren auf dem Tempelhofer Feld kam ich mit den jungen Menschen in Berührung, die ich später führen sollte. Der Truppenübungsplatz Döberitz sah uns zu Übungsschießen und Manövern. Höhepunkte bildeten die beiden Kaiserparaden im Frühjahr und Herbst auf dem Tempelhofer Feld.

Der Abend sah die Junggesellen unter den Offizieren im Kasino zur Hauptmahlzeit versammelt. Theaterbesuche und der einmal im Monat begangene Große Gasttag brachten Abwechslung. Das Kasino war aber nicht nur gesellschaftlicher Mittelpunkt, sondern zugleich auch Erziehungsstätte für den jungen Offizier. Die Kasinogespräche waren dank der außergewöhnlichen Geister von hohem Niveau. Die Fachsimpelei war verpönt.

Der spätere Reichskanzler von Schleicher und Ernst von Niebelschütz, der spätere Kunstschriftsteller, brachten immer wieder frischen Wind in diese Gespräche.

Im Jahre 1911 wurde ich schließlich Adjutant des Füsilier-Bataillons. Vor mir hatte Kurt von Schleicher diese Dienststellung inne. Als mein Kommandeur später versicherte, daß ich „der beste Adjutant, den ich je hatte“, gewesen sei, war ich natürlich stolz.

Im Herbst 1913 ging ich zur Kriegsakademie, um mich mit den wissenschaftlichen Grundlagen der Strategie vertraut zu machen. Im Sommer 1914, mit Ausbruch des Ersten Weltkrieges, mußte ich diese Generalstabsausbildung abbrechen, habe sie aber in der Praxis nachgeholt.

Eine der Fragen, die an mich des öfteren gerichtet wurde, betrifft das Kennenlernen anderer Völker und Länder.

Ich hatte das große Glück, bereits als junger Leutnant mit meinen beiden Freunden Dico von Ditfurth und Gebhard von Bismarck eine Reise nach Konstantinopel unternehmen zu können.

Dicos Eltern hatten uns dazu eingeladen, denn sein Vater war zu jener Zeit Instrukteur der türkischen Armee.

Der vierwöchige Urlaub wurde von unserem Kommandeur großzügig bewilligt, und so fuhren Bismarck und ich Ende September 1908, nach den Manövern, mit der Bahn Dritter Klasse von Berlin bis nach Konstanza. Dico selbst war bereits vorausgefahren.

Auf einem Küstendampfer ging die Fahrt zum Bosporus. Mit Sonnenaufgang lief das Schiff in diese Meerenge ein. Wir erblickten die alten türkischen Burgen Rumeli Hissar und Anatoli Hissar auf beiden Ufern. Vorbei am märchenhaften, ganz in Marmor erbauten Palast Dolmagagtsche erreichten wir den Kai von Pera, wo wir von Exzellenz von Ditfurth-Pascha und Dico empfangen wurden.

Es wurden unvergeßliche Wochen mit dem Erlebnis der türkischen Landschaft, der weiten Ritte und dem Dabeisein bei einer der ersten Truppenübungen des türkischen Gardekorps.

Ich sah Sultan Abdul Hamid, einen alten Mann mit abgezehrtem Gesicht, schütterem Vollbart und flackernden Augen. Dieser Mann, das wußte ich, hatte viele Jahre als grausamer Despot geherrscht, und nun lebte er seit Jahren in Furcht vor der eigenen Ermordung oder vor einer Revolution. In einem Schloß hielt er seinen Nachfolger, den späteren Sultan Mohammed V., in Gewahrsam.

Diese Reise blieb für mich die größte Erinnerung meiner Jugendzeit.

Am ersten Mobilmachungstag 1914 rückte ich, inzwischen Oberleutnant geworden, zum Feldheer ein. Ich muß offen gestehen: eine Niederlage konnte sich keiner von uns auch nur vorstellen. Das Ende der Monarchie schien einfach undenkbar. Vom Ende einer Epoche ganz zu schweigen.

Ich wurde Regiments-Adjutant des von unserem Regiment neu aufgestellten 2. Garde-Reserve-Regimentes. Mit ihm machte ich den Vormarsch des Regimentes durch Belgien mit und nahm an der Belagerung und Eroberung der Festung Namur teil.

Ende August 1914 wurden zwei Armeekorps aus dem Westen nach dem Osten in Marsch gesetzt, weil dort die Russen in Ostpreußen eingefallen waren. Unser Garde-Reserve-Korps gehörte auch dazu. So kam es, daß in der Marneschlacht zu wenig Kräfte zur Verfügung standen, während im Osten diese beiden Korps erst nach der Schlacht bei Tannenberg eintrafen.

Dennoch kamen wir noch im September auch im Osten zum Einsatz. Die Schlacht an den Masurischen Seen war wegen der hohen Verluste für mich und viele andere Kameraden ein schmerzliches Ereignis.

Der Herbstfeldzug in Polen sah unser Regiment ebenfalls im Einsatz. Nahe der oberschlesischen Grenze wurde ich am 17. November 1914 schwer verwundet. Ich hatte mich einem Sturm-Bataillon angeschlossen und ging mit dem Kommandeur und – wie es damals üblich war – dem Fahnenträger an der Spitze der Truppe vor. Wir erreichten die mit starken, uns weit überlegenen Kräften besetzte russische Stellung und brachen mit Hurra ein.

Im dichten Feuer stürmten die Männer die Gräben. Von zwei Gewehrkugeln schwer getroffen, stürzte ich nieder und mußte von einigen Kameraden vom Kampffeld getragen werden.

Nachdem ich einigermaßen wiederhergestellt war, kehrte ich nicht zu meinem Regiment zurück, sondern erhielt eine Kommandierung zum Stab der Armeegruppe des Generals von Gallwitz. Dort wurde ich dem I. Generalstabsoffizier als Hilfsoffizier zugeteilt.

So erhielt ich die ersten tieferen Einblicke in die Problematik der Führung großer Verbände. Die Offensiven in Nordpolen und Serbien im Jahre 1915 haben mir viel Neues gezeigt, und sie brachten schließlich auch meine Beförderung zum Hauptmann im Generalstab.

Im Jahre 1916 kehrte ich an die Westfront zurück.

Der Angriff auf Verdun war für mich wie für alle daran beteiligten Soldaten ein hartes Erlebnis.

Im Sommer dieses Jahres wurde ich schließlich Generalstabsoffizier beim Armeeoberkommando 1 und konnte in dieser Stellung Erfahrungen in den großen Abwehrschlachten in Frankreich sammeln. Die Kämpfe an der Somme und 1917 in der Champagne zählten dazu.

Der Oberbefehlshaber des neugegliederten Armeeoberkommandos 1, General Fritz von Below, war einer der besten deutschen Armeeführer. Sein Chef des Generalstabes, General von Loßberg, wurde in diesen Kämpfen der weithin bekannte „Abwehrlöwe".

Es folgte eine kurze Zeit als I. Generalstabsoffizier der 4. Kavallerie-Division in Kurland und Estland. In dieser Zeit hatte ich die erste Begegnung mit dem Bolschewismus.

Am 1. Mai 1918 kam ich wieder nach dem Westen zurück, um als I. Generalstabsoffizier zu einer Angriffs-Division zu stoßen: der 213. Infanterie-Division.

Mit dieser Division machte ich die Mai- und Juli-Offensiven bei Reims mit und war anschließend an den schweren Abwehrkämpfen bei Sedan beteiligt.

Der Krieg ging zu Ende. Er war nun doch verloren worden.

Als der Kaiser und König von Preußen abdankte und sein Land verließ, hatte mein Weltbild als Offizier und auch als Mensch den personalen Bezugspunkt verloren. Für uns Soldaten war es nicht nur ein Wechsel der Staatsform, wie es sich dies für den Bürger im Allgemeinen darbot. Für die preußische Armee und damit auch für jeden ihrer Offiziere war es der Einsturz einer Welt.

Die Armee und jeder Soldat dieser Armee – insbesondere ihre Offiziere – waren mit der Person des Monarchen unlöslich verbunden. Wir alle hatten dem König von Preußen den Soldateneid geschworen. Diese Bindung war über das Politische hinaus eine ethische. Man kann diese Bindung nur aus dem germanischen Begriff Gefolgstreue verstehen.

Eine Armee ohne den König war für uns Offiziere einfach undenkbar.

Für die Armee – und das sei an dieser Stelle einmal wieder gesagt – war der König der Kristallisationspunkt des Treue- und Pflichtgefühls gewesen. Der abstrakte Begriff des Staates war dies nicht, auch nicht der Begriff des Volkes, der später hochgespielt und manchmal auch überspielt wurde. In der Armee war der Begriff des Staatsdienstes weithin ungeläufig. Man diente dem König! Nicht Wilhelm II., sondern *dem* König.

Die Könige hatten in Preußen die Armee geschaffen. Das Wesen dieser Armee war durch den Gedanken des Königtums geprägt. In keiner Armee dieser Erde hat es eine innigere Verbindung zwischen der Krone und der Wehrmacht gegeben als in Deutschland.

Indem dieser König ging, indem der Kaiser unter dem Revolutionsdruck der Krone entsagte, war die Idee des preußischen Königtums am 9. November 1918 erloschen.

Das waren meine Gedanken, und es waren die Gedanken der Mehrzahl der Soldaten und Offiziere.

Daß Wilhelm II. aus ehrenhaften Motiven abdankte, daß er hoffte, durch seinen Thronverzicht dem Reich einen erträglichen Frieden zu sichern, steht außer Zweifel. Aus diesem Grunde hat niemand das Recht, ihn – der um dieses Volkes willen Verzicht leistete – zu schmähen. Am allerwenigsten diejenigen, die Nutznießer dieses Verzichts waren.

Daß Wilhelm II. die Macht längst nicht mehr verkörperte, daß er sie bereits lange vorher aus der Hand gegeben hatte, sei am Rande vermerkt.

Für den Soldaten, der auch Soldat bleiben wollte, mußte ein neues Symbol geschaffen werden, an dem er sich orientieren konnte. Was aber konnte und sollte man an die Stelle des untergegangenen Königtums setzen?

Im demokratischen Sinne war das Volk der Nachfolger der monarchischen Autorität. Aber gab es einen einheitlichen Volkswillen, der die Autorität der Krone hätte ersetzen können? Es gab ihn nicht einmal in den politischen, nicht in den wirtschaftlichen Fragen, von den sozialen ganz zu schweigen.

Diese neue Staatsform war der Mehrheit von einer Minderheit auferlegt worden. Und diese Minderheit spaltete sich bald in weitere drei Gruppen auf, von denen die eine weit links, die zweite weit rechts und die dritte in der Mitte stand.

Damit war der Begriff des Volkes, von dem man nicht wußte, was es eigentlich wollte, für den Soldaten kein Halt und kein Symbol, das ihn trug.

Und wie sah es mit dem neuen Staat aus? Was war er anderes als ein Spielball der vielen Parteien und Interessengruppen? Er war keine Autorität, sondern ein Apparat, der alles ergriff. Seine Formen waren nicht dem Willen der Bevölkerung entsprungen, die in ihm wohnte, sondern er war eine zwangsläufige Folge der Niederlage und auch durch den Willen des Siegers mitgeformt.

So konnte es nicht ausblieben, daß die Soldaten sich nach einem anderen Symbol sehnten und ein solches im Begriff des „Reiches“ fanden. Das Reich war für sie das, was man auch einmal das „ewige Deutschland“ genannt hatte. Es umschloß Volk, Land und Staat. Damit hatte sich die Hinwendung zu einem ideellen Begriff vollzogen.

In dieser Haltung, in der Idee des Reiches, seiner Erhaltung und Sicherung lagen bereits die Keime der Haltung der Wehrmacht unter Hitlers Regime. Denn als Deutschland in einem Ringen stand, das um Leben und Tod ging, mußte der so erzogene Soldat sein ganzes Sinnen und Trachten darauf richten, den Bestand des Reiches zu sichern. Selbst dann, wenn dieses Ringen auf Leben und Tod von Deutschland begonnen worden war.

Die Machtergreifung der Arbeiter- und Soldatenräte in der Heimat hat uns erschüttert. Sie hat unser Weltbild zerstört. Das von der Obersten Heeresleitung mit der Regierung der Volksbeauftragten geschlossene Bündnis wurde als Notwendigkeit begriffen. Dieses bereits am 10. November 1918 geschlossene Bündnis gab uns äußerlich die Möglichkeit, unser Dienstverhältnis fortzusetzen. Das hieß nicht mehr und nicht weniger, als daß die Truppe, auch gegen einen inneren Feind anzugehen und das Reich gegen jede innere Bedrohung zu schützen hatte.

Aber der Bruch in unserem Innern war nicht zu kitten.
Der folgende Tag, der 11. November 1918, der Tag des Waffenstillstandes, wurde zu einem Markstein für die Soldaten und als solcher für ihre Haltung entscheidend, die Sicherheit des Reiches gegenüber äußerer Bedrohung zu gewährleisten.

Für uns an der Front kam es darauf an, das größtenteils noch auf französischem Boden stehende deutsche Heer in den von

Frankreich gesetzten Fristen nach Deutschland zurückzuführen und dadurch einer Gefangenschaft zu entziehen.

Die Nachschub- und Transportwege waren teilweise zusammengebrochen, und der Gegner drängte scharf nach. Generalfeldmarschall von Hindenburg hatte sich der neuen Regierung zur Verfügung gestellt. Er wollte zu diesem Zeitpunkt nichts anderes, als das Heer sicher in die Heimat zurückführen.

Es darf wohl behauptet werden, daß es allein seiner Autorität gelang, das Heer im Westen und im Osten ohne Verluste zurückzuführen. Der deutsche Generalstab hat mit dieser Rückführung seine letzte große Leistung vollbracht.

Daß die Truppe diese Strapazen auf sich nahm, daß sie trotz der Erschöpfung durch die vorhergegangenen letzten erbitterten Kämpfe und der Schwierigkeiten durch den Zusammenbrauch der Etappe durchhielt, ist ebenfalls eine ihrer letzten großen Leistungen dieses Ersten Weltkrieges.

Wie nun meine Division, die 213. Infanterie-Division, diesen Rückzug erlebte, sei im Folgenden dargestellt:

Diese Division, deren 1. Generalstabsoffizier ich war, hatte bis zum letzten Tage in den schweren Abwehrkämpfen im Großraum Sedan tapfer gefochten.

Trotz des Umsturzes blieb diese Haltung der Truppe bis zuletzt gewahrt. Zwar tauchten bei einzelnen Lastwagen rote Fahnen auf. Aber die Soldaten sorgten selbst dafür, daß sie rasch wieder verschwanden.

Sedan war ein wichtiger Etappenort. Hier hatten Etappensoldaten im Verein mit der Bevölkerung die Verpflegungslager geplündert. Die großen Bestände an Alkohol bildeten eine permanente Gefahr. Deshalb mußten Pioniertrupps der Division die Kellereingänge durch Sprengungen blockieren, um den Wein dort zu sichern.

Unsere Division marschierte dann auch in tadelloser Ordnung durch Luxemburg und zeigte der Einwohnerschaft, daß von der vorgeblichen Zerrüttung und Demoralisierung der Truppe nicht die Rede sein konnte.

Über Trier marschierten wir das Moseltal abwärts und erreichten über den Hunsrück den Rhein, den wir bei Rüdesheim überschritten.

Es war rührend, zu erleben, wie die Bevölkerung die Soldaten aufnahm, wie sie miteinander wetteiferte, den oftmals verwundeten Männern alles Gute zu erweisen. Was auch immer sie noch besaßen, wurde den Soldaten geschenkt.

In Rüdesheim wurden wir auf Frankfurt/Main abgedreht. Der Oberbürgermeister hatte darum gebeten, eine gute Truppe in seine Stadt zu legen, weil die Lage dort kritisch war.

Der Einzug der Division in diese Stadt steht noch heute vor meinem Gedächtnis. Sämtliche Häuser waren mit schwarz-weiß-roten Fahnen geschmückt. Wir wurden jubelnd begrüßt; nach der Niederlage eine besonders ans Herz gehende Geste! Tausende drängten sich in den Straßen. Der Truppe wurden Blumen zugeworfen. Man war froh, die deutschen Soldaten wieder in der Heimat zu wissen.

Einige Tage später erlebten wir allerdings etwas anderes. Doch gerade dieses Vorkommnis zeigte uns, daß die Revolution, die Soldatenfeindlichkeit und das Chaos von Einzelnen geschickt angefacht wurden.

Revolutionäre Propaganda veranlaßte die der Division zugeteilte bayerische Feldbäckerei-Kolonne zu der Weigerung, weiterhin für uns Brot zu backen. Der Aufmarsch unserer Husarenschwadron, kräftiger westfälischer Soldaten, die mit ihren Lanzen auf dem Parkplatz der Bäckerei aufritten, genügte, die Bayern wieder an die Backöfen zu bringen.

In Gelnhausen jedoch, von wo aus die einzelnen Truppenteile in die Heimat abtransportiert werden sollten, erhielten wir Weisungen, bis Kissingen weiterzumarschieren, weil die Transportlage erst dort die Verladung erlaube.

Das hieß, daß alle Soldaten das Weihnachtsfest noch nicht zu Hause verbringen konnten.

Das Pionier-Bataillon der Division weigerte sich, weiterzumarschieren und verlangte den sofortigen Abtransport von Gelnhausen aus. Der Bataillonskommandeur dieser Pioniere hatte sich in der Nacht zuvor heimlich davongemacht. Die führerlosen Pioniere hatten danach aufgemuckt. Es wurde ihnen erklärt, daß die Division ohne sie weitermarschieren würde.

Sicherheitshalber wurden auf dem Bahnhof von Gelnhausen Maschinengewehre postiert, damit jeder Versuch, sich eines Zuges mit Gewalt zu bemächtigen, schon vorher durch Abschrekkung vereitelt würde.

Als dann die Division am nächsten Tag weitermarschierte, trabten die Pioniere wieder brav mit uns.

Als wir in Bad Kissingen ankamen, flatterte auf dem Kurhaus die Rote Fahne. Sie wurde sofort – ohne daß ein Befehl gegeben wurde – von den Soldaten eingeholt. Übrigens zur Freude der Bevölkerung!

Anfang Januar 1919 wurden die einzelnen Regimenter in die Heimat entlassen. Ein Teil des ostpreußischen Artillerie-Regiments ging gleich aus Kissingen freiwillig nach Kurland. Der Divisionsstab wurde aufgelöst, und ich fuhr nach Berlin, weil ich in meinem Friedens-Regiment demobilisiert werden sollte. Was mich am meisten erschütterte, war die Tatsache, daß die Truppen, die doch so mustergültig bis in die heimatlichen Unterkünfte marschiert waren, so rasch, gleichsam über Nacht, auseinanderliefen, daß sie unbrauchbar wurden, weil der Bazillus der Revolution auch sie infizierte.

Halbstarke versuchten, die Soldaten zu beleidigen. Sie rissen ihnen die Schulterstücke herunter, sobald sie allein diesen Rotten gegenüberstanden.

Die Männer hatten über vier Jahre gekämpft, waren größtenteils mehrfach verwundet und sollten nun - nach diesem Empfang und der Negierung aller der Werte, für die sie gekämpft hatten, dem neuen Staatswesen positive Gefühle entgegenbringen?

In Berlin fand ich mein altes Regiment nicht mehr vor. Wie alle Regimenter der Garde war es – in voller Ordnung und Disziplin – in die Heimat zurückgekehrt.

Mir wurde berichtet, daß beim Einmarsch in Berlin ein Volksbeauftragter die Heimkehrer am Brandenburger Tor begrüßt habe. Als er nun in seine Begrüßungsansprache politische Demagogie mischte, hatte der Kommandeur „Das Gewehr über!" befohlen und war unter den Klängen des Regiments-Parademarsches einfach abmarschiert.

Zurück blieben in der Kaserne lediglich die aktiven Offiziere und Unteroffiziere und die Mannschaften des jungen Jahrganges vom Ersatz-Bataillon. Diese waren bereits durch die revolutionäre Propaganda beeinflußt.

Das 2. Garde-Reserve-Regiment, mit dem ich 1914 ins Feld gerückt war, war in der Umgebung Berlins untergebracht worden. So wurde es der demagogischen Berieselung entzogen, wie sie zum Beispiel der USPD-Abgeordnete Ledebour auf dem Kasernenhof in Berlin praktizierte.

Als die bolschewistische Bedrohung aus dem Osten drängend wurde, marschierte das Regiment unter dem mit dem Pour le mérite ausgezeichneten Major von Plehwe freiwillig nach Kurland und kämpfte dort bis zum Abschluß der Kampfhandlungen.

Auch ich hatte die Absicht, nach Kurland zu gehen. Von der

Zentralabteilung des Generalstabes erhielt ich jedoch den Befehl, mich beim Generalkommando in Magdeburg zu melden. Dort sollte ich bei der Aufstellung von Freiwilligen-Einheiten mitwirken.

Wie unsicher die Regierung der Volksbeauftragten unter ihrem Vorsitzenden und Reichskanzler Friedrich Ebert im Sattel saß, wird durch den Aufstand der Spartakisten und ihrer Leibgarde, der sogenannten Volksmarine-Division, dokumentiert. Dieser Aufstand wurde von der eben heimgekehrten Garde-Kavallerie-Schützen-Division niedergeschlagen.

Es war der damalige Major von Schleicher, zu jener Zeit der Vertraute des I. Generalquartiermeisters, General Groener, der den Vorschlag machte, aus Freiwilligen neue Verbände zu schaffen. Freiwillige, so argumentierte er, seien zuverlässig, und die Regierung könne sich auf sie verlassen.

Friedrich Ebert, der am 11.2.1919 zum Reichspräsident gewählt wurde, stimmte diesem Vorschlag zu.

Die so entstandenen Freiwilligenverbände haben in der Tat zum einen die Regierung, zum anderen die Nationalversammlung und letztendlich den Bestand des Reiches gesichert. Daß ihnen dafür kein Dank zuteil wurde, ist beschämend.

In Verfolg dieses Gedankenganges komme ich zwangsläufig zu den Freikorps und dem Ruf, den sie besaßen, und was ich über sie dachte.

Die Freikorps setzten sich aus den verschiedenartigsten Verbänden zusammen. Es gab vorbildliche, unter erfahrenen Truppenführern, und andere. Einige dieser Verbände entwickelten sich leider zu einer Art von Landsknechtsverbänden, die schließlich zu einer Bedrohung wurden. Aber das war nach der gegebenen Lage unvermeidlich.

Daß diese Truppen keine Dauerlösung darstellen konnten, war

allen Militärs und auch den Politikern klar. Allerdings wäre ohne sie die Weimarer Republik über diese kritischen Monate ihrer ersten Existenz nicht hinausgelangt.

Meine Aufgabe in Magdeburg war undurchführbar. Der in der Provinz Sachsen amtierende Oberpräsident Hörsing war nicht gewillt, irgendwelche Unterstützung zu geben, obwohl die Regierung unsere Absicht unterstützt und bestätigt hatte.

Unter diesen Umständen – das Generalkommando in Magdeburg war lahmgelegt – wollte ich nicht untätig dort herumsitzen und bat um meine Verwendung im Grenzschutz gegen Polen.

Als Generalstabsoffizier des Oberkommandos Süd des Grenzschutzes ging ich nach Breslau. Ich hatte die Freude, wieder unter meinem früheren Chef, dem General von Loßberg, zu wirken, der hier Chef des Generalstabes war.

In der Provinz Posen hatten die Polen inzwischen einen Aufstand angezettelt. Der Grenzschutz Ost sollte als Damm gegen diese Erhebung dienen. Die Oberste Heeresleitung hatte nach gelungener Rückführung des Westheeres den Befehl an der Ostgrenze übernommen und ihr Hauptquartier nach Kolberg verlegt.

Das Grenzschutz-Oberkommando Nord lag in Bartenstein/Ostpreußen. Hier, in Ostpreußen, wurde der Grenzschutz sehr stark von dem amtierenden Oberpräsidenten August Winnig, einem glühenden Patrioten, unterstützt. In Schlesien hingegen war die Lage diffiziler, ja schwierig.

Trotz dieser Widernisse gelang es dem Grenzschutz Ost, deutsches Land vor weiterer Besitznahme durch die Polen zu schützen und zu halten.

Im Sommer 1919 wurde das Grenzschutz-Oberkommando Süd aufgelöst. Damit ging für mich ein weiterer Abschnitt meines Lebens zu Ende.

Meine Familie
Der unpolitische Soldat als Ideal der Weimarer Republik
Dienst in der Reichswehr
Reise nach Spanien

Meine militärische Jugendzeit war zu Ende gegangen. Die Zeit im Grenzschutz war vorüber, und an die Stelle, an der einst der Kaiser und König für uns Soldaten gestanden hatte, trat das Reich. Und dieses Reich war nach wie vor Deutschland! Es war unser Volk, dem wir zu dienen hatten.

Als Gehilfe blieb ich bei General von Loßberg, der von der neuen Regierung zum Vorsitzenden einer Organisationskommission ernannt worden war, die das zukünftige Heer aufbauen sollte. Der Sitz dieser Kommission war in Berlin. Das Arbeitsgebiet, das ich vorfand, war durch die Alliierten eingeengt. Im Friedensdiktat von Versailles hatten sie bereits bis ins letzte Detail den Aufbau eines zu schaffenden Freiwilligenheeres festgelegt. Die 12jährige Dienstzeit war in dieser Festlegung ebenso enthalten wie die Gliederung in zwei Gruppenkommandos. Es sollten sieben Infanterie- und drei Kavallerie-Divisionen aufgestellt werden. Stärke, Bewaffnung und Zusammensetzung dieser Divisionen waren ebenfalls vorgeschrieben. Der deutsche Generalstab war verboten worden.

Es war unsere Aufgabe, wie uns von General von Loßberg dargelegt wurde, das Bestmögliche herauszuholen.

So konnte es natürlich nicht ausbleiben, daß jede Waffenabteilung des Kriegsministeriums, das noch bestand und in Funktion war, um ihre Sonderbelange kämpfte. Als wir z.B. versuchten, zu verhindern, daß sich Freiwillige für die Train-abteilung – die Nachschubkolonnen und nichtkämpfenden Einheiten – melden würden, weil wir der Ansicht waren, daß ein Freiwilliger auf jeden Fall den kämpferischen Impuls mitzubringen habe, wurden wir vom Reichswehrminister Noske schwer gerügt. Zwar war Noske seit 1906 im Reichstag als Wehrfachmann der sozialdemokratischen Partei tätig, auch war unter seiner Leitung als erstem Reichswehrminister der Spartakistenaufstand in Berlin niedergeworfen worden, dennoch wollte oder konnte er nicht verstehen, daß in einem kleinen Eliteheer kein Platz für Freiwillige war, die sich zu einer nichtkämpfenden Truppe meldeten.

So war ich im Grunde genommen froh, als ich im Herbst 1919 als Generalstabsoffizier zum neugebildeten Gruppenkommando II nach Kassel kommandiert wurde. Wiederum stand ich hier unter dem Generalstabschef General von Loßberg.

Eine unserer Hauptaufgaben war es, in dieser Zeit beim Gruppenkommando II das zunächst noch bestehende Übergangsheer – die „vorläufige Reichswehr" – in die endgültige Reichswehr umzurüsten beziehungsweise umzubauen.

Die Frage nach der „vorläufigen Reichswehr", ihrer Gliederung und ihrer Gesamtstärke ist folgendermaßen zu beantworten:

Im Herbst 1919 gab es 24 Brigaden der Reichswehr, mit einer Gesamtstärke von rund 400.000 Mann. Diese 400.000 Freiwilligen hatten sämtlich den Wunsch, auch in die endgültige Reichswehr übernommen zu werden.

Der Versailler Vertrag jedoch begrenzte die Zahl der Soldaten auf 100.000. Das Problem, das beinahe unlösbar erschien, war die Auswahl dieser 100.000 Männer und die Einreihung der zu entlassenden 300.000 Soldaten in den Arbeitsprozeß.

Hinzu kam, daß die Freikorps noch bestanden. Wenn auch ein Teil davon bereits in die 24 vorläufigen Reichswehr-Brigaden eingefügt war, existierte doch der Großteil noch immer in einer Pseudo-Selbständigkeit. Sie zu entlassen, würde die größte Schwierigkeit machen, denn hatten sie nicht einen Anspruch auf einen Platz in der Reichswehr? Hatten sie nicht gegen die Umstürzler gekämpft und die polnische und die bolschewistische Lawine auf das Reich zum Stehen gebracht?

Sie hofften, geschlossen in die Reichswehr übernommen zu werden als Dank für die Leistungen in den kritischen Monaten nach Kriegsschluß.

Dem entgegen stand jedoch die Tatsache, daß ein Teil dieser Verbände nicht als unpolitisches Instrument der Staatsführung angesehen werden konnte.

Für viele Berufsoffiziere, die den Dienst quittieren mußten, gab es keine angemessenen Arbeitsplätze. Für sie bedeutete eine Entlassung gleichzeitig existenziellen Ruin.

Wie immer man auch die Lage dieser Offiziere sehen mochte, für sie gab es in der angespannten schwierigen Wirtschaftslage keine Möglichkeit, zu einer angemessenen Beschäftigung zu gelangen. Die Vorurteile weiter Kreise, vor allen Dingen der in der Regierung stehenden SPD-Kreise, waren so groß, daß man kaum einen Offizier nahm, wenn noch ein anderer Mann zur Verfügung stand.

Im Gruppenkommando II in Kassel, wo ich die organisatorische Seite dieses Umbaues bearbeiten mußte, gab es nicht so große Schwierigkeiten wie im Gruppenkommando I in Berlin. Denn im Raume Berlin standen nach ihrer Rückkehr aus dem Osten die meisten Freikorps. Sämtliche Formationen des Baltikum-Kampfes wurden in Berlin aufgelöst. Die sich hierbei entwickelnden, von Tag zu Tag sich häufenden Schwierigkeiten sind eine der Wurzeln des Kapp-Putsches.

Wir hatten mit dem Gruppenkommando II auf der Wilhelmshöhe Quartier bezogen. Nicht etwa im Schloß, sondern im Marstall, in den Kammern der früheren Stellmeister und Reitknechte. Einige Wochen später zogen wir in die frühere Kriegsschule am Friedrichsplatz um.

Während meines Weihnachtsurlaubs war ich zur Jagd bei meinen Geschwistern von Coelln in Deichslau Schlesien. Diese Ferien sollten für mich eine einschneidende Wende bringen, denn ich lernte hier Fräulein Jutta Sibylle von Loesch kennen.

Ich muß gestehen, daß es beiderseits Liebe auf den ersten Blick war. Wenige Tage später hielt ich um ihre Hand an, am 10. Januar fand die Verlobung statt.

Meine Braut war die Tochter des Landesältesten und Fideikommissherrn auf Lorzendorf, Arthur von Loesch, und seiner Gemahlin Amaly, geborene von Schack.

Die Güter meines Schwiegervaters, der Rittmeister der Reserve war, waren mustergültig bewirtschaftet. Der Name von Loesch hatte im ganzen Kreise Namslau einen guten Klang. Die Gründung eines Waisenhauses, der Bau einer Siedlung für die Landarbeiter und die wirklich christliche Nächstenliebe, die sich in praktischer Hilfeleistung zeigte, hatten ihnen allgemeine Hochachtung eingebracht.

Meinem Schwiegervater gehörten die Güter Lorzendorf, Hennersdorf und Butschkau. Letzteres lag im sogenannten „Reichtaler Ländchen“, das im Vertrag von Versailles den Polen zugesprochen worden war. Wenige Tage nach unserer Verlobung trat die neue Grenzziehung in Kraft. Ich hatte wenigstens die Freude, vorher mit meiner Braut ein paar Tage nach unserer Verlobung in Lorzendorf Butschkau noch einmal besuchen zu können. So erlebte ich auch in der engsten Familie die Folgen des Versailler Vertrages.

Durch meine Verlobung gehörte ich nun zu einer Familie, die seit über hundert Jahren auf das Engste mit Schlesien verbunden war. Mein Schwiegervater war auf Lorzendorf, das nach der neuen Grenzziehung unmittelbar an der polnischen Grenze lag, immer schon ein Vorkämpfer des Deutschtums gewesen, allerdings nicht im Sinne eines übersteigerten Nationalismus. Bereits vor dem Ersten Weltkriege hatte er deutsche Rückwanderer aus Rußland aufgenommen, für sie eine Arbeitersiedlung erbaut und ihnen so eine neue Heimat gegeben. In dieser Familie fand ich nichts, was dem vorgefaßten Zerrbild des Preußischen Junkers auch ähnelte.

Wir hatten beschlossen, im Sommer zu heiraten. Ich fuhr also nach Kassel zurück und erlebte hier den Kapp-Putsch. Es geschah auf folgende Weise.

Am Morgen des 13. März 1920 ging ich wie immer aus meiner Wohnung zum Gruppenkommando. Dort erfuhr ich, daß General von Loßberg alle Offiziere zu einer Besprechung gerufen habe. Auf dieser Besprechung teilte uns der General mit, daß aus Berlin die Nachricht von der Bildung einer neuen Regierung unter dem Generallandschaftsdirektor Kapp eingegangen sei und daß General von Lüttwitz neuer Oberbefehlshaber aller deutscher Truppen dieser neuen Regierung sei. Es sei nichts weiter bekannt. Außerdem lägen auch keine Befehle der rechtmäßigen Reichsregierung vor. General von Loßberg ordnete abschließend an, daß die Befehle des Gruppenkommandos I unter General von Lüttwitz für das Gruppenkommando II keine Gültigkeit hätten.

Die militärischen Dienststellen des Gruppenkommandos II waren von der Tatsache des Putsches überrascht worden. Ich selbst lehnte diesen Putsch ab. Mein Hauptgrund dafür war, daß eine Gewaltanwendung gegen die Staatsautorität der deutschen soldatischen Tradition widersprach. Darüber hinaus schien mir dieses Vorgehen die Stellung der Armee im Volke aufs Schwerste zu gefährden.

Wie unserem neuen Chef der Heeresleitung, General Hans von Seeckt erschien auch mir als Konsequenz dieses Putsches eine noch stärkere Konzentration des Offizierskorps auf die militärischen Belange und der unbedingte Gehorsam – vor allem der höheren Befehlshaber – gegenüber den Hoheitsträgern des Reiches unabdingbar.

Das aber hieß gleichzeitig auch Ausklammerung innenpolitischer Betätigung und Ausrichtung auf die einzige Tätigkeit der Sicherung des Reiches nach außen.

Die Kasseler Zivilbevölkerung versammelte sich an diesem denkwürdigen Tage auf dem Friedrichsplatz und nahm gegen das Gruppenkommando II eine feindselige Haltung an. Man war offenbar im Glauben, daß auch wir am Putsch beteiligt wären. Der Oberbefehlshaber, General von Schoeler, der sich zu diesem Zeitpunkt in seiner Wohnung auf der Schönen Aussicht befand, mußte durch eine Offiziers-Patrouille ins Gruppenkommando-Gebäude in Sicherheit gebracht werden.

Auf dem Hinweg wurde diese Patrouille bedroht. Es kam zu einer kurzen Schießerei, bei der ein Todesopfer durch eine verirrte Kugel zu beklagen war.

Wenig später erschienen Vertreter der Sozialdemokraten, der Demokraten und des Zentrums im Gruppenkommando, um Aufklärung zu erhalten, wie und auf welche Seite sich das Gruppenkommando II stelle.

General von Schoeler erklärte ihnen, daß das Gruppenkommando ebenso wie die Bevölkerung von diesem Putsch überrascht sei und daß vom Reichspräsidenten Ebert keine Befehle vorlägen. Einer der Parteimänner wollte dies nicht glauben und stellte die Frage:

„Herr General, Sie wollen wohl warten, auf welche Seite Sie fallen sollen?“

General von Schoeler tat diese Bemerkung durch eine verächtliche Handbewegung ab. Nach meiner Meinung war diese Geste, so berechtigt sie war, zu schwach. Die Verdächtigung hätte sofort scharf und unmißverständlich zurückgewiesen werden müssen.

Durch die Weisung General von Loßbergs, daß die Befehle von Lüttwitz hier keine Gültigkeit hätten, war ja der Trennungsstrich zu dem Putsch in Berlin bereits gezogen.

Die Masse des Heeres – das muß mit allem Nachdruck gesagt werden! – blieb der Reichsregierung gegenüber loyal.

Das Tragische an diesem Putsch war, daß sowohl General von Lüttwitz wie auch Generallandschaftsdirektor Kapp aus patriotischen Gefühlen heraus gehandelt hatten und nicht etwas aus Eigennützigkeit. Das zeigt auch schon die Tatsache, daß unsere Kameraden in den Ostprovinzen und auch der Verteidiger von Deutschostafrika, Paul von Lettow-Vorbeck, sowie der sozialdemokratische Oberpräsident von Ostpreußen, August Winnig, sich der neuen Regierung unter Lüttwitz und Kapp unterstellt hatten.

Was uns alle im Westen des Reiches mit Sorge erfüllte, war die drohende Gefahr eines Bürgerkrieges. Jederzeit konnten die Kommunisten im Ruhrgebiet und in den Industrieräumen Mitteldeutschlands einen Aufstand anzetteln und die mühsam errungene, noch auf schwachen Füßen stehende Ordnung erneut zerstören.

So war neben der Pflicht zur Loyalität gegen die Staatsgewalt auch das nüchterne Kalkül mit im Spiel, das uns zeigte, daß das Kapp-Unternehmen nur eine schwere Gefahr heraufbeschwor.

Der Aufruf der Reichsregierung zum Generalstreik, der nach der Erinnerung der Reichswehr-Minister Dr. Gessler vom seinerzeitigen Reichspressechef Ulrich Rauscher auf dessen eigene Verantwortung erlassen und mit den Unterschriften des Reichspräsidenten und der Reichsregierung verkündet worden war, ließ keine Transportmöglichkeit offen. Außerdem erschien uns ein Kampf der Reichswehr gegeneinander das schlimmste, was passieren konnte.

Wenige Tage darauf brach der Kapp-Putsch zusammen. Nur noch die Folgen des Generalstreik-Aufrufes waren zu überwinden, denn im Verlaufe dieses Generalstreiks kam es an vielen Orten zu Unruhen.

Mit einem Schlage trat ganz offen mitten in Deutschland eine regelrechte Rote Armee in Erscheinung. Wesel wurde von den Roten belagert. In Wetter fiel die Batterie Hasenclever in ihre Hand und wurde bis auf den letzten Mann bestialisch ermordet.

Ich kannte Hauptmann Hasenclever gut. Er war ein prachtvoller Offizier. Im Kriege hatten wir im Stab der 213. Infanterie-Division miteinander gearbeitet.

Das Ruhrgebiet mußte zerniert werden. Der Aufstand wurde unter Opfern niedergeschlagen.

Ähnlich ging es beim kommunistischen Aufruhr in Thüringen zu.

Welche Folgen dieser Putsch hatte, das trat wenig später offen zu Tage. Er war in der Geschichte des deutschen Heeres der erste Fall, in dem sich Generale zusammen mit Politikern gegen die Staatsautorität gestellt und versucht hatten, diese durch Gewaltanwendung zu verändern.

Allerdings kam es nicht – wie in einer Flut von Beschimpfungen behauptet wurde – zu einem Treuebruch der Reichswehr. Das Gegenteil ist der Fall, denn ohne die Reichswehr wäre die Regierung auf jeden Fall gestürzt worden. Die Masse der Reichswehr hatte nichts mit dem Putsch zu tun.

Vollends unglaubwürdig waren solche Anwürfe aus den Reihen derjenigen Politiker, die selber erst wenige Monate vorher unter Ausnützung einer Kriegsnotlage sich dieses Mittels der Revolution bedient hatten, um ihre politischen Ziele durchzusetzen.

Dennoch mußte sich jeder Soldat gleich mir vor Augen halten, daß der Kapp-Putsch die Stellung der Armee im Volk auf das Schwerste gefährdet hatte.

Das Volk sah nach wie vor die Rolle des Soldaten als die des Verteidigers des Vaterlandes und als Stütze der gewählten Regierung. Der „politische Soldat" wurde nicht gebilligt. Das Vertrauen des Volkes hatte allein der unpolitische Soldat.

Damit soll nicht dem völlig apolitischen Soldaten das Wort geredet werden. Der Soldat soll und muß sich vielmehr mit den politischen Problemen seiner Zeit befassen. Aber er darf in keinem Falle das Werkzeug einer parteipolitischen Richtung werden.

Die entscheidende Erkenntnis dieses Putschversuches liegt darin, daß dieser Versuch einer Regierungsänderung durch Gewalt von der Masse des Volkes nicht gebilligt wurde.

Und noch eines sei an dieser Stelle vermerkt: das maßvolle Verhalten der Regierung durch den Einfluß des Reichspräsidenten Ebert nach dem mißglückten Putsch hat wesentlich mit dazu beigetragen, die Spaltung der Reichswehr zu verhindern.

Wir gingen nach dem Putsch daran, die in Versailles bestimmte Form für die Reichswehr zu finden. Es war die Persönlichkeit des Generals von Seeckt, die dieser neuen Reichswehr ihren Stempel aufdrückte.

Autorität von oben, Gehorsam von unten und Loyalität aller gegen die Regierung waren die Merkzeichen dieses Stempels.

Die Reichswehr wurde aus der Politik herausgenommen. Es gehörte in jenen Tagen ein außerordentliches Maß an Idealismus dazu, Soldat zu bleiben oder gar Soldat zu werden.

Im Sommer 1920 erhielt ich meinen Heiratsurlaub. Am 10. Juni fand unsere Hochzeit in Lorzendorf statt. Meine Frau war zu dieser Zeit ganze 19 Jahre alt. Unser Trauspruch lautete:

„Gott ist Liebe, und wer in der Liebe bleibet, der bleibet in in Gott und Gott in ihm.“ (1. Joh. 4, 16)

In Kassel begründeten wir unsere kleine Familie. Die Angebinde, die meine Frau neben ihrer strahlenden Jugend und Schönheit mit in unsere Ehe brachte, waren: Liebe zu geben, eine Zartheit der Seele und des Gefühls und eine von innen kommende Bescheidenheit.

Ich möchte an dieser Stelle gleich einflechten, daß es uns vergönnt war, an unserem ersten Hochzeitstag in Lorzendorf unser erstes Kind, unsere Tochter Gisela, taufen zu können.

Weiterhin möchte ich hier anfügen, daß meine Frau während des Krieges, als wir unseren geliebten Jungen Gero verloren, der ein Jahr nach Gisela geboren wurde und mit 19 Jahren als Leutnant im Panzergrenadier-Regiment 51 am Ilmensee fiel, als unsere beiden Pflegesöhne, mein Schwager und so viele uns liebe Menschen auf immer von uns gingen, unendliche Treue und Tapferkeit bewies.

Als wir alles verloren hatten, hat sie unseren jüngsten Sohn Rüdiger, der am 19. November 1929 geboren wurde, durchs Leben und bis zur Reifeprüfung gebracht.

Dazwischen hat sie immer wieder anderen geholfen. Als mein Prozeß kam, hat sie tapfer an meiner Seite gestanden, wissend, daß ihre Anwesenheit im Gerichtssaal, vor allem bei der Verkündigung des schamlosen Urteils, mir Kraft bringen würde.

So hat sie durch die Jahrzehnte unseren Trauspruch wahrgemacht.

Kehren wir zu meiner Tätigkeit in der sich eben formierenden Reichswehr zurück. Die Umrüstung in das 100.000-Mann-Heer wurde vollzogen. Ein Jahr hatte ich mit meiner Frau in Kassel gewohnt, als ich als Chef der 6. Kompanie des Infanterie-Regimentes 5 nach Angermünde versetzt wurde. Diese kleine Stadt mit vielleicht 5.000 Einwohnern, D-Zug-Station zwischen Berlin und Stettin, bot in ihrer weiteren Umgebung mit dem prächtigen vom Wald umgebenen Wolletz-See, an den auch der Exerzierplatz angrenzte, viel Erfreuliches. Die Märker, die hier wohnten, waren stolz auf die Armee. Sie hatten einen Gardeverein, dem ich als Ehrenmitglied angehörte. Da ich in Angermünde Standortältester war, mußte ich an mancher Feier teilnehmen.

Erfreulich war die Tatsache, daß ich in der Ausbildung meiner Kompanie völlig freie Hand hatte, denn der Bataillonskommandeur saß in Prenzlau und der Regimentskommandeur in Stettin.

Nach langen Jahren im Generalstabsdienst war dieses Truppenkommando für mich wertvoll. Die Erziehung junger Soldaten zu pflichtbewußten Männern und guten Deutschen war schon eine Aufgabe, die des Schweißes wert war.

Zwei Jahre arbeitete ich in Angermünde. Hier erlebte ich aus der Entfernung den Münchener-Hitler-Putsch und den Küstriner-Buchrucker-Putsch. Während der Putsch des Majors Buchrucker im Keime erstickt wurde, war Hitlers Putsch durch die Hilfe des Generals Ludendorff gefährlicher, denn in München verletzte ein ganzer Jahrgang der Infanterieschule die Gehorsamspflicht. Die Fähnriche handelten gegen ihren Fahneneid, als sie sich für Hitlers Bewegung und Ziele einspannen ließen. Der Chef der Heeresleitung hat gegen diese Gehorsamsverweigerung scharf durchgegriffen.

Am 1. Oktober 1923 wurde ich nach zwei Jahren als Kompaniechef wieder in den Generalstab versetzt. Da dieser durch das Versailler Diktat verboten war, wurden die Generalstabsoffiziere „Führungsgehilfen“ genannt; der ehemalige Große Generalstab wurde als „Truppenamt“ Teil des Reichswehrministeriums. Ein Jahr arbeitete ich im Stabe des Wehrkreiskommandos II in Stettin. Ab 1.10.1924 übersiedelte ich nach Dresden, um im Wehrkreiskommando IV als Lehrer der Führergehilfen zu arbeiten.

In Stettin fanden wir keine Wohnung, so daß ich dort möbliert wohnen mußte und nur ab und zu nach Angermünde fahren konnte.

Außerdem kostete mich diese Wohnungskalamität meine Vorpatentierung um zwei Jahre als Generalstabsoffizier. Dazu kam es, als mir eine Wohnung in Stettin, die ich im Ringtausch erhalten sollte, durch das Eingreifen des Heerespersonalamtes verlorenging.

Selbstverständlich wollte ich meine Familie bei mir haben, deshalb reichte ich darüber eine Beschwerde ein und diese Beschwerde wiederum – so berechtigt sie auch war – wurde mir vom Chef der Heeresleitung, Generaloberst von Seeckt, an den sie schließlich gelangte, derart übel genommen, daß er mich von der Liste der Offiziere strich, die vorpatentiert werden sollten.

Erst volle 13 Jahre später wurde diese Benachteiligung durch Vergütung der beiden Jahre aufgehoben.

Die drei Jahre, die ich anschließend in Dresden verlebte, waren dagegen wieder schön und vor allem lehrreich. Dresden schenkte meiner Frau und mir unvergeßliche Eindrücke. Das Elbflorenz, wirklich eine der schönsten Städte Europas, bezauberte uns. Die Brühlsche Terrasse sah uns an heiteren Abenden. Seine weltberühmte Oper verlieh den Hauch der Poesie und heiterer Beschwingtheit. Die reiche Gemäldesammlung in der Galerie verlockte zum Schauen. Als Führergehilfen-Lehrer mußte ich mehrere kleine Übungsreisen machen und lernte viel von der weiteren Umgebung Dresdens kennen. Während einer dieser Reisen nach Würzburg hatte ich das Glück, an einem der ersten Mozartfeste im Park der Würzburger Residenz teilnehmen zu können. Es war eine der schönsten Erinnerungen für mich geblieben.

Kurz vor Ende meiner Dresdener Jahre erhielten meine Frau und ich ein großes Geschenk.

Der Chef der Heeresleitung hatte einen Preis ausgesetzt für ein Thema des „Führerheeres". Er bestand in einer Spanienreise, auf der ich meine Frau mitnehmen konnte. Ich erhielt diesen Preis, und da ich in meiner Dresdener Zeit Spanisch gelernt hatte, wurde diese Reise zu einem unvergeßlichen Erlebnis.

Es ging über Marseille nach Malaga. Diese Städte Granada, Ronda, Sevilla, Cordoba und Toledo, Madrid und Barcelona waren Stationen, ehe es von Barcelona aus nach Genua und von dort wieder in die Heimat zurückging.

In Magdeburg, wo ich Ende 1927 meinen Dienst als Generalstabsoffizier beim Infanterieführer IV antrat, wurde ich Major. Es sollte meine letzte Station sein, die am Rande des großen Geschehens der Reichswehr lag.

Inzwischen hatte ich mir meine Gedanken über die Reichswehr und ihre Rolle im Reich gemacht. Ich hatte versucht, zu ergründen, welchen moralischen und ideologischen Einflüssen die Reichswehr unterworfen war, welchen Einfluß Ludendorff, Hindenburg oder Seeckt auf die Jugendzeit der Reichswehr ausgeübt hatten.

Es herrschte in gewissen Kreisen die Ansicht, daß die Reichswehr nur damit beschäftigt sei, einen neuen Krieg vorzubereiten. Andere waren der Meinung, daß die Reichswehr einen „Staat im Staate" bilde. Die Reichswehr als „Hort der Reaktion", als „Sphinx" wurde propagiert.

Aber wer, wie ich selbst, lange Jahre am Aufbau der Reichswehr mitgewirkt hat, der weiß was sie wirklich sein wollte und – was sie war.

Sie war nichts anderes, als die Hüterin preußisch-deutscher Überlieferung: des soldatischen Pflichtgefühls. Sie war ein loyales Instrument der Staatsgewalt.

Diese beiden wirklichen Eigenschaften, schlossen alle ihr angedichteten aus. Daß nicht General von Seeckt, der Schöpfer der Reichswehr, die Macht besaß, sondern der Reichswehrminister, das zeigte sich an einem praktischen Fall. Als nämlich Reichswehrminister Gessler über eine unbedeutende politische Frage mit Generaloberst von Seeckt in Gegensatz geriet, mußte Seeckt sein Abschiedsgesuch einreichen.

Es war übrigens Reichspräsident von Hindenburg, der General von Seeckt näher stand als Gessler und sich trotzdem für Gessler entschied.

Von Seeckt war es auch gewesen, der gegen die Münchener Infanterieschule anläßlich des Hitler-Putsches eingeschritten war.

Die Reichswehr wurde schließlich das, was Generaloberst von Seeckt im März 1919 zu den versammelten Offizieren des AOK-Nord sagte:

„Die Verantwortung für sein Handeln, die für jeden Offizier alle Zeit, in Krieg und Frieden, groß war, ist doppelt schwer in unseren Tagen politischer Entscheidungen. Zu tragen ist solche Verantwortung nur, wenn sie auf dem Pflichtgefühl aufgebaut ist.

Seine Pflicht tun heißt, zum Wohle des Ganzen beitragen. Das schließt jede selbstische Regung aus und fordert Opfer. Nicht das Opfer der inneren Überzeugung, wohl aber das der freien Willensmeinung und Willensbetätigung. Diese finden ihre Grenzen im Wohle der Gesamtheit des Staates, des Vaterlandes. Mehr als je fordert der Tag Unterordnung und Disziplin."

Und so, wie es aus den Worten herausklingt, die Oberstleutnant a.D. Otto Bauer am 11. August 1951 in der „Münchener Allgemeinen Wochenzeitung“ veröffentlichte, so wurde die Reichswehr.

Daß sie so wurde, daß sie wirklich im Stande war, das Reich zu schützen, das verdankt sie solchen Politikern, die über ihren Parteihorizont hinwegblicken konnten. Männern wie Reichspräsident Friedrich Ebert, der sich zur Rettung Deutschlands mit der Reichswehr verbündete. Dem Reichswehrminister Gustav Noske, der dem drohenden Umsturz mit der Reichswehr begegnete.

Reichswehrminister Dr. Otto Gessler, der die Reichswehr in vielen Debatten schützte.

Mit diesen Gedanken sei ein weiterer Abschnitt meines Lebens abgeschlossen.

Im Reichswehr-Ministerium
Was Hindenburg für uns war
Persönlichkeiten, die ich kennenlernte
Mein erster Eindruck von den Unternehmungen des Nationalsozialismus
Die Einstellung des Militärs dazu
Das Deutsch-Polnische Verhältnis

Ende September 1929 übernahm ich von dem damaligen Oberstleutnant Wever, dem späteren Chef des Generalstabes der Luftwaffe, die Leitung der Gruppe I der ersten Abteilung des Truppenamtes (T I.).

Die Abteilung T I entsprach der Operationsabteilung in einem Generalstab. Ich trat also mit dieser Dienststellung in die Spitzengruppe des eigentlichen Operationsstabes des Chefs der Heeresleitung, dem auch die Verwendung der Truppen im Kriegsfalle zufiel.

Um es vorwegzunehmen: es war die interessanteste und zugleich verantwortungsvollste Aufgabe, die einem Generalstabsoffizier im Frieden gestellt werden konnte. Besonders wichtig waren bei dieser neuen Arbeit die wehrpolitische Lage und die Waffentechnik.

Die Zusammensetzung dieser Abteilung sei in einigen Strichen skizziert. Sie bestand aus drei Gruppen. Die Gruppe III hatte sich mit sämtlichen aus dem Versailler Diktat ergebenden Fragen zu befassen.

Die Gruppe II hingegen bearbeitete Führungsaufgaben, die die Organisation des Heeres betrafen und die Probleme der Landesbefestigungen.

Die Gruppe I, die ich übernahm, hatte die bestmögliche Verwendung der Truppe zu überlegen und in vielen Plänen durchzuorganisieren. Damit stellte sie den eigentlichen Operationsstab dar. Ein Seeoffizier war uns beigegeben, um die Zusammenarbeit mit der Reichsmarine sicherzustellen.

Außer mir arbeiteten noch drei weitere jüngere Reichswehr-Offiziere in dieser Gruppe. Unter ihnen befanden sich einige Persönlichkeiten, die sich auch in der Bundesrepublik und in der Bundeswehr einen Namen machen sollten: Einmal der Generalinspekteur der Bundeswehr, Heusinger und zum anderen der Inspekteur der Luftwaffe, Kammhuber.

Wir hatten ein gutes Arbeitsverhältnis und bearbeiteten auch die Großen Kriegsspiele und Übungsreisen. Diese dienten der operativen Schulung der höheren Führer und der Generalstabsoffiziere.

Chef der Abteilung T I war der damalige Oberst Geyer, der als General der Infanterie und Kommandierender General des II. Armeekorps bereits am 25.6.1940 das Ritterkreuz erhielt.

Oberst Geyer besaß die große Gabe, jede Eingabe kritisch nach allen Seiten zu durchleuchten und alle Schwächen und Mängel herauszufinden, weniger jene, über scharfe Kritik hinaus positive Entschlüsse zu finden. Er ließ mir in meinem Arbeitsbereich ziemlich freie Hand, und wenn es gelungen war, seine Kritik zu bestehen oder zu überwinden, vertrat er die Forderungen, die wir stellten mit großer Festigkeit und Bestimmtheit.

Er vertrat auch gleich mir die Ansicht, daß die Operationsabteilung in allen Fragen, die eine mögliche künftige Kriegführung berührten, ihre Gedanken und Auffassungen zur Geltung bringen müsse. Die Armee, das war unsere Überzeugung, mußte nach dem Willen derer gestaltet werden, die sie einmal würden einsetzen müssen.

Diesen Standpunkt hat Oberst Geyer gegen den Widerstand vieler anderer vertreten.

Der Chef des Truppenamtes, General Adam, war ein sehr

lebhafter und temperamentvoller Mann, der aus der Bayerischen Armee gekommen war. Diesem Manne war Routine und schemahaftes Arbeiten verhaßt. Er wünschte neue Ideen und Einfälle. Mir gegenüber hat er immer großes Wohlwollen gezeigt.

Er war es zum Beispiel auch, der anläßlich der Sudetenkrise, als er Oberbefehlshaber der Heeresgruppe im Westen war, offen bekundete, daß der Westwall, von dem jeder als einem unbezwingbaren Bollwerk sprach, keineswegs ausgebaut war und bezweifelte, daß er gegen die zu erwartende französische Übermacht gehalten werden könne.

Damit war seine Abschiedsstunde gekommen, denn er hatte sich die Ungnade Hitlers zugezogen, für den der Westwall ein Mythos war.

Da ich in meiner Stellung sowohl zum Chef des Truppenamtes als auch zum Chef der Heeresleitung in einem besonderen Vertrauensverhältnis stehen mußte, kam ich wieder sehr eng mit dem derzeitigen Chef der Heeresleitung, Generaloberst Freiherr von Hammerstein-Equord, in Kontakt.

Der General war – wie auch ich – aus dem 3. Garde-Regiment zu Fuß hervorgegangen und neben General von Schleicher, der ebenfalls aus unserem Regiment kam, einer der klügsten Menschen, die ich kennenlernen durfte. Von ihm stammt das Wort: „Vorschriften sind für die Dummen!“

Seine ganze geistige Einstellung, seine Fähigkeit, trotz allen gelenkten Trubles ein nüchternes politisches Urteil zu bewahren und – zu fällen, brachten ihn sofort in Konflikt mit den Nationalsozialisten, die ihn schon im Jahre 1934 verabschiedeten.

Meine Frau und ich waren mit der Familie des Generals – seine Frau war eine Tochter des Generals von Lüttwitz – befreundet.

Im zweiten Jahr meiner Arbeit im Truppenamt kam als Nachfolger von Oberst Geyer der spätere General Feige. Auch er ließ mir in meinem Arbeitsgebiet völlig freie Hand.

Die erste große Aufgabe, die ich zu bewältigen hatte, war die Frage der Mobilmachung des 100.000-Mann-Heeres im Kriegsfalle. Erinnern wir uns, daß uns sämtliche Mobilmachungsvorbereitungen im Versailler Diktat verboten worden waren. Die Bezirkskommandos und die Meldeämter mußten aufgelöst werden. Die uns zugestandenen Kreisoffiziere konnten diesen Mangel nicht ausgleichen. Das heißt nichts anderes, als daß wir eine Armee hatten, die im Falle eines bewaffneten Überfalles von außen nicht zu verstärken war. Wenn man Deutschland ein Heer gestattete, wenn Deutschland ein solches Heer unterhielt, dann mußte es doch auch im Falle eines Krieges feldverwendungsfähig gemacht werden können. Daß Deutschland mit seinen 100.000 Mann niemals gegen die Millionen Soldaten, die das Reich umringten, einen Angriffskrieg führen würde, war klar. Falls ein Krieg ausbrach, dann würde er von einer anderen Seite angezettelt werden, nicht von Deutschland. Das jedenfalls war meine Meinung.

Als ich meinen Arbeitsbereich übernahm, war gerade eine Arbeit beendet worden, bei der es um die Mobilmachung der Reichswehr im Kriegsfalle ging. Dieser Mobilmachungskalender sollte im April 1930 in Kraft treten.

Darin war vorgesehen, aus den bestehenden 7 Infanterie-Divisionen im Kriegsfalle 14 Infanterie-Divisionen zu bilden. Mein scheidender Vorgänger Wever übergab mir dieses Dokument.

Offen gestanden, stand ich dieser Konzeption skeptisch gegenüber, denn von den sieben neuzuschaffenden Divisionen würden sechs unbewaffnet nur als „Personal-Divisionen" zur Verfügung stehen. Diese Art der Heeresvermehrung würde nach meiner Meinung nur die Zahl der Gefangenen erhöhen, die ein Gegner machen würde. Der einfachere, richtigere Weg schien mir eine Verdreifachung der Infanterie-Divisionen von 7 auf 21. Das hieße, daß aus jedem Infanterie-Regiment mit einer zugeteilten Artillerie-Abteilung eine neue Division geformt werden mußte.

Für diese Verdreifachung mußten auch die nötigen Mannschaften gefunden werden. Es waren dies einmal die nach Ablauf ihrer 12jährigen Dienstzeit oder aus familiären Gründen vorzeitig entlassenen Soldaten. Zum anderen mußten Freiwillige – noch im alten Heer ausgebildet – geworben werden.

Diesen einfachen Weg einer Verdreifachung zu gehen, hatte sich die Organisations-Abteilung außer Stande gesehen. Sie glaubte, nicht die erforderlichen Waffen dafür zu haben; die im Versailler Vertrag zugelassenen Bestände erlaubten dies tatsächlich nicht, und geheime Bestände waren nicht vorhanden.

Unter diesem Umständen waren also von der Organisationsabteilung jene „Personal-Divisionen" geplant worden.

Ich mußte ein neues Konzept entwickeln, das einmal einleuchtend genug war und zum anderen auch hundertprozentig funktionieren würde. Dazu bedurfte es umfangreicher Studien. Dennoch entstand bald ein neuer Entwurf, aus dem hervorging, daß eine Verdreifachung doch möglich war, wenn man gewisse Dinge in Betracht zog.

Dazu gehörte eine Reduzierung der Waffen. z.B. bei der Infanterie-Kompanie von 9 auf 6 leichte Maschinengewehre und in der Maschinengewehr-Kompanie gar von 12 auf 6 schweren MG. Die Artillerie-Batterien mußten anstelle der 4 üblichen Geschütze mit 3 auskommen. Außerdem mußten sämtliche im Versailler Vertrag zugelassenen Reservewaffen mit einbezogen werden.

Mit diesem Unterlagematerial versehen ging ich zu Oberst Geyer und trug vor, daß die soeben fertiggestellten Mobilmachungsweisungen unzweckmäßig seien. Dieser Plan müsse durch einen neuen Plan ersetzt werden, in dem eine Verdreifachung der Infanterie-Divisionen enthalten sei.

Oberst Geyer war skeptisch. Aber General Adam stimmte sofort zu. Der Chef der Heeresleitung, General von Hammerstein, war ohnehin von den „Personal-Divisionen“ nicht begeistert gewesen.

So hatte ich gleich zu Anfang eine monatelange Arbeit der Organisationsabteilung torpediert, und darob war man natürlich nicht gerade erfreut.

So begann meine Arbeit. Der Zweck dieser Maßnahmen lag nicht in der Vorbereitung einer Kriegsführung aus deutscher Initiative. Das wäre angesichts der Gesamtstärke der französischen Armee von 1.500.000 Mann im Krieg, der der polnischen Armee von 1.000.000 Mann und der tschechischen Armee von 600.000 Mann jeweils im Kriegsfalle - doch der reine Selbstmord gewesen.

Diese Arbeiten galten vielmehr allein dem Ziele, wenigstens einige Sicherheit dafür zu gewinnen, daß wir einem Gewaltstreich aus dem Osten – aus Polen – gegenüber gewappnet waren.

Wir wollten wenigstens so lange Widerstand leisten können, bis der Völkerbund eingriff. Vor allem konnten wir nur durch diesen Widerstand gegen einen bewaffneten Angriff das Eingreifen des Völkerbundes moralisch erzwingen.

War dies notwendig? Gab es Anzeichen dafür, daß ein solcher Gewaltstreich geplant war?

Nun, von polnischer Seite kam es immer wieder zu illegalen Aktionen, insbesondere in Oberschlesien. Bei diesen Ausschreitungen bestand permanent die Gefahr einer Ausweitung im Sinne eines polnischen Aufstandes.

Nach den Erfahrungen mußte man immer damit rechnen, daß polnische „Probemobilmachungen“ mit einer Eroberung endeten, wie dies 1920 der Fall war, als Polen sich der Stadt Wilna und des Gebietes um Wilna durch einen Handstreich bemächtigte.

Ende 1931 wurde übrigens wieder in ähnlicher Weise an der ostpreußischen Grenze probemobilisiert.

Aus diesem Grunde machte ich den Vorschlag, Polen klarzumachen, daß es sich nicht auch Ostpreußen einverleiben könnte. Da uns Befestigungen in Grenznähe ebenfalls verboten waren, legte ich den Plan für die „Heilsberger-Stellung" vor. Diese Stellung war eine einfache Linie aus Draht- und Panzerhindernissen, mit einigen leichten Betonbunkern durchsetzt. Sie sollte das Samland und die alte Feste Königsberg zu einer Art von ostpreußischen Reduits machen.

Dieser Vorschlag wurde von Reichswehrminister Groener gebilligt. Mit den Arbeiten wurde bald darauf begonnen.

Im Jahre 1930 hatte ich das erste große Kriegsspiel für den Chef des Truppenamtes anzulegen. Die Annahme war ein polnischer Gewaltstreich auf Ostpreußen oder Oberschlesien. Das Besondere an diesem Spiel war die Hinzuziehung von Politikern, die das politische Vorspiel abhalten sollten. Diese Möglichkeit war von mir vorgeschlagen worden. Es kam schließlich darauf an, alles zu vermeiden, was von den Verbündeten Polens, Frankreich und der Tschechoslowakei als „Bündnisfall" angesehen werden konnte, was sie automatisch in den Konflikt hätte einschreiten lassen. Damit jedoch wären wir verloren gewesen. Es kam auch darauf an, dem Völkerbund keine Möglichkeit zu bieten, sich seiner Pflicht zu entziehen und gegen den Aggressor – also Polen – Stellung zu nehmen.

So kam es, daß während des Vorspieles der Staatssekretär des Auswärtigen Amtes, von Bülow, als Zuschauer dabei war. Geheimrat Köpke hatte den Präsidenten des Völkerbundes darzustellen. Jeweils ein anderer höherer Beamter übernahm die Rolle des deutschen und des polnischen Außenministers.

Die militärischen Führerstellen wurden durch Generalstabsoffiziere besetzt.

Der Legationsrat von Rintelen hatte den polnischen Außenminister zu spielen. Er erfand immer neue deutsche Provokationen, und Geheimrat Köpke spielte die Genfer Phraseologie durch.

Es war eine hochinteressante Sache. Diese Art von Kriegsspiel war in der deutschen Militärgeschichte einmalig, und es ist mir kein Kriegsspiel des Auslandes bekannt, in dem diese Vorspiele durchexerziert worden wären.

Bei dem Kriegsspiel war ich General Adams rechte Hand. Es war das erste Mal, daß eine Heeresleitung sich bemühte, alle militärischen Maßnahmen im Falle eines Konfliktes den politischen Gegebenheiten anzupassen.

In dieser Zeit begann für mich auch eine rege Auslands-Tätigkeit. So fuhr ich im Herbst 1930 in die Tschechoslowakei, um zusammen mit Hauptmann Toussaint – dem Bearbeiter der Abteilung Fremde Heere – an den tschechischen Manövern teilzunehmen. Es war die erste offizielle Einladung dieser Art, die nach dem Ersten Weltkrieg an Deutschland erging. Sie lag wahrscheinlich in dem Wollen des tschechischen Staatspräsidenten Masaryk begründet, zum Deutschen Reich ein erträgliches Verhältnis zu schaffen. Die polnische Delegation protestierte. Nichtsdestoweniger wurden wir von unseren Gastgebern, wie auch von den Attachés der anderen Mächte liebenswürdig begrüßt und kameradschaftlich behandelt.

Das zu Manöverbeginn stattfindende Frühstück sah mich an der Seite von General Syrowy. Von ihm hatte ich den Eindruck eines verschlagenen und rücksichtslosen Mannes. Er soll 1914 in der Österreichischen Armee als Sanitätsgefreiter gedient haben und schon 1914 zu den Russen übergelaufen sein. Außerdem soll er Admiral Koltschak in die Hand der Bolschewisten gespielt haben. Er trug eine schwarze Augenklappe und erinnerte mich deshalb an den Führer der Hussiten, Ziska.

Eine Überraschung wartete auf Toussaint und mich, als wir in Preßburg das Schloß besichtigten, das zu Zeiten Maria Theresias errichtet worden war. Es war in eine Kaserne umgewandelt worden, und wir wurden rasch von Rekruten umringt, die mit uns Deutsch sprachen. Und sie waren auch Deutsche! Es waren Angehörige der deutschen Minderheiten, die ebenfalls zum Militärdienst einberufen wurden.

Zum Abschluß konnten wir auch den Staatspräsidenten begrüßen.

Die nächste Auslandsreise führte im folgenden Jahr nach Rußland. Die Rote Armee hatte General Adam, dem Chef des Truppenamtes, eine Einladung übermittelt. Er nahm mich und einen Offizier mit, der russisch sprach.

In Moskau wurden wir von dem deutschen Botschafter von Dirksen und seiner Frau sehr freundlich aufgenommen. Der inoffizielle ständige Vertreter der Reichswehr in Moskau, Dr. Ritter von Niedermayer, betreute uns vorzüglich.

In Niedermayer lernte ich eine der interessantesten Persönlichkeiten der Reichswehr kennen, der im Ersten Weltkrieg eine deutsche Expedition nach Afghanistan geführt hatte. In Moskau hörten wir dem Unterricht an der Kriegsakademie zu. Hier lernte ich den späteren Marschall Budjenny kennen, dessen Heeresgruppe in der Schlacht von Kiew 1941 zerschlagen wurde.

Von Moskau aus fuhren wir nach Kiew und Charkow.

Neben dem seinerzeitigen Kriegskommissar Woroschilow, den wir bereits in Moskau kennenlernten, kam ich auch noch mit dem stellvertretenden Kriegskommissar Tuchatschewski in Berührung, der aus der Kaiserlichen Garde hervorgegangen und dann Revolutionär geworden war.

Der Oberbefehlshaber von Moskau, General Kork, war ständig von gleichrangigen Kommissaren umgeben. Der Kommandeur der Moskauer Luftakademie, Eidemann, schien sehr befähigt und war sympathisch. Übrigens war der Akademie eine moderne Forschungsanstalt angeschlossen.

Den größten Eindruck, was die soldatische wie menschliche Haltung betrifft, machte auf mich der Oberbefehlshaber der Heeresgruppe Kiew, Oborewitsch. Wir tranken Tee in seiner Wohnung im dritten Stock eines Miethauses, in der er trotz seiner hohen Stellung recht bescheiden lebte.

Die kulturellen und künstlerischen Darbietungen, die uns in Moskau geboten wurden, standen auf einem hohen Niveau. In der Oper sahen wir das berühmte klassische Ballett „Der weiße Schwan" in einer begeisternden und vollendeten Aufführung. Wir hörten und sahen die Oper „Pique Dame" von Tschaikowski, die in einer märchenhaft anmutenden Ausstattung geboten wurde.

Anläßlich dieses Opernbesuches sahen wir auch Tuchatschewski mit Frau. Allerdings war es nicht dieselbe Dame, die wir beim Woroschilow-Diner als seine Frau kennengelernt hatten. Man sagte uns, daß Tuchatschewski über deren zwei verfügte. Wenn er bei einem der Botschafter fremder Mächte in Moskau eingeladen wurde, soll dem Vernehmen nach vorher immer gefragt worden sein, welche seiner Damen er mitbringen wolle.

Während General Adam nach Berlin zurückfuhr, machte ich noch einen Abstecher nach Petersburg. Die Stadt mit ihren Kunstschätzen und Zarskoje Selo mit seinem Katharinenpalast waren ein unvergeßlicher Eindruck.

Meine dritte große Auslandsreise 1932 führte mich zum zweitenmal nach Rußland. Ich war im Rahmen einer Militär-Delegation zu den großen Manövern im Kaukasus eingeladen worden.

Diesmal wurden wir von Oberst Köstring, dem neuen deutschen Militär-Attaché, begleitet. Köstring hatte seine Jugendzeit in Rußland verbracht, wo sein Vater eine Bank in Moskau hatte und Grundbesitz in Tula.

Weil Köstring im Ersten Weltkriege auf deutscher Seite gekämpft hatte, war sein Eigentum eingezogen worden. Er hat mehr als jeder andere deutsche Diplomat für das deutsch-russische Verhältnis getan. Seine Beurteilung der Roten Armee war für uns unersetzlich.

In Baku hatten wir eine Stunde Aufenthalt und konnten die riesigen Ölfelder besichtigen. Uns erschien – aus der Nähe betrachtet – das gesamte Gebiet als eine von schwarzen Ölpfützen durchsetzte, von Bohrtürmen überstiegene Öde, auf die eine kräftige Sonne niederprallte.

In der Nähe von Tiflis wurde unser Zug im Gebirge in etwa 1.000 Meter Höhe abgestellt. Er war während der Manöverzeit unser Standquartier.

Von den Manöver-Abläufen sahen wir nicht viel. Ihren Abschluß erlebten wir auf einer Tribüne, an der die Truppe vorbeiparadierte. Dann wurden wir von der Regierung der Nordarmenischen Republik Eriwan zu einem Paradediner in die Hauptstadt eingeladen. Das Fest begann am Abend und endete im Morgengrauen.

Nach anstrengenden Wochen nahte schließlich das Abschiedsfest in Moskau. Gastgeber war der Chef des russischen Generalstabes, Jegorow. Mein Tischnachbar war Budjenny. Das einzige deutsche Wort, das er zu mir sagte, lautete „Prost“. Mit diesem Wort bestritt er dann auch die ganze Unterhaltung – dies aber laufend! Es wurde durchaus mißbilligt, daß wir nicht jedesmal austranken. Das gehörte hierzulande zum guten Ton.

Als schließlich nach Tisch ein Kellner erschien, um das berühmte Narsan-Quellwasser zu kredenzen, erhob sich Budjenny, fegte mit einer weitausholenden Gebärde die Wassergläser vom Tablett und rief:

„Nix Narsan! - Schampanski!“

Die Frau des russischen Generalstabschefs, eine temperamentvolle Schönheit, tanzte im weiteren Verlauf des Abends mit einem jungen Offizier den Kasatschok und andere Nationaltänze mit hinreißendem Temperament.

Eine Kuriosität ereignete sich auf der Rückreise. Als wir durch die Republik Lettland fuhren, erhob die lettische Regierung von uns für die kurze Durchreise durch den schmalen lettischen Zipfel eine Abgabe von dem mitgeführten Geld ganz nach Art der Raubritter.

Nun war für mich wieder die Zeit gekommen, eines der „Frontkommandos“ zu übernehmen, wie die Truppenkommandos genannt wurden.

Ich war Oberstleutnant geworden und erhielt das Jäger-Bataillon des in Kolberg beheimateten Infanterie-Regimentes 4. Daß ich mir diesen Platz selbst hatte wählen können, war eine Ausnahme. Meine Frau und ich entschlossen uns für Kolberg, weil die Seeluft das Asthma-Leiden unseres ältesten Jungen heilen konnte. Aber auch sonst haben wir diese Wahl nie bereuen brauchen.

Es war wieder eine große Freude, junge Menschen erziehen zu können. Dieses Bataillon und die grüne Jägerfarbe wuchsen mir sehr ans Herz.

Kolberg galt damals als der beste Standort des Regimentes. Auch der Regimentskommandeur, Oberst Strauß, lag mit seinem Stab in dieser Stadt. Als General der Infanterie sollte Adolf Strauß im Polenfeldzug das II. Armeekorps führen und als einer der ersten deutschen Soldaten das Ritterkreuz am 27. Oktober

1939 erhalten. Später führte er die 9. Armee in Rußland zum Erfolg.

Kolberg bot viele Annehmlichkeiten. Das Ostseebad war in gutem Zustand. Der Kolberger Dom ist ein Glanzstück ostdeutscher Backstein-Gotik.

Wir hatten das Glück, dicht am Strand zu wohnen. Der Sommer sah den Pommerschen Adel hier. Das Kolberger Reitturnier war ein Anziehungspunkt für viele. Ich hörte einmal eine treffliche Definition eines boshaften baltischen Barons über diesen Zustand, die es wert ist, an dieser Stelle wiedergegeben zu werden:

„Im August bricht der pommersche Adel, seine bernsteingeschmückten Weibchen mit sich führend, aus seinen Urwäldern hervor, um sich bei Kolberg in die See zu werfen."

Die Jagden in Pommern waren großartig. Unser Bataillon besaß eine eigene Jagd, die den großen Exerzierplatz und einen Teil des Persante-Tales umfaßte. Hier knüpften wir neue Freundschaften, die Bestand behielten. Vor allem in den Häusern von der Marwitz-Hohenfelde und von der Osten-Wisbu.

In Kolberg erlebte ich die „Machtergreifung" durch Hitler. Wir in der Provinz bemerkten kaum etwas davon. Für mich stellte sich der Hitlersche Versuch in diesen Tagen als ein weiteres Bemühen in der langen Reihe dar, zu einer neuen Regierung zu gelangen. Der erste neue Versuch, von der Präsidialregierung zu einer Staatsführung zurückzukehren.

Was uns beruhigte, was uns Aufregungen fernhielt, war die Tatsache, daß Reichspräsident Paul von Hindenburg Hitler als Führer der stärksten Partei mit der Regierungsneubildung beauftragt hatte. Daß darüber hinaus einige der wichtigsten Ministerien durch Vertrauensleute des Reichspräsidenten besetzt blieben, erhärtete dieses Gefühl noch. Wir erwarteten einen neuen Kurs mit stärkerer Betonung des nationalen Gedankens und dem Versuch eines sozialen Ausgleichs.

Die Reichswehr war an diesem Regierungswechsel nicht beteiligt gewesen. Hitlers Putschversuch vom November 1923 hatte auf sie wie ein Schlag gewirkt. In Offizierskreisen stand man Hitler deshalb mit Vorbehalten gegenüber. Nur ein einziges Mal wurde später festgestellt, daß zwei Leutnants in Ulm Hitler-Propaganda trieben. Der zuständige Regimentskommandeur war der spätere Generaloberst Beck. Er ließ diesen Offizieren den Prozeß machen, zeigte aber menschliches Verständnis für diese Männer.

Es gab kaum einen höheren Offizier der Reichswehr, der Hitler vor der Machtergreifung persönlich gekannt hatte. Bis auf General von Schleicher, der aufgrund seiner Stellung dazu verpflichtet war und den damaligen Befehlshaber in Ostpreußen, General von Blomberg und seinen Stabschef Oberst von Reichenau.

So hatte auch ich bis dahin noch keinen Kontakt mit Hitler gehabt. Nun muß ich allerdings gestehen, daß auf den Soldaten die von dieser Partei betonten nationalen Belange großen Eindruck machten. Auch der Protest gegen den Versailler Vertrag und der Kampf gegen den Kommunismus beeindruckten.

Das immer wieder propagierte Streben dieser Partei, die Kluft zwischen Bürgertum und Arbeiterklasse zu überwinden, trug mit zu einer stillschweigenden Duldung und Billigung bei.

Als sich jedoch auch die Tendenz bemerkbar machte, für die SA eine eigene militärische Geltung anzustreben, stellten sich Sorgenfalten auf den Stirnen der damit Befaßten ein. Eine Partei-Armee handelte nach den Entschlüssen ihres Führers.

Was darüber hinaus noch unter den Offizieren Verstimmung auslöste, war die Nominierung von Hitler als Gegenkandidat Feldmarschall von Hindenburgs bei der Reichspräsidentenwahl 1932.

So entstanden vor der Machtübernahme die zwiespältigen

Gefühle in der Reichswehr gegenüber dieser Partei. Dennoch wurde im Januar 1933 die Berufung Hitlers von der Truppe mit einem Gefühl der Erleichterung begrüßt. Von Begeisterung aber war nichts zu spüren.

General von Blomberg, der bis zum 30. Januar 1933 in Königsberg Wehrkreisbefehlshaber war, wurde auf Verlangen Hindenburgs Reichswehrminister. Daß dieser kluge und weit über den Durchschnitt gebildete Mann in dem geschehenen Maße dem Einfluß Hitlers unterliegen könne, ahnte damals niemand. Er berief General von Reichenau zum Chef seines Ministeramtes.

Mit gemischten Gefühlen vernahmen wir auf dem Truppenübungsplatz Döberitz die Geschehnisse über den Reichstagsbrand am 27.2.1933. Übrigens hatte einer unserer Oberjäger als erster den Brand bemerkt und ihn der Polizei gemeldet. Dieser Oberjäger befand sich gerade auf Urlaub in Berlin.

Die Reichstagswahlen vom 5. März – an denen wir als Angehörige der bewaffneten Macht nicht teilnehmen durften – wurden von uns dahin gewertet, daß nunmehr eine stetige Meisterung der anstehenden Probleme gewährleistet sei und zwar sowohl auf dem innenpolitischen als auch auf außenpolitischem Gebiet.

Der „Tag von Potsdam“ war eine propagandistische Meisterleistung, die ihren Eindruck auf uns nicht verfehlte. Hitler verstand es hier mit seinen Propagandisten, die Auferstehung der Preußischen Tradition des Dienens durch den Nationalsozialismus glaubhaft zu machen.

Das Ermächtigungsgesetz, am 24.3.1933 vom Reichstag mit großer Mehrheit angenommen, öffnete Hitler das Tor zur Diktatur.

Der Austritt aus dem Völkerbund wurde von den Soldaten gebilligt, denn seit seinem Bestehen hatte Deutschland weit über ein Jahrzehnt darauf gewartet, daß die übrigen Mächte – den Bestimmungen des Versailler Vertrages folgend, der ja auch für sie bindend war – ebenfalls abrüsten würden.

Als dann Hitlers Vorschläge einer begrenzten Aufrüstung abgelehnt wurden, waren wir Soldaten – und ich zähle mich auch dazu – einverstanden, daß Deutschland die Konferenz verließ. Damit würden wir freie Hand gewinnen. Der weitergehende Schritt des Austrittes aus dem Völkerbund allerdings schien mir fraglich in Hinblick auf seine Notwendigkeit und Zweckmäßigkeit.

Die Vergrößerung des Heeres von 7 auf 21 Divisionen – auch als Friedensstand – wurde rahmenmäßig vorbereitet.

Es bleibt noch festzustellen, daß die Reichswehr der Führung des Reiches, die 1933 an die Macht kam, zuversichtlich gegenüberstand. Dies nicht zuletzt wegen der Tatsache, daß noch Reichspräsident von Hindenburg über ihr wachte.

Hindenburg, der Sieger von Tannenberg, war für uns die lebende Verkörperung der Königlich-Preußischen Armee. Solange er lebte, würde die Reichswehr unangetastet das bleiben, was sie war.

Als Neffe des Feldmarschalls habe ich Hindenburg öfter gesehen und gesprochen. Auch war ich im Jahre 1934 noch zweimal mit ihm zusammen. Einmal als Gast des Reichspräsidenten bei einem Konzertabend mit dem lyrischen Bariton Heinrich Schlusnus, dem leider im Jahre 1952 verstorbenen Sänger, dessen gepflegte Gesangskultur allerorten gerühmt wurde. Zu diesem Ereignis war eine große Zahl von Gästen ins Reichspräsidentenpalais eingeladen worden. Unterstützt von seiner charmanten Schwiegertochter und seinem Sohn empfing Hindenburg seine Gäste. Er war noch immer der alte Grandseigneur, und es zeigte sich, daß sein Gedächtnis in keiner Weise gelitten hatte.

Die Frage, ob Hindenburgs geistige Spannkraft nachgelassen habe und er darum Hitler so freie Bahn gegeben habe, muß ich aufgrund eigener Beobachtungen bei diesem Treffen verneinen. Wie sich der Reichspräsident anläßlich dieses Konzertes auf Namen und Begebenheiten besann, die zum Teil 50 Jahre und länger zurücklagen, war erstaunlich.

Allerdings merkte ich noch eins: Hindenburg brachte Hitler – der ebenfalls eingeladen worden war – ein gewisses Wohlwollen entgegen, und Hitler selbst zeigte sich so ehrerbietig, daß es die Zuschauer angenehm berührte.

Das war der eine Besuch zu Beginn des Jahres 1934. Der zweite Besuch, der meine Frau und mich zu Gast bei den Hindenburgs sein ließen, fand dagegen im engsten Familienkreise statt. Wir wurden von ihm eingeladen, weil eine meiner Schwestern zu Besuch gekommen war.

Auch dieser Abend im kleinen Kreise wurde wieder ganz besonders nett. Es gab eine gute Küche, und die Bowle zum Essen sowie die gute Flasche Wein nachher lösten die Zunge etwas.

Auch bei diesem Treffen erzählte Hindenburg aufgeräumt aus seiner Vergangenheit. Gerade bei diesem Abend gab er wieder eine seiner erstaunlichen Proben eines guten Gedächtnisses.

Die Frage war auf einen Kameraden vom 3. Garderegiment gekommen. Dabei wurde auch von dessen Vater gesprochen, der mit Hindenburg zusammen im Regiment gedient hatte. Der Reichspräsident erzählte dann von der Verlobung seines damaligen Regimentskameraden von Loebell und daß er zu diesem Anlaß ein Gedicht gemacht habe. Und dieses Gedicht, dessen Entstehung über 55 Jahre zurücklag, zitierte er noch fließend.

Auf Gut Neudeck war ich auch noch einmal zu Lebzeiten Hindenburgs. Das Haus war eigens für ihn neu gebaut worden. Es war ein schlichter Bau, schön mit alten Möbeln eingerichtet. Das Besondere war die Bibliothek.

Daß im Arbeitszimmer des Reichspräsidenten noch immer ein Bild von Ludendorff hing, obwohl dieser gegen Hindenburg aufgetreten war, zeigte die Toleranz, die der Reichspräsident übte.

Aus allen diesen Besuchen weiß ich, daß Hindenburg nicht der senile alte Herr war, von dem in gewissen Kreisen gesprochen wurde und gesprochen wird.

Die letzte schwere Krankheit, an deren Ende er starb, ließ ihn auf Neudeck abgeschlossen sein. So konnte er nicht wissen, was an dem berüchtigten 30. Juni 1934 alles geschah, zumal er nur von Hitler selbst – und das natürlich in dessen Sinne – darüber unterrichtet wurde.

Am 2. August 1934 starb der Reichspräsident auf Gut Neudeck. Als Neffe des Feldmarschalls erhielt ich eine Einladung zu den Beisetzungsfeierlichkeiten im Denkmal von Tannenberg.

Die Feier war eindrucksvoll und würdig. Daß sie aber dem bescheidenen Sinn des Feldmarschalls nicht entsprach, dessen war ich sicher. Er wollte an der Seite seiner verstorbenen Frau in Neudeck ruhen.

Die Trauerrede des Wehrmachtsbischofs D. Dohrmann war aber dem Wesen des Verstorbenen entsprechend schlicht.

So viel ich weiß, ist beim Hereintragen des Sarges in das Denkmal der Präsentiermarsch des 3. Garde-Regimentes zu Fuß zum letzten Male gespielt worden.

Eine Ehrung vermißten wir, mit der wir fest gerechnet hatten: der französische Botschafter, der anwesend war, legte nicht – wie wir alle es erhofft hatten – das Fahnentuch des 3. Garde-Regimentes am Sarg des Toten nieder. Diese Fahne war einige Jahre nach dem Ersten Weltkriege bei der Umbettung deutscher Gefallener auf der Brust eines gefallenen Grenadiers des Regimentes gefunden worden und wurde im Invalidendom aufgehängt.

Die Zurückgabe dieses Fahnentuches hätte sicherlich auf alle Soldaten einen unauslöschlichen Eindruck gemacht.

Direkt nach dem Tode des Reichspräsidenten wurde die Reichswehr auf Befehl des Reichswehr-Ministers auf „den Führer und Reichskanzler“ vereidigt. Ob sie nunmehr, nach dem Tode des großen alten Beschützers, weiterhin unangetastet bleiben würde, wußte noch niemand.

Einfach den Eid auf den Reichskanzler, also auf Hitler, zu verweigern, sahen wir Soldaten keinen Grund. Hitler hatte, um den Schein der Legalität zu wahren, das Gesetz über das Staatsoberhaupt einen Tag vor dem Tod des Reichspräsidenten verkünden lassen.

Der Nationalsozialismus
Mein Eindruck von den ersten Unternehmungen Hitlers
Wie vollzog sich der Aufstieg des Nationalsozialismus?

Noch in Kolberg erlebte ich die ersten Großkundgebungen, mit denen die NSDAP und das neue Regime an die Öffentlichkeit traten.

Auf einer dieser Großkundgebungen sprach Baldur von Schirach. Er verkündete die Zusammenfassung aller deutschen Jugendbünde und -verbände unter seiner Führung. Viele meiner jüngeren Soldaten hatten einem der von Admiral von Trotha geführten Jugendbünde angehört. Sie waren verärgert über die Art, mit der Schirach die Leistungen des Admirals negierte.

Auf Befehl Berlins mußte sogar bei einem Besuch Görings eine Ehrenkompanie gestellt werden.

Eines allerdings setzten wir durch. Nicht etwa dem Reichsminister Göring wurde die Kompanie gemeldet, sondern unserem Regimentskommandeur, der auch die Front abschritt.

Wenige Monate nach der Machtübernahme versuchte man in Kolberg, den Chefarzt des Kinderkrankenhauses Siloah von seinem Posten zu verdrängen. Der Grund: dieser Mann sei nur ein „Halbarier". Der Doktor hatte als Sanitätsoffizier im Ersten Weltkrieg das Eiserne Kreuz I. Klasse erhalten. In Wirklichkeit war diese Jagd auf einen Halbarier jedoch nicht mehr und nicht weniger als Konkurrenzneid. Oberst Strauß – der spätere Generaloberst –, mein Regimentskommandeur und ich traten so für den Chefarzt ein, daß seine Konkurrenten leer ausgingen.

Wir glaubten nicht, daß die vereinzelt sich zeigenden Verfolgungen von Juden System seien und hofften, daß sich dies legen möge.

Zwischen der SA und meinen Jägern kam es immer wieder zu Zusammenstößen. Es kam auch zu Reibungen, als durch eine Anordnung des Reichswehrministers von Blomberg Lehrpersonal zur Ausbildung für SA-Lager gestellt werden sollte. Den unerfreulichsten Eindruck jedoch machte eine Rundfahrt des Stabschefs der SA, Ernst Röhm, durch Pommern. In seinem Gefolge ein Schwarm von SA-Führern, kamen sie in schweren Autos, veranstalteten Zechgelage und führten große Reden. Wir nahmen von dieser Reise keine Notiz.

Weit verbreitet war damals die Meinung, daß Hitler von diesen Fehlgriffen seiner Satelliten nichts wisse und daß er sie auch niemals dulden würde. Dieser Täuschung sollten sich viele Menschen in Deutschland hingeben.

Dies waren die ersten Begegnungen mit dem neuen Regiment. Als ich jedoch am 1.2.1934 zum Chef des Stabes des Wehrkreises III ernannt wurde und nach Berlin fahren mußte, sollte ich mehr über das neue Regime erfahren.

Leider konnte der damalige Chef der Heeresleitung, General Freiherr von Hammerstein, meine Bitte nicht erfüllen, zwei Jahre bei meiner Truppe bleiben zu dürfen. Er ließ mir sagen, daß meine Verwendung in höheren Generalstabsstellungen geplant und daß ich darum für die Stellung des Chefs bei dem wichtigen Berliner Wehrkreiskommando vorgesehen sei.

Gleichzeitig mit meiner Ernennung trat im Wehrkreis III ein Wechsel ein. Der bisherige Befehlshaber, Freiherr von Fritsch, übernahm die Stellung Hammersteins als Chef der Heeresleitung. Sein Nachfolger wurde General von Witzleben, der es später zum Feldmarschall bringen sollte.

Ich kannte Witzleben gut. Wir hatten gemeinsam die Tätigkeit als Lehrer der Führergehilfen in Dresden ausgeübt. Witzleben, ein Edelmann im besten Sinne des Wortes, kam von den Königsgrenadieren. Er war großzügig, erfaßte das Wesentliche schnell und besaß die gute Gabe, nicht unbedingt alles selber machen zu müssen. Er schenkte mir sein volles Vertrauen. Der NSDAP stand er mit unverhohlener Abneigung gegenüber. Er blieb Hitlers Gegner und starb für seine Überzeugung am 8. September 1944 an einem Fleischerhaken im Zuchthaus Plötzensee. Er starb, wie er gelebt hatte: als preußischer Edelmann. Ehre seinem Andenken!

Der Stab des Wehrkreiskommandos war einheitlich zusammengesetzt. Ia war Oberst i.G. Graf Sponeck. Er wurde später auf der Krim in ein tragisches Schicksal verstrickt, auf das ich noch zurückkommen muß. Ib war Oberstleutnant i.G. von Boeckmann, erster Adjutant war Major von Boltenstern, Mobilmachungsbearbeiter Hauptmann (E) Hartwieg. Der Ic, Major Zwade, konnte uns dank seiner vorzüglichen Nachrichtenquellen immer gut über das Verhalten der Partei und der SA unterrichten.

Auch hier im Wehrkreis III war es besonders schlecht um die höchsten SA-Führer bestellt. Wie man mir sagte, war der Obergruppenführer der SA, Ernst, vom Liftboy zu dieser Stellung emporgeklettert. Er war arrogant, stellte die Ansprüche eines Kommandierenden Generals und glaubte sogar, daß ihm diese als Obergruppenführer zustände. Er wollte sich in die Stellung von Witzlebens einschleichen. Das war uns bald klar. Aber er kam nicht zum Ziel.

Angesichts dieser fragwürdigen Existenzen war die Zusammenarbeit in Berlin ebenfalls unmöglich.

Doch in diesen Dingen sowie in den Reibungen zwischen den Dienststellen der Reichswehr und der Partei und insbesondere mit der SA schon eine unmittelbare Bedrohung für den Staat zu sehen, wäre damals noch unglaubwürdig gewesen. Allerdings wurde uns doch deutlich, daß die SA-Führung mit dem Stabschef der SA, Ernst Röhm, an der Spitze bestrebt war, ihren Verband an die Stelle der Reichswehr zu setzen. Röhm wollte sein eigenes Führerkorps in die Reichswehr verpflanzen und sich als Chef an die Spitze stellen.

Aus vielen weiteren Äußerungen klang heraus, daß Röhm eine zweite Revolution plane. Auch Hitler erfuhr von diesen Spannungen und ließ Ende März 1934 alle Höheren Führer der Reichswehr wie auch der SA und SS zusammenkommen. Im großen Saal des Reichswehrministeriums hielt er eine Rede. Hier sah ich Hitler zum ersten Mal. Ich hörte seine Rede, sah seinen Gesichtsausdruck und jede seiner Gebärden.

Hitlers Rede, der Inhalt seiner Worte, machte auf mich einen tiefen Eindruck. Er wolle das Reich aus den Fesseln des Versailler Vertrages lösen, aber dazu bedürfe es eines eigenen in sich geschlossenen Volkes und einer starken Reichswehr. Es klang alles so, als wolle er die SA- und SS-Führer ermahnen und sie darauf hinweisen, daß die militärische Lage Deutschlands des Schutzes einer starken Reichswehr bedurfte. Hitler bezeichnete die nationale Revolution als abgeschlossen. Darin lag für Röhm eine deutliche Warnung. Der Friede zwischen Reichswehr und SA müsse unter allen Umständen erhalten bleiben.

Und dann sprach Hitler die für uns entscheidenden Worte:

„Die Wehrmacht ist der einzige Waffenträger der Nation und wird es auch bleiben.“

Damit hatte er den Bestrebungen der SA-Führung eine eindeutige Abfuhr erteilt.

Hitler ließ Blomberg und Röhm ein Abkommen unterzeichnen, in dem die beiderseitigen Aufgaben abgegrenzt und bestimmt wurden. Theoretisch war nun alles in Ordnung. Aber praktisch änderte sich nichts zwischen SA und Reichswehr.

Immer wieder wird in Deutschland und auch in der Welt die Frage gestellt, warum die Reichswehr anläßlich des Röhm-Putsches und der Hitlerschen Maßnahmen nicht gehandelt habe.

Lassen Sie mich aus meiner Sicht diese Tragödie darlegen, um aufzuzeigen, wie die Reichswehr dies alles sah oder wie es ihr dargestellt wurde.

Ende Juni 1934 befand ich mich mit meinem Vorgesetzten, General von Witzleben, auf dem Schießplatz Putlos, um die Fahrabteilung 3 zu inspizieren. Als wir beunruhigende Meldungen aus unserem Wehrkreiskommando erhielten, brachen wir auf und fuhren nach Berlin zurück. Wir mußten feststellen, daß ein dem Wehrkreiskommando gegenüberliegendes Haus von der SA übernommen worden war und mußten erkennen, daß die SA dort Maschinengewehre aufgestellt hatte. Daraufhin verstärkten auch wir unsere Wache im Dienstgebäude.

Darüber hinaus hatte uns der Polizeipräsident von Potsdam, Graf Helldorf, eine Warnung zugehen lassen, daß die SA-Führung einen Gewaltstreich plane.

Am 29. Juni traf bei uns von Frankfurt/Oder kommend der Wehrgaubefehlshaber General Haase – der spätere Generaloberst – ein und schilderte die Lage in der Neumark als überaus gespannt. Er schlug vor, die höheren SA-Führer vorsorglich festzunehmen.

Dem konnte General von Witzleben nicht zustimmen. Der Berliner SA-Führer Ernst verschwand plötzlich. Er hatte sich zu einer Schiffsreise eingeschifft, als er am 30.6.1934 verhaftet wurde.

Dann wurde die SA am 29.6. von Röhm beurlaubt, was wir am gleichen Tage als Täuschungsmanöver empfanden.

Am 30.6. holte Hitler zu einem Vernichtungsschlag gegen alle ihm bekannten „Revolutionäre“ aus. Wir waren darüber nicht unterrichtet, sondern erfuhren aus dem Reichswehrministerium, daß Hitler Röhm in Bad Wiessee persönlich verhaftet habe. Hitler habe ihn und eine Reihe anderer SA-Führer aus der Partei ausgestoßen. Es war für uns eine Erleichterung, das zu hören. Allerdings, und das sei ausdrücklich hier festgestellt, wußten wir auch nicht, auf welch blutige Weise Hitler dieses Problem gelöst hatte.

Die Ermordung des Ehepaares von Schleicher, des Generals von Bredow, die Erschießung Röhms und seiner Vertrauten wurden dann doch rasch bekannt.

Darüber hinaus brachten wir in Erfahrung, daß in der ehemaligen Hauptkadettenanstalt in Groß-Lichterfelde – sie war inzwischen die Unterkunft der SS-Leibstandarte geworden – weitere Erschießungen stattgefunden hätten. Hier sollte auch der SA-Obergruppenführer Ernst erschossen worden sein.

Ob diese Gewaltakte auf direktes Geheiß Hitlers zurückzuführen waren oder ob sie von Göring und Himmler und anderen Gewalthabern in der Provinz verübt worden waren, wußten wir nicht. Dennoch hatte Hitler die Verantwortung. In einer Rede vor dem Reichstag übernahm er sie auch öffentlich.

Heute ist sich wohl jeder darüber klar, daß mit diesem Gewaltakt das Reich aufgehört hatte, ein Rechtsstaat zu sein.

Damals herrschte jedoch im Volk das Gefühl vor, daß Hitler durch sein Vorgehen gegen die SA die große Gefahr einer zweiten Revolution, die „Nacht der langen Messer“, die wie eine dunkle Wolke über Deutschland schwebte, gebannt habe.

Man ahnte in diesem Akt noch nicht das erste Glied einer sich fortsetzenden Kette von Gewalttaten, sondern glaubte, daß Hitler mit seinem Vorgehen einer Hydra den Kopf abgeschlagen habe, die Deutschland mit einer Gewaltherrschaft durch die SA bedrohte. Dieser Eindruck wurde durch die Annahme des Gesetzes über Maßnahmen der Staatsnotwehr durch das Reichskabinett bestärkt.

Darüber hinaus glaubte man noch, daß Hitler durch diesen einmaligen Gewaltakt gegen Röhm und seine Gefolgsleute in der SA der sich dort anbahnenden Gesetzlosigkeit einen Riegel vorgeschoben habe.

Neben den SA-Führern waren an jenem 30. Juni und im Gefolge dieser Gewaltakte auch Unschuldige ermordet worden. Die Ermordung der Generale von Schleicher und von Bredow ging die Reichswehr direkt etwas an.

Aus diesem Grunde erwarteten wir vom Reichswehrminister von Blomberg entsprechende Schritte zur Sühne und Rehabilitierung dieser beiden Männer. Als in dieser Hinsicht nichts geschah, bat ich General von Witzleben, beim Chef der Heeresleitung zu intervenieren.

Generaloberst von Fritsch hat mehrfach versucht, von Blomberg zu einem solchen Schritt bei Hitler zu bewegen. Blomberg tat dies nicht, sondern erklärte Fritsch, daß er – Blomberg – ihm sage, daß Hitler die Beweise in Aussicht gestellt habe, aus denen eine Konspiration der beiden erschossenen Generale mit dem Ausland hervorgehe. Sie sind aber nie gegeben worden.

Auf jeden Fall war die Reichswehr empört. Die Diskussionen gingen so weit, daß das Reichswehrministerium schließlich jede Diskussion darüber verbot.

Was tat Hindenburg?

Diese Frage, die immer wieder auftauchte, weil man ja nicht wußte, daß der Reichspräsident schwer erkrankt war, soll ebenfalls beantwortet werden. Hindenburg war von Hitler orientiert worden. Natürlich in Hitlers Sinne, der den Gewaltakt als Staatsnotwehr darstellte. Hindenburg billigte die Staatsnotwehr, und jede Aktion der Reichswehr hätte sich jetzt auch gegen das Staatsoberhaupt, den Reichspräsidenten, gerichtet.

Das einzige, was erreicht werden konnte, war eine Ehrenerklärung für die beiden erschossenen Generale. Generalfeldmarschall von Mackensen gab sie anläßlich der Jahresversammlung der Vereinigung (= Vereinigung ehemaliger Generalstäbler) Graf Schlieffen ab, die am 28. Februar 1935 stattfand. In dieser Erklärung kam zum Ausdruck, daß die „persönliche Ehre der beiden Offiziere nicht berührt worden“ sei.

Der mit der Reorganisierung der SA beauftragte Polizei-General Daluege sollte nun die SA neu aufbauen, und alle Wehrkreiskommandos erhielten die Aufforderung, Listen mit den Namen derjenigen SA-Führer aufzustellen, die nicht zur Führung größerer SA-Verbände geeignet seien. Eine solche Liste wurde auch vom Wehrkreiskommando III eingereicht. Ich habe sie als Chef des Stabes des Wehrkreiskommandos unterschrieben. Daluege aber gab diese vertrauliche Mitteilung an die betroffenen SA-Führer weiter. Auf unserer Liste stand auch der SA-Brigadeführer K., der nunmehr bei Generaloberst von Fritsch meine Entlassung forderte.

Noch ein zweites Mal versuchte ich, den Reichswehrminister zu bewegen, gegen eine Maßnahme der Partei zu intervenieren. Aber auch diese Intervention schlug fehl.

Das Reichswehrministerium hatte nämlich verfügt, daß alle nichtarischen Offiziere und Soldaten aus der Reichswehr auszuscheiden hätten. Diese Verfügung stützte sich auf das Gesetz zur Wiederherstellung des Berufsbeamtentums, mit dem Nichtarier ausgeschlossen wurden.

Bei uns handelte es sich dabei um sechs Leutnants und einen Fähnrich. Da diese Soldaten ein klares Bekenntnis für Deutschland abgelegt hatten, war es in meinen Augen verwerflich, sie nun zu entlassen, weil sie vielleicht eine jüdische Großmutter hatten. Das schien mir auch jeder Kameradschaft zu widersprechen. Ich sah es als selbstverständlich an, daß sich die Reichswehr auch vor die jüdischen Frontkämpfer des Ersten Weltkrieges zu stellen hätte.

Einer der betroffenen Offiziere war ein ehemaliger Untergebener von mir, denn er stand als Leutnant bei den Kolberger

Jägern. Als er sich mit der Bitte um Hilfe an mich wandte, schrieb ich sofort einen Brief an General von Reichenau, der damals noch enger Vertrauter Blombergs war.

In diesem Brief stellte ich es als Feigheit dar, wenn die Reichswehr der Partei nachgeben würde.

Von Reichenau legte diesen Brief Blomberg vor, der auf mich zornig wurde, weil er offenbar ein schlechtes Gewissen hatte. Er zeigte meinen Brief auch General von Fritsch und erklärte, daß er Schritte gegen mich unternehmen würde. Aber Fritsch hatte ihm den Brief fortgenommen und gesagt: „Das ist meine Sache!" Da er meine Haltung billigte, unternahm er nichts gegen mich. Aber auch er konnte den Befehl nicht aufheben, der die Nichtarier in der Reichswehr schwer traf. Ich hatte die Freude, daß es mir glückte, den Leutnant durch einen Brief an Generaloberst von Seeckt bei der deutschen Militärmission in China unterzubringen.

Dieser junge Offizier jüdischen Blutes ist dann leider als Kompanieführer an der Spitze seiner Schützen in der Schlacht an der Bzura im September 1939 gefallen.

So gingen meine ersten Duelle gegen die Partei und die SA aus.

Hitlers Verhalten zur Reichswehr und in den Fragen der Wiederaufrüstung war bis zum Tode des Feldmarschalls von Hindenburg objektiv und interessiert.

Von einer Wiederaufrüstung konnte bis dahin erst in geringem Maße die Rede sein.

Am 16. März 1935 wurde die Wehrpflicht in Deutschland wieder eingeführt. Sie kam für mich, wie auch für meinen Vorgesetzten, General von Witzleben, überraschend. Selbst die Festsetzung der Heeresstärke auf 12 Armeekorps mit insgesamt 36 Divisionen geht auf Hitler persönlich zurück.

Diese Heeresstärke deutete noch nicht auf die Absichten eines Angriffskrieges hin, denn sie konnte allenfalls zur Verteidigung ausreichend sein. Die Vermehrung von 7 auf 36 Divisionen brachte für die Offiziere und Mannschaften der Reichswehr, die doch die Kernkader dieser Divisionen zu bilden hatten, ein großes Maß an persönlicher Beanspruchung und Arbeit.

Aber es blieb nicht bei diesen 36 Divisionen. Sondereinheiten mußten aufgestellt werden. In erster Linie Panzerverbände, aber auch schwere Artillerie-Abteilungen, Panzerabwehr-Abteilungen und andere Sondertruppen.

Durch diese aufreibende, ja hektische Tätigkeit, durch das Angespannt- und Eingespanntsein in diese Aufgaben, die jeden Offizier zur Hergabe aller Kräfte zwangen, wurde das Augenmerk der Offiziere nicht auf die Dinge gelenkt, die sich im Reich aus der politischen Entwicklung ergaben.

Vergessen wir auch nicht, daß gerade die Weimarer Republik die völlige Zurückhaltung des Soldaten im politischen Bereich durchgesetzt und erreicht hatte, vergessen wir nicht, daß die Angehörigen der Reichswehr nicht wählen durften, daß sie somit auch ihren politischen Willen nicht zum Ausdruck bringen und die Männer an der Spitze des Reiches selbst mitbestimmen konnten.

Der Soldat konzentrierte sich damals ganz auf seine Aufgabe. Er verzettelte sich nicht mit Problemen, die nicht seines Amtes waren. Das wurde ihm so anerzogen. Die Tragödie begann vielleicht damit.

Als Chef der Operationsabteilung und Oberquartiermeister I im Generalstab des Heeres War ein Krieg unvermeidlich? Die Panzerwaffe und die motorisierte Infanterie Die Sturmartillerie Was bedeutete die Besetzung des Rheinlandes?

Das Wohlwollen und die Wertschätzung, derer ich mich bei meinen Vorgesetzten, namentlich beim Oberbefehlshaber des Heeres, erfreute, verhinderte, daß meine Karriere nach diesen Aufsässigkeiten gegenüber dem Regime und der Partei für mich schädlich verlief.

So erhielt ich am 1. Juli 1935 die Ernennung zum Chef der I. (Operations-) Abteilung des Generalstabes des Heeres. Inzwischen war ich zum Oberst avanciert. In dieser Position war es meine wichtigste Aufgabe, die Vorarbeit für einen etwa notwendig werdenden Einsatz des Heeres zu treffen.

So wurde im Herbst 1935 damit begonnen, den sogenannten Aufmarschplan „Rot" zu erarbeiten. Diesem Plan lag ein französischer Angriff auf Deutschland zugrunde. Es handelte sich um einen rein defensiven Aufmarsch.

Bei der Erarbeitung des Planes war ich immer wieder mit der neuen Panzertruppe konfrontiert worden, von der ich viel hielt.

Durch Wegfall der Versailler Beschränkungen ergaben sich ja gerade für die Panzertruppe viele neue Möglichkeiten. In dem unermüdlichen Oberst, dann General, Guderian wußte ich einen energischen Vorkämpfer für diese Waffe am Werke. Ich unterstützte ihn, wo ich konnte, denn gerade die Panzerwaffe erschloß der Strategie neue Bereiche. Ich schloß sie in meine Planungen ein, ohne daß es mir gelang, Guderians Forderungen in voller

Höhe zu erfüllen, weil das einfach unmöglich war. Der Generalstab hatte das organische Wachstum der *gesamten* Wehrmacht im Auge zu behalten.

Eines steht fest: Ohne die Zähigkeit eines Guderian hätte die Panzerwaffe nicht im Zweiten Weltkrieg diese Rolle spielen können, die sie gespielt hat.

Guderian sah nur die Panzerwaffe. Und das sei ihm als Panzermann durchaus zugestanden. Dennoch war der Generalstab nicht so sehr rückständig, gegen den Einsatz großer selbständiger Panzerverbände zu opponieren, oder sie gar zu verbieten. Im Gegenteil: Bereits im Frühjahr 1935, als die Wiederaufrüstung noch in den Kinderschuhen steckte, wurde auf der großen Generalstabsreise General Becks die Verwendung eines Panzerkorps durchgespielt, obwohl es ein solches überhaupt noch nicht gab.

In den folgenden Jahren, als ich maßgeblichen Einfluß auf diese Reisen hatte, wurde sogar der Einsatz von Panzerarmeen erprobt.

Durch diese operative Schulung hat der Generalstab „mitgezogen".

Die Einengungen, die Guderian mit Recht beanstandete, kamen jedoch nicht aus dem Geiste der Verneinung dieser neuen Waffe, sondern wurden durch die vorhandenen Möglichkeiten bedingt und direkt diktiert. Das Gesamtbedürfnis des Heeres, die Forderungen der Luftwaffe und der Kriegsmarine spielten mit in dieses Dilemma hinein, das durch die sogenannte „Stahlquote" begrenzt wurde. Auch die allgemeine Betriebsstoff-Lage zwang dazu, Einschränkungen vorzunehmen. Die Möglichkeiten des Panzer-Neubaues waren ebenfalls begrenzt.

Die Masse des Heeres bestand aus Infanterie-Divisionen. Sie durften nicht vernachlässigt werden.

Da aber mit der Schaffung einer Panzerwaffe, die selbständig operierte, das Problem der Überwindung des Stellungskrieges noch nicht gelöst war, mußte sichergestellt werden, daß auch die Masse des Heeres, die Infanterie, ebenfalls über eine ausreichende Angriffskraft verfügte und daß sie schnell genug war, die Geländegewinne der Panzer rasch und sicher zu halten.

Mit dieser Frage beschäftigte ich mich in dem einen Jahr, als ich Chef der Operationsabteilung des Generalstabes war, vordringlich.

Ich forderte die Schaffung einer neuen Waffe, der Sturmartillerie.

Bereits in den letzten Jahren des Ersten Weltkrieges hatte es sich herausgestellt, daß Angriffserfolge der Infanterie nur unter besonders günstigen Bedingungen, und zwar so lange zu erreichen waren, als das bekannte feindliche Stellungssystem unter dem Trommelfeuer der Angriffsartillerie lag. In freiem Gelände aber konnten einige wenige, versteckt im Gelände eingerichtete Stützpunkte mit schweren MG und Geschützen einen Angriff der Infanterie zum Stehen bringen.

Die Infanterie mußte also eine Hilfswaffe erhalten. Eine Waffe, die in der Lage war, auch die vordersten Teile der Infanterie im Feuerbereich zu begleiten, die erkannten MG niederzukämpfen und Bunker und Stellungen im direkten Beschuß zu vernichten.

Diese Aufgabe war im Jahre 1918 durch die bespannten Begleit-Batterien zu lösen versucht worden. Sie hatten ihren Zweck oft erfüllt, waren aber noch nicht die ideale Lösung.

Alle diese Überlegungen führten mich zu dem Schluß, daß wir diese Batterien durch eine gepanzerte Begleitartillerie auf Selbstfahrlafetten ersetzen mußten.

In meiner Denkschrift dazu legte ich noch 1935 dem Chef des Generalstabes und dem Oberbefehlshaber des Heeres meinen Vorschlag vor, die „Sturmartillerie“ – wie ich sie nannte – aufzubauen und zur unmittelbaren Unterstützung der Infanterie einzusetzen. Jede Infanterie-Division sollt eine Abteilung mit 3 Batterien zu jeweils 6 Geschützen erhalten.

Mit dieser Denkschrift stieß ich damals in ein Wespennest, denn sowohl der Oberbefehlshaber des Heeres als auch der Chef des Generalstabes, der Chef des allgemeinen Heeresamtes und der Chef des Heereswaffenamtes waren Artilleristen. Sie mußte es wurmen, daß ich ihrer Waffe die Fähigkeit absprach, eine ausreichende Wirkung zu erzielen.

Die Panzermänner sahen ebenfalls in der Schaffung dieser Waffe einen unerwünschten Konkurrenten.

Dementsprechend war das erste Echo auf meine Denkschrift. So sagte zum Beispiel der Chef des Generalstabes, General Beck, zu mir:

„Na, mein lieber Manstein, diesmal haben Sie aber fehlgeschossen!"

Dennoch konnte ich ihn dazu bringen, die Denkschrift dem Oberbefehlshaber des Heeres vorzulegen.

Der Oberbefehlshaber des Heeres, Freiherr von Fritsch, der selbst aus der Reitenden Artillerie hervorgegangen war, die nun zum Aussterben verurteilt war, beeindruckte mein Argument, daß nunmehr die Sturmartillerie die Aufgaben der Reitenden Artillerie übernehmen, wie es die Panzerwaffe für die Kavallerie-Divisionen tun würde. Auch ihn konnte ich für meinen Plan gewinnen.

Das Eis war gebrochen, als ich vorschlug, die Ausbildung der Sturmartilleristen durch die Artillerie zu führen und die Abteilungen auch durch die Artillerie aufstellen zu lassen.

Aber auch die Panzerabwehrabteilungen der Panzer-Divisionen sollten hinzugezogen werden.

So hatte ich die Lawine in Gang gesetzt. Das Heereswaffenamt unter General Becker arbeitete schnell, und schon bald stand das erste Modell eines Sturmgeschützes vor uns.

Die Entwicklung wurde in der neugebildeten 8. (technischen) Abteilung des Generalstabes unter dem damaligen Oberst i.G. Model und seinem Chef, dem damaligen Major i.G. Röttiger – der später in der Bundeswehr nach dem Zweiten Weltkrieg erster Inspekteur des Heeres wurde – vorangetrieben.

Als aber die ersten Versuchsgeschütze fertig waren, begann das Tauziehen zwischen den Inspektionen der Infanterie und der Artillerie um die Vaterschaft. Jeder wollte das neue Kind als sein Eigen adoptieren.

Im Herbst 1937 unterzeichnete Generaloberst Freiherr von Fritsch den endgültigen Aufstellungsbefehl für die Sturmartillerie.

Nach diesem Aufstellungsbefehl sollten bis zum Herbst 1939 sämtliche aktiven Infanterie-Divisionen je eine Sturmgeschütz-Abteilung zu drei Batterien mit vorerst je vier Geschützen haben.

Vorausgeschickt sei, daß dieser Befehl leider nach der Verabschiedung von Generaloberst von Fritsch und seinem Ausscheiden aus dem OKH durch den neuen Oberbefehlshaber des Heeres, Generaloberst von Brauchitsch, wieder aufgegeben wurde.

Es wurden nur einige wenige Sturmgeschütz-Abteilungen als Heerestruppen aufgestellt.

Das ursprünglich vorgesehene Ziel, die Sturmgeschütz-Abteilungen zu integrierenden Bestandteilen der Infanterie-Divisionen zu machen, um dadurch diesen Divisionen eine starke Angriffs- und Durchschlagskraft zu geben, wurde nicht erreicht.

Im Kriege sollte es nur wenige Monate dauern, bis der letzte Zweifler wußte, was mit der Sturmartillerie vernachlässigt worden war und was sie für die Infanterie bedeutete. Diese junge Waffengattung wurde zu einem Begriff für die Infanterie. Für den Gegner wurde sie zu einem Schrecken. Bis Ende 1943 sollten die Sturmgeschütze allein über 13.000 Panzer abschießen. Im Frühjahr 1944 waren es 20.000 Panzer, die von Sturmgeschützen vernichtet worden waren.

Eine einzige Sturmgeschütz-Brigade schoß im Raume von Rshew binnen 15 Monaten 1.000 Feindpanzer ab. Wenn man bedenkt, daß zu dieser Zeit eine Brigade rund 20 Geschütze ins Gefecht führte, mag man diese Erfolge ermessen können.

Gelegentlich einer Unterredung mit Hitler im Jahre 1943 kam es zu einem Zwischenfall, der die Aufstellung der Sturmartillerie betraf. Hitler behauptete, er habe die Sturmartillerie der Armee aufzwingen müssen, gegen den Widerstand des Generalstabes. Ich stellte seinen Irrtum klar und sagte, daß ich selbst der Urheber der Idee gewesen sei und bereits im Jahre 1937 das erwähnte Programm der Sturmgeschütz-Einheiten aufgestellt hätte. Es sei bedauerlich gewesen, daß das Programm, das von Freiherrn von Fritsch befohlen war, von seinem Nachfolger sistiert worden sei.

Zum Abschluß meiner Tätigkeit als Chef der Operationsabteilung nahm ich im August 1936 als Mitglied einer Abordnung deutscher Offiziere an den italienischen Königsmanövern als Gast teil. Am Eröffnungstage lernte ich Mussolini kennen. Als wir mit Mussolini anschließend zum Manövergelände fuhren, wurden wir in den Ortschaften wie erfolgreiche Schauspieler begrüßt. Man klatschte uns zu.

Ich sah den König und den Kronprinzen, Marschall Badoglio und Graf Ciano, Luftmarschall Balbo und andere Größen der Zeit. Der spätere und letzte Generalstabschef Italiens, General Roatta, begleitete uns.

Am 1. Oktober 1936 wurde ich schließlich unter Beförderung zum Generalmajor Oberquartiermeister I. Damit war ich gleichzeitig auch Vertreter des Chefs des Generalstabes, des Generalobersten Beck.

Ein Ereignis, das noch in meine Tätigkeit als Chef der Operationsabteilung fällt, war die Wiederbesetzung der entmilitarisierten Zone. Als die Wehrmacht in das Rheinland einrückte, waren militärische Vorbereitungen nicht getroffen worden. Erst kurz vor jenem 7. März 1936 hatte Hitler dem Reichskriegsminister und dem Oberbefehlshaber des Heeres vertrauliche Mitteilung darüber gemacht.

Beide sollen dem Vernehmen nach von einem solchen Vorhaben abgeraten haben. Ich als Chef der Operationsabteilung hatte von dieser Besprechung nichts erfahren. Erst am 5.3. machte der Chef des Generalstabes mir und dem Chef der Organisationsabteilung davon Mitteilung. Unverzüglich mußten wir die erforderlichen Befehle bearbeiten, da die Befehlshaber der Wehrkreise, die die Truppen für die Besetzung zu stellen hatten, bereits nach Berlin zitiert worden waren.

So wurde die Besetzung des Rheinlandes einer der seltenen Fälle, in denen die Geheimhaltung restlos glückte. Sie ging so weit, daß nicht einmal die Truppenkommandeure über das Ziel Bescheid wußten und überhaupt kein Gepäck mitnehmen ließen. Später hat Hitler oft erklärt, daß die Besetzung des Rheinlandes das größte Risiko gewesen sei, das er eingegangen war.

Durch diesen Streich hatte Hitler neben dem Versailler Vertrag auch den freiwillig geschlossenen Locarno-Pakt gebrochen, den er bis dahin als verbindlich anerkannt hatte.

Hitler hatte wieder einmal recht mit seiner Meinung behalten, daß er sich solche Gewaltakte gegenüber den übrigen Mächten leisten könne. Dabei hätte Hitler damals einer ernsten Kriegsdrohung der Westmächte weichen müssen.

Das deutsche Heer war noch nicht in der Lage, einen Krieg mit Aussicht auf Erfolg zu führen. Aber man schritt nicht ein und begünstigte dadurch die weiteren folgenden Gewaltakte Hitlers.

Für uns Soldaten war die Wiederbesetzung eines Gebietes, das zum Reich gehörte, natürlich ein Auftrieb. Aber wir sahen auch die Gefahren, die in einer solchen Verhaltensweise lagen; Gefahren, die alles Aufgebaute wieder zu vernichten drohten.

Wie sah es nun mit der Wehrmacht aus, wie entwickelte sie sich in den Jahren von 1936 bis 1939?

Stärke und Kampfkraft der Truppen wuchsen nur langsam, trotz der mit großen Eifer betriebenen Heeresvermehrung.

Neben Heer und Marine trat die neugebildete Luftwaffe.

Hitler wünschte, dem Ausland durch die Zahl seiner Divisionen und die Modernität ihrer Bewaffnung zu imponieren. Ob er von Anfang an die Absicht hatte, einen Angriffskrieg zu führen, wußte niemand, denn solche Pläne hielt er streng geheim.

Das Oberkommando des Heeres und auch ich waren der Meinung, daß jeder Krieg für Deutschland eine Lebensgefahr bedeutete und lehnten kriegerische Abenteuer ab.

Wir wollten ein Heer aufstellen, das in der Lage war, jedem Angriffskrieg wirksam begegnen zu können. In dieser Entwicklungszeit der Aufrüstung hat das OKH immer wieder Hitler und der politischen Führung klarzumachen versucht, daß die Armee noch einer Reihe von Jahren bedürfe, ehe sie als voll kriegsbereit angesehen werden konnte.

Der Abschluß des Heeresaufbaues war für das Jahr 1942 vorgesehen. Dann konnte das Heer zwar für einen Verteidigungskrieg gerüstet sein, aber nicht für einen Angriffskrieg auf mehreren Fronten. Diese Auffassung anerkannte auch Hitler bis in das Jahr 1938 hinein als zutreffend.

Während meiner Tätigkeit als Oberquartiermeister I forderte ich die Leitung der gesamten militärischen Operationen im Kriege durch den Oberbefehlshaber des Heeres nicht durch den Reichskriegsminister. Dabei wurde ich vom Generalstab des Heeres voll unterstützt. Dem Kriegsministerium mußte nach meiner Meinung die Aufgabe zufallen, die personellen Kräfte zu erfassen, die materiellen Mittel bereitzustellen und die Organisationsfragen zu koordinieren. Mit diesem Vorschlag scheiterte ich am Widerstand von Blombergs und Hitlers.

Im Herbst 1937 hatte ich Gelegenheit, an den Manövern der ungarischen und bulgarischen Armee teilnehmen zu können. Ich fuhr mit General von Schwedler, dem Chef des Heerespersonalamtes, nach Ungarn. Wir wurden ausgezeichnet aufgenommen. Hier lernte ich auch den ungarischen Reichsverweser, Admiral Horthy, und Feldmarschall Erzherzog Joseph, Palatin von Ungarn, kennen.

Der Reichsverweser empfing uns mit dem weltmännischen Charme, der ihm eigen war. Er sollte nach dem Kriege im Nürnberger Zeugengefängnis einmal mein Bridgepartner werden.

In Bulgarien, wohin mich mein Adjutant, Rittmeister Strempel, begleitete, wurde unser dortiger Militär-Attaché, General Friderici, unser Führer.

Am Abend des letzten Manövertages empfing mich König Boris, der mich schon mehrfach freundlich begrüßt hatte in seinem Zelt. Er sprach sehr freimütig und bedankte sich auch für die Jagdstaffel, die ihm von Deutschland geschenkt worden war.

In der Operationsabteilung hatte ich einige jüngere Mitarbeiter, die ihren Anteil an der geleisteten Arbeit hatten. Da war zum Beispiel der damalige Major Heusinger, der Leiter der Gruppe I geworden war, als ich Chef der Operationsabteilung wurde. Während des Zweiten Weltkrieges wurde schließlich er selbst Chef der Operationsabteilung. Die unter ihm arbeitenden Hauptleute im Generalstab Westphal, von Tresckow und von Lossberg waren ebenfalls tüchtige Offiziere.

Wesphal hatte während des Zweiten Weltkrieges dank seiner ganz außergewöhnlichen Fähigkeiten die Stellungen eines Ia und dann die des Armeechefs bei Rommel in Afrika ausgefüllt. Er wurde Heeresgruppenchef im Westen bei Feldmarschall von Rundstedt und schließlich auch beim Oberbefehlshaber West, Feldmarschall Kesselring.

Auch Westphal traf ich im Nürnberger Zeugengefängnis wieder. Wir bildeten mit einigen anderen Kameraden eine Arbeitsgemeinschaft. In dieser selbstgestellten Aufgabe lieferten wir dem Verteidiger Dr. Laternser Unterlagenmaterial zur Verteidigung des Generalstabes, der als verbrecherische Organisation angeklagt worden war.

Es gelang uns, den Freispruch für den Generalstab zu erringen und konnten so viele unserer Kameraden vor einem schlimmen Schicksal bewahren.

So kann es nicht verwundern, daß mir gerade der aufrechte General der Kavallerie Siegfried Westphal sehr ans Herz gewachsen ist.

Über Tresckow werde ich im späteren Verlauf des Buches noch eingehend sprechen und diesem hochbegabten Offizier und Patrioten die ihm gebührende Erinnerung bewahren.

Von Lossberg wurde schließlich im Zweiten Weltkrieg Ia des Wehrmachtsführungsstabes. Er war es, der Hitlers Befehl an General Dietl, Narvik aufzugeben und sich zurückzuziehen, nicht weitergab und so Norwegen für Deutschland rettete.

Meine beiden Adjutanten aus dieser Zeit, Rittmeister Strempel, und sein Nachfolger ab Herbst 1937, Rittmeister Hauser, waren mir große Hilfen, und ich war ihnen sehr zugetan.

Was uns in diesen Jahren, trotz der Abkehr von allem Politischen, tief verletzte, das waren die Deklassierung verschiedener Volksteile und die Gewalt, mit der die nationalsozialistische Idee durchgesetzt und die Existenz andersdenkender Menschen vernichtet wurde. Dies entsprach nicht den Begriffen, in denen wir erzogen worden waren. Dennoch ahnten wir nicht im Entferntesten das ganze Ausmaß der Brutalität, der Unterdrükkung und der Gewaltherrschaft.

Der Soldat lebte bis 1938 gleichsam auf einer Insel. Noch trauten sich weder SA, noch SS oder Gestapo an die Wehrmacht heran. Und der Verlust der politischen Freiheit – das muß leider gestanden werden – bedeutete dem Soldaten nicht viel, der bewußt unpolitisch gehalten wurde. Diese Entpolitisierung war nicht allein nach dem Willen von Generaloberst von Seeckt vonstatten gegangen, sondern vor allem auch durch die Politiker der Weimarer Republik.

Hinzu kamen die aufsehenerregenden Erfolge Hitlers. Wen sollte es denn beeindrucken, wenn nicht uns Soldaten, daß die neue Führung die Ohnmacht von uns genommen hatte.

Hitlers Stellung war nach diesen Erfolgen bei den Soldaten und im Volke praktisch nicht mehr zu erschüttern.

Kommen wir nun zu jenen schamlosen Machenschaften, durch die Anfang 1938 der Oberbefehlshaber des Heeres, Generaloberst von Fritsch, aus seinem Amte gedrängt wurde. Gegen ihn wurde der Vorwurf homosexueller Vergehen erhoben. Es wurde ein angeblicher Beweis der Schuld des Oberbefehlshabers im Amte Himmler gefertigt und ein Belastungszeuge gedungen.

In einer Ansprache Hitlers am 4.2.1938 erklärte er vor den versammelten Kommandierenden Generalen, die bisher nichts von der Sache gehört hatten, und den anderen hohen Offizieren die Umstände, die einmal zum Rücktritt von Fritschs und zum anderen zur Demissionierung von Blombergs geführt hatten.

Er war in Begleitung des soeben zum Chef des Oberkommandos der Wehrmacht ernannten Generals Wilhelm Keitel und der drei Oberbefehlshaber der Wehrmachtteile erschienen. Generaloberst von Brauchitsch trat dabei zum erstenmal als neuer Oberbefehlshaber des Heeres auf.

Göring aber hielt den Marschallstab in der Hand, den er allein als Nutznießer aus diesem trüben Geschäft ergattert hatte.

Hitler erklärte, daß er und Göring als Trauzeugen zur zweiten Hochzeit von Blombergs gebeten worden seien. Blomberg habe zwar erklärt, daß seine Frau einfachen Verhältnissen entstamme, aber nicht gesagt, daß sie sogar unter Polizeiaufsicht gestanden habe. Aus diesem Vertrauensbruch resultiere, daß von Blomberg nicht mehr länger im Amt habe bleiben können.

An und für sich sei Generaloberst Freiherr von Fritsch als Nachfolger Blombergs vorgesehen gewesen, aber er – Hitler – habe ein Aktenstück erhalten, aus dem er erfahren mußte, daß sich von Fritsch homosexuell vergangen habe. Dieser Vorwurf sei durch Beweismaterial erhärtet. Tatsache war, daß Hitler das Ehrenwort von Fritsch, die ganze Sache sei erlogen, nicht angenommen und daß Fritsch seinen Abschied gefordert hatte.

Ein Gutachten von Justizminister Gürtner legte Hitler ebenfalls vor, aus dem die Notwendigkeit einer gerichtlichen Untersuchung hervorging.

Ich war von diesem Wust von Schmutz völlig überrascht worden, denn in den letzten Januartagen 1938 wohnte ich gerade erst als Vertreter des Oberkommandos des Heeres einem Kriegsspiel des Wehrkreiskommandos I in Königsberg bei.

Auch der Oberbefehlshaber der Gruppe I, Generaloberst von Rundstedt war dort. Mit ihm zusammen fuhr ich nach Ende des Kriegsspiels nach Berlin zurück, und auf der Fahrt erst erzählte mir Rundstedt, daß er durch ein Telegramm des Generals Beck dringend nach Berlin zurückgerufen worden sei. Man werde ihn auf dem Bahnhof Friedrichstraße erwarten.

„Das wird wahrscheinlich irgendwie mit der Person des

Reichskriegsministers zusammenhängen, Manstein. Sie wissen ja, daß er Mitte Januar zum zweiten Male geheiratet hat," erklärte Rundstedt.

Ich wußte dies und wußte darüber hinaus auch, daß diese zweite Heirat für Blombergs Familie wie auch für seine Kameraden eine vollendete Überraschung gewesen war, denn schließlich hatten auch wir alle erfahren, daß Blomberg etwas mit einer „Masseuse" hatte.

Daß Hitler und Göring Trauzeugen waren, schien die Fama von der „Masseuse" zu widerlegen. Hier aber, am frühen Nachmittag des 4.2.1938, erfuhr ich, daß sie Tatsache war.

Aber was uns alle noch mehr erschütterte, war der gegen Freiherrn von Fritsch erhobene Vorwurf der Homosexualität. Das konnte und durfte nicht stimmen.

Hitler schloß seine Ansprache mit dem Hinweis, daß selbstverständlich im Interesse des Staates und der Wehrmacht nichts über die wahren Gründe der Entlassung der beiden Persönlichkeiten an die Öffentlichkeit dringen dürfe.

Ich bin der Überzeugung, daß keiner der anwesenden Offiziere von Fritsch eine solche Handlungsweise zutraute. Wir kannten ihn und wußten, daß er ein Ehrenmann war.

Als Hitler seine Ausführungen über Fritsch beendet hatte, war ich von dem Gefühl besessen, ihm meinen Degen vor die Füße zu werfen. Ich habe diesem Gefühl nicht nachgegeben und bedaure dies zutiefst.

Doch die kurze Spanne, diesen Gedanken in die Tat umzusetzen, verstrich, und Hitler verließ den Raum, gefolgt von den Oberbefehlshabern der drei Wehrmachtteile und Keitel.

Die Möglichkeit, daß Hitler diese schmutzige Intrige bewußt gespielt haben könnte, kam uns nicht, eher wohl die Vermutung, daß Himmler dahinter stecken könne.

Wir waren sicher, daß das von Hitler angeordnete Verfahren,

das auch Generaloberst von Fritsch gefordert hatte, die Wahrheit ans Licht bringen würde.

Den Vorsitz in diesem viel zu spät angelaufenen Verfahren führte Hermann Göring. Als Beisitzer fungierten die Oberbefehlshaber des Heeres, Generaloberst von Brauchitsch, und der Oberbefehlshaber der Kriegsmarine, Generaladmiral Raeder. Hinzu kamen zwei Senatspräsidenten des Reichskriegsgerichtes.

Der Verlauf der Verhandlung blieb geheim. Lediglich General Beck wurde laufend unterrichtet. Er war es auch, der unermüdlich Material sammelte, das Fritsch entlasten und seine Unschuld beweisen mußte.

Der Chef des Amtes „Abwehr", Admiral Canaris, unterstützte Beck ganz hervorragend, und so konnte auch der Homosexuelle gefunden werden, mit dem der Belastungszeuge verkehrt hatte.

Schließlich gelang es auch Göring, dem Belastungszeugen das Geständnis abzuringen, daß seine Behauptungen unwahr gewesen waren.

Generaloberst von Fritsch wurde wegen erwiesener Unschuld freigesprochen.

Was aber die Rehabilitierung des Generalobersten betraf, so ließ diese auf sich warten, und als sie schließlich erfolgte, war ihre Form ungenügend. General Beck war die treibende Kraft, daß diese Rehabilitierung endlich in vollem Umfange erfolgen müsse.

Anläßlich eines Kriegsspiels der Marine hatte ich eine längere Aussprache mit Generaladmiral Raeder und bat ihn eindringlich, ebenfalls von sich aus Schritte in dieser Richtung zu unternehmen. Der Generaladmiral sagte mir dies auch zu.

Schließlich schrieb Hitler an Generaloberst von Fritsch einen Brief, daß er in den Augen des deutschen Volkes nicht belastet sei. Auf die Forderung des Generalobersten, die Drahtzieher festzustellen und vor Gericht zu stellen, ist Hitler nie eingegangen.

Als Generaloberst von Brauchitsch immer wieder drängte, versammelte Hitler am 13.6.1939 den gleichen Kreis der Offiziere, denen er die angeblichen Verfehlungen von Fritschs vorgetragen hatte.

Dieses Treffen fand auf dem Flugplatz Barth statt, wo eine große Luftwaffen-Vorführung im Gange war. Hier verlas der Präsident des Reichskriegsgerichtes, General der Artillerie Heitz, das Urteil, das den Generalobersten freisprach.

Dann schilderte Hitler noch einmal die Lage und teilte mit, daß er von Fritsch zum Chef des Artillerie-Regiments 12 ernannt habe, dessen Kommandeur er früher gewesen war.

Die eigentliche Schuld an diesem Dilemma trage der Erpresser Schmidt. Er habe die Erschießung dieses Subjektes anordnen lassen.

Erst später kamen wir darauf, daß dieser Schlag gegen die Generalität in Wahrheit nicht gegen den Oberbefehlshaber der Armee gerichtet gewesen war, sondern gegen das Heer selbst. Es war keine von Himmler angezettelte Intrige gewesen, sondern der schmutzige Weg einer Obersten Führung, mißliebige militärische Führer auszuschalten. Denn nicht nur der Generaloberst ging, sondern mit ihm wurden der Oberbefehlshaber der Gruppe 3, General Ritter von Leeb, die Kommandierenden Generale von Kleist und Freiherr Kress von Kressenstein, der Inspekteur des Erziehungs- und Bildungswesens, von Niebelschütz, und der Inspekteur der Kavallerie, von Pogrell, verabschiedet.

Daneben fanden im Oberkommando des Heeres Veränderungen statt. So wurde das Heerespersonalamt neu besetzt. Sein früherer Chef, General von Schwedler, erhielt ein Armeekorps. Nachfolger wurde Generalmajor Bodewin Keitel, der jüngere Bruder des neuen Chefs des Oberkommandos der Wehrmacht.

Vorangegangen war die Ablösung des Adjutanten der Wehrmacht bei Hitler, Oberst Hossbach, durch Oberstleutnant Schmundt.

Auch ich wurde von diesem Revirement betroffen. Und zwar wurde ich als Kommandeur der 18. Infanterie-Division nach Schlesien versetzt. Mein Nachfolger als Oberquartiermeister I wurde General Halder.

Meine Ablösung ging – meiner Meinung nach – auf das Betreiben von Blomberg oder Keitel zurück. Ich mußte ihnen als Verfechter des Führungsanspruches des OKH gegenüber dem OKW ein Dorn im Auge sein.

Allerdings hätte meine Versetzung auch ohnedies bald erfolgen müssen, weil jeder Offizier, der auf der Leiter der militärischen Laufbahn höher klettern wollte, jeweils rechtzeitig wieder als Truppenführer arbeiten mußte. Doch bei mir steckte mehr dahinter als nur eine routinemäßige Versetzung in die Front.

An und für sich hatte mein Werdegang im Generalstab mich als Nachfolger von General Beck qualifiziert, und man sah es auch als feststehend an, daß ich einmal Becks Nachfolger werden würde. Schon General von Hammerstein – Becks Vorgänger in diesem Amte – hatte mich dafür in Aussicht genommen.

Nunmehr war natürlich für mich die ehrenvolle Aussicht begraben, einmal den Platz einzunehmen, auf dem vor mir ein Moltke und ein Schlieffen gewirkt hatten.

Durch diesen Schlag Hitlers gegen die Führung der Wehrmacht und durch die Übernahme des Befehls über die Wehrmacht durch Hitler selbst wurden der Politik Hitlers die Wege geöffnet, die direkt in einen Angriffskrieg einmünden sollten.

Wenn wir bis dahin geglaubt hatten, einen solchen Angriffskrieg vermeiden zu können, so wurde nach diesen Zwischenfällen des Frühjahres 1938 meine Meinung darüber unschlüssig.

Die weiteren Ereignisse ließen mich immer mehr daran zweifeln, daß Hitler – entsprechend der Auffassung der maßgeblichen Stellen – stillhalten würde.

Ich war zum Kommandeur der 18. Division in Liegnitz ernannt worden, konnte aber zunächst nicht von Berlin fort, weil ich auf Wunsch von General Beck an dessen Seite bleiben sollte, um den neuen Oberbefehlshaber des Heeres, Generaloberst von Brauchitsch zum einen mit den Aufmarschvorbereitungen vertraut zu machen und zum anderen ihm vorzutragen, welche weitere Entwicklung wir für das Heer, seinen Aufbau und den Ausbau der Landbefestigungen vorgesehen hatten.

So war ich an jenem historischen 7. März 1938 noch in Berlin und hatte General Beck in die Reichskanzlei zu begleiten, in die Hitler den Chef des Generalstabes befahl.

Wir wurden in Gegenwart Keitels von Hitler empfangen. Dieser eröffnete uns, daß er sich gezwungen sehe, in die innenpolitische Entwicklung in Österreich einzugreifen. Bundeskanzler Schuschnigg habe ihn durch seine am 6. März verkündete Anordnung einer Volksabstimmung zum Handeln gezwungen, obgleich er nach dem Berchtesgadener Abkommen dies nicht beabsichtigt hätte.

Die überwältigende Mehrheit der Österreicher wünschte den Anschluß an das Reich. Weder Frankreich noch England würden dazwischen treten, sondern sich mit den rasch vollzogenen Tatsachen abfinden. Ebenfalls die Tschechoslowakei.

Zum ersten Mal erlebte ich Hitler im kleinen Kreise und hatte durchaus den Eindruck, daß hier ein kühl rechnender Politiker sprach. Seine Ausführungen wirkten überzeugend. Zum Schluß sagte er, daß der Einmarsch am Samstag, dem 12.3.1938, erfolgen müsse, um dieser Volksabstimmung zuvorzukommen.

Nachdem General Beck sich kurz mit mir besprochen hatte, machte er Hitler den Vorschlag, nicht mit dem symbolischen

Auftreten schwacher Kräfte vorzugehen, sondern eine ausreichende Kräfteentfaltung zu bieten, um die Nachbarn Österreichs, – die Tschechoslowakei und Italien – daran zu hindern, ihrerseits Ansprüche anzumelden.

Unter einem behelfsmäßigen Oberkommando sollten die beiden bayerischen Armeekorps, das VII. AK in München und das XIII. AK in Nürnberg sowie die in Würzburg stehende 2. Panzer-Division nach Österreich einmarschieren.

Hitler stimmte zu. Später ordnete er an, daß auch noch die SS-Leibstandarte und das Panzer-Generalkommando XVI teilnehmen sollten.

General von Bock sollte an die Spitze dieser provisorisch gebildeten Armee treten.

In aller Eile mußte eine Aufmarschanweisung bearbeitet werden, weil ein solcher „Fall Österreich" nicht vorgesehen war und keine Unterlagen darüber zur Verfügung standen.

Der Einzug in Österreich klappte ohne jedes Blutvergießen. Es gab keinerlei Komplikationen. Da auch Himmler und Göring bereits in Österreich waren bzw. sich rüsteten, dorthin zu fliegen, schlug ich vor, daß der Oberbefehlshaber des Heeres sich auch dahin begab, um zu verhindern, daß dort Maßnahmen getroffen wurden, die den Interessen der Armee zuwider liefen.

Am Morgen des 13. März flog Generaloberst von Brauchitsch von Berlin ab. Ich begleitete ihn. Wir landeten in Linz, wo Hitler bereits weilte und uns Keitel mit der naiven Frage empfing, was denn der Oberbefehlshaber des Heeres in Österreich wolle.

Hitler trugen wir vor, daß wir die Eingliederung des österreichischen Bundesheeres in die Wehrmacht organisatorisch vorbereiten wollten und flogen dann nach Wien weiter.

Man kann sich heute – oder will es nicht? – kaum eine Vorstellung davon machen, mit welch einem Jubel Hitler in Wien empfangen wurde. Den Höhepunkt bildete die große Parade am

Abend des 15. März. Neben Formationen der deutschen Wehrmacht paradierten auch Abteilungen des österreichischen Bundesheeres, an ihrer Spitze kurioserweise das „Garde-Bataillon Dollfuß“.

Unter Mithilfe unseres Wiener Militär-Attachés, General Muff, führten wir in den nächsten Tagen grundlegende Besprechungen über die Eingliederung des Bundesheeres in die Wehrmacht.

Österreichische Offiziere wurden zu deutschen Truppenteilen versetzt. Einer der jungen österreicher Offiziere, der in meiner Division Dienst tat, Oberleutnant von Obermayer, erhielt als einer der ersten im Polenfeldzug das Ritterkreuz. Ebenfalls bei meiner Division unterrichtete sich General Maximilian de Angelis über Fragen der Infanterie, die er als Artillerist nicht so gut kannte, um nachher eine Division zu übernehmen. Er erhielt als Kommandeur der 76. Infanterie-Division das Ritterkreuz und wurde als General der Artillerie und Kommandierender General mit dem Eichenlaub ausgezeichnet. Zuletzt war er Oberbefehlshaber der (zweiten) 6. Armee.

Nach Berlin zurückgekehrt übergab ich meine Geschäfte an General Halder und fuhr dann nach Liegnitz.

Die Stille vor dem Sturm
Kriegsgefahr!
Der Zweite Weltkrieg bricht los
Als Chef des Generalstabes der Heeresgruppe Süd
Der Plan zum Frankreichfeldzug

Der Aufenthalt im Städtchen Liegnitz an der Katzbach wurde für meine Familie die letzte schöne Zeit vor dem Kriege. Ich selbst fand hier eine noch unfertige Division vor, die sich in dauernder Unruhe befand, es gab Neuaufstellungen, Abgaben, Umstellungen.

Aber noch etwas anderes gab es. Unsere Wohnung wurde dank meiner Frau Jutta-Sibylle zu einem gesellschaftlichen Mittelpunkt der Stadt. Wir trafen hier viele Menschen, denen wir zugetan waren und die mich interessierten. Außerdem wohnten wir ja in der Heimatprovinz meiner Frau.

Zu jener Zeit hatte Liegnitz etwa 85.000 Einwohner. Die prächtigen Barockbauten, das Schloß der ehemaligen Piasten und der Ring, die Prachtstraße der Stadt, mit den prächtigen alten Häusern faszinierten mich.

Erst hier konnte auch ich als Gastgeber meinen Freunden einige schöne Stunden bereiten, wie es mir und meiner Frau schon lange vorgeschwebt hatte. Zu uns kamen nicht nur Offiziere, sondern auch die Männer aus der schlesischen Wirtschaft. Wir fanden ein erstklassiges Streichquartett, das uns manchen Abend verschönte.

Die Geschichte dieser Stadt, die seit dem Jahre 1164 Sitz der Herzöge von Liegnitz war und in deren Nähe im Jahre 1241 die Mongolenschlacht geschlagen wurde, wobei Herzog Heinrich von Schlesien im Kampfe fiel, beeindruckte mich sehr. Hier erfocht Friedrich der Große den Sieg über Laudon. Und hier an der Katzbach erkämpfte Blücher die große Wende im Befreiungskrieg 1813 und erhielt dafür den Ehrentitel „Fürst Blücher von Wahlstatt".

Die Königsgrenadiere lagen hier in Garnison, deren Chef der alte Kaiser Wilhelm I. war. Das Infanterie-Regiment 51, das später in Panzergrenadier-Regiment 51 umbenannt wurde, setzte die Tradition fort. In diesem Regiment diente unser Sohn Gero, und in seinen Reihen ist er am Ilmensee gefallen.

Die Schlesier, die in der Division dienten, gingen mit Schwung an die Sache heran. Ich wurde dabei von ganz hervorragenden Kommandeuren unterstützt. Der I. Generalstabsoffizier der Division, Major Mauritz Freiherr von Strachwitz führte gegen Kriegsende als Generalleutnant die 87. Infanterie-Division, errang das Ritterkreuz, geriet in sowjetische Gefangenschaft und wurde in der Sowjetunion zu 25 Jahren Zwangsarbeit verurteilt, weil er „Generalstabsoffizier war und ein Buch über die Kavallerie geschrieben" habe. Er starb 1953 ohne die Heimat wieder zu sehen.

Anfang August kehrte ich nach einem kurzen Sommerurlaub auf Sylt mit meiner Frau über Berlin nach Liegnitz zurück. In Berlin erfuhr ich, daß General Beck seinen Abschied gefordert habe.

Diese Forderung geht auf eine Denkschrift Becks zurück, die er Hitler vorlegte und in der er seine grundsätzlichen Bedenken gegen jede Politik vorgebracht hatte, die die Gefahr eines Krieges in sich einschließen könne. Anlaß zu dieser Denkschrift war der drohende Konflikt mit der Tschechoslowakei. Hitler war jedoch nicht von seinen Plänen abzubringen.

Er befahl Beck, vorerst noch seinen Posten zu behalten. Dies war jedoch nur offiziell. Inoffiziell amtierte bereits General Halder als Chef des Generalstabes.

Ende August 1938 wurde ich von meiner Division fort zu

einer Besprechung auf den Obersalzberg befohlen, wohin Hitler die Generalstabschefs aller für einen Ernstfall vorgesehenen Armeen zitiert hatte. Den Chef des Generalstabes hatte er jedoch nicht dorthin bestellt.

Im Berghof wurden wir von Hitler begrüßt. Ich saß beim anschließenden Frühstück neben ihm. Diesmal war Hitler nicht so gesprächig, und ich brachte das Gespräch auf die Kunst, weil ich nicht auf militärische und politische Fragen eingehen wollte.

Hitler wollte meine Meinung hören und mein Urteil über die kurz vorher im Haus der Deutschen Kunst in München gezeigte Ausstellung wissen.

Ich sagte ihm, daß ich zwar einige wirklich gute Bilder gesehen hätte, daß aber – im Großen gesehen – die Maler offenbar nicht recht wüßten, was sie malen dürften.

Hitler meinte dazu, daß die Ausstellung auch nach seiner Ansicht nicht viel wirklich Gutes enthalte.

Anschließend fand jene Besprechung statt, in der Hitler uns in zweistündiger Rede vortrug, daß er beabsichtige, die Frage der Tschechoslowakei einer Lösung zuzuführen.

In der folgenden Aussprache, zu der Tee serviert wurde, brachten die Chefs ihre Bedenken gegenüber einer Politik zum Ausdruck, die die Gefahr eines Mehrfronten-Krieges in sich barg.

Es kam zu einem Wutausbruch Hitlers, als General von Wietersheim, der als Chef des Generalstabes der an der Westgrenze einzusetzenden Armee vorgesehen war, ausführte, daß der Westwall in keiner Weise verteidigungsfähig sei. Er könne mit den geringen Kräften, die im Westen stünden, nicht oder nur kurze Zeit gehalten werden, wenn das französische Herr zum Angriff antrete.

Hitler wütete und sprudelte hervor, daß der Westwall gegen jeden Gegner auch auf die Dauer zu halten sei, wenn nur die Generale ebenso tapfer wären wie die Musketiere.

Es war das letzte Mal, daß Hitler im Anschluß an eine seiner Verlautbarungen und Bekanntmachungen eine Erörterung darüber zuließ. Für mich war es ein Zeichen mehr, daß Deutschland unaufhaltsam auf einen bewaffneten Konflikt zutrieb.

Der Einmarsch in das Sudetenland am 1.10.1938 ging unter dem Jubel der Bevölkerung als „Blumenkrieg“ in die Geschichte ein. Das Münchener Abkommen vom 29.9.1938 zwischen Chamberlain, Daladier, Hitler und Mussolini hatte dazu den Weg geebnet. Die Tschechoslowakei – so kam man in München überein – mußte das Sudetenland an Deutschland abtreten.

Wieder einmal hatte Hitlers Vabanque-Spiel die Oberhand behalten. Die tschechische Regierung hatte ebenso vor diesen Beschlüssen kapituliert wie die beteiligten Mächte vor Hitler.

Als Chef des Generalstabes der Armee Leeb nahm ich mit dem Armeeoberkommando in Ober-Plan Quartier. Hier war der Dichter Adalbert Stifter geboren worden. Da für mich nicht mehr viel hier zu tun war, bat ich beim OKH um meine Ablösung und kehrte zu meiner Division zurück.

In Liegnitz erfuhr ich erst aus dem Radio und aus der Presse vom Marsch nach Prag und jenen Ereignissen zwischen dem 14. und 16. März 1939.

Die Schaffung des Protektorates Böhmen und Mähren und die Umwandlung der Slowakei in einen selbständigen Staat waren einsame Entschlüsse des „Führers“ gewesen. Damit war das Primat der Politik ein vollständiges und totales geworden.

Die Aufmarschanweisung „Weiß“ – in der der Feldzug gegen Polen vorbereitet wurde – hatte Hitler bereits im Frühjahr 1939 bearbeiten lassen. Doch ich erfuhr erst im Sommer 1939 davon, da ich seit dem Rücktritt von Generaloberst Beck keinerlei Verbindung mehr zum Generalstab hatte.

Ich war in dieser Aufmarschanweisung als Chef des Generalstabes der Heeresgruppe Süd vorgesehen. Oberbefehlshaber dieser Heeresgruppe sollte der bereits im Ruhestand lebende Generaloberst von Rundstedt werden.

Ia der Heeresgruppe Süd wurde Oberst Blumentritt.

Das Kommando der Heeresgruppe trat am 12.8.1939 auf dem Truppenübungsplatz Neuhammer zusammen. Oberst i.G. Blumentritt leitete den Arbeitsstab, und ich betrachtete es als einen Glücksfall, daß mir dieser hoch befähigte Offizier zur Seite stand.

Mitte August kam auch Generaloberst von Rundstedt in Neuhammer an.

Der Generaloberst war das, was man einen Kavalier der alten Schule nennt. Er war ein glänzender Soldat mit dem untrüglichen Blick für das Wesentliche, dem er sich auch ausschließlich zuwandte.

Meine 18. Division befand sich ebenfalls auf dem Truppenübungsplatz Neuhammer und absolvierte die alljährlichen Regiments- und Divisionsübungen.

Alle unsere Gedanken kreisten in diesen Tagen um das Wetterleuchten am Horizont, das den nahenden Krieg bedeuten konnte.

Wir hatten es zuerst nicht wahrhaben wollen, waren dann unsicher geworden und mußten schließlich – in Verfolg der bereits unternommenen Schritte Hitlers und in konsequenter Fortsetzung derselben – an die Möglichkeit eines Krieges denken. Falls nicht die Westmächte – wie vorher in München – Hitler erneut nachgeben würden.

Hitler, das hatte sich in den letzten 12 Monaten erwiesen, war bis zum Fanatismus davon erfüllt, die territorialen Forderungen Deutschlands durchzusetzen; koste es, was es wolle!

Er hatte im Herbst 1938 mit Polen Verhandlungen geführt, die negativ verliefen. Großbritannien hatte Polen das Rückgrat gestärkt. In dieser britischen Garantie an Polen erkannten wir eine tödliche Bedrohung und eine ernste Warnung zugleich.

Aber immer noch hofften wir, daß selbst die Durchführung des Aufmarschplanes „Weiß“ noch nicht zum Kriege zu führen brauche, denn wir hatten erlebt, daß Hitler mit einem unglaublichen politischen Glück bisher alle seine Forderungen unblutig durchgesetzt hatte. Wenn man die Kette der Hitlerschen Taten sah, so erschien sie einem als Erfolg. Aber diesmal lag die Sache doch anders.

Aber hatte nicht Hitler wörtlich versichert, daß er kein Idiot sei, der wegen der Stadt Danzig oder wegen des polnischen Korridors in einen Weltkrieg hineinschlittern werde?

Wir wußten nicht, war dies der Krieg oder ein neuer Bluff?

Am 13./14. August hatte ich, wie vorher erwähnt, die letzte Übung mit meiner 18. Division in Neuhammer, die mit einem Vorbeimarsch an Generaloberst von Rundstedt endete.

Am 15.8.1939 ereignete sich ein tragischer Zwischenfall, als ein Artillerieschießen mit dem Einsatz eines Stukaverbandes gekoppelt wurde.

Eine ganze Stukastaffel raste – aufgrund einer falschen Angabe über die Wolkenuntergrenze – mitten in einen Wald hinein. Eine einzige Maschine von insgesamt 14 entging dem Inferno.

Am 19.8. erhielten Generaloberst von Rundstedt und ich die Weisung, uns am 21.8. auf dem Obersalzberg zu einer Besprechung einzufinden.

Hitler erläuterte den versammelten Oberbefehlshabern und Chefs sein Vorhaben, die deutsch-polnische Frage zu einer Entscheidung zu bringen.

Göring, der kurz vor Hitler im großen Empfangsraum des Berghofes erschienen war, bot einen phantastischen Anblick. Er schien sich für ein Maskenfest kostümiert zu haben, denn er trug ein Lederwams in Grün, ein weißes Hemd darunter und graue Kniehosen mit grauseidenen Strümpfen, dazu an einem mit Gold geschmückten Wehrgehänge einen Dolch. Ich erinnere mich, daß ich meinem Nachbarn General von Salmuth, zuraunte:

„Der Dicke soll wohl den Saalschutz übernehmen?"

Hitler führte aus, daß die Westmächte, wenn sie die deutsche Entschlossenheit bemerkten, diese Frage zu lösen, wieder nicht zu den Waffen greifen würden.

Was aber noch größere Überraschung auslöste als Hitlers Beurteilung der Lage, war die Verkündigung des mit der Sowjetunion vorbereiteten Paktes.

Ribbentrop – der anwesend war – wurde anschließend von Hitler verabschiedet. Er sollte nach Moskau fliegen, um mit Stalin einen Nichtangriffspakt abzuschließen. Hitler deutete an, daß er den Sowjets in Bezug auf das Baltikum bedeutende Zugeständnisse gemacht habe.

Auch jetzt waren viele der Anwesenden, so auch Generaloberst von Rundstedt und ich, noch nicht davon überzeugt, daß es zum Kriege kommen müsse.

Daß Hitler – einigen Veröffentlichungen zufolge – gesagt haben soll, er habe „nur Angst, daß ihm im letzten Augenblick noch so ein Schweinehund mit einem Vermittlungsvorschlag dazwischenkommen" könne, ist unzutreffend.

Es stimmt auch nicht, daß Göring – aus Freude über einen in Aussicht stehenden Krieg – auf den Tisch gesprungen sei, um ein Siegheil auf den Führer auszubringen, so amüsant sich dies auch lesen mag.

Auch die vorgeblichen wüsten Haßtiraden Hitlers sind der Phantasie einiger Herren entsprungen, die nicht dabei waren. Hitler war ein viel zu gerissener Mann, als daß er es vor diesem Gremium mit solchen unwirksamen Mitteln versucht hätte. Generaloberst von Rundstedt und ich waren der Ansicht, daß die ganze Versammlung, die nicht geheim bleiben konnte, ein weiterer Bluff sei, um Polen zum Nachgeben zu bringen.

Auf dem Rückweg fuhr ich nach Liegnitz zu meiner Familie.

Am 24.8.1939 übernahm Generaloberst von Rundstedt den Befehl über die Heeresgruppe, und am nächsten Tage um 15.25 Uhr ging der Befehl des OKH ein:

„Fall Weiß, 1. y - Tag = 26.8.; Uhrzeit 04.30 Uhr."

Damit schien die Entscheidung für einen Krieg also doch gefallen. Wir hatten bis dahin immer noch nicht daran glauben wollen.

Am Abend des 25.8., ich saß mit Generaloberst von Rundstedt in unserem Quartier in Neisse beim Abendbrot, traf ein Funkspruch des OKH ein, der fernmündlich weitergegeben wurde:

„Verhandlungen gehen weiter. Eröffnung der Feindseligkeiten verboten! Truppen sofort anhalten! Mobilmachung läuft weiter. Aufmarsch Weiß und West werden planmäßig gefahren."

Es galt, drei bereits auf dem Marsch befindliche Armeen anzuhalten. Der Funkverkehr war aus Tarnungsgründen nicht freigegeben worden.

Am 31.8.1939 traf dann erneut der Befehl ein:

„Y = 1.9. 04.45 Uhr."

Wir warteten bis Mitternacht auf einen neuen Stopp-Befehl. Als er bis dahin nicht eingetroffen war, hatten wir endgültig die Gewißheit:

Der Zweite Weltkrieg hatte begonnen!

Über die operative Lage ist an anderer Stelle bereits berichtet worden. Wiederholen wir an dieser Stelle, daß das OKH gegen Polen 42 aktive Divisionen einsetzte, darunter 6 Panzer-Divisionen, von denen eine – die 10. PD – neu zusammengestellt worden war, ferner vier Leichte und vier mot.-Infanterie-Divisionen. Im Westen lagen demgegenüber nur 11 aktive Infanterie-Divisionen, Festungstruppen in Stärke einer Division und 35 Divisionen der 2. bis 4. Welle, d.h. Neuaufstellungen.

Die 22. Infanterie-Division, die als Luftlande-Division ausgebildet und ausgerüstet war, blieb als Reserve des OKH im Innern Deutschlands.

Die Luftstreitkräfte traten mit zwei Luftflotten gegen Polen an, während eine dritte Luftflotte im Westen verblieb.

Den wenigen, zum Teil nicht genügend ausgerüsteten und ausgebildeten deutschen Divisionen im Westen standen 90 Divisionen, und noch im Herbst 1939 nach dreiwöchiger Kriegsdauer 108 Divisionen des französischen Heeres gegenüber. Großbritannien stellte vier Divisionen in Frankreich bereit. Sie trafen jedoch erst im Oktober auf dem Festland ein.

Das deutsche Heer marschierte in zwei getrennten Flügelgruppen auf: der Heeresgruppe Nord unter Generaloberst von Bock in Ostpreußen und Pommern und der Heeresgruppe Süd unter Generaloberst von Rundstedt in Schlesien und in der Slowakei.

In der ersten Woche des Kampfes in Polen wurde die feindliche Front durch unsere Panzerverbände, die weit in die Tiefe des Raumes hinein vorstießen, aufgerissen. Das war einer der entscheidenden Faktoren im Polenfeldzug.

Der andere war die fast hundertprozentige Ausschaltung der feindlichen Luftwaffe, die Lahmlegung der feindlichen Führungswege, des Transportnetzes und der Verbindungsnetze durch Angriffe der Luftwaffe.

Dadurch kam der Gegner nie zu einer einheitlichen Kampfführung. Am 9.9. schloß sich der erste Kessel um eine polnische Armee im Raum Radom. Sieben polnische Divisionen wurden gefangengenommen.

Die Schlacht an der Bzura, die größte in sich geschlossene Kampfhandlung des Polenfeldzuges, ging am 20. September zu Ende. Die 10. Armee unter Generaloberst von Reichenau meldete 80.000 Gefangene, die 8. Armee unter Generaloberst

Blaskowitz 90.000 Gefangene. Diese Schlacht war der Gipfelpunkt des Kampfes in Polen, aber noch nicht das Ende.

Das Oberkommando der Heeresgruppe Süd ging nunmehr nach Kielce. Es waren für Generaloberst von Rundstedt und auch für mich bekannte Gefilde, da wir beide im Ersten Weltkriege hier im Einsatz gewesen waren.

Wir kamen auf unserem Wege auch über jenes Gefechtsfeld, auf dem ich in der Nacht zum 17. November 1914 schwer verwundet worden war. Nur durch den Einsatz tapferer Kameraden war ich damals gerettet worden.

Diese alten Erinnerungen stiegen wieder in mir auf, als ich 25 Jahre später diese Gegend wiedersah. Als wir durch Tschenstochau kamen, besuchten der Generaloberst und ich in der Kirche die berühmte „Schwarze Madonna“, das am höchsten verehrte polnische Heiligenbild.

In einem polnischen Fürstenschloß in Kielce bezogen wir mit dem Stab Quartier.

Am 17. September hatten die Sowjets in den Krieg eingegriffen. Zwischen ihnen und uns war die Weichsel als Demarkationslinie vorgesehen.

Hitler hatte es nun eilig, nach Warschau zu kommen und befahl die Eroberung der polnischen Hauptstadt bis spätestens 30. September 1939.

Die Festung Warschau, vor allem die Außenforts und militärischen Stützpunkte, wurde unter Wirkungsfeuer genommen. Am 26.9. wurde die Stadt zur Übergabe aufgefordert und, als diese abgelehnt worden war, das Luftbombardement eröffnet.

Als Generaloberst von Rundstedt und ich am 27.9. gegen Mittag bei meiner alten 18. Division weilten, die gerade zwei Außenwerke genommen hatten, erfuhren wir, daß der Gegner soeben die Kapitulation angeboten habe. Das Feuer wurde sofort eingestellt.

Für die Eroberung der beiden Außenforts erhielten Oberleutnant Dietrich Steinhardt, Chef der 2. Kompanie des Infanterie-Regiments 51 und Leutnant Josef Stolz, Zugführer in der 10. Kompanie des gleichen Regiments, als erste deutsche Soldaten das Ritterkreuz.

Beide Soldaten meiner alten Division starben im Rußlandfeldzug den Soldatentod. Stolz bereits am dritten Tage dieses gewaltigen Ringens und Steinhardt am 12. April 1942.

Am 28.9. wurde zwischen dem polnischen Oberbefehlshaber und dem Oberbefehlshaber der deutschen 8. Armee, Generaloberst Blaskowitz, die Kapitulationsurkunde unterzeichnet.

Der Polenfeldzug war zu Ende. Die Verluste waren gering geblieben. Aber sie waren nicht minder schmerzlich.

Vor Warschau fiel auch der ehemalige Oberbefehlshaber des Heeres, Generaloberst Frhr. von Fritsch, der das deutsche Heer von 1934 bis 1938 geschaffen hatte. Als sein Ordonnanzoffizier versuchte, die getroffene Schlagader abzubinden, hatte er abgewehrt und gesagt:

„Lassen Sie nur, es lohnt sich nicht!“

In Polen fiel auch mein ältester Freund, Oberst Wilhelm Dietrich von Ditfurth, an der Spitze des von ihm geführten Schützenregimentes.

Als Zwölfjährige hatten wir uns in der Kadettenanstalt Plön kennengelernt. Als Leutnants im 3. Garde-Regiment kamen wir wieder zusammen und besuchten gemeinsam die Kriegsakademie. In der Sommeschlacht waren wir im Stabe des AOK 1 abermals vereint. Nun war er für immer gegangen, aber in meinem Herzen lebt das Bild dieses Menschen und Freundes weiter.

Als dritter Toter, der im März 1940 an den Folgen eines schweren Rückenmarkschusses starb, den er am 9.9.1939 in der

Schlacht an der Bzura erhielt, sei der älteste Bruder meiner Frau, Konrad von Loesch, hier genannt. Er bewirtschaftete das väterliche Gut in Lorzendorf, war mit einer Gräfin Zedlitz verheiratet und Vater von drei Kindern. Selbst die Kunst eines Professors Sauerbruch konnte ihn nicht retten.

Dieser Verlust traf uns alle schwer; in Sonderheit meine Frau, die nur ein Jahr jünger war.

Hitlers Siegesparade in Warschau am 5. Oktober 1939 auf der großen Allee vom Belvedere zum Warschauer Schloß endete mit einem Mißklang.

Wir hatten nach Ende der Parade einige Worte des Dankes erwartet. Hitler aber sprach nicht zu den Kommandeuren, wie dies vorgesehen war. Als er den mit Blumen geschmückten Tisch auf dem Flugplatz sah, machte er kehrt und nahm von einer draußen im Freien stehenden Feldküche ein paar Löffel Suppe, sprach mit den dort stehenden Soldaten und flog ab.

Generaloberst von Rundstedt war bereits am 3.10.39 zum Oberbefehlshaber Ost ernannt worden. Der Stab der Heeresgruppe verblieb ihm für die militärischen Aufgaben. Das Oberkommando der Heeresgruppe Nord wurde nach dem Westen verlegt – eine Brüskierung von Generaloberst von Rundstedt, denn er und sein Stab hatten den größten Anteil an den Erfolgen in Polen gehabt und wurden nun zum Dank dafür kaltgestellt.

In Lodz nahmen wir den endgültigen Sitz. Ins Zaren-Jagdschloß Spala, das ich vorgeschlagen hatte, wollte von Rundstedt nicht.

Bereits am 15.10. traf Oberst Heusinger von der Operationsabteilung des Heeres in unserem Quartier ein und brachte uns die Nachricht, daß auch unser Oberkommando Ende Oktober nach dem Westen verlegt werden würde. An unsere Stelle würde das AOK 8 unter Generaloberst Blaskowitz treten.

Wenig später erhielt ich den Befehl, mich am 21. Oktober in Zossen zur Entgegennahme der Aufmarschanweisungen für den Westen beim OKH zu melden.

Am 24.10.1939 bezogen wir in Koblenz mit dem Oberkommando der Heeresgruppe Quartier. Das Hotel „Riesen-Fürstenhof" nahm uns auf.

Zu unserer Führungsabteilung war der damalige Oberstleutnant i.G. von Tresckow gestoßen.

Bereits im Frieden hatte dieser Offizier in der 1. Abteilung des Generalstabes unter mir gearbeitet. Auch jetzt wieder fand ich ihn als einen glühenden Patrioten, dessen Charme und Klugheit bestrickten. Seine ebenso schöne wie kluge Frau war die Tochter des ehemaligen Kriegsministers und Generalstabschefs von Falkenhayn. Noch aus der ersten gemeinsamen Zeit besaß Tresckow mein Vertrauen. Hier in Koblenz aber wurde er mir zum Freund und unentbehrlichen Helfer im Kampf um die Durchsetzung des Planes für die Westoffensive, der vom Oberkommando der Heeresgruppe vertreten wurde.

Die große Frage, die immer wieder an mich herangetragen wurde, und die auch ohne mein Zutun nach dem Kriege im Blätterwald und in vielen Büchern auftauchte, war die des Planes zum Frankreich-Feldzug. Bevor ich sie hier beantworte, sei aber ein Ereignis vorweg genommen, das zeitlich in dieses Kapitel gehört.

Es handelte sich darum, daß Hitler sich nicht mehr mit dem Primat der Politik, also der Entscheidung in politischen Fragen begnügte, sondern auch die Entscheidungen, wie die militärischen Operationen geführt werden sollten, für sich in Anspruch nahm. Dies bedeutete eine verhängnisvolle Minderung der Stellung des Oberkommandos des Heeres.

Das Primat der Politik bedeutete in diesem Falle die Entscheidung darüber, ob der Krieg weitergeführt oder ob ein Friedenschluß angestrebt werden sollte.

Das Oberkommando des Heeres hoffte auf letzteres. Hitler hätte aber nur zu einem Frieden mit den bis dahin ungeschlagenen Westmächten kommen können, wenn er die alte Lage in Polen wieder hergestellt und die Wehrmacht aus diesem Lande zurückgenommen hätte.

Dies war jedoch für den Diktator unmöglich, weil er mit dieser Maßnahme vor aller Welt die Nutzlosigkeit des Polenfeldzuges zugegeben hätte.

Andererseits konnte Hitler den „drole de guerre" an der Westfront nicht unbegrenzt weiter führen, denn bis spätestens 1941 hatten die Westmächte ihre Rüstung vollendet.

(Ein weiterer Punkt zur Unmöglichkeit der Wiederherstellung der alten Lage lag in der Tatsache begründet, daß die Rote Armee bereits die Osthälfte Polens okkupiert und die baltischen Staaten annektiert hatte. Stalin wäre nie mit einer solchen Lösung einverstanden gewesen und hätte – bei einem deutschen Rückzug aus Polen – den Vorstoß über die Demarkationslinie bis an die polnische Westgrenze befohlen.)

Nun hätte das Oberkommando des Heeres Hitler von sich aus einen Vorschlag machen müssen, wie und wann der Kampf gegen die Westmächte eröffnet werden sollte. Dies zu entscheiden unterlag der militärischen Führung. Statt dessen wartete das Oberkommando des Heeres so lange, bis Hitler am 27. September 1939 die drei Oberbefehlshaber der Wehrmachtteile zu sich kommen ließ und ihnen eröffnete, daß er noch in diesem Herbst – und zwar so früh wie möglich – im Westen offensiv werden wolle.

In der Frage des Wann hat das Oberkommando des Heeres mit Recht den Standpunkt vertreten, daß eine Offensive im Herbst und Winter kein Aussicht auf einen durchschlagenden Erfolg haben werde. Zum einen weil das Heer durchweg aus neu aufgestellten Divisionen, oder alten, noch nicht wieder voll aufgefrischten, bestand. Diese aber seien vorerst, weder ihrem Ausbildungsstand noch ihrer inneren Festigkeit nach, für eine Offensive geeignet.

Außerdem konnten die Panzerverbände im Herbst noch nicht wieder aufgefrischt sein.

Darüber hinaus bestand noch ein weiterer Grund, der Hitlers Absicht, im Herbst offensiv zu werden, entgegen stand: Die zu erwartende Wetterlage.

Mit vollem Recht vertrat das Oberkommando des Heeres den Standpunkt, daß ein Herbst-, oder gar Winterfeldzug im Westen die entscheidenden Kräfte der Wehrmacht – die Panzerverbände ebenso wie die Luftwaffe – nicht zur vollen Wirkung kommen lassen würde.

In der Tat hat dann auch die Wetterlage Hitler 15-mal dazu gezwungen, die von ihm befohlenen Angriffstermine hinauszuschieben, so daß die Offensive schließlich erst im Jahre 1940 beginnen konnte.

Diese Frage des Wann, die vom OKH entschieden werden mußte, hat denn auch zum entscheidenden Bruch zwischen Generaloberst von Brauchitsch und Hitler geführt. Dieser befahl in der Folgezeit eine weitgehende Einschränkung des Einflusses des OKH auch in der Frage, wie die militärischen Operationen geführt werden sollten.

Auf Grund eines „Führerentschlusses“ erging am 9. Oktober 1939 die „Weisung für den Fall Gelb.“

Daß ein ganz anderer Plan als diese Aufmarschanweisung „Gelb“ schließlich zur Grundlage unserer Westoffensive wurde, sei im Folgenden erklärt.

Als erster hat nach Kriegsende der britische Militärschriftsteller Liddell Hart berichtet, daß ein neuer Plan entstanden sei, den er mit meinem Namen verband. Er hatte diese Neuigkeit von Generalfeldmarschall von Rundstedt und General Blumentritt, unserem Ia in jener Zeit, erfahren.

So kann ich nun auch an dieser Stelle die Entstehungsgeschichte des „Neuen Planes“ aufzeichnen.

Die Gedanken, die diesem neuen Plan zu Grunde lagen, sind tatsächlich von mir ausgegangen, denn ich habe alle jene Denkschriften verfaßt, die vom Oberkommando der Heeresgruppe A dem OKH vorgelegt wurden.

Außerdem hatte ich Gelegenheit, im Februar 1940 Hitler persönlich darüber Vortrag zu halten. Generalfeldmarschall von Rundstedt hat meine Eingaben immer mit seiner Unterschrift voll gedeckt. Ohne sein Einverständnis wäre der Versuch, das OKH mit Eingaben zu einer anderen Auffassung zu bringen, gescheitert.

In beiden Aufmarschanweisungen wird nicht gefordert, daß die Offensive die Entscheidung im Westen herbeiführen sollte, sondern es wurde ein Teilziel gesetzt, nämlich, das Schlagen starker feindlicher Kräfte in Belgien und das Gewinnen einer Basis in Holland, Belgien und Nordfrankreich für die Fortführung des Kampfes gegen England.

Meine Mitarbeiter von Tresckow und Blumentritt haben ebenfalls mit meinen Gedanken übereingestimmt. Der Operationsplan „Gelb“ sah vor, daß der starke rechte Flügel des Westheeres durch Holland und Belgien vorgehend, die in Belgien erwarteten französisch-britischen Streitkräfte und die belgischen und holländischen Divisionen schlagen sollte. Es sollte also durch diesen starken Flügel die Entscheidung gesucht werden. Dieser Flügel wurde durch die Armeeabteilung N und die unter dem Befehl von Generaloberst von Bock stehende Heeresgruppe B gebildet.

Insgesamt standen damit im Nordflügel 30 Infanterie-Divisionen und die Masse der schnellen gepanzerten Verbände, die sich aus neun Panzer-Divisionen und vier Infanterie-Divisionen mot. zusammensetzten.

Diese entscheidende Angriffsoperation sollte durch die Heeresgruppe A in ihrer Südflanke gedeckt werden. Die Heeresgruppe A bestand aus 22 Infanterie-Divisionen. Sie besaß keinen einzigen schnellen Verband.

Die Heeresgruppe C hingegen sollte den Westwall von der luxemburgischen bis zur schweizerischen Grenze sichern. Die Heeresreserve bestand aus 17 Infanterie- und zwei schnellen Divisionen.

In der Ziffer 1 der Aufmarschanweisung vom 19.10.39 war folgendes als „Allgemeine Absicht“ niedergelegt worden:

„Möglichst starke Teile des französischen Heeres und seiner Verbündeten zu schlagen und gleichzeitig möglichst viel holländischen, belgischen und nordfranzösischen Raum als Basis für eine aussichtsreiche Luft- und Seekriegführung gegen England und als weites Vorfeld des Ruhrgebietes zu gewinnen.“

Am 29. Oktober wurde eine Änderung der Aufmarschanweisung vorgenommen. Diesmal wurde das Ziel der Angriffsoperation der Heeresgruppe B erweitert. Und zwar hieß es diesmal unter „Allgemeine Absicht“:

„... möglichst starke Teile des französischen Heeres auf nordfranzösischem und belgischem Boden zur Schlacht zu stellen und zu schlagen und damit günstige Bedingungen für eine Weiterführung des Krieges zu Lande und in der Luft gegen England und Frankreich zu schaffen.“

Das OKH stellte unter dem Begriff „Gliederung und Aufgaben“ der Heeresgruppe B die Aufgabe:

„Die verbündeten Streitkräfte im Bereich nördlich der Somme zu vernichten und bis zur Kanalküste durchzustoßen.“

Meine Ablehnung, wenigstens beim ersten Lesen des Planes

war mehr gefühlsmäßig bedingt. Man schien, nach meiner Meinung, eine Neuauflage des Schlieffenplanes von 1914 gemacht zu haben. Und diesen Plan hatte der Gegner bereits einmal gegen uns mit allen Konsequenzen durchexerziert und wußte also Bescheid.

Doch dann zeigte es sich, bei näherem Studium, daß es doch nicht ein Neuaufguß des Schlieffenplans war, sondern daß die Aufmarschanweisung „Gelb“ dem Schlieffenplan nur in zwei Punkten ähnelte: erstens hinsichtlich des Schwerpunktes im Norden und zweitens hinsichtlich des Durchmarsches durch Belgien.

Viele Details dieses Planes „Gelb“ waren auf falschen Voraussetzungen aufgebaut und rechnete Reaktionen des Gegners ein, die so nicht einzutreffen brauchten. Schließlich hatte eine entschlossene feindliche Führung die Möglichkeit, den ja erwarteten Stoß durch Belgien aufzufangen und dann im Gegenzug selbst an der Südflanke der Heeresgruppe B zu einer Offensive anzutreten. Für diesen Gegenschlag würden der französischen Führung rund 60 Divisionen zur Verfügung stehen. Ob dann die Heeresgruppe A mit ihren 22 Divisionen den Stoß hätte aufhalten können, war mehr als fraglich.

Alle diese Einwände und Wenn und Aber veranlaßten mich dazu, andere Vorschläge mit folgenden Schwerpunkten einzureichen:

1. Das Ziel der Westoffensive muß die Herbeiführung einer Entscheidung zu Lande sein. Das Anstreben von Teilzielen, wie sie in der Aufmarschanweisung des OKH niedergelegt sind, rechtfertigt weder den politischen noch den militärischen Einsatz. Die Angriffskraft des Heeres ist auf dem Festland für uns der entscheidende Faktor. Sie für Teilziele zu verbrauchen ist nicht angängig, schon im Hinblick auf die Sowjetunion.

2. Der Schwerpunkt unserer Angriffsoperation muß bei der Heeresgruppe A, nicht bei der Heeresgruppe B liegen. Der vorgesehene Stoß der Heeresgruppe B trifft auf einen vorbereiteten Gegner und mehr oder weniger frontal. Er könnte wohl zu Anfangserfolgen führen, aber unter Umständen an der Somme versanden.
   Die wirkliche Chance liegt bei der Heeresgruppe A in einem den Gegner überraschenden Vorstoß durch die Ardennen in Richtung auf die untere Somme, um die nach Belgien hineingeworfenen Feindkräfte vorwärts der Somme abzuschneiden. Allein auf diese Weise ist eine Vernichtung des ganzen feindlichen Nordflügels in Belgien als Vorbedingung für das Erreichen einer endgültigen Entscheidung in Frankreich zu erhoffen.
3. Wie die Hauptchance, so liegt aber auch die Hauptgefahr für die deutsche Offensive bei der Heeresgruppe A.
   Handelt der Gegner richtig, so wird er versuchen, einer ungünstigen Entscheidung in Belgien auszuweichen, gegebenenfalls unter Zurückgehen hinter die Somme. Zugleich wird er alle verfügbaren Kräfte zu einer Großoffensive gegen unsere Südflanke bereitstellen mit dem Ziel, die Masse des deutschen Heeres in Belgien bzw. vorwärts des Niederrheins einzukesseln.
   Zum mindesten aber wird es dem Gegner, falls unsere Offensive durch Nordbelgien an der unteren Somme zum Stehen kommt, gelingen, mit seinen Reserven eine geschlossene Abwehrfront herzustellen, also den Stellungskrieg wieder aufleben zu lassen. Um dies zu verhindern, kommt es darauf an, einen Aufmarsch feindlicher Kräfte in unserer Südflanke etwa beiderseits der Maas oder zwischen Maas und Oise schon in seiner Entstehung zu zerschlagen. Der Zusamenhang der feindlichen Front muß in diesem Gebiet von vornherein zerrissen

werden, um später eine Möglichkeit zu haben, die Maginotlinie zu umgehen.

4. Die Heeresgruppe A, bei der der Schwerpunkt der Gesamtoperation liegT; muß – auch wenn aus Raumgründen zunächst vielleicht bei der Heeresgruppe B mehr Divisionen eingesetzt werden können – anstatt der vorgesehenen zwei Armeen derer drei erhalten.

   Eine Armee muß – wie vorgesehen – durch Südbelgien über die Maas, dann aber weiter in Richtung auf die untere Somme vorstoßen, um in den Rücken der Feindkräfte vor der Heeresgruppe B zu gelangen. Die zweite Armee muß nach Südwesten angesetzt werden, mit der Aufgabe, offensiv jede Versammlung von Feindkräften zu einem Gegenangriff gegen unsere Südflanke im Gebiet westlich der Maas zu zerschlagen. Eine dritte Armee habe nördlich der Maginotlinie Sierck-Mouzon (ostwärts Sedan) in der Abwehr die tiefe Flanke der Gesamtoperation zu decken.

   Im Sinne der Schwerpunktverlegung von der Heeresgruppe B zur Heeresgruppe A wurden noch eine weitere Armee und dazu starke Panzerkräfte gefordert.

Dies sind in geraffter, beschnittener Form die Grundzüge meines Gegenvorschlages gewesen. Bereits in meiner ersten Eingabe vom 31.10.1939 waren die Grundgedanken des neuen Planes enthalten.

Am 3.11.1939 erhielten wir den Besuch des Oberbefehlshabers des Heeres, Generaloberst von Brauchitsch. Ihm konnte ich im Auftrage von Generaloberst von Rundstedt Vortrag halten.

Dieser Besuch und sein Nachhall ließen jedoch erkennen, daß die führenden Männer des OKH dem neuen Plan große Vorbehalte entgegenbrachten.

Am 12.11. traf ein Fernschreiben bei uns ein, wonach Hitler eine dritte Gruppe schneller Truppen am Südflügel unserer 12.

Armee oder im Abschnitt unserer 16. Armee eingesetzt wissen wollte. Diese Gruppe sollte sich aus dem Stab des XIX. Panzerkorps, aus der 2. und 10. Panzer-Division, einer motorisierten Infanterie-Division, der Leibstandarte und dem Regiment „Großdeutschland" zusammensetzen. Kommandierender General dieses XIX. PzKorps war Heinz Guderian.

Guderian war nicht erfreut über diesen ihm zugedachten Einsatz, da er darin eine Verzettelung der Panzerkräfte sah. In einem längeren Gespräch informierte ich ihn eingehend über die operative Auffassung unserer Heeresgruppe und über unser Bestreben, den Schwerpunkt der Gesamtoperation auf den Südflügel zur Heeresgruppe A zu verlegen.

Als ich Guderian das lockende Ziel – die Sommemündung – gezeigt hatte, war er von unserem Plan begeistert. Bereits an dieser Stelle sei gesagt, daß es der vorwärtsdrängende Schwung Guderians war, der den Raid unserer Panzerverbände in den Rücken des Gegners bis an die Kanalküste ermöglichte und diesen beflügelt hat.

Es sollte aber an dieser Stelle betont werden, daß Hitler mit dieser Zuweisung des XIX. Panzerkorps keinesfalls im Sinne der Vorschläge des Kommandos der HGr. A eine operative Gesamtentscheidung anstreben wollte. Er hatte richtig erkannt, daß bei Sedan ein Schwachpunkt des Gegners lag. Die Maginot-Linie endete ostwärts von Sedan, nördlich Sedan verlief das Tal der Maas in ihrem tief eingeschnittenen Bett.

Hitlers Gedanke war, durch den Vorstoß des XIX. PzKorps der auf dem linken Flügel der HGr. B vorgehenden 4. Armee den schwierigen Maasübergang bei Givet zu öffnen. Er strebte also ein taktisches Ziel an und nicht die operative Entscheidung.

Die Besprechung des 21.11.1939, zu der neben dem Oberbefehlshaber des Heeres mit seinem Generalstabschef Halder auch die Armeeführer der Heeresgruppe A und der Oberbefehlshaber der Heeresgruppe B mit seinen Armeeführern nach Koblenz gekommen waren, verlief sehr bemerkenswert.

Bemerkenswert insofern, als Generaloberst von Brauchitsch es verstand, den Vortrag unserer Ansichten über den Plan „Gelb" und die Aufmarschanweisung des OKH zu unterbinden. Es blieben uns nur weitere Denkschriften übrig, deren eine wir Generaloberst von Brauchitsch gleich mitgaben.

Hitler hatte jedoch zwischenzeitlich bereits einige Konsequenzen gezogen. Er hatte eine Weisung an das OKH erlassen, daß eine rasche Verlagerung des Schwerpunktes von der Heeresgruppe B zur Heeresgruppe A für den Fall vorbereitet werde, daß bei der Heeresgruppe A raschere und größere Erfolge als bei der Heeresgruppe B eintreten würden.

Am 23.11.1939 sprach Hitler vor den höheren Führern der drei Wehrmachtteile in Berlin. Am 24.11. wurde Generaloberst von Rundstedt mit den Generalen Busch und Guderian von Hitler empfangen. Hitler habe, so sagte mir Busch auf der Rückfahrt nach Koblenz, für unsere Auffassung viel Verständnis gezeigt.

Es schien also möglich, daß Hitler Ende November 1939 sichergestellt wissen wollte, daß die Verlagerung des Schwerpunktes von der Heeresgruppe B auf die Heeresgruppe A möglich war.

Der Beginn der Großoffensive gegen Frankreich verzögerte sich wegen der schlechten Wetterlage immer wieder.

In einem persönlichen Schreiben an den Chef des Generalstabes, General Halder, hatte ich am 6.12.1939 einen vollständig neuen Operationsplan ausgeführt.

Bis zum 15.12. hatte ich noch keine Antwort erhalten und rief deshalb den Oberquartiermeister I, General von Stülpnagel, an. Ich fragte ihn, ob sich das OKH auch weiterhin totstellen wolle.

Als Antwort darauf erhielt ich einen Anruf Halders, der mir sagte, daß man beim OKH ganz unserer Ansicht sei, aber strikten Befehl hätte, die Schwerpunktbildung bei der Heeresgruppe B beizubehalten.

Man wollte abwarten, wohin der Schwerpunkt verlegt werden könnte. Auf diese Handlungsweise trifft ein Wort Moltkes zu:

„Ein Fehler im ersten Aufmarsch läßt sich nicht wiedergutmachen."

Wir mußten also weiter um die Durchsetzung unseres Planes ringen.

Am 18.12. legte ich Generaloberst von Rundstedt den Entwurf einer Aufmarschanweisung für die Westoffensive vor. Er sollte ihm als Unterlage für einen Vortrag beim Oberbefehlshaber des Heeres und auch – wenn dieser einverstanden war – bei Hitler dienen.

Der Vortrag fand am 22.12. statt. Er wurde von Generaloberst von Brauchitsch gehalten. Hitler hörte ihn nicht.

Da die Wetterlage in der zweiten Dezemberhälfte keinen Gedanken an die Eröffnung der Offensive ließ, konnte ich nach Liegnitz fahren und das Weihnachtsfest im Kreise meiner Familie feiern. Es war eine der schönsten Erinnerungen, die ich wieder mitnahm nach dem Westen.

Auf der Rückfahrt nach Koblenz machte ich in Zossen Station, denn ich war begierig, etwas über die Aufnahme zu hören, die mein Entwurf eines Operationsplanes gefunden hatte.

General von Stülpnagel erklärte mir, daß man beim OKH weitgehend mit unseren Ansichten konform gehe. Er sagte aber auch, daß Hitlers Weisung bindend sei. Und Hitler wolle sich die Bildung eines Schwerpunktes offen halten.

Eine Denkschrift mit dem Titel „Westoffensive" wurde am 12.1.1940 dem OKH vorgelegt. Diesmal aber schrieb Generaloberst von Rundstedt im beigefügten Brief noch folgendes:

„Nachdem durch Befehl des OKH der Heeresgruppe bekannt gegeben ist, daß der Führer und Oberste Befehlshaber der Wehrmacht sich selbst die Entscheidung über die Bestimmung des Schwerpunktes bei Durchführung der Operation und damit ihre oberste Leitung vorbehalten hat – das OKH in seinen Entschlüssen also nicht frei ist – bitte ich, diesen Vorschlag dem Führer vorlegen zu wollen. gez. von Rundstedt."

Die nächste Eingabe war am 30.1.1940 fällig. Anläßlich eines Kriegsspieles, das am 7.2. in Koblenz stattfand, hatte ich den Eindruck, daß der dort anwesende General Halder unsere Auffassung endgültig akzeptiert hatte.

Doch Wasser in den Wein dieser Feststellung hatte ein Schreiben gegossen, das ich bereits am 27.1.1940 erhalten hatte. In diesem Schreiben des OKH erhielt ich die Nachricht, daß ich zum Kommandierenden General des in der Heimat neu aufzustellenden XXXVIII. Armeekorps ernannt worden sei.

Wenn das auch als Beförderung gelten sollte, so war bei mir doch kein Zweifel vorhanden, daß das OKH in mir einen lästigen Dränger loswerden wollte.

Nach dem Kriegsspiel am 7.2.1940 sprach mir Generaloberst von Rundstedt in Gegenwart aller Teilnehmer seinen Dank für meine Leistungen aus. In den Worten dieses Kavaliers kam die ganze vornehme Großzügigkeit des späteren Feldmarschalls zum Ausdruck.

Aber auch die Generale Busch und List und Guderian waren über meine Abberufung so kurz vor einem entscheidenden Schlag bestürzt.

Ich fuhr nach Liegnitz zu meiner Familie. Hier erhielt ich am 17.2. eine Nachricht, nach Berlin zu fahren und mich mit den anderen neu ernannten Kommandierenden Generalen bei Hitler zu melden.

So trat ich dem „Führer" abermals gegenüber. Das anschließende Frühstück zeigte mir, daß Hitler – der wieder das Wort führte – eine verblüffende Kenntnis militärischer Neuerungen besaß, auch über jene Neuerungen, die in den Armeen der Feindstaaten eingeführt worden waren.

Als wir uns anschließend verabschiedeten, bat mich Hitler in sein Arbeitszimmer. Er forderte mich auf, meine Gedanken über die Führung der Westoffensive vorzutragen. Am Schluß des Vortrags stimmte er mir zu.

Am 20.2.1940 erging eine Anordnung Hitlers, die endgültige Aufmarschanweisung nach meinen Vorschlägen herauszugeben.

Hitlers Entscheidung für meinen Plan schuf einen Teil der Voraussetzungen für den durchschlagenden Erfolg der Wehrmacht in der Westoffensive.

Der Sechs-Wochen-Feldzug in Frankreich wurde zum größten Triumph der deutschen Militärgeschichte und zugleich auch zum Abschluß einer wichtigen Etappe auf Hitlers Weg zur Beherrschung ganz Europas mit Ausnahme der britischen Inseln.

Neben der tatkräftigen Führung durch Generaloberst von Rundstedt ist der große Erfolg des Stoßes durch die Ardennen über die Maas, auf die Somme-Mündung und zu den Kanalhäfen, dem ungeheuren Elan des Generals Heinz Guderian zu verdanken. Er war es, der die Operationsidee der Heeresgruppe in die Tat umgesetzt hat.

Es ist aber festzustellen, daß das OKH den neuen Plan konsequent durchgeführt und weitere Panzerkräfte für den Stoß durch die Ardennen in Richtung Kanalküste eingesetzt hat. Die Heeresgruppe hatte noch zu meiner Zeit vergeblich auch die Unterstellung des XIV. Panzerkorps beantragt, das hinter unserer Front bereitstand. Dieser Antrag war aber unter Hinweis auf den Willen Hitlers abgelehnt worden, sich eine eventuelle Schwerpunktverlagerung vorzubehalten. Jetzt wurden nun zum Stoß durch die Ardennen das XIX. und das XIV. Panzerkorps als „Panzergruppe von Kleist“ eingesetzt.

Daß ein voller Erfolg unmöglich war, als die Panzerkräfte vor Dünkirchen angehalten wurden und es deshalb über 300.000 Engländern gelang, zu entkommen, hat wesentlich dazu beigetragen, daß Hitler später die „Aktion Seelöwe“ nicht gewagt hat. Wer nun eigentlich – und in welchem Maße – die Verantwortung für das Anhalten der Panzerkräfte trägt, ist immer noch nicht voll geklärt. Die Version, daß Hitler den Briten eine goldene Brücke zum Abschluß eines ehrenvollen Friedens hätte bauen wollen, dürfte abwegig sein. Es ist schließlich recht unwahrscheinlich, daß die Engländer mit einer geretteten Armee friedenswilliger hätten sein sollen, als wenn sie fast alle Truppen bei Dünkirchen verloren hätten. Es scheint vielmehr so gewesen zu sein, daß die Heeresgruppe A auf Verlangen der „Panzergruppe von Kleist“ aus Nachschubgründen einen kurzen Stopp der Panzerkräfte (ein oder zwei Tage) beantragt hatte, daß dann aber Hitler – entgegen dem Votum des OKH! – das endgültige Anhalten der Panzerdivisionen angeordnet hat. Dabei mag ihn weitgehend die Versicherung Görings beeinflußt haben, er könne mit der Luftwaffe den Abtransport der Engländer aus Dünkirchen verhindern. Hinzu kam die Erklärung Keitels, nach seiner Geländekenntnis aus dem Ersten Weltkrieg sei die Gegend um Dünkirchen für eine Panzerverwendung ungeeignet. Außerdem wollte Hitler die Panzerdivisionen für den zweiten Akt des Feldzuges intakt halten.

Als Kommandierender General
Wie ich den Frankreich-Feldzug erlebte
Warum Frankreich so rasch besiegt wurde
Wäre eine Invasion Englands 1940 möglich gewesen?

Am 1. Juni 1940 erhielt ich meine Beförderung zum General der Infanterie.

Zehn Tage vorher war ich mit meinem Infanterie-Korps in die Ausgangsstellungen an der Somme eingerückt. Von hier aus sollte ich meine Truppen in der zweiten Phase des Frankreich-Feldzuges bis zur Loire führen.

Die Gefechtshandlungen meines XXXVIII. Korps können als Beispiel einer Verfolgung gelten, die von der Somme über die Seine bis zur Loire fortgeführt wurde. Sie ließ den Gegner nicht mehr zur Ruhe kommen.

Übrigens hatte ich den 10. Mai, mit der Eröffnung der Offensive im Wesen, an der ich doch geistig so beteiligt war, in Liegnitz am Radio erleben müssen, da mein Korps noch im Reich zurückgehalten wurde.

Lassen Sie mich hier die Zeit des Frankreich-Feldzuges noch einmal rekapitulieren.

Am 10. Mai erhielt das Generalkommando XXXVIII den Befehl, von Stettin vorerst nach Braunschweig vorzuziehen. Drei Tage später gingen wir nach Düsseldorf. Hier traten wir unter den Befehl der Heeresgruppe B.

Ich konnte mir als Schlachtenbummler das von der Fallschirmtruppe im Verein mit der Infanterie eroberte Festungswerk Eben Emael ansehen.

Am 16.5. wurden wir schließlich der Heeresgruppe A unterstellt, und so konnte ich mich am 17.5. bei meinem alten Oberbefehlshaber Generaloberst von Rundstedt in Bastogne melden.

Der Generaloberst und mein Nachfolger als Chef des Generalstabes, General von Sodenstern, begrüßten mich herzlich. Endlich erfuhr ich, wie gut die Operationen durch die Ardennen verlaufen waren. Ich erfuhr darüber hinaus, daß unser Korps zur 12. Armee treten sollte, die den Stoß auf die untere Somme führen würde.

Als ich beim AOK 12 eintraf, erlebte ich gleich, wie Hitler in die Führung des Heeres eingriff. Es ging nämlich gerade ein Befehl ein, der vom OKH auf Hitlers Weisung gegeben worden war. Danach sollte die Panzergruppe Kleist zunächst nur bis zur Oise vorgehen und die 12. Armee nach Südwesten eindrehen, um in der Verteidigung die tiefe Flanke des Stoßkeils zu decken.

Stattdessen sollte die 2. Armee zwischen der 4. und 12. Armee eingeschoben werden und den weiteren Vorstoß nach Westen durchführen.

Damit hatte sich der Politiker und Propagandist Hitler in das Geschäft des Feldherren eingeschaltet. Er maßte sich an, den Ablauf der Heeresoperationen im einzelnen von sich aus zu regeln.

Diese Maßnahmen ermöglichten dem Gegner den Aufbau einer neuen Front an der Aisne, die erst in der zweiten Phase des Frankreich-Feldzuges in schweren Kämpfen durchbrochen werden mußte.

Unser Generalkommando war derweilen bis nach Clerf nachgezogen worden. Hier erhielt ich die Nachricht, daß mein Schwager, Egbert von Loesch, als Führer einer Stukastaffel bei Brüssel vermißt sei.

Am 25.5. erhielt mein Generalkommando Auftrag, das Generalkommando des XIV. Panzerkorps unter General von Wietersheim im Abschnitt Abbéville-Amiens abzulösen.

Der Auftrag lautete, die dortigen Brückenköpfe zu halten. An dieser Stelle lagen uns eine französische Kolonial-Division und britische Kräfte gegenüber.

Der Gegner griff in den nächsten Tagen verbissen unsere beiden Brückenköpfe an. Beim Brückenkopf Amiens wurde die Sache schwierig, aber Oberst Herrlein konnte mit seinem Infanterie-Regiment 116 die Sache bereinigen. Er war ein alter Kamerad vom 3. Garde-Regiment. Als Generalmajor und Kommandeur der 18. Infanterie-Division erhielt er im Sommer 1941 das Ritterkreuz.

Am 29.5. trat dann in Abbéville eine schwere Krise ein. Ein starker Feindangriff mit Panzerunterstützung drang in die Stellungen der 57. I.D. ein. Die Division erlitt starke Verluste. Als ich die Nachricht erhielt, fuhr ich sofort dorthin und hatte Gelegenheit, ein Bataillon, das aufgrund eines mißverstandenen Befehls eben die Stellungen verließ, wieder zurückzuschicken. Es gelang der Division schließlich, der Situation Herr zu werden.

So blieben wir in den Brückenköpfen stehen, und erst als die 4. Armee am Morgen des 5. Juni zur zweiten Phase des Frankreich-Feldzuges antrat, gingen auch die Divisionen des XXXVIII. AK auf einem Angriffsstreifen von 20 km Breite beiderseits von Piquigny vor.

Mit der sudetendeutschen 46. I.D. unter Generalmajor von Hase rechts und der 27. Division unter Generalleutnant Bergmann links ging es vorwärts. Die 6. Infanterie-Division unter Generalmajor von Biegeleben blieb als Reserve in der zweiten Linie.

Nunmehr standen dem Korps zwei französische, eine kolonial-französische und eine elsässische Division gegenüber.

Der Übergang über die Somme im Morgengrauen des 5.6. gelang auf der ganzen Front. Es kam zu schweren Kämpfen, und es war für mich besonders tragisch, viele der Gefangenen als Deutsche oder von deutschen Eltern stammend kennenzulernen.

Sobald der Flußübergang geschafft war, fuhr ich aus dem vorgeschobenen Korps-Gefechtsstand nach vorn. Ich kam zum Dorf Breilly, wo das Infanterie-Regiment 63 der 27. Division unter Oberst Greiner soeben die Uferhöhen unter erheblichen Verlusten erstürmt hatte. Oberst Heinz Greiner sollte sich später im Osten wie auch in Italien als General besonders auszeichnen.

Am nächsten Morgen mußte ich für ein Regiment der 46. Division, das glaubte, noch einen starken Feind vor sich zu haben, selbst feststellen, daß der Gegner abgezogen war. Ich empfahl dem Regimentskommandeur, in Zukunft diese Aufklärung selbst zu besorgen, weil ein Kommandierender General als Spähtrupp etwas deplaciert sei.

Während dieser Spähfahrt fuhr mich mein treuer Freund und Fahrer Feldwebel Nagel, der auch für die Zukunft bei mir bleiben sollte. Mein Ordonnanzoffizier, Oberleutnant von Schwerdtner, war ebenfalls begeistert von der Fahrt.

Als ich am Nachmittag beim Regiment 27 in der vordersten Linie auftauchte, mußte ich einem Kompaniechef die große Lage anhand einer im Graben ausgebreiteten Karte darlegen. Erst nachdem er genau wußte, was „los“ war, durfte ich ihn verlassen.

Am 7.6. wurde auch die 6. Infanterie-Division eingesetzt. Die tapferen Soldaten dieser westfälischen Division zeigten einen bewundernswerten Drang nach vorn. Sie überwanden den Poix-Abschnitt, nahmen die Stadt Poix in Besitz und gingen auf das nächste Dorf vor.

Nun ging es schneller und schneller. Am Mittag des 9.6. erfuhr ich in Les Andelys, daß eine Vorausabteilung der 6. I.D. bereits über die Seine gegangen war.

An und für sich hatte unsere Aufgabe, wie mir Generaloberst von Kluge, der Oberbefehlshaber der 4. Armee zu Beginn des Angriffs mitteilte, gelautet:

„Gewinnung von Brückenköpfen südlich der Seine.“

Als wir dieses Ziel erreicht hatten, beantragte ich bei der Armee die Genehmigung, den Angriff nach Süden fortführen zu dürfen, sobald die Korps-Artillerie über den Fluß gebracht worden war. Darüber hinaus wollte ich auch die 1. Kavallerie-Division über die Seine vorziehen.

Beide Vorschläge wurden abgelehnt.

Am 15. Juni erhielten wir – das heißt die gesamte 4. Armee – das Ziel Le Mans. Es ging schnell und zügig hinter dem fliehenden Gegner her, der sich am 16.6. noch einmal verzweifelt wehrte.

Als wir am 17.6. vom Rücktritt Reynauds hörten und die Berufung von Marschall Pétain erfuhren, waren wir nicht sicher, ob sich unter seiner Führung der Widerstand neu formieren würde, oder aber ob er gewählt worden war, um die Unterzeichnung der Kapitulation zu vollziehen.

Wie auch immer: der am 18.6. eingehende Führerbefehl forderte schnellste Verfolgung des Gegners!

Zur Vorausabteilung Lindemann fuhr ich am Morgen des 19.6. 50 Kilometer. Ich kam durch Le Mans und besuchte die prachtvolle Kathedrale. Hier hatte vor 70 Jahren auch mein Großvater als KommGen. des IX. Armeekorps gekämpft.

Ich fand schließlich Lindemann mit seiner Vorausabteilung. Sie lag vor dem Mayenne-Abschnitt fest, und vom jenseitigen Ufer beherrschten französische MG die Brücke von Lion d'Angers. Panzer waren erkannt worden, und Lindemann versuchte, den Gegner mit seiner einzigen 10 cm-Batterie zu vertreiben.

Ich ging seitlich der Brücke bis zum Fluß vor und fand, daß der gegenüberliegende Abschnitt wahrscheinlich unbesetzt sein würde.

„Schwimmen Sie weiter flußabwärts durch den Fluß", empfahl ich dem hier wartenden Kompaniechef. „Dort unten wird kein Feind auf dem anderen Ufer stehen."

Der Chef schaute mich zweifelnd an.

„Wenn Sie wollen, begleite ich Sie!“ bot ich ihm an. Das wirkte.

Wenig später sprang die ganze Kompanie nackt in den Fluß, durchschwamm ihn und erreichte ohne einen Verlust das andere Ufer. Die Brücke wurde vom Rücken her freigekämpft. Leider hatte sie bis dahin bereits Opfer gefordert.

Als ich später zum Gefechtsstand des Korps zurückkehrte, schickte ich noch meinen Ordonnanzoffizier, Oberleutnant Graf, zu Lindemann und gab ihm den Befehl für die Vorausabteilung mit, noch in der Nacht die Loire zu überschreiten.

Beide Spitzendivisionen des Korps überschritten in dieser Nacht den Fluß, der bei Ingrades, der westlichen Übergangsstelle, ungefähr 600 m breit war.

In den folgenden Tagen war mein Quartier in dem Schloß Serrant, nahe Chalonnes. Es verstand sich von selbst, daß - wie in allen Quartieren, die wir bezogen - das fremde Eigentum geachtet und geschont wurde.

Bis zum 22.6.1940 war es uns also gelungen, die 6. und die 27. Division auf das Südufer der Loire zu bringen. Einen Tag später erhielten wir die Nachricht, daß tags zuvor in Compiègne der Waffenstillstand geschlossen worden war.

Der Frankreich-Feldzug war zu Ende. Im Sturmmarsch zur Loire hatten meine Divisionen über 500 Kilometer zurückgelegt. In einem Tagesbefehl dankte ich der Truppe für ihre Leistungen.

Die Luftwaffe in Aktion

Frankreich war besiegt, aber der mögliche volle Erfolg war nicht erreicht worden. Und daran waren nicht die Soldaten schuld, sondern Hitler. Er selbst hatte durch sein zweimaliges Eingreifen in den Kampf im Westen den vollen Sieg verschenkt und die Vernichtung der britischen Expeditionskorps verhindert.

Nach Churchills Angaben gelang es dem Gegner, 338.226 Mann – darunter 126.176 Franzosen – zu evakuieren. Dies verdankte er dem Eingreifen Hitlers, als dieser die vorstürmenden Panzer im Verlaufe des Vorstoßes zur Küste zum ersten Male und dann vor Dünkirchen abermals anhielt.

Damit baute Hitler der britischen Führung im wahrsten Sinne des Wortes eine goldene Brücke.

Aber was auch immer die wirklichen Gründe waren, das Entkommen so großer Streitkräfte hielt Hitler davon ab, die Invasion Großbritanniens zu wagen und gab dem Inselreich damit die Chance, den Krieg weiter zu führen: In Afrika, in Italien und schließlich nach der Invasion auch in Frankreich. Dieser gravierende Fehler Hitlers war der erste Schritt auf dem Wege zur Niederlage und zur „bedingungslosen Kapitulation".

Hitler hatte damit den großen Sieg verschenkt!

Dennoch hatte er einen Gipfelpunkt seiner Macht erreicht, als im Salonwagen bei Versailles von Marschall Foch die Kapitulationsurkunde unterzeichnet wurde.

Wie aber sah Görings Versprechen, die Evakuierung bei Dünkirchen mit seiner Luftwaffe zu unterbinden aus?

Luftwaffe über Dünkirchen

Wenn von einem Desaster oder gar dem Versagen der Luftwaffe bei dieser von ihrem Oberbefehlshaber selbst gestellten Aufgabe die Rede ist, so kann und muß mit Nachdruck gesagt werden, daß dies nicht zutrifft.

Nach dem Kriegstagebuch des VIII. Fliegerkorps griffen dessen Verbände die Einschiffungsaktionen, die am 26. Mai angelaufen waren, sofort an. Allerdings machte das schlechte Wetter des 28. Mai eine Fortsetzung des Angriffs unmöglich. Am Morgen des 29. Mai wurde Generalmajor von Richthofen, KommGen. des VIII. Fliegerkorps, das als „Nahkampfkorps" berühmt werden sollte, bestürmt, nicht nur gegen die britischen Flottenansammlungen vor Dünkirchen, sondern auch auf dem Seewege der ausgelaufenen Schiffe nach Südengland sofort einzugreifen.

Der KommGen. lehnte dieses Ansinnen ab, da am Morgen bei 100 Metern Wolkenhöhe und starker Flakabwehr „unsere eigenen Verluste größer sein werden, als jene des Gegners".

Erst am Nachmittag flog das VIII. FlKorps bei freundlicherem Wetter laufend Angriffe gegen Dünkirchen.

Dennoch: im KTB des VIII. Fliegerkorps wurde am 31. Mai 1940 die Lage als unbefriedigend bezeichnet. „Es ist dem Korps nicht möglich, infolge der großen Entfernungen von den Horsten zum Einsatzort und den Nachschubschwierigkeiten einen Schwerpunkt zu bilden. Ein schnelles Zufassen des Heeres hätte den Kessel bedeutend schneller bereinigt. Es ist mir unverständlich, warum in dieser Richtung nichts unternommen wird. So geschieht an der Küste nichts, außer daß Zeit verloren wird."

Was über die Zuführung von Waffen, Munition und Bomben im KTB des VIII. FlKorps zu lesen steht, zeigt einen besonderen Teil der Mängel auf: „Die Anflüge der Stukas sind zu weit, daher können sie nur wenige Einsätze fliegen. Auf den frontnahen Flugplätzen fehlt es an Bomben und Betriebsstoff, was auf Nachschubschwierigkeiten zurückzuführen ist.

Darüber hinaus macht sich der Einsatz der englischen Spitfires nachteilig bemerkbar. Die eigenen Jäger müssen scharf rangehen, um die unterlegenen langsamen Ju 87 zu schützen."

Abschließend dazu der Kommandierende General: „Die Luftwaffe kann den Abtransport der Engländer von Dünkirchen im letzten Moment auch nicht mehr verhindern, nachdem das Heer vorher nicht richtig angegriffen hat. Es ist schwer zu glauben: Der Sieg über England ist verschenkt worden." (siehe: KTB des VIII. FlKorps).

Wie es zu dem Einsatzbefehl der Luftwaffe durch Hitler gekommen war, sei eingeblendet:

Seit dem 10. Mai befand sich Hermann Göring in seinem Eisenbahn-Hauptquartier in der Nähe von Polch in der Eifel. Von hier aus dirigierte er den Einsatz der Luftflotten 2 und 3, die in den 14 Tagen bis zum 24. Mai laut Bekundung von Albert Kesselring, Chef der Luftflotte 2, an Substanz und an Gewicht verloren hatten. Was dieser auch seinen Oberbefehlshaber wissen ließ.

Göring jedoch sah sich am 24. Mai dennoch dazu bewogen, Hitler in dessen Hauptquartier in Münstereifel anzurufen.

Er erklärte dem „Führer":

„Nunmehr ist die Aufgabe der Luftwaffe gekommen, nämlich: Die endgültige Vernichtung der in Nordfrankreich versammelten britischen Streitkräfte meiner Luftwaffe zu überlassen."

Hitler stimmte zu. Wichtig für seine Entscheidung war die Tatsache, daß die Panzertruppe erhebliche Ausfälle erlitten hatte und er sie für den zweiten Teil des Frankreich-Feldzuges schonen wollte.

General Kesselring erklärte dazu Hitler, daß die Luftwaffe zu einer solchen Aufgabe nicht mehr kampfkräftig genug sei.

Dennoch starteten die ersten Maschinen mit dem ersten Überführungstage der Briten, dem 27. Mai. Die Kampfgeschwader 1 und 4 eröffneten das Bombardement, das KG 54 schloß sich dem Angriff an. Dünkirchen und die Hafenmolen lagen unter einem dichten Bombenhagel. An der Ostmole wurde der 8000-Tonnen-Dampfer „Aden" versenkt.

Admiral Ramsey, der Kommandierende der Rückführungseinsätze ließ den Hafen von Dünkirchen räumen und die weiteren Evakuierungen direkt vom Strand aus zwischen Dünkirchen und Panne mit einer Vielzahl kleiner und kleinster Fahrzeuge durchführen.

Aus Holland flogen nun die Maschinen des KG 30, und aus Düsseldorf kamen die Ju 88 des Kampf-Lehr-Geschwaders 1 zum Einsatz.

Drei Zerstörer gingen der Royal Navy am 29. Mai verloren.

Am Rande der totalen Erschöpfung flogen die Besatzungen deutscher Kampfverbände ihre Einsätze, ohne daß es ihnen gelingen konnte, die Evakuierung eines großen Teiles der Expeditionsstreitmacht zu verhindern.

Bis zum 4. Juni schaffte es die Royal Navy mit ihrer Operation „Dynamo" 338.226 Soldaten nach England zu bringen. Auf dem Strand blieben bei Einstellung dieser Operation 40.000 französische Soldaten zurück.

„Der Entschluß Hitlers", so auch der spätere Generalfeldmarschall Albert Kesselring, „war ein schicksalhafter Fehler, der England die Reorganisation seiner Armee ermöglichte.

(Siehe: Kurowski, Franz: Generalfeldmarschall Albert Kesselring).

Zurück zu den Fragen und Antworten.

Die Feldmarschalls-Inflation

Nach Abschluß des Waffenstillstands wurde vom OKH zunächst die Demobilisierung einer Anzahl Divisionen eingeleitet. Zugleich aber sollten einige Infanterie-Divisionen oder Divisionen mot. umgerüstet werden.

Zu diesem Zweck wurde mein Generalkommando zunächst in den Raum von Sancerre an der mittleren Loire verlegt. Es sollte die Umstellung der dafür vorgesehenen Divisionen leiten.

Am 19. Juli wurden alle hohen Befehlshaber und Kommandeure nach Berlin berufen. Sie sollten an jener Reichstagssitzung teilnehmen, in der Hitler den Abschluß des Westfeldzuges verkünden wollte.

Hitler sah offenbar den Krieg endgültig als gewonnen an. Aus diesem Grunde ernannte er, Brauchitsch und Keitel sowie die Oberbefehlshaber der drei Heeresgruppen, vier Oberbefehlshaber von Armeen und drei Luftwaffen-Befehlshaber zu Generalfeldmarschällen. Göring wurde zum Reichsmarschall ernannt und erhielt das Großkreuz des Eisernen Kreuzes.

Mir selbst wurde das Ritterkreuz verliehen.

Es waren die Feldmarschälle:

Fedor von Bock (gef. durch Jabobeschuß am 3. Mai 1945)
Walter von Brauchitsch (verstorben am 18.10.1948)
Wilhelm Keitel (hingerichtet am 16.10.1946 in Nürnberg)
Albert Kesselring (gest. am 16.7.1960)
Hans Günter von Kluge (Freitod am 19.8.1944)
Wilhelm, Ritter von Leeb (gest. am 29.4.1956)
Wilhelm List (gest. am. 16.8.1971)
Erhard Milch (gest. am 25.1.1972)
Walter von Reichenau (gef. am 17.1.1942)
Gerd von Rundstedt (gest. am 24.2.1953)
Hugo Sperrle (gest. am 2.4.1953)

Erich von Witzleben (hingerichtet am 8.8.1944)

Am selben Tage erfuhr ich, daß das Generalkommando XXXVIII AK für eine neue Verwendung vorgesehen sei. Wir wurden an die Kanalküste verlegt und sollten das Unternehmen „Seelöwe" vorbereiten. Die Landung in England.

Nahe Boulogne, in le Touquet, nahmen wir Quartier. Ich bezog mit meiner nächsten Umgebung und dem Stab eine kleine Villa eines französischen Reeders. Die Hausmannsfamilie war noch dort und konnte weiter das Haus hüten und in Ordnung halten.

Als ich einmal an einer Villa vorbeiritt, die kurz vorher von einer anderen Truppe geräumt worden war, die das Haus in wüster Unordnung verlassen hatte, mußte am anderen Tage der Hauptfeldwebel dieser Kompanie mit einem Putzkommando erscheinen und alles in Ordnung bringen.

Unser Verhältnis zu den Bewohnern der Ortschaft war ungetrübt. Ich bewunderte diese Menschen, die durch ihre Zurückhaltung und Höflichkeit unser aller Achtung gewannen.

Bis in den November hinein konnten wir an dieser Küste baden. Mein getreuer Ordonnanzoffizier, Oberleutnant Specht, mein Fahrer Feldwebel Nagel und Pferdepfleger Runge kosteten dies ebenso aus wie ich.

Das „Unternehmen Seelöwe" fand nicht statt. Warum nicht und warum es erst nach langer Wartezeit abgeblasen wurde, sei in knappen Skizzierungen dargelegt.

Hitler hatte von Großbritannien eisige Ablehnung erfahren, als er Friedensfühler ausstreckte. Damit sah er sich vor die Frage gestellt, was nun zu tun sei, um England verhandlungsbereit zu machen.

In Deutschland hatten sich die Dinge so entwickelt, daß es – außer Hitler – keine Stelle mehr gab, die für die Gesamtkriegsführung verantwortlich war.

Hitler hatte das Oberkommando der Wehrmacht auf die Stufe eines militärischen Sekretariats herabgedrückt. Keitel wäre ohnehin nicht in der Lage gewesen, Hitler strategisch zu beraten. Die Oberbefehlshaber der drei Wehrmachtsteile waren von Hitler zu Befehlsempfängern degradiert worden.

Es ist mir – außer im Falle Norwegen, wo Großadmiral Raeder den Ausschlag gegeben hatte – eine grundlegende Entscheidung der Gesamtkriegführung aufgrund einer Initiative eines der drei Oberkommandos nicht bekannt geworden.

Jedermann wartete auf eine Eingebung des Führers, weil sich niemand befugt fühlte, einen Plan zu entwerfen. Es kam – bei der latenten Kriegsgefahr im Osten, wo Sowjetrußland nunmehr unser Grenznachbar geworden war – darauf an, England in kürzester Zeit niederzuringen. Welche Möglichkeiten dazu gab es?

Einmal die Abschnürung der britischen Inseln von jeder Zufuhr über See. Dazu waren die Voraussetzungen nach Gewinnung der Küstenstriche Norwegens, Hollands, Belgiens und Frankreichs günstige.

Wie aber sah es mit den Kampfmitteln aus, die diese Abschnürung hätten gewährleisten müssen?

Die Kriegsmarine verfügte nicht über eine ausreichende Anzahl an U-Booten. Schwere Schiffe gab es nur wenige und Flugzeugträger waren überhaupt nicht vorhanden.

Die Erringung der Luftherrschaft – die für eine Invasion notwendig war – wurde durch die zehnmonatige „Luftschlacht über England" nicht erreicht.

Man hätte sich auf eine langdauernde Abschnürung einrichten müssen, mit Schwerpunkt auf der U-Boot-Herstellung und dem Flugzeugbau. Aber in der Dauer des Krieges lag auch die Gefahr. Wußte man denn, wie lange Rußland untätig zusah?

Außerdem hätte Amerika dieser langsamen Erdrosselung Großbritanniens nicht untätig zugesehen, obwohl die USA andererseits eine Landung in England – weil sie blitzartig vor sich gegangen wäre – nicht hätten verhindern können.

Verlassen wir hier den Weg der theoretischen Erörterungen der damaligen Möglichkeiten und wenden wir uns wieder den tatsächlichen Geschehnissen zu.

Hitler ließ den Plan „Seelöwe" fallen. Er war nicht gewillt, alles auf eine Karte zu setzen. Dies aber war der Preis, den man unter den gegebenen Umständen hätte zahlen müssen, wenn man die Invasion wagen wollte.

Und als er diesen entscheidenden Schlag gegen England nicht wagte, konnte er auch nicht mehr auf Warten spielen. Nunmehr mußte er versuchen, durch einen Präventivkrieg den Gegner im Osten – die Sowjetunion – auszuschalten, bevor im Westen ein neuer Feind erstand.

Mit einer Scheu vor dem Risiko, das in einer Invasion gelegen hätte, ging Hitler das ungleich höhere Risiko des Zweifrontenkrieges ein. Darüber hinaus hatte er ein kostbares Jahr verschenkt.

Zwischen den Feldzügen
Der Krieg gegen Rußland – warum Hitler die Sowjetunion nicht in einem Feldzug niederwerfen konnte
Gab es sowjetische Offensiv-Vorbereitungen?

Diese Fragen wurden dem Feldmarschall von seinem Chronisten vorgetragen und dieser setzte sich mit ihnen wie folgt auseinander:

Nachdem das Unternehmen Seelöwe abgesetzt worden war, kehrte ich zur Ausbildung meines XXXVIII. AK zurück. Eine schöne Zeit der Ruhe mit einem unvergeßlichen Urlaub endete mit der Übernahme des neu aufzustellenden LVI. Panzerkorps Ende Februar 1941. Damit ging mein Wunsch, auch einmal ein schnelles Armeekorps führen zu können, in Erfüllung.

(An und für sich sollte General von Manstein zu diesem Zeitpunkt bereits in Afrika sein, denn er war Hitler vom Oberkommando des Heeres zum Kommandierenden General des neu aufzustellenden Deutschen Afrika-Korps vorgeschlagen worden.

Hitler hatte diesen Vorschlag abgelehnt, und so kam Generalleutnant Erwin Rommel nach Afrika, während General von Manstein also unmittelbar darauf das LVI. Panzerkorps übernahm.)

Aus dieser Aufstellungsarbeit heraus riß uns im Mai 1941 die Aufmarschanweisung, die sich für uns auf die Aufgabe im Rahmen der Panzergruppe 4 begrenzte, zu der das Panzerkorps gehörte. Oberbefehlshaber der PzGr. 4 war Generaloberst von Hoepner.

Daß Hitler in den Fehler verfallen war, die Stärke des sowjetischen Staates, seine Kraftquellen in Gestalt der wichtigen Rohstoffe und den Kampfwert der Roten Armee zu unterschätzen, beeinflußte seine Entscheidungen in verhängnisvoller Weise.

Für den Mißerfolg im Kriege gegen die Sowjetunion war im Jahre 1941 in erster Linie die Tatsache verantwortlich, daß Hitler und das OKH im Hinblick auf das Operationsziel verschiedene Auffassungen hatten.

Das OKH wollte die Entscheidung durch einen Angriff der Hauptkräfte in Richtung Moskau suchen, weil es der Ansicht war, auf diesem Wege die Masse der feindlichen Streitkräfte zum Kampf stellen und vernichten zu können.

Hitler hingegen verfolgte politische und wirtschaftliche Ziele. Einmal wollte er Leningrad nehmen, weil diese Stadt seiner Ansicht nach das Herz des Bolschewismus war, dessen Verlust das Sowjetsystem nicht überleben werde. Zum anderen wollte er die Ukraine, das Donezgebiet, die Krim und später noch die Erdölgebiete des Kaukasus gewinnen, weil er hoffte, dadurch die Kriegswirtschaft der Sowjetunion lahmzulegen. Die eigene Wirtschaft hingegen sollte durch volle Ausnutzung dieser Gebiete entsprechend gestärkt werden.

(Sein wichtigster Plan, alle diese Gebiete in die deutsche Kriegswirtschaft einzuspannen und damit die Knappheit an Rohstoffen in etwa aufzufangen, basierte auf der Tatsache, daß die deutsche Kriegswirtschaft ohne diese Rohstoff-Lieferländer nicht länger arbeiten konnten, ohne daß alles zusamenbrach.

So hatte er im Verlaufe des Krieges sogar einmal von einer „europäischen Wirtschaftsgemeinschaft" gesprochen, mit dem Ziel, alle für die Kriegswirtschaft wichtigen Rohstoffe, Halb- und Fertigzeuge von den darin zusammengeschlossenen Staaten zu erhalten.)

Diese Divergenz der Anschauungen zwischen Hitler und dem OKH über die zu verfolgenden strategischen Ziele hat letzten Endes weitgehend zu dem Rückschlag des Winters 1941-1942 geführt.

Darüber hinaus hatte Hitler die Kräfte der Sowjetunion und die Weiträumigkeit des Kriegsschauplatzes weit unterschätzt. Bei richtiger Einschätzung dieser Fakten hätte er sich von vornherein darauf einrichten müssen, daß die Sowjetunion nicht in einem Feldzug niederzuwerfen sein würde.

(An dieser Stelle sei noch einmal auf folgende Fakten hingewiesen, die Hitler anderen Sinnes hätten werden lassen. So meldete der Nachrichtendienst der deutschen Luftwaffe, daß Rußland ein „Koloß auf tönernen Füßen" sei. Er sagte voraus, daß Rußland im Kriegsfalle binnen weniger Monate zusamenbrechen würde. Diese Meldungen liefen sämtlich über den Chef der Abteilung V. Abteilung des Generalstabes, Oberst Schmidt.

Dagegen kamen jene völlig anders lautenden Meldungen von Oberst Heinrich Aschenbrenner aus Moskau nicht an, weil sie Hitler nicht in den Kram paßten. Als er aus Moskau zurück kehrte, wurde er nicht einmal vom OKL oder OKW, ganz zu schweigen von Hitler, angehört.

Als Oberstleutnant i.G. Pasewaldt Hermann Göring die annähernd exakten Zahlen über die Stärke der sowjetischen Luftstreitkräfte mit 10.000 Maschinen meldete, wurde er vom Reichsmarschall ausgelacht.

So legte denn Hitler am 18. Dezember 1940 die Führerweisung Nr. 21 „Barbarossa" vor.

Ähnliches geschah mit der sowjetischen Panzerentwicklung. Diesmal war es die Abteilung „Fremde Heere Ost" unter Oberst Kinkel, der die Warnung vor einem übermächtigen Feind aussprach, als er dem OKH meldete, daß die Rote Armee allein im europäischen Rußland 213 Großverbände stationiert habe, die auf 10.0200 (!) Panzer und 6.000 (!) Flugzeuge zurückgreifen könne.

Auch diese Zahl wurde als Phantasieprodukt oder Täuschung durch die Rote Armee zurückgeführt.

Über die Kampfkraft der geschätzten deutschen 4.000 Panzer und jene Kampfwagen der Roten Armee zeigte sich bald eine deutliche Diskrepanz in der Kampfkraft. Bei der Wehrmacht befanden sich immer noch 926 Panzer I und II, deren Wirksamkeit längst nicht mehr dem Stande der Technik entsprach. Neue Panzer standen nicht zur Verfügung. Es würde bis Ende 1942 dauern, bevor neue deutsche Panzer, z.B. der Panther und der Tiger, zur Truppe gelangen würden. Im Kampf gegen die ersten auftauchenden T 34 und die schweren Russenpanzer der Typen KW I und II waren die 5 cm- und 7,5 cm-Kampfwagenkanonen kurz fast wirkungslos.

Russischerseits jedoch rollten seit dem Frühjahr 1941 neue T 34 aus den Fabrikhallen im Großraum Leningrad und anderswo her zur Truppe, und die 1.540 ersten schnellen Jagdflugzeuge der Mig 3, LaGG 3 und Jak 1 waren mit Kriegsausbruch an die Jägerregimenter der Roten Luftstreitkräfte ausgeliefert worden.

Hinzu kam das einschneidende Transportsystem. Die für einen Feldzug gegen die UdSSR benötigten Mengen an Material, Waffen und Versorgungsgütern beliefen sich auf ein Volumen von 181 Güterzüge am Tage. Aber im Januar 1941 wurden auf der Strecke bis zur russischen Demarkationslinie in Polen täglich nur 92 Züge abgefertigt. Es gab bis zum Juni 1941 einen täglichen Rückstau von 30.000 Waggons, und für die gesamte Streckenführung mußten 10.000 Mann täglich eingesetzt werden. Für den geforderten Bedarf war die Streckenführung im Generalgouvernement nicht ausgestattet.

Dieses Dilemma wurde bisher noch nicht in die Wider-

nisse der Kriegsführung gegen die Sowjetunion einbezogen, obgleich es gravierend war, von den verschiedenen Spurbreiten der Gleisanlagen ganz abgesehen. Immerhin benötigte eine Infanterie-Division 70 und eine voll ausgestattete Panzer-Division 90 bis 100 Züge.

Alles dies zeigt auf, daß die Hindernisse zu einem neuen Blitzkrieg unüberwindlich waren. Franz Kurowski.)

Zurück zum Report des Generalfeldmarschalls:

Ich war aufgrund meiner Stellung als Kommandierender General nicht in die Pläne der obersten deutschen Führung eingeweiht.

Das LVI. Panzerkorps sollte im Rahmen der Panzergruppe 4 der Heeresgruppe Nord von Ostpreußen aus zum Angriff antreten. Dieser Heeresgruppe unter der Führung von Feldmarschall Ritter von Leeb war die Aufgabe zugefallen, die im Baltikum stehenden Feindkräfte zu vernichten, um alsdann auf Leningrad vorzugehen.

Im Rahmen dieser Gesamtkonzeption fiel der Panzergruppe 4 als erste Aufgabe zu, die Düna-Übergänge für das weitere Vorgehen in Richtung Opotschka in die Hand zu bekommen.

Rechts davon ging die 16. Armee unter Generaloberst Busch und links die 18. Armee unter General von Küchler vor.

Am 16. Juni 1941 traf ich im Aufmarschgebiet meines Panzerkorps ein. Das Korps sollte mit der 8. Panzer-Division, der 3. Infanterie-Division (mot.) und der 290. Infanterie-Division, aus dem Waldgebiet nördlich der Memel ostwärts Tilsit nach Osten vorbrechend, nordostwärts Kowno die große Straße nach Dünaburg gewinnen. Links von uns sollte das XXXXI Panzerkorps unter General Reinhardt mit der 1. und 6. Panzer-Division, der 36. Infanterie-Division (mot.) und der 269. Infanterie-Division auf dem Dünaübergang von Jakobstadt vorgehen. Die

SS-Totenkopf-Division der Panzergruppe 4 sollte nachfolgen und dem Korps unterstellt werden, das am schnellsten vorwärtskam.

Ein paar Tage vor Beginn des Feldzuges erhielten wir einen Befehl des OKW, der später als „Kommissarbefehl“ traurige Berühmtheit erlangen sollte. Kern dieses Befehles war, daß alle in Gefangenschaft geratenen politischen Kommissare der Roten Armee erschossen werden sollten. Die Frage, wie ich mich zu diesem Befehl verhalten habe, wurde bereits vor Gericht geklärt. Hier noch einmal in zwei Sätzen meine Meinung dazu und mein Verhalten gegenüber diesem Befehl:

Es sind jene politischen Kommissare gewesen, die die Soldaten der Roten Armee oftmals zu Handlungen aufgestachelt oder gezwungen haben, die den Bestimmungen der Haager Landkriegsordnung zuwiderliefen. Dennoch widersprach es jedem soldatischen Empfinden, diese Männer nach dem Kampf einfach zu erschießen. Dieser Kommissarbefehl war daher unsoldatisch und verächtlich. Seine Ausführung würde Ehre und Moral der Truppe auf das Schwerste gefährdet haben.

Aus diesen Gründen sah ich mich gezwungen, meinem Vorgesetzten zu melden, daß dieser Befehl in meinem Kommandobereich nicht ausgeführt werden würde.

Alle mir unterstellten Truppenkommandeure waren der gleichen Meinung wie ich. Deshalb ist in meinem Korpsbereich niemals ein Kommissar erschossen worden.

Auch meine Vorgesetzten stimmten hundertprozentig mit meiner Meinung überein. Ihre Bemühungen und auch meine eigenen haben aber erst viel später Erfolg gehabt. So konnte es geschehen, daß der „Kommissarbefehl“ als einzigen Erfolg die Tatsache erbrachte, daß diese Kommissare mit den brutalsten Mitteln ihre Truppe zwangen, bis zum Tode zu kämpfen.

Auch im Befehlsbereich der 11. Armee, die ich später übernahm, wurde der „Kommissarbefehl“ nicht durchgeführt. Alles dies zeigte deutlich, daß der überwiegende Teil des deutschen Heeres sich den Ehrenschild rein hielt.

Die letzten Tage vor dem Sturm verbrachten wir auf dem Rittergut Lenken, das dicht an der Grenze lag. Herr von Sperber, der Besitzer, stand bereits als Rittmeister im Felde.

Nie werde ich dieses Gut an der Grenze vergessen. Als wir ankamen, sahen wir die Koppel voll herrlicher Vollblüter, die hier gezüchtet wurden. Vor dem Herrenhaus schrubbte ein junges Mädchen auf der Veranda den Boden.

„Wenn das hier so nett ist", meinte einer meiner Begleiter anzüglich. Er sollte sich getäuscht haben, denn das angebliche Hausmädchen war die Dame des Hauses, die sich nicht scheute, mit anzupacken. Ich wurde der Pate des Jungen, den die nette Gutsherrin kurz vorher bekommen hatte. Auch die Familie von Sperber mußte nach dem Kriege ihre schöne Heimat verlassen. Sie lebt jetzt, mit sieben Kindern gesegnet, in Eltville am Rhein.

Am 21.6.1941 erhielten wir hier um 13.00 Uhr den Befehl, daß am nächsten Morgen um 03.00 Uhr angetreten werden sollte.

Mit dem 22.6.1941 begann der Rußlandfeldzug. Bereits am ersten Tage zeigte sich die sowjetische Kampfführung von der grellen Seite. Einer unserer Spähtrupps war vom Feind abgeschnitten und gefangen genommen worden. Die Soldaten wurden später verstümmelt und tot aufgefunden. Danach waren mein Ordonnanzoffizier und ich uns einig, daß wir nie lebend in die Hände der Rotarmisten fallen würden.

Natürlich konnten wir erkennen, ob die Sowjets an der Grenze Vorbereitungen zu einer Offensive getroffen hatten oder nicht. Es war ja Hitlers Begründung zur Eröffnung der Feindseligkeiten, daß die Russen sich zum Angriff auf Ostdeutschland bereitstellten. War dies Tatsache?

Aufgrund der in den sowjetischen Westgebieten versammelten Divisionen und der starken Panzer-Massierungen im Gebiet von Bialystok und um Lemberg konnte man an eine mögliche Offensive der Roten Armee denken. Für eine unmittelbar bevorstehende Angriffsabsicht sprach jedoch nichts.

Die Heeresgruppe Woroschilow, die der deutschen Heeresgruppe Nord gegenüberstand, hatte in der Grenzsicherung nur 7 Divisionen eingesetzt. Die Masse der 29 Schützen-Divisionen, 2 Panzer-Divisionen und sechs mechanisierte Brigaden standen rückwärtsgestaffelt bei Schaulen, Kowno und Wilna, ein Teil der Kräfte sogar noch weiter rückwärts in der Stalinlinie, im Abschnitt Pleskau-Opotschka.

Auch die beiden übrigen sowjetischen Heeresgruppen – unter Führung von Timoschenko und Budjonny – waren tiefgestaffelt, die bei ihnen im Grenzgebiet eingesetzten Kräfte jedoch wesentlich größer als bei uns im Norden.

Dies schien nach meiner Auffassung ein „Aufmarsch für alle Fälle“ gewesen zu sein. Auf jeden Fall war die Rote Armee am 22.6.1941 nur zur Führung einer Defensive bereit und gegliedert. Dieses Bild hätte sich selbstverständlich in kürzester Zeit ändern können.

Und wenn auch der sowjetische Aufmarsch am 22.6.1941 nur ein Defensivaufmarsch war, so stellte er dennoch eine latente Drohung dar, die von der Sowjetunion bei der ersten sich bietenden Chance hätte ausgenützt werden können.

Um die dem Korps gestellten Aufgaben zu erfüllen, mußte es in einem schnellen Panzerraid vorstoßen und am ersten Tage mindestens 80 Kilometer zurücklegen. Dort lag der tief eingeschnittene Dubissa-Übergang von Airogola.

Die 8. Panzer-Division unter ihrem hervorragenden Kommandeur, General Brandenberger, erfüllte unsere Erwartungen voll. Ich war fast die ganze Zeit vorn bei dieser Division.

Am Abend des 22.6. war der Dubissa-Übergang in unserem

Besitz. Bis zum Morgen des 26. Juni erreichte die Division Dünaburg. Um 08.00 Uhr dieses Tages erhielt ich die Nachricht, daß der Handstreich auf die beiden großen Dünabrücken geglückt sei.

Am nächsten Tage gelang es auch der 3. ID (mot.) den Strom flußaufwärts Dünaburg zu überschreiten.

In vier Tagen und fünf Stunden hatten wir es geschafft.

Am 27.6. kam Generaloberst Hoepner in meinen vorgeschobenen Gefechtsstand. Aber auch er konnte mir noch nicht sagen, wohin es nun weitergehen würde. Auf Leningrad oder auf Moskau? Aber es ging überhaupt nicht weiter. Wir erhielten den Befehl, hier stehenzubleiben, einen erweiterten Brückenkopf um Dünaburg zu bilden und die Übergänge offenzuhalten. Im übrigen sollten wir das Herankommen des XXXXI. Panzerkorps abwarten.

Damit war der Vorteil, den wir durch unseren raschen Vorstoß erzielt hatten, wieder verspielt.

Erst am 2. Juli traten wir wieder an. Der Panzergruppe 4 war Pleskau als Ziel zugewiesen worden. Das deutete auf Leningrad als Endziel hin, nicht auf Moskau.

Aber der Feind hatte seine Panik überwunden und sich wieder gefangen. Sein Widerstand wurde stärker und war planmäßig geleitet.

Die Panzergruppe näherte sich der Stalin-Linie.

Sumpfgelände hielt die 8. PD und auch die 3. ID (mot.) auf. Im Kübel fuhr ich immer wieder nach vorn und konnte dank des Funkwagens unter unserem prächtigen Nachrichtenoffizier, dem späteren Major i.G. Kohler, immer beweglich führen. Kohler verstand es, in kürzester Zeit die Verbindung zu den Divisionen des Korps herzustellen.

Neben meinen braven Fahrern Nagel und Schumann war immer mein Ordonnanzoffizier, Oberleutnant Specht, dabei. Vergessen wir auch nicht an dieser Stelle den 2. Adjutanten, Major Niemann, der für unser leibliches Wohl zu sorgen hatte und der oftmals anstelle des trockenen Brotes und der Hartwurst am Abend ein Huhn und eine Flasche Wein spendierte.

Generalstabsoffizier der 8. Panzer-Division war zu dieser Zeit Major Berendsen, der spätere General der Bundeswehr und Bundestagsabgeordnete.

Das Sumpfgelände verhinderte unseren Auftrag, einen bei Pleskau angenommenen Feind durch Ausholen nach Osten zu umgehen. Diese Umgehungsbewegung mußte am 9. Juli eingestellt werden. Die 8. P.D. mußte nun ebenfalls auf Ostrow angesetzt werden, wohin die 3. I.D. (mot.) bereits in Marsch gesetzt worden war.

Die Verlegung des Schwerpunktes der Panzergruppe 4 von der Straße über Luga noch weiter nach Westen isolierte das LVI. Panzerkorps, so daß am 15.7. die 8. Panzer-Division plötzlich in der Flanke angegriffen und umgangen wurde. Die kämpfenden Teile dieser Division waren jäh von den rückwärtigen Verbindungen abgeschnitten.

Diese Einkreisung fand bei Solzy statt. Radio Moskau feierte bereits diesen Erfolg und meldete, daß die Rote Armee wichtige Geheimvorschriften erbeutet habe.

Aber wir überwanden die Krise bis zum 18.7.

Bei der Geheimvorschrift handelte es sich um die Nebelwerferwaffe, mit der auch Flammöl verschossen werden konnte, was den Russen offenbar recht unangenehm war.

Am 19. Juli erfuhr ich vom Kommando der Panzergruppe, daß das LVI. Panzerkorps nunmehr über Luga auf Leningrad angreifen solle. Es kam aber nur zu Kämpfen im Mschaga-Abschnitt, bei denen wir im Verein mit dem I. Armeekorps der 18. Armee den Gegner wieder über die Mschaga warfen.

Dem am 26.7. auf unserem Gefechtsstand erschienenen Oberquartiermeister I des OKH, General Paulus, schilderte ich die Kämpfe der vergangenen Zeit und sagte, daß das Korps bis jetzt 6.000 Mann Verluste erlitten habe. Ich erklärte ihm, daß es besser wäre, die gesamte Panzergruppe aus diesem panzerungeeigneten Gebiet herauszulösen und auf Moskau anzusetzen.

Falls aber doch Leningrad als Ziel bestehen bleiben würde, müsse das Panzerkorps für den letzten Stoß auf die Stadt aufgespart werden. Mit dieser Meinung stimmte Paulus überein.

Doch es kam ganz anders. Das LVI. PzKorps sollte nun doch den Stoß über Luga auf Leningrad führen. Zwei Divisionen, die 269. und die neu zugefügte SS-Polizei-Division wurden dem Korps zugeführt.

Die Kämpfe um Luga wurden schwer. Sie dauerten bis zum 14. August. Am nächsten Tage übergaben wir den Befehl bei Luga an das Generalkommando des L. AK unter General Lindemann und fuhren nach Norden zum Samro-See, 40 km südostwärts von Narwa. Als wir dort ankamen, erhielten wir Befehl, die uns folgende 3. I.D. (mot.) anzuhalten, selbst am nächsten Morgen früh nach Süden zu fahren und uns beim AOK 16 in Dno zu melden.

Als wir am folgenden Abend nach dreizehnstündiger Fahrt beim AOK 16 eintrafen, erfuhren wir, daß das X. AK der 16. Armee südlich des Ilmensees von überlegenen Feindkräften angegriffen und zurückgedrängt worden sei. Der Gegner strebe eine westliche Umfassung des Korps an. Wir sollten die dringend notwendige Entlastung bringen.

Es gelang uns, bis zum 18. August unsere Kräfte heranzuführen und am Morgen des 19.8. – vom Gegner unbemerkt – überraschend anzugreifen.

Wir schafften es, die feindliche Front von der Flanke her aufzurollen und im weiteren Verlauf dieser Kämpfe zusammen mit dem X. AK die sowjetische 38. Armee entscheidend zu schlagen.

Unter der russischen Beute befand sich eine deutsche 8,8 cm-Flak, die noch im Jahre 1941 in Deutschland gefertigt und an die Russen geliefert worden war! Außerdem noch ein Salvengeschütz, das erste, das in Rußland erbeutet wurde.

Im weiteren Verlauf der Kämpfe tauchten vor der 16. Armee drei sowjetische Armeen neu auf. Die 11., 27. und 34. Armee. Das LVI. Panzerkorps erkämpfte den Übergang über die Pola und erreichte fast Demjansk.

Doch die Regenperiode des Sommers machte die Wege fast grundlos. Als wir einmal auf eine Brücke über die Pola zufuhren, rollten wir auf eine Mine. Das rechte Vorderrad unseres Wagens wurde abgerissen und 100 Meter weiter weggeschleudert. Ich hatte vorn rechts am „Tatort" gesessen und wie alle drei übrigen Insassen nichts abbekommen.

In dem Hin und Her um „Moskau oder Leningrad?" erhielten wir schließlich am 12.9.1941 den Befehl, daß wir in Kürze zur Heeresgruppe Mitte und dort zur 9. Armee verlegt werden würden. Am Abend dieses Tages, als ich mit einigen Herren meines Stabes im Zelt saß, auf das ein strömender Regen niederprasselte, klingelte neben mir das Telefon. Ich nahm den Hörer auf. Man wünschte mich für den Oberbefehlshaber, meinen Freund Busch. Wenig später war Ernst Busch am Apparat und las mir ein Fernschreiben des OKH folgenden Inhalts vor:

„General der Infanterie von Manstein ist sofort zur Heeresgruppe Süd in Marsch zu setzen, zwecks Übernahme der 11. Armee."

Was ich bei dieser Meldung empfand, kann sich jeder Soldat vorstellen, denn schließlich ist es der Wunschtraum eines jeden Soldaten, einmal eine Armee führen zu dürfen. Für die meisten Offiziere ist und war dies die unbedingte Krönung einer großen militärischen Laufbahn. Dementsprechend war auch ich stolz und glücklich, daß ich nunmehr eine Armee führen sollte.

Leider konnte ich mich nur telefonisch von den Divisionen meines Generalkommandos verabschieden. Dann schlug die Abschiedsstunde von meinem Stab. Schwer fiel der Abschied von meinem bewährten Chef, Oberst Freiherr von Elverfeldt, nicht weniger schwer von dem Ia, Major Detleffsen, dem Ic, Guido von Kessel, und dem IIa, Major von der Marwitz.

Dennoch fuhr ich nicht allein fort. Mein Ordonnanzoffizier Specht und meine beiden Fahrer Schumann und Nagel begleiteten mich.

Ich fuhr zum Armeeoberkommando und verabschiedete mich von meinem Freund Busch, der mir seine besten Wünsche mit auf den Weg gab.

Armeeoberbefehlshaber
Der Feldzug auf der Krim
Ernennung zum Feldmarschall
Wie der Kampf geführt wurde

Wollte ich hier den Feldzug der deutschen und rumänischen Truppen auf der Krim schildern, würde es den Rahmen dieses Buches sprengen, das sich mit generellen Fakten meines Lebens und den damit verbundenen Fragen und Antworten beschäftigt.

Dennoch soll im großen Rahmen diese Zeit abgehandelt werden, denn am Schluß dieses schweren Ringens erhielt ich den Marschallstab, ein Ereignis, das nicht vielen Soldaten beschieden ist.

Die Krim war einer der wenigen Kriegsschauplätze, auf dem eine Armee völlig auf sich gestellt war und selbständig operieren und handeln konnte.

Am 17.9.1941 traf ich am Sitz des Hauptquartiers der 11. Armee, dem russischen Kriegshafen Nikolajew an der Bugmündung ein.

Der bisherige Oberbefehlshaber, Generaloberst Ritter von Schobert, war am Tage vorher zu Grabe getragen worden. Bei einem seiner täglichen Besuche zur Front war er in einem russischen Minenfeld gelandet und hatte zusammen mit seinem Piloten den Tod gefunden.

Ich fand Stab, Führungsabteilung und später auch das Oberkommando der Heeresgruppe Don bzw. Süd gut besetzt und ausgezeichnet zusammengesetzt.

Der Chef des Generalstabes der 11. Armee, Oberst Wöhler, sollte mir in den Krisenzeiten auf der Krim eine unersetzliche Stütze werden. Der Ia, der spätere General Busse, der von dieser Stellung bis zum Generalstabschef der Heeresgruppe Süd aufstieg, sollte bis zum Ende an meiner Seite bleiben.

Er ist mir nicht nur ein Berater, sondern auch in folgenden schweren Zeiten ein Freund gewesen. In der kritischsten Situation behielt er die Nerven.

Schließlich hat er nach dem Kriege ein ganzes Jahr geopfert – alle Berufsaussichten beiseite schiebend –, um mir bei der Verteidigung in meinem Prozeß zur Seite zu stehen. Auch darüber sei im späteren Verlauf dieses Lebensreports berichtet.

Auch unser vortrefflicher Oberquartiermeister, der spätere General Hauck, sei an dieser Stelle besonders genannt, denn er hat mich stets in der Sorge um den so schwierigen Nachschub der Armee entlastet.

Natürlich wurde ich, dem der Ruf einer preußischen Kühle und Zurückhaltung vorausging, beim AOK 11 zunächst mit einiger Zurückhaltung empfangen. In das Kriegstagebuch hatte der Chef des Stabes geschrieben:

„Es kommt ein neuer Oberbefehlshaber. Er ist ein ‚Herr' und etwas schwierig. Aber man kann offen mit ihm reden."

Diesen Satz hat er dann mit einem Klebstreifen überklebt, der später, in meinem Prozeß noch eine besondere, heitere Rolle spielen sollte.

Generalfeldmarschall von Rundstedt führte die Heeresgruppe Süd. Der Oberbefehl über die aus Rumänien antretenden Truppen war jedoch dem rumänischen Staatsführer, Marschall Antonescu, überlassen worden. Zu diesen Truppen, der 3. und 4. rumänischen Armee zählte auch unsere 11. Armee.

Antonescu war jedoch an die operativen Weisungen der Heeresgruppe Süd gebunden. Als Bindeglied zwischen dem Marschall und der Heeresgruppe fungierte das AOK 11, das Antonescu operativ beraten sollte.

Als ich auf der Krim eintraf, war mir die 3. rum. Armee bereits unterstellt worden. Die gute Zusammenarbeit mit deren Oberbefehlshaber, dem späteren Generalobersten Dumitrescu, vermied Reibungen weitmöglichst.

In Marschall Antonescu lernte ich einen guten Soldaten und Patrioten kennen. Wie er auch als Politiker eingestuft werden mag, er hat alles versucht, das Kampfpotential der rumänischen Truppen voll auf Seiten seines Verbündeten zum Einsatz zu bringen.

Als ich den Befehl übernahm, hatten zwei Korps der Armee – das XXX. unter General von Salmuth und das IL. Gebirgskorps unter General Kübler – die Verfolgung des am Dnjepr geschlagenen Gegners in ostwärtiger Richtung fortgesetzt und näherten sich der Linie Melitopol-Dnjepr-Knie südlich Saporoshje.

Ein weiteres Korps – das LIV. AK unter General Hansen – war auf die Enge von Perekop, dem Zugang zur Krim, angesetzt worden.

Die 3. rumänische Armee befand sich sowohl mit dem Gebirgskorps, als auch mit dem Kavalleriekorps noch westlich des Dnjepr.

Die 11. Armee erhielt einen Doppelauftrag: einmal die Verfolgung des Gegners auf Rostow, zum anderen die Eroberung der Krim mit anschließendem Vorgehen über Kertsch nach dem Kaukasus.

Die Frage, ob und wie wir diesen divergierenden Aufträgen gerecht werden könnten, hätte an sich dem OKH gestellt und von ihm beantwortet werden müssen.

Ich kam zu der Auffassung, daß beide Aufgaben nicht gleichzeitig geleistet werden konnten.

So entschloß ich mich nach Rücksprache mit der Armeeführung, zuerst die Eroberung der Krim in Angriff zu nehmen. Es mußten dazu die Engen bei Perekop durchbrochen und - nach vollzogenem Durchbruch durch einen schnellen Vorstoß motorisierter Kräfte - die Festung Sewastopol überraschend genommen werden.

Für diese Aufgabe mußte naturgemäß die Ostfront der 11. Armee geschwächt werden. Wenn nun der Gegner an der Ostfront seinen Rückzug einstellte und versuchte, an dieser Stelle die Initiative zurückzugewinnen, könnte eine schwierige Lage entstehen. Dieses Risiko glaubte ich eingehen zu können. Ich mußte es eingehen, wenn ich die Krim nicht mit unzureichenden Kräften erobern wollte. Letzteres hätte ein ungleich größeres Risiko gefordert.

Bereits ab 21.9. zeichnete sich an der Ostfront der Armee eine Änderung der Lage ab. Der Gegner hatte in bereits ausgebauten Stellungen im Raume westlich Melitopol-Dnjepr-Knie Front gemacht. Die Verfolgung war zu Ende. Dennoch hielt ich an der Herauslösung des deutschen Gebirgskorps fest, das ich als zweites Korps neben dem LIV. AK zum Kampf um die Engen von Isjum vorgesehen hatte.

Am 24.9.1941 trat das LIV. AK zum Angriff auf die Engen von Perekop an. Diese Enge war von den Sowjets in 15 km Tiefe ausgebaut und stark befestigt.

Es gelang dem Korps trotzdem, am 26.9. Perekop zu nehmen und den Tatarengraben zu überschreiten. Drei weitere Tage dauerte es jedoch noch, bevor Armjansk erobert werden konnte. Noch aber stand das Korps vor der nächsten Enge von Ischun, in die sich der Gegner zurückgezogen hatte.

Da er sich im Laufe der Tage auf sechs Divisionen verstärkt hatte, wäre ein Durchbruchsversuch mit den schwachen Kräften des Korps blutig und vergebens gewesen.

Die frischen Kräfte aber, die ich nachführen und hier zum Einsatz bringen wollte – das deutsche Gebirgskorps und die SS-Leibstandarte, ein verstärktes Infanterie-Regiment mot. – mußten wieder abgedreht werden, als sie bereits bis dicht an die Enge von Perekop herangekommen waren, denn der Gegner hatte neue Kräfte zwischen dem Asowschen Meer und dem Dnjepr herangeführt und die Front im Osten der Armee auf einer Breite von 15 km aufgerissen.

Ich mußte also die Verstärkungen für die Engen wieder zurückschicken, um dieses große Loch zu stopfen.

Bereits am 21.9. hatte die Führungsabteilung der Armee in der Nogaischen Steppe in Askania Nova einen neuen Gefechtsstand bezogen.

Dieses große Gut gehörte einer der deutschen Familien Falz-Fein und war enteignet und zur Kolchose umgewandelt worden. Lediglich der große Tierpark, der in ganz Rußland berühmt war, bestand noch. Es war ein kleines Paradies, das sich unseren Blicken darbot.

Nachdem sich die Lage aber zuspitzte, zogen wir in einen vorgeschobenen Gefechtsstand dicht hinter der gefährdeten Ostfront. Das war am 29.9.1941.

Die Schlacht am Asowschen Meer ging zu Ende, als die Panzergruppe 1 unter General von Kleist gegen die Nordflanke der angreifenden Sowjet-Armeen stieß. 65.000 Rotarmisten gingen in die Gefangenschaft.

Nunmehr wurde das weitere Vorgehen auf Rostow der Panzergruppe 1 übertragen. Wir hatten das IXL. Gebirgskorps und die Leibstandarte an die Panzergruppe 1 abzugeben und erhielten als einzige Aufgabe die Eroberung der Krim.

Am 16.10. räumten die Sowjets Odessa und führten die Armee, die die Stadt verteidigt hatte, über See auf die Krim.

Der Angriff auf die Engen von Ischun begann. Es kam zu schweren Kämpfen und Opfern. Am 25.10. schien die Truppe am Ende.

So erlebte ich zum ersten Mal im großen Rahmen den Kampf

um den Entschluß in mir selbst, das Letzte zu fordern; auf die Gefahr hin, so viele Opfer schließlich doch umsonst verlangt zu haben.

Ich forderte diesen letzten Einsatz, und die Truppe gab ihn. Ein weiterer schwerer Tag folgte, und schließlich am 27.10. brachen wir durch. Am nächsten Tage brach die sowjetische Verteidigung ganz zusammen. Die 11. Armee konnte aus den verlustreichen Angriffskämpfen zur Verfolgung übergehen.

Das neu eintreffende Generalkommando XXXXII erhielt Befehl, mit der 46., 73. und 170. ID, die in Richtung auf Feodosia und die Halbinsel Kertsch zurückgehenden Feindteile zu verfolgen und den Gegner an der Einschiffung in Feodosia und Kertsch zu hindern.

Die Masse der Armee aber mußte in scharfer Verfolgung hinter den auf Simferopol und Sewastopol zurückgehenden Feindkräften herstoßen.

Das XXX. AK wurde mit der 22. und 72. ID auf Simferopol angesetzt. Das LIV. AK mit der 50. und der 132. ID und einer zusammengestellten Brigade mot. sollte die Verfolgungsrichtung Bachtschissaraj-Sewastopol einschlagen.

Die Armee hoffte, Sewastopol im Überraschungsangriff nehmen zu können. Doch dazu fehlte uns ein schneller starker Panzerverband, der an dieser Stelle eingesetzt viel Blut und Zeit gespart hätte. Aber wir besaßen keinen solchen Verband. Die Leibstandarte war uns ja genommen.

Am 16.11.1941 endete diese Verfolgungsjagd. Die gesamte Krim, bis auf das Festungsgebiet von Sewastopol war in unserer Hand. Der Plan des Armeeoberkommandos aber, aus der Verfolgung heraus Sewastopol zu nehmen, wurde durch das Fehlen eines schnellen Verbandes und durch die tatkräftige Führung des sowjetischen Oberbefehlshabers in der Festung vereitelt. Ihm gelang es, das Vorgehen des LIV. AK im Vorfeld der Festung zum Stehen zu bringen und von der Küste nördlich Sewastopol her gegen die rechte Flanke des LIV. AK zum Angriff anzutreten.

Aber wenn auch dieser Schlag nicht durch den Fall der Festung Sewastopol gekrönt werden konnte, so war der Sieg dennoch mit der nahezu völligen Vernichtung des Gegners in freiem Felde abgeschlossen worden.

Die 11. Armee hatte mit ganzen sechs Divisionen zwei russische Armeen mit 12 Schützen- und 4 Kavallerie-Divisionen fast vollständig aufgerieben. Der Gegner hatte dabei 100.000 Mann an Gefangenen und 25.000 Mann an Toten verloren.

Damit hatte die 11. Armee ihren eigenen Kriegsschauplatz gewonnen. Die Oberquartiermeister-Abteilung bezog in Simferopol Unterkunft, während die Führungsabteilung mit dem Führungsstab in Sarabus in einer neuerbauten Schule Quartier nahm.

In dieser Unterkunft sollten wir bis zum August 1942 bleiben. Es kam nunmehr darauf an, die Festung mit allen verfügbaren Kräften anzugreifen und zu erobern. Aber der Winter machte uns einen Strich durch die Rechnung. Die auf der Krim einsetzenden Regenfälle machten in ganz kurzer Zeit sämtliche Straßen unpassierbar. Die einzige Bahn leistete nur wenig, da wir ostwärts der zerstörten Brücken über den Dnjepr nur zwei Lokomotiven unzerstört erbeutet hatten. Der für den 27.11.1941 geplante Angriff konnte erst am 17. Dezember beginnen.

Die 22. ID unter ihrem tapferen Kommandeur Generalleutnant Wolff stürmte gemeinsam mit der 132. ID die Höhen am Südrand des Belbektales. Die 24. und 50. ID wurden von Osten auf die Ssewernaja-Bucht angesetzt. Die Spitzen näherten sich dem beherrschenden Fort Stalin in den letzten Dezembertagen, als plötzlich russische Landungen bei Kertsch und dann bei Feodosia eine tödliche Gefahr für die Armee heraufbeschworen.

Während der Landungsversuche standen nur eine deutsche Division und zwei rumänische Brigaden auf der Halbinsel Kertsch. Alle anderen Truppen befanden sich im Kampf um Sewastopol.

Wir entschlossen uns, dieses Risiko auf uns zu nehmen und zu versuchen, bei Sewastopol den Sieg zu erringen. Im Norden der Front wurde weiter angegriffen. Nur dem XXX. AK wurde die Einstellung des Angriffes befohlen und die 170. ID dieses AK in Richtung Kertsch in Marsch gesetzt.

Das LIV. AK sollte noch einen letzten Versuch unternehmen, die Ssewernaja-Bucht und Fort Stalin zu erreichen.

Die Spitzen-Division war wieder die 22. ID. Das Infanterie-Regiment 16, unter Führung von Oberst Dietrich von Choltitz, drang in das Fort Stalin ein.

Choltitz, der bereits am 18.5.1940 im Frankreich-Feldzug das Ritterkreuz erhalten hatte, sollte sich im Sommer 1944 einen Namen machen, als er entgegen Hitlers Befehlen den Kampf um Paris nicht führte und die französische Hauptstadt nicht brennen ließ, wie Hitler befohlen hatte.

Nach dieser letzten Anstrengung aber meldeten am 30.12.1941 die Kommandeure der Angriffs-Divisionen, daß ihre Truppen am Ende seien und jeder weitere Angriffsversuch nicht durchschlagen könne.

Wir stellten den Angriff ein, nachdem wir in einer sehr ernsten fernmündlichen Lagemeldung auch Hitler von dieser Notwendigkeit überzeugt hatten.

Die Nordfront mußte darüber hinaus auf die Höhen nördlich des Belbektales zurückgenommen werden.

Hitler mißbilligte diesen Entschluß. Wir aber konnten aus Verantwortung für die Truppe nicht anders handeln, auch wenn damit der erste Versuch, Sewastopol zu erobern, gescheitert war.

Am 26.12.1941 waren zwei sowjetische Divisionen, über die Straße von Kertsch übersetzend, beiderseits der Stadt Kertsch gelandet. Russische Radiostationen meldeten, daß die entscheidende Offensive zur Wiedereroberung von Stalin selbst angeordnet und damit angelaufen sei. Dieser Kampf würde erst mit dem Ende der „Hitleristen" der 11. Armee auf der Krim zu Ende gehen.

An dieser Stelle muß ich auch die vielen Fragen beantworten, die den Kommandierenden General des XXXXII. AK, General Graf Sponeck betreffen.

Das Generalkommando verfügte auf der Halbinsel Kertsch nur über die 46. ID, als die russischen Großangriffe begannen. Als die Lage kritisch wurde, erbat Graf Sponeck die Genehmigung zur Räumung der Halbinsel Kertsch. Er trug vor, daß er die Halbinsel in der Enge von Parpatsch abriegeln könnte. Dieser Auffassung teilten wir im Armeeoberkommando nicht. Eines war vor allem äußerst bedrohlich: Faßte die Rote Armee erst einmal auf der Halbinsel Kertsch Fuß, dann hatte sie auf der Krim – neben Sewastopol – eine zweite Front geschaffen. Das bedeutete eine permanente Drohung und Gefahr für die 11. Armee.

Das Armeeoberkommando befahl deshalb, daß das XXXXII. AK den gelandeten Gegner noch in der Landung anzugreifen und ihn – diese Schwächeperiode ausnützend – wieder ins Meer zurückwerfen solle.

Gleichzeitig damit setzten wir – um die 46. ID allein für diese Aufgabe freizumachen – die bei Simferopol stehende rumänische 4. und 8. Kavallerie-Brigade, die die Südküste der Krim sicherten, auf Feodosia in Marsch. Sie sollten etwa noch erfolgende Landungsversuche der Sowjets an dieser Stelle verhindern.

Darüber hinaus wurde das verstärkte Infanterie-Regiment 213 der 73. ID, die soeben von der Krim abmarschierte, von Genitschek auf Feodosia abgedreht.

In den nächsten zwei Tagen gelang es auch der 46. ID, die beiden feindlichen Landeköpfe südlich und im Norden von Kertsch bis auf einen kleinen Rest am Nordufer zu beseitigen.

Dennoch erbat Graf Sponeck noch einmal den Räumungsbefehl. Das Armeeoberkommando verbot diese Räumung ausdrücklich. Wir waren der festen Meinung, daß nach Preisgabe der Halbinsel Kertsch eine Lage entstehen könnte, die mit den Kräften der Armee nicht mehr zu meistern war.

Am 28.12. trat auch das LIV. AK zum letzten Angriff auf Sewastopol an. Einen Tag darauf holten die Sowjets zu einem neuen Schlage aus. Sie landeten mit starken Kräften bei Feodosia. Die dort stehenden schwachen Kräfte konnten diese Landung nicht verhindern.

Ein Funkspruch des XXXXII. AK, der um 10.00 Uhr einging, besagte, daß Graf Sponeck aufgrund der sowjetischen Landungen bei Feodosia die sofortige Räumung der Halbinsel Kertsch befohlen habe.

Ich ließ sofort einen Gegenbefehl funken. Dieser wurde jedoch nicht aufgenommen.

Eines war sicher: ein überstürzter Rückzug würde die Lage für die 46. ID nicht bessern, sondern eher verschlechtern, denn sobald man die Reste des Gegners bei Kertsch losließ, würden sie der sich absetzenden 46. ID folgen, und die Division würde dann an der Enge von Parpatsch zwischen zwei Feuer geraten.

Gleichzeitig mit dem Verbot der Räumung, das vom XXXXII. AK nicht mehr aufgenommen wurde, erließen wir Befehl an das Generalkommando des rumänischen Gebirgskorps, den bei Feodosia gelandeten Feind mit seinen beiden vorher schon genannten Brigaden und einem im Anrollen befindlichen motorisierten Regiment aufzuhalten und ins Meer zu werfen.

Der rumänische Angriff drang nicht durch. Im Gegenteil! Vor

einigen sowjetischen Panzern wichen die Rumänen bis Stary Krim zurück.

Während dessen marschierte die 46. ID so rasch wie möglich in Richtung Parpatsch. Sie erreichte zwar die Engen, hatte aber unterwegs auf den vereisten Straßen die meisten Geschütze verloren.

In dieser Situation hätte ein entschlossen nachdrängender Gegner das Schicksal der gesamten 11. Armee in der Hand gehabt.

Zum Glück für uns hat es die Rote Armee nicht verstanden, die Gunst der Stunde zu nutzen.

Die sowjetische 51. Armee, die über Kertsch angesetzt war, folgte der 46. ID nur zögernd. Die 44. Sowjetarmee, die bei Feodosia gelandet war, fühlte zunächst in der entscheidenden Richtung nach Westen und Nordwesten nur zögernd vor.

Dahingegen stieß sie mit stärkeren Kräften nach Osten vor, um sich mit der 51. Armee zu vereinigen und so die auf der Halbinsel Kertsch stehenden deutschen Kräfte abzuschnüren und zu kassieren.

Unter diesen Umständen gelang es uns schließlich, mit der 46. ID und dem inzwischen aus Gentischek eingetroffenen IR 213 und den Rumänen eine dünne Sicherungslinie zwischen dem Nordhang des Jailagebirges bei Stary Krim und dem Siwasch westlich von Ak Monay aufzubauen.

Inzwischen war Feldmarschall von Reichenau Oberbefehlshaber der Heeresgruppe Süd geworden. Er sperrte zunächst für die 46. ID sämtliche Auszeichnungen. Diese Maßnahme war völlig ungerechtfertigt, denn die Division hatte ja ihre Stellungen nicht eigenmächtig verlassen, sondern auf Befehl des Generalkommandos.

Leider fiel der tapfere Kommandeur der Division, Generalleutnant Himer, wenig später bei den schweren Kämpfen in der Parpatschenge.

Ich selbst hatte General Graf Sponeck wegen meiner Befürchtungen, daß er im Augenblick nicht der geeignete Mann war, eine so kritische Situation auf der Krim durchzustehen, ablösen lassen. Nicht also wegen seines eigenmächtigen Räumungsbefehls. Schließlich habe ich selbst oft genug entgegen Hitlers Befehlen handeln müssen.

Schließlich war Graf Sponeck in den schweren Kämpfen um den Dnjepr-Übergang unablässig schweren Belastungen ausgesetzt gewesen. An seine Stelle berief ich den bewährten Kommandeur der 72. ID, Generalleutnant Franz Mattenklott, der gut einen Monat vorher das Ritterkreuz erhalten hatte.

Graf Sponeck wünschte, seine Handlungsweise vor einem Kriegsgericht zu rechtfertigen. Auch Hitler ordnete ein solches Verfahren an und befahl Graf Sponeck ins Führerhauptquartier. Hier im Führerhauptquartier wurde schließlich auch das Verfahren unter Vorsitz von Göring durchgeführt, während auf der Krim der Kampf tobte. Nach kurzer Verhandlung wurde Graf Sponeck zum Tode verurteilt. Hitler wandelte dieses Urteil in Festungshaft um.

Beim AOK 11 war der Verhandlungstermin nicht bekannt. Wir hatten auch keine Möglichkeit gehabt, zum Verhalten von General Sponeck Stellung zu nehmen. Eines steht fest: ein Kriegsgericht unter erfahrenen Frontbefehlshabern würde nicht zu dem Urteil gekommen sein, wie das Gericht unter Göring.

Man hätte Graf Sponeck zubilligen müssen, daß er unter dem Druck einer außergewöhnlich schwierigen Lage – durch die Landung der Sowjets bei Feodosia war zweifellos eine neue Lage entstanden – nach bestem Gewissen glaubte, nicht anders handeln zu dürfen.

Ich habe zu dem Urteil nicht geschwiegen, sondern sofort, nachdem ich es erfuhr, mich in einer Meldung an den Oberbefehlshaber der Heeresgruppe vor Graf Sponeck gestellt und gefordert, daß zunächst doch einmal ich gehört werden müsse.

Als Ergebnis erhielt ich eine Antwort Keitels, in der er meine Auffassung schroff zurückwies. Immerhin erfolgte aber die Änderung des Todesurteils durch Hitler.

Graf Sponeck, bewährter Kommandeur der 22. Luftlande-Division in Holland und beim Dnjepr-Übergang bei Berisslaw, verbrachte die nächsten Jahre in der Festungshaft in Germersheim. Meine mehrfach unternommenen Versuche, seine völlige Rehabilitierung zu erreichen, blieben erfolglos. Auf Himmlers Befehl wurde er am 20. Juli 1944 ermordet. Diese Tatsache wurde erst nach Kriegsende bekannt.

Wir alle, die wir ihn gekannt haben, werden sein Andenken als das eines verantwortungsbewußten Soldaten in Ehren halten.

Bis zum 4.1.1942 hatte der Feind im Raume um Feodosia bereits sechs Divisionen versammelt. Bis die von Sewastopol herangeführten deutschen Divisionen dort eingetroffen waren, ging von diesen russischen Divisionen eine tödliche Bedrohung aus. Was uns besonders drückte, war die Tatsache, daß in den Lazaretten von Simferopol 10.000 deutsche und rumänische Verwundete lagen, die dann in die Hand des Gegners fallen mußten.

Wir hatten erlebt, daß die Sowjets in Feodosia unsere Verwundeten in den dortigen Lazaretten erschlagen, andere ans Meer geschleppt, mit Wasser übergossen und bei der schneidenden Kälte hatten einfrieren lassen. Was würde geschehen, wenn die Rote Armee nach Simferopol gelangte?

Daß wir trotz der schwierigen Versorgungslage auf der Krim unsere Gefangenen wenigstens einigermaßen ernährten, sei aus einer verbürgten Episode erhellt: Anläßlich der sowjetischen Landungen bei Feodosia wurden 8.000 gefangene Rotarmisten befreit. Doch diese fielen ihren Befreiern nicht etwa in die Arme, sondern marschierten ohne jede Bewachung in Richtung Simferopol, um wieder zu uns zu gelangen.

Am 5.1.1942 landeten die Sowjets dann noch bei Eupatoria. In der Stadt brach ein Aufstand los, der von eingesickerten Partisanen angezettelt worden war.

Trotz der sehr ernsten Lage bei Feodosia mußte das AOK 11 nun das erste von der Südfront von Sewastsopol anrollende Regiment der 170. Division – das Infanterie-Regiment 105 – auf Eupatoria abdrehen. Es gelang dieser zuerst unter Führung von Oberst Ritter von Heigl, dann unter der des Obersten Müller stehenden Truppe die hier gelandeten Feindkräfte und die Partisanen zu vernichten. Einige Gebäude, in denen sich die Partisanen verschanzt hatten, mußten durch Pionier-Stoßtrupps gesprengt werden.

Während der Kämpfe um Eupatoria fiel der Kommandeur der Aufklärungs-Abteilung 22 – die ebenfalls nach Eupatoria abgedreht worden war – Oberstleutnant von Boddien. Er wurde von Partisanen hinterrücks erschossen.

Am 7.1.1942 waren die hier gelandeten Feindkräfte vernichtet.

Die Front bei Feodosia hatte derweilen gehalten. Es dauerte noch bis zum 15.1., bevor die herangeführten deutschen Kräfte zum Angriff antraten. Dreieinhalb geschwächte deutsche Divisionen und eine rumänische Gebirgs-Brigade traten gegen acht sowjetische Divisionen und zwei Brigaden an.

Bis zum 18.1. war Feodosia wieder in unserer Hand. Oberst Otto Hitzfeld, Kommandeur des IR 213, zeichnete sich besonders aus und erhielt bereits am 17.1.1942 als 65. deutscher Soldat das Eichenlaub zum Ritterkreuz.

Die weitere Rückgewinnung der Halbinsel Kertsch war nicht möglich, denn hierfür reichten die erschöpften eigenen Kräfte nicht aus. Wir begnügten uns damit, den Gegner bis zur

Parpatschenge zurückzuwerfen. Hier konnte die Armee die Halbinsel Kertsch an der engsten Stelle zwischen dem Asowschen und dem Schwarzen Meer abriegeln.

Damit war die unmittelbare tödliche Gefahr für die 11. Armee gebannt.

Aber die Stalin-Offensive ging weiter. Der Feind zog mehrere neue Verbände über die Straße von Kertsch auf die Halbinsel nach. Die Feindlagemeldung des 29.1.1942 zeigte bereits wieder 9 Divisionen, 2 Schützen-Brigaden und 2 Panzer-Brigaden.

Vom OKH erhielten wir keine Verstärkung, weil keine vorhanden war. Marschall Antonescu führte der Armee zwei Infanterie-Divisionen zu. Die 10. rumänische ID erhielt den Auftrag, die Westküste der Krim zu sichern, und die 18. rumänische ID wurde auf dem Nordflügel der Parpatschfront eingeschoben.

Am 27.2.1942 trat die Rote Armee zu den erwarteten Großangriffen an. Sie versuchte, an der Sewastopoler Front den Einschließungsring im Abschnitt des LIV. AK nach Norden und Osten zu durchbrechen. Diese Angriffe wurden abgewiesen.

An der Parpatschfront trat der Gegner mit sieben Schützen-Divisionen, zwei Brigaden und mehreren Panzer-Bataillonen an. Hier gelang ihm ein Durchbruch bei der 19. rumänischen ID. Zwei in diesem Abschnitt eingesetzte deutsche Artillerie-Abteilungen gingen verloren.

Der feindliche Durchruch wurde nicht mehr aufgefangen, weil unsere Reserven mit ihren schweren Waffen im tiefen Schlamm stecken blieben. Der Gegner konnte bis Kiet durchstoßen, womit die Parpatschenge im Norden geöffnet war.

Die schweren Kämpfe dauerten an beiden Fronten an. Am 3.3.1942 trat eine Pause ein. Beide Seiten waren erschöpft. Es war endlich doch noch gelungen, den Durchbruch an der Parpatschenge abzuriegeln.

Der nächste Großangriff erfolgte am 13.3.1942. Die Regimenter der 46. ID mußten täglich bis zu zehn Angriffe der Rotarmisten abwehren.

Zwei Divisionen trafen für die 11. Armee ein. Einmal die 22. Panzer-Division, die neu aufgestellt worden war und deren Angriff wegen der fehlenden Kampferfahrung am 20. März nicht durchschlug, und dann die 28. Leichte Division.

Dadurch konnten wir dem nächsten russischen Angriff mit einiger Ruhe entgegensehen. Er erfolgte am 9. April und wurde bis zum 11. April unter schweren Verlusten für den Gegner abgeschlagen. Damit war die Angriffskraft der Sowjets an dieser Stelle völlig erschöpft.

Im Armeeoberkommando konnten wir nun an die Aufgabe herangehen, die eigene Offensive vorzubereiten, deren Ziel die endgültige Vertreibung der Sowjets von der gesamten Krim war.

Wie nun die Gewinnung der gesamten Krim erfolgte, sei in kurzen Strichen skizziert. Zunächst galt es, die Halbinsel Kertsch in einer Operation mit dem Decknamen „Trappenjagd" zurückzuerobern.

„Trappenjagd" begann am 8. Mai 1942. Bis zum 18.5.1942 war die im Gefechtskalender als „Schlacht auf der Halbinsel Kertsch" bezeichnete Operation zu Ende. Damit wurde die gesamte Halbinsel zurückgewonnen. 170.000 Gefangene wurden gemacht. Das VIII. Fliegerkorps hatte diese wirkliche Vernichtungsschlacht wirkungsvoll unterstützt.

Nunmehr stand uns noch ein schwerer Gang bevor: die Eroberung der Festung Sewastopol!

Mitte April 1942 war ich bereits mit Hitler zusammengekommen – übrigens zum ersten Mal als höherer Befehlshaber – und hatte ihm die Führung des Angriffes auf die Festung Sewastopol dargelegt.

Hitler war sehr genau über die Einzelheiten des Kampfes auf der Krim orientiert. Er hatte meine Ausführungen interessiert angehört und den Ansichten des Armeeoberkommandos hinsichtlich der Kertsch-Offensive und des Angriffes auf Sewastopol zugestimmt.

So konnten wir unmittelbar nach Ende des Kampfes auf der Halbinsel Kertsch die Umgruppierung der Kräfte zum Angriff auf Sewastopol einleiten.

Für mich und meine Mitarbeiter war klar, daß der Angriff diesmal noch schwerer werden würde. Dem Gegner waren sechs Monate Zeit gegeben, sich festzusetzen, Materialreserven über See zuzuführen und die Unzahl der kleinen Anlagen im Festungsbereich zu besetzen. Vom Belbektal bis zur Küste des Schwarzen Meeres war das gesamte Gebiet mit einem dichten Netz von Verteidigungsanlagen durchzogen. Zwischen dem Belbektal und der Ssewernajabucht befanden sich die Festungswerke Maxim Gorki, Molotow, das Nordfort, die Stützpunkte Stalin, Wolga, Sibirien, GPU, Tscheka und – weiter zurückgestaffelt – die Stützpunkte der dritten Abwehrzone Donez, Don, Lenin, die Ortschaft Bartenjewka, die in eine Festung im Kleinen verwandelt worden war, und andere Kampfstände.

Die steilen Sapun-Höhen an der Ostfront waren ebenfalls stark befestigt. An der Küste entlang lagen eine Reihe von modernen Panzer-Batterien, darunter auch Maxim-Gorki II. Die letzte Befestigungslinie zog sich dicht am Stadtrand entlang. Die Halbinsel Chersones war durch mehrere Querriegel gegen Osten abgeschirmt.

Die Artillerie hatte den Infanterieangriff der Armee zu unterstützen. Dazu war ein Fliegerangriff als erster Auftakt vorgesehen. Es sollte kein Trommelfeuer geschossen werden, sondern Punktfeuer gegen erkannte Unterkünfte und Versorgungswege.

Die Angriffsartillerie war aus Rohren aller Kaliber zusammengesetzt. Das OKH führte uns zu, was nur immer greifbar war.

Wir hatten Kanonenbatterien bis 19 cm Kaliber sowie einzelne Haubitz- und Mörser-Batterien vom Kaliber 30,5, 35 und 42 cm. Dazu gab es zwei schwerste Mörser – Thor und Odin – von 60 cm Kaliber und das berühmte Geschütz „Dora" von 82 cm Kaliber.

„Dora" war für die Zerschlagung der Festungswerke der Maginot-Linie entworfen worden. Das Rohr war ungefähr 30 Meter lang. Die Lafette erreichte die Höhe eines zweistöckigen Hauses. Um dieses Geschütz in die Ausgangsposition zu bringen, hatte es 60 Eisenbahnzüge bedurft. Zwei Flakabteilungen waren um die Gleisanlagen in Stellung gegangen, die eigens für das Geschütz hatten installiert werden müssen.

Wenn auch der Nutzeffekt in keinem Verhältnis zum Aufwand stand, hat doch dieses Geschütz mit einem einzigen Schuß ein großes Munitionslager vernichtet, das an der Sewernajabucht unter einer Decke von 30 Metern gewachsenem Fels lag.

Vom VIII. Fliegerkorps wurden mehrere Flakregimenter für den Erdkampf herangezogen. Der Kommandierende General dieses Fliegerkorps, General von Richthofen, hatte sie zur Verfügung gestellt. Sie waren uns eine große Hilfe.

Niemals zuvor und danach wurde deutscherseits eine so starke Artillerie-Massierung erreicht.

Während der letzten Vorbereitungstage hatte ich meinen Gefechtsstand in einem ehemaligen Großfürstlichen Schlößchen auf einem Felsen über dem Schwarzen Meer an der Südküste beim XXX. AK eingerichtet, um mich hier zu orientieren.

Am 3. Juni wollte ich erkunden, ob die Küstenstraße, auf der der gesamte Nachschub des XXX. AK laufen mußte, von See her eingesehen und vielleicht im zu beobachtenden Feuer zu beschießen war. Immerhin war es möglich, daß nunmehr die sowjetische Schwarzmeer-Flotte angreifen würde.

Wir stiegen in ein italienisches Schnellboot, das wir als einziges „Kriegsschiff" zur Verfügung hatten.

Ein italienischer Leutnant zur See führte das Boot. Mein Ordonnanzoffizier Specht und Fahrer Nagel begleiteten mich. Hinzu kam Kapitän zur See Joachim von Wedel, der Hafenkommandant von Jalta.

Wir fuhren die Küste entlang, und auf der Rückfahrt dicht vor dem Hafen Jalta stürzten sich zwei sowjetische Jagdflugzeuge, direkt aus der Sonne kommend, auf unser Schnellboot. Die Motorengeräusche waren von den Schnellbootmotoren überdröhnt worden. Wir waren völlig überrascht, als auch schon die Feuerstöße mitten unter uns prasselten.

Ein fürchterliches Krachen und Splittern, grelle Blitze, Schreie erfüllten das Boot.

„Flieger!" brüllte Specht.

Neben mir brach Kapitän zur See von Wedel tot zusammen. Der italienische Oberbootsmannsmaat war gegen die Reling geschleudert worden. Auch er war tot.

Dann sah ich meinen getreuen Fahrer Nagel, der mich in so vielen Krisensituationen sicher gefahren hatte. Der Feuerstoß hatte ihn gegen den Luftschacht am Heck geschleudert. Aus seiner Oberschenkelschlagader spritzte Blut in schnellen Intervallen.

Sieben der zehn Personen an Bord des brennenden Bootes waren tot oder verwundet. Der Kommandant gab Befehle. Dann kam er zu uns herübergesprungen, riß sich das Hemd vom Leibe und verband Nagel.

„Specht, Sie müssen Hilfe holen", sagte ich zu Pepo, denn das Boot war nicht mehr fahrklar und trieb auf der See.

Pepo Specht sprang trotz der Minengefahr nackt ins Wasser,

schwamm zum Ufer und hielt dort auf der Küstenstraße einen Lastwagen an. Mit diesem Wagen raste er nach Jalta und holte Hilfe in Gestalt eines dort liegenden kroatischen Motorbootes, das uns abholen sollte.

Während dessen kümmerte ich mich um Oberfeldwebel Nagel. Seine Blutung war nicht zu stillen. Seit 1938 war er mein Fahrer. An meiner Seite war er schon achtmal verwundet worden.

Die Zeit verlief mir zu langsam, als wir von dem Motorboot in den Hafen geschleppt wurden. Ich brachte Nagel selbst ins Lazarett. Man operierte ihn noch, aber der Blutverlust war zu groß gewesen. In der Nacht zum 4. Juni starb mein Freund Fritz Nagel. Wir haben ihn auf dem Friedhof von Jalta zusammen mit den anderen gefallenen Kameraden beigesetzt. An seinem Grabe sprach ich die Worte:

„Wir nehmen Abschied von unserem lieben Kameraden, Oberfeldwebel Fritz Nagel. Du warst im Leben ein begeisterter Soldat. Der Soldatenberuf war Dir innerste Berufung. Vom Vater ererbtes Soldatentum bestimmte Dein Denken und Wesen. Darum warst Du, tapfer und treu, tatkräftig und pflichtbewußt, ein vorbildlicher Soldat, dem ein weiterer Aufstieg vergönnt gewesen wäre, hätte es das Schicksal nicht anders bestimmt.

Mehr als fünf Jahre hast Du als mein Fahrer und treuer Gefährte am Steuer unseres Wagens neben mir gesessen. Dein sicheres Auge, Deine ruhige Hand haben uns durch viele Länder über viele Tausende Kilometer geführt. - - -

In den gemeinsamen Jahren täglichen Lebens und großen Erlebens sind wir Freunde geworden. Das Band der Freundschaft, das uns verband, kann auch die tückische Kugel, die Dich traf, nicht zerschneiden.

Meine Dankbarkeit und meine Treue, unser aller Gedenken, folgen Dir über das Grab hinaus in die Ewigkeit! – Nun ruhe in Frieden, mein bester Kamerad!"

Am Morgen des 7. Juni 1942 eröffnete die Artillerie den Angriff auf Sewastopol. Dann kamen unsere Flugzeuge, Stukas und Kampfflieger und stürzten sich auf die zugewiesenen Ziele. Von unserem Gefechtsstand aus konnten wir das gesamte Gefechtsfeld überblicken.

Das war ein einzigartiger Fall im modernen Krieg.

Sewastopol begann nun das zu werden, als was es in die Kriegsgeschichte einging: die „Erde aus Eisen“.

Der Kampf dauerte fast einen Monat. Es ist unmöglich, dem Ringen unserer Soldaten mit der Sprache der Worte gerecht zu werden.

Am 13.6. nahmen die Grenadiere des Infanterie-Regimentes 16 unter ihrem Führer Oberst von Choltitz das Fort Stalin. Bis zum 17.6. wurde im Nordabschnitt ein tiefer Keil in das Festungskampffeld geschlagen und die Werke der zweiten Verteidigungslinie, Tscheka, GPU, Sibirien und Wolga, genommen.

Am gleichen Tage gelang es dem XXX. AK, die Nordnase, den Kapellenberg und die Ruine zu erreichen. Aber noch kämpfte der Gegner in der Festung mit nicht erlahmender Tapferkeit und letztem Einsatz.

Bis zum Morgen des 26.6.1942 war die 11. Armee im Besitz des gesamten äußeren Festungsbereiches von Sewastopol. Aber nun standen wir vor der Frage, wie wir den inneren Festungsring aufsprengen sollten. Unsere Regimenter waren auf wenige hundert Mann Stärke zusammengeschmolzen. Noch heute erinnere ich mich einer Meldung, die mich erschütterte: ein Oberleutnant meldete mir seine Kompanie in Stärke von 8 Mann!

Wir entschlossen uns, den letzten Sturm auf die inneren Festungswerke über die Ssewernajabucht mit Sturmbooten zu wagen. Gerade weil dieser Angriff unmöglich erschien, würde der Gegner ihn auch nicht erwarten. Deshalb konnten wir ihn überraschen. Es hagelte Bedenken, aber ich bestand auf der Durchführung dieses Angriffes.

Am frühen Morgen des 29.6. begann der Angriff beim LIV. AK über die Ssewernajabucht und beim XXX. AK auf die Sapun-Höhen.

Durch Bombenangriffe des VIII. Fliegerkorps sollten die Übersetz-Geräusche übertönt werden.

Um 01.00 Uhr stießen die erste Welle der 24. und 22. ID vom Nordufer ab. Die Sturmboote flitzten nach Süden, ans andere Ufer. Der Übergang klappte, unsere Grenadiere erstürmten das Höhenplateau und hoben die Sapun-Höhenstellung von der Flanke her aus den Angeln.

Das XXX. AK, das frontal auf diese Höhen antrat, gewann schnell die Höhen beiderseits von Sewastopol. Die Höhen von Inkerman waren in unserer Hand. Der berühmte „Malakoff", das Bollwerk, um das im Krimkrieg so viel Blut geflossen war, fiel in die Hand des Korps.

Immer wieder hatte Stalin nach Sewastopol funken lassen, daß bis zum Letzten gehalten werden müsse. Das wurde nun von der sowjetischen Armee in der Festung durchgeführt. In der Nacht zum 1. Juli wurden der höchste Befehlshaber in der Festung, General Petrow, die Kommissare und andere höhere Offiziere durch Schnellboote abgeholt.

Die Schlußkämpfe dauerten noch bis zum 4. Juli. Dann war der Kampf um Sewastopol beendet. Die 11. Armee hatte über 90.000 Gefangene gemacht. Der Gegner hatte starke Verluste erlitten. Eine unübersehbare Menge an Material wurde erbeutet.

Am Abend des 1. Juli, als wir die Festung bereits erobert hatten, ertönte die Fanfare der Sondermeldung. Ich war abends mit meinen engsten Mitarbeitern des Führungsstabes auf unserem Gefechtsstand, einem Tatarenhaus in Juchary Karales, als sie uns aufstörte. Danach erfolgte die Durchgabe eines Fernschreibens, das im Folgenden aufgezeichnet sei:

„An den Oberbefehlshaber der Krim-Armee, Generaloberst von Manstein.

In dankbarer Würdigung Ihrer besonderen Verdienste um die siegreich durchgeführten Kämpfe auf der Krim, die mit der Vernichtungsschlacht von Kertsch und der Bezwingung der durch Natur und Bauten mächtigen Festung Sewastopol ihre Krönung fanden, befördere ich Sie zum Generalfeldmarschall.

Mit Ihrer Beförderung und durch die Stiftung eines Erinnerungsschildes für die Krimkämpfer ehre ich vor dem ganzen deutschen Volke die heldenhaften Leistungen der unter Ihrem Befehl fechtenden Truppen.

Adolf Hitler."

Es ist ein einzigartiges Erlebnis – und ich gestehe dies offen und frei – das Gefühl des Sieges auf dem Schlachtfelde zu kosten.

Unsere Armee, deren Schicksal mehrfach nur an einem Faden hing, hatte es geschafft. Alle durchströmte ein Gefühl des Stolzes, der Freude und auch der Befreiung.

„Was spürten Sie, welche Gedanken sind mit der Verleihung des Marschallstabes an Sie verknüpft?"

Diese Frage, oft gestellt und im Freundeskreise mehrfach beantwortet, sei an dieser Stelle mit einigen Zeilen bedacht.

Wenn auch der Marschallstab als Symbol eines siegreich geführten Feldzuges die Krönung einer militärischen Laufbahn bedeutet, die absolut ist, so vergaß ich in keiner Sekunde, wieviel Soldatenglück dazu gehörte, ein solches Ziel zu erreichen. Wie manchem bleibt es verwehrt, nach dem Siegeslorbeer zu greifen, allein aus dem Grunde, weil er entweder zu jung oder zu alt ist.

Vor allem aber und gerade in der Stunde meines Erfolges waren alle meine Kameraden und ich dessen eingedenk, daß es die Hingabe, die Tapferkeit, die Standhaftigkeit und die Verantwortungsfreudigkeit unserer Soldaten waren, denen die Überwindung aller Krisen und der Sieg in einem Feldzug zu verdanken war, den die 11. Armee, allein auf sich gestellt, nun zu einem glücklichen Ende geführt hatte.

Und noch eines, ausdrücklich ausgesprochen und aus tiefem Herzen kommend:

Unsere Armee, vom ersten bis zum letzten Mann, hatte getreu deutscher soldatischer Überlieferung anständig und ritterlich gekämpft!

Natürlich wollte ich meinen Kameraden und Mitkämpfern danken. Daher lud ich sie alle, bis zum Bataillonsführer und alle diejenigen, die in diesen Kämpfen das Ritterkreuz oder das Deutsche Kreuz in Gold erhalten hatten, zu einer Feierstunde in den Park des ehemaligen Zarenschlosses Livadia ein.

Wir gedachten zuerste der Kameraden, die in diesem Kampfe ihr Leben gelassen hatten. Das Lied vom guten Kameraden ist wohl nirgendwo mehr Wahrheit geworden, als während der Kämpfe in Rußland.

Es wurde eine ergreifende Feierstunde, und ich dankte jedem einzelnen Soldaten für seine und seiner Kameraden Leistung.

Übrigens hatte Major i.G. Eismann, unser Ic, noch in der Nacht zum 2. Juli eine Fahrt nach Simferopol unternommen und dort einen bekannten tatarischen Silberschmied aus dem Schlaf getrommelt, ihm seine silberne Uhr gegeben und ihn beauftragt, bis zum Morgen ein paar Marschallstäbe für meine Schulterstücke zu machen.

Als ich am Morgen des 2.7. zum Frühstück erschien, lagen diese beiden Marschallstäbe, fein ziseliert, auf meinem Platz.

Bald darauf erreichte mich ein Päckchen. Der Absender war der deutsche Kronprinz. Im Päckchen befand sich ein schweres goldenes Zigarettenetui. Auf der Vorderseite war der Festungsplan von Sewastopol in künstlerischer Meisterschaft abgebildet. Die Innenseite trug den Namenszug des hohen Spenders. Der Kronprinz schrieb mir dazu:

„Es ist mir seinerzeit versagt geblieben, Verdun zu nehmen. Um so mehr freut es mich, daß Ihnen die Bezwingung der starken Festung Sewastopol geglückt ist.“

Noch ein drittes Geschenk erhielt ich. Es kam aus Vichy von einem russischen Geistlichen, der von den Bolschewisten vertrieben worden war und nun in Frankreich lebte, dem Lande, das sich dieser Vertriebenen besonders angenommen hatte.

Er schickte mir einen Knotenstock, der kunstvoll aus einer verschlungenen Weinrebe gearbeitet war. An seinem Griff war ein Topas angebracht. Auf einem schmalen Metallring stand eine russische Inschrift.

Der Geistliche schrieb dazu, daß sein Großvater im Krimkrieg als Regimentskommandeur bei der Verteidigung von Sewastopol mitgekämpft habe und am Bein schwer verwundet worden sei. Soldaten seines Regimentes hätten ihm dann diesen Stock geschnitzt. Aus Freude darüber, daß ich die Krim genommen und die Bolschewisten dort vertrieben habe, wolle er mir diesen Stock schenken.

Unseren Divisionen wurde nach Abschluß dieser Kämpfe eine Ruhezeit von einigen Wochen geschenkt. Auf der südlichen Krim lebten sie in einem gesegneten Landstrich.

Nun konnte ich auch einer Einladung von Marschall Antonescu folgen, der mich anläßlich seines Besuches nach der Schlacht um Kertsch mit meiner Frau zu einem Erholungsurlaub in die Karpathen eingeladen hatte.

Diese Einladung dehnte er nun auch noch auf unseren ältesten Sohn aus, der nach Einsatz in Rußland und Besuch der Kriegsschule nunmehr Leutnant geworden war.

An der rumänischen Grenze erwartete uns ein Salonwagen.

Ein General und ein Abgesandter des Ministeriums des Auswärtigen empfingen uns als Gäste des Marschalls und der rumänischen Regierung.

Nach einer herrlichen Fahrt durch die Karpathen erreichten wir Predeal, einen Luftkurort, wo Marschall Antonescu einen Landsitz hatte. Hier wurden wir von Frau Antonescu empfangen, die in Begleitung des rumänischen Kriegsministers zur Bahn gekommen war.

Wir fuhren durch fahnengeschmückte Straßen, vorbei an fähnchenschwingenden Schulkindern zum Landhaus. Mein Ordonnanzoffizier Specht war wieder mit von der Partie.

Es wurde für uns drei Mansteins eine einmalige Zeit der Ruhe und Erholung. Mehrfach waren wir zu Gast im Hause des Marschalls. Daneben wurden wir einmal vom König und seiner Mutter Helena zum Frühstück eingeladen.

Auf mich machte der junge König Michael einen unfertigen Eindruck, seine Neigungen konzentrierten sich offenbar auf Autos und Motorboote.

Auch zum rumänischen Patriarchen wurden wir eingeladen. Dieser hochgebildete Kirchenfürst hatte in Breslau und Tübingen Theologie studiert.

Ein Besuch bei der deutschen Volksgruppe gehörte zum Schönsten, was wir erlebten. Der Bischof von Siebenbürgen hielt den Gottesdienst. Mittags waren wir Gäste bei einer Taufe, und ich wurde einer der Taufpaten. Ein ländliches Fest beschloß diesen unvergeßlichen Tag.

Ich hatte die Freude, daß mein Patenjunge mit seinen Eltern nach dem Kriege der Vernichtungswelle entrann und nach Deutschland gelangen konnte.

Am 12. August kehrte ich schließlich auf die Krim zurück. Ich fand eine Weisung der obersten Führung vor, nach der der vorige Plan, den mir Oberst Busse nach Predeal durchgegeben hatte und der das Übersetzen der 11. Armee bei Kertsch beinhaltete, ad acta gelegt worden war.

Nun sollten das Generalkommando XXXXII und die 46. ID mit den rumänischen Divisionen übersetzen, während die 11. Armee für die Wegnahme von Leningrad vorgesehen war. Die Angriffsartillerie war bereits auf dem Schienenwege dorthin unterwegs.

Dies war ein unverzeihlicher Fehler. Sie mußte in jedem Falle für die Teilnahme an der inzwischen in Gang befindlichen Offensive in Rußland vorbehalten bleiben.

Ich selbst wurde zur Besprechung meiner neuen Aufgaben nach Winniza ins Führerhauptquartier befohlen.

Mit der Maschine flog ich dorthin.

Ein Abschnitt, der mir die größte Ehrung eines Soldaten und die Trauer um viele Kameraden beschert hatte, war zu Ende gegangen.

Franz Kurowski: Bei der Truppe auf der Krim Die Vorgeschichte

Am 26.8.1939 – dem Tage der deutschen Mobilmachung – wurde das Infanterie-Regiment 213 aufgestellt. Regimentskommandeur war Oberst Rupprecht. Das Regiment kam zur 73. Infanterie-Division, die im Polenfeldzug am Vormarsch teilnahm und an jedem Tage rund 30 Kilometer marschierend zurücklegte. Sie kam jedoch noch nicht zum Einsatz.

Erst im Frankreich-Feldzug stand sie beim Vorstoß zur Aisne, am Ardennenkanal und bei Rethel in den ersten Einsätzen.

Der zweite Teil des Frankreich-Feldzuges sah die 73. ID bei den Durchbruchskämpfen ab dem 9. Juni in erbitterten Einsätzen, um sodann wieder zur Verfolgung überzugehen.

Bis zum 20.2.1941 blieb die 73. ID im Elsaß. Hier erhielt das IR 213 am 1. Dezember einen neuen Kommandeur, der jedoch bereits am 25. Februar das Regiment wieder verließ.

Nunmehr übernahm Oberst Swiatko das Kommando. Unter seiner Führung marschierte das IR 213 in der 73. ID unter Generalleutnant Bruno Bieler nach Rumänien, um am Morgen des 6. April in den Balkanfeldzug zu ziehen.

Als der Feldzug gegen die Sowjetunion bereits 22 Tage dauerte, erreichte die 73. ID am 15.7. bei Socola die rumänisch-russische Grenze.

Der erste Einsatz auf russischem Boden erfolgte bei Dragoneschy. Erst als die Entsatzkräfte unter Major Hermann Stiefvater mit seinen Panzerjägern in das Kampfgeschehen eingriffen, wurde die Ortschaft nach schweren Kämpfen genommen (Major Hermann Stiefvater hatte bereits am 18. Mai 1941 für seinen Einsatz im Balkanfeldzug das RK erhalten.)

Unter Oberst Mayer, dem nunmehr vierten Kdr. des IR 213, stieg das Gros des Regiments, wieder die Panzerjäger Stiefvaters voraus, einige Feindpanzer abschießend, nach einigen Tagen des Haltens in der Linie Sinshereja-Höhen – ostwärts Radojas über den Reuthfluß vor und bildete einige Brückenköpfe, um den Bau einer Pionierbrücke zu ermöglichen.

Nunmehr erhielt die KGr. Mayer Befehl der 11. Armee „umgehend, mit beweglichen Kräften voraus, bis zum Dnjestr durchzustoßen.“

Nach dem Übergang über die Behelfsbrücke erreichte die KGr. Stiefvater Mescheny, und am anderen Morgen erreichten die ersten Spähtrupps bei Skit und Gorodischtsche den Dnjepr.

Zur 73. ID kommandiert, übernahm Oberstleutnant Otto Hitzfeld das IR 213 als endgültiger Regimentskommandeur diesen Verband, „der seine Kommandeure wie Soldaten das Hemd wechselte“, wie einer der Landser bemerkte.

Es ging nun rasant vorwärts, durch die Ukraine in Richtung zur Krim. Die Straßen hatten sich in Schlammsuhlen verwandelt. Gewaltige Regenfälle ließen die Flüsse zu reißenden Strömen anschwellen. Die schwarze Erde der Ukraine klebte an allem und jedem. Dennoch: Das nächste Ziel war der Bug.

Bei Krinitschky stürmte das Regiment 213 gegen eine Geschützstellung der Russen von einem Kilometer Breite (!) an. Im zentralen Fesselungs- mit gleichzeitigem Umfassungsangriff wurden feindliche MG- und Granatwerferstellungen überwunden. Von der anderen Flanke her konnte Oblt. Dotterweich die Feindstellung mit Handgranatenwürfen lähmen und dann im Nahkampf ausschalten. 44 Gefangene wurden hier gemacht.

Weiter stürmend, erreichte wenig später eine Meldung den RgtKdr., daß der Feind den Vorstoß stark behindert habe und hohe Ausfälle zu verzeichnen waren. Dieser Feind wurde durch die III. / AR 173 überwunden und zog sich zurück. Granatwerferbeschuß der 13./IR 213 taten ein Übriges, um die feindlichen MG-Stellungen auszuschalten.

Der Bug, das eigentliche Tagesziel, konnte an diesem 12. August nicht mehr erreicht werden. Der Angriff blieb in flankierenden Feindfeuer liegen und konnte erst am 14.8. fortgesetzt werden. Beim Angriff auf die Höhe 1.000 erlitt die 11./IR 213 unter Lt. Schmaus schwere Verluste. Sie wurde völlig aufgerieben, als letzte Männer der Kp. fielen Lt. Schmaus und Fw. Janzen.

Das erreichte Westufer des Bug mußte erst vom Feind gesäubert werden. Es gelang, den Feind noch vor Überschreiten des Flusses zu stellen. 1.000 Russen gaben sich hier gefangen.

Die folgende Landung am Dammkopf des Dnjepr mit Sturmbooten und angehängten Floßsäcken, von den Werfern und der Flak der Division gedeckt, erhielt, nachdem 100 Meter der Flußbreite zurückgelegt waren, Schützenfeuer. Als aber die Männer am jenseitigen Ufer Fuß gefaßt hatten, stürmten die Stoßtrupps vor, nahmen einige Ortschaften im Handstreich und brachten 15 Gefangene ein. Dies war jedoch nicht der Angriff, der abgeblasen worden war, sondern erst ein Vorfühlen zur Feststellung der Feindstellungen.

Ein solcher Vorstoß wurde in der folgenden Nacht erneut versucht. Am 7. September ging es dann weiter, durch in großer Tiefe ausgebaute Feldstellungen und Erdbunker. Die II./AR 173 unterstützte den Vorstoß des IR 213, das auch die Vorhuten stellte, und in den nächsten Tagen als Vorhut durch die Nogaische Steppe führen sollte.

Bei Kataras und Kabara wurde der Gegner überwunden. Bei Nowaja Majatschka kam es zu einem Duell mit feindlichen Granatwerfer-Gruppen, die niedergekämpft wurden. Ein feindlicher Panzerangriff wurde durch ein Geschütz der 14./IR 213 gestoppt, zwei Panzer abgeschossen.

Es ging weiter! Preobrashenkas wurde ebenso genommen wie der erste Panzergraben.

Der Angriff auf Perekop begann am 24.9.1941. Diese Landenge, welche die Krim abschloß, mußte überwunden werden. Haupthindernis war der Tatarengraben, ein Hindernis von 8 km Breite, deren Sohle rund 15 Meter tiefer lag. Die Distanz von einer Seite bis zur anderen betrug 50 Meter. Davor hatten die Russen einen hohen Wall aufgeschüttet, von dem herunter die russischen Scharfschützen einen Einblick auf die Grabensohle hatten.

Am frühen Morgen eröffneten 200 Geschütze des LIV. Korps das Feuer. Eine halbe Stunde darauf trat die 73. ID mit allen drei Regimentern zum Sturm über den Tatarengraben an. Dieser Graben hatte bereits einem vorherigen handstreichartigen Überfall der 11. Armee standgehalten.

Nunmehr führte General der Infanterie von Manstein die 11. Armee, die ihren Oberbefehlshaber, General Ritter von Schobert durch einen Unfall verloren hatte.

Der erste Einbruch ging glatt von statten. Pioniere räumten Minengassen und durchschnitten die Drahthindernisse.

Aus Hinterhaltstellungen wurden die Angreifer beschossen. In den Boden eingegrabene Panzer feuerten mit Sprenggranaten in die Masse der Stürmenden. Die winklig angelegten Schützengräben der Russen waren nur schwer niederzukämpfen. Die Bunker mußten mit Handgranaten und geballten Ladungen außer Gefecht gesetzt werden.

Dennoch konnte das IR 213 bis auf 200 Meter an den Panzergraben herankommen. Das II./IR 170 wurde dem Regiment zur Niederkämpfung der nach Südwesten vorspringenden Feindstellung unterstellt. Es wurde durch Oberstleutnant Hitzfeld dicht neben das I./IR 213 hingeführt.

In der Nacht arbeiteten sich die Angriffspitzen kriechend bis an den Panzergraben heran. Nun warteten alle auf den zugesagten Stukaangriff als Auftakt zum eigenen Handstreich.

Drei Bataillone brachen nach dem Abflug der Stukas in die Feindstellungen ein. Pioniere sprengten auch hier die Angriffsgasse. Dicht hinter ihnen, durch die freigeräumten Schneisen, rollten einige Sturmgeschütze vor und zerschmetterten die Feindbunker und MG-Stände sowie einzelne Geschütz-Stellungen.

Der Ruf „Sturmgeschütze vor!“ zeigte auch hier seine Wirkung. Die Feindartillerie schoß aus allen Rohren, und als der Angriffstag zu Ende ging, zählten verschiedene Kpn. nur noch 25 bis 30 Mann.

Der weitere Angriff wurde am 26. September gestartet.

Am nächsten Tage aber erhielt das Regiment Befehl zu stoppen und abzuwarten. Deutsche Stukas würden um 07.30 Uhr angreifen.

Dieser Funkspruch besagte ferner, daß der Stukaangriff vor der Südwand des Tatarenwalles erfolgen werde und daß anschließend der Angriff fortgesetzt werden sollte. Dies würde bedeuten, daß die 9. und 10./IR 213 die an der Sohle der Südwand eingegraben warteten, von den Bomben erfaßt werden würden, zumal jene Gruppen, die bereits bis zu 500 Meter südlich des Tatarengrabens vorangekommen waren, mitten im Bombenhagel liegen würden.

„Stukaangriff absagen, oder erst über 500 m südlich des Tatarengrabens einsetzen!“ funkte das III. Bataillon zurück.

Der Stukaangriff wurde vorverlegt. Der Tatarengraben anschließend vom III./IR 213 genommen. Noch nördlich des Grabens hatte das II./IR 170 starken Feind zu überwinden, der sich in den Boden eingekrallt hatte.

Oberstleutnant Hitzfeld verlegte den Regiments-Gefechtsstand in den Tatarengraben. Die „Strippenzieher“ verlegten die Leitungen im Feindfeuer nach vorn. An und für sich sollte der Angriff nun für diesen Tag eingestellt werden, doch Oberstleutnant Hitzfeld kam nach Kenntnis der Sachlage, daß der Gegner abbaute, zu der Überzeugung, daß sofort nachgesetzt werden mußte, um ihn nicht zum Sich-Setzen kommen zu lassen.

Der Angriff wurde wenig später fortgesetzt, nachdem sich Hitzfeld mit dem Artilleriekommandeur, Oberst von Hauser, verständigt hatte, der volle artilleristische Hilfe versprach.

Der Feind wurde aus den Maisfeldern hinausgeschossen. Die Ortschaften geräumt und bis zum Morgengrauen hatte das IR 213 die Öffnung der Landenge von Perekop erzwungen.

Otto Hitzfeld erhielt am 30. Oktober 1941 für diese Führungs- und Kampfleistung das RK. Generaloberst von Manstein (ab 7.3.1942) hob in seinem Tagesbefehl die Verdienste des IR 213 besonders hervor. Der Tatarengraben mit seinen unzähligen Stellungen galt als uneinnehmbar.

Im Morgengrauen des 29.9. rollte das IR 213 südostwärts nach Kart Kassak. Das Regiment wurde von der Vorausabteilung 73 und den Panzerjägern unter Major Stiefvater sowie einer Batterie der Sturmgeschütz-Abteilung 190, Pionieren, einem Funktrupp und einigen Batterien Artillerie wirkungsvoll unterstützt.

Es war die KGr. I unter Major Stiefvater, die die Spitze übernahm und den weichenden Gegner rechts und links davon zu überholen begann. Die ersten Feindgruppen warfen bereits ihre Waffen fort. Bis 07.30 Uhr wurde Kart Kassak erreicht. Von hier aus unternahm Rittmeister Kayrowski mit einigen seiner Männer Aufklärung. Sie hoben einen feindlichen VB aus und hielten die Gelegenheit zum Durchstoß für gut.

Es ging um 13.35 Uhr weiter. Der feindliche Stichgraben wurde überrannt. Der Kampf dauerte aber weitere Stunden an und forderte schwere Opfer. Die Landenge von Juschun, die hinter dem Stichkanal lag, konnte nicht mehr durchstoßen werden.

Hier verteidigten acht Divisionen der 51. Sowjetarmee. Dahinter vier Kavallerie-Divisionen und weitere Heerestruppen sowie einige Marinebrigaden, die noch in Sewastopol standen.

Der endgültige Angriff wurde auf den 18. Oktober angesetzt. Er begann um 05.00 Uhr mit einem Artillerie-Feuerschlag aus allen deutschen Rohren auf der gesamten Frontbreite. Dann begann der Angriff um die Krim und als letztes Ziel um Sewastopol.

Aus den russischen Gräben peitschte ihnen dichtes Infanterie- und Werferfeuer entgegen. Dann wurde der Kanal erreicht, in den Kanal mit seinem Brackwasser springend und dann die jenseitige drei Meter hohe Wand empor wurde der Feind – nachdem wieder die Sturmgeschütze den nötigen Rückhalt gegeben und die Feindartillerie systematisch zerschossen hatten – in den dahinerliegenden Gräben überwunden. Die Kämpfer vorn waren diesmal das IR 170 der Division, während die Männer des IR 213 am nächsten Tage zum Stichkanal vorrollten und eine Bereitstellung zum eigenen Übergang über den Kanal bezogen.

Im Morgengrauen des 20. Oktober wurde der Kanal überschritten. Erst in den dahinter liegenden Feldstellungen wurde es ernst. MG- und Werferfeuer, Scharfschützen und Nahkämpfer prallten aufeinander. Bis auf 800 m kam das IR 213 an den Tschetralyk-Abschnitt heran, wo es für den Angriff des folgenden Tages der 50. ID unterstellt wurde.

Als diese Division bis nach Hf. Graf Woronzowa herangekommen war, ging es gemeinsam weiter.

Bei Berdy-Bulat kam es erneut zu schweren Gefechten, die sich noch steigerten, als der russische Gegenangriff begann. Oberstleutnant Hitzfeld und sein Nachrichtenoffizier rollten nach Berdy-Bulat vor, übernahmen den Abwehrkampf und brachten mit einigen Transportfahrzeugen Munition nach vorn.

Als das IR 401 hier eintraf atmete der RgtKdr. auf. Der Feind wurde von diesem Rgt. angegriffen, während das IR 213 rechts und links von ihm Anschluß hielt. Das IR 213 wurde der 73. ID wieder zugeführt. Es hatte in der Zeit seines Einsatzes vor der Krim von 16 Kompaniechefs allein 14 durch Tod oder Verwundung verloren. Fünf Bataillonskommandeure bzw. BatlFhr. fielen aus, und die Gesamtverluste betrugen 1.114 Mann. Dennoch ging es weiter vorwärts.

Das stark befestigt Dorf Nowo Pawlowka wurde nach hartem Kampf erstürmt. Im Gegenzug griffen sowjetische Truppen noch am Vormittag des 27. Oktober umfassend an. Am Südrand des Dorfes kam es zum Nahkampf, und gegen 16.30 Uhr war der Feind abgewiesen.

Nunmehr mußte das Regiment für einige Ruhetage aus der Front gezogen werden und ging hinter den beiden vorn kämpfenden Schwester-Regimentern 186 und 170 in die Ruhequartiere. Es wurde darauf vorbereitet, nunmehr die Parpatsch-Enge, den Zugang zur nach Osten anschließenden Halbinsel Kertsch zu durchbrechen.

Zum Angriffsbeginn am Morgen des 6. November um 10.30 Uhr, als sich Nebel und Sturm gelegt hatten, stürmten die Männer auf ihr Ziel Minareli-Schiban vor. Nach 800 Metern wurde der Angriff durch starkes gegnerisches Sperrfeuer und Granatwerfer-Überfälle gestoppt.

Dennoch wurde um Mittag Minareli-Schiban erstürmt.

Bei der Verfolgung des Feindes am 7. und 8.11. wurde der unter starkem Artilleriefeuer des Gegners liegende Türkenwall erreicht. Die Ortschaft Marienthal, in der Nachkommen der deutschen Siedler die Soldaten mit vielen Dingen verpflegten, wurde kampflos besetzt.

Der Angriff wurde fortgesetzt. Die Höhe 85.7 wurde nach Niederkämpfen der drei erkannten Feind-Batterien erstürmt. Hier zeichnete sich Ofw. Stachel und Hptm. Dr. Hauck bei der Wegnahme einer schweren Batterie mit 12 (!) Geschützen besonders aus. (Philipp Stachel erhielt am 19.12.1941 das Deutsche Kreuz in Gold. Er wurde am 4.2.1945 als Oblt. in Italien mit dem RK ausgezeichnet. Hptm. Dr. Valentin Hauck, der das I./IR 213 führte, wurde am selben Tage mit dem Deutschen Kreuz in Gold ausgezeichnet.)

In der Nacht zum 10.11. erreichte das IR 213 nördlich von Iwanowka die Straße von Kertsch im Nordosten der Halbinsel.

Seit dem 2.11. war Generalleutnant Bünau neuer Divisionskommandeur. GenLt. Bruno Bieler, der am 26.10.1941 das RK erhalten hatte, war mit der Führung eines Armeekorps beauftragt worden. General Bünau sollte die 73. ID zwei lange kampfreiche Jahre führen. Seit dem 15.8.1940 trug er das Ritterkreuz, am 5.3.1945 wurde er als General der Infanterie und Kommandierender General des XI. AK mit dem 766. Eichenlaub zum RK ausgezeichnet.

Weiter zum Angriff der 73. ID

Die Halbinsel Kertsch - Allgemeine Übersicht

Der Angriff gegen Sewastopol mußte abgebrochen werden, als die ersten Nachrichten von dem doppelten Landungsunternehmen der Roten Armee bekannt wurden, mit denen die 44. Sowjetarmee unter General Perwuchin in der Nacht zum 29. Dezember mit 23.000 Mann der 63. und 157. Schützendivision unter dem Schutz starker Seestreitkräfte der Roten Flotte bei Feodosia landeten.

Bereits vier Nächte vorher hatten Teile der 51. Sowjetarmee unter General Lwow mit der 244. Schützendivision bei Kertsch Fuß gefaßt.

General Lwow hatte rasch weitere Verbände nachgeworfen. Kertsch wurde daraufhin am 29. Dezember auf Befehl des Kommandierenden Generals des XXXXII. AK, Generalleutnant Hans von Sponeck, aufgegeben, nachdem neben den Truppen der 44. Sowjetarmee auch noch solche der 51. Armee eine überwältigende Übermacht zu der nur noch auf der Halbinsel Kertsch zurückgebliebenen 46. ID des XXXXII. AK bildeten, und dessen Lage aussichtslos erscheinen ließ.

Generaloberst von Manstein löste die 46. und 170. ID aus dem Sewastopol-Verband heraus und ließ sie in Eilmärschen zur Halbinsel Kertsch vorwerfen.

Sein Gegenbefehl zum Befehl von GenLt. von Sponeck an die 46. ID, Kertsch bis zum Herankommen der Entsatzstreitkräfte zu halten, erreichte die Division nicht mehr. Diese hatte sich unter Aufgabe aller schweren Waffen zur Parpatschenge zurückgezogen. Die Halbinsel Kertsch war verloren. Aber sie mußte noch im Frühjahr 1942 zurückgewonnen werden, wenn der Angriff gegen Sewastopol nicht von dort aus gestört werden sollte.

Damit lautete das Fazit: Die Krim war Ende Dezember 1942 noch immer nicht in deutscher Hand.

In drei Kampfgruppen aufgeteilt ging es im Kampf des IR 213 gegen kaukasische Truppen bei eisigem Wind zur Verfolgung des weichenden Gegners auf die Stadt Kertsch vor. Die Befestigungsanlagen um diese wichtige Stadt waren nicht nur stark besetzt, sondern auch mit raffiniert angelegten Kampfständen und Bunkern gespickt. Während die Kämpfe im Gange waren, sprengte der Feind alle Vorratshäuser, Benzin- und Öllager in die Luft. Stadt und Hafen verschwanden im Qualm.

Der Angriff auf diese Stadt begann am 15.11. Das IR 213 und sein Schwestern-Rgt. IR 186 erstürmten Kertsch und im Morgengrauen des 16.11.1941 wurde auch der Hafen in Besitz genommen und Verbindung mit dem dort kämpfenden IR 339 aufgenommen.

Es war 11.00 Uhr als Oberstleutnant Hitzfeld meldete:

„Kertsch und sein Hafen sind fest in unserer Hand“. Mit insgesamt noch 26 Offizieren, 91 Unteroffizieren und 542 Mann hatte das Regiment Kertsch erobert. Otto Hitzfeld erhielt am 17. Januar 1942 das Eichenlaub. Er war (wenn auch rückwirkend) seit dem 1.4.1941 bereits Oberst.

Hier der Tagesbefehl von Generaloberst von Manstein zu diesen Ereignissen:

„Der Versuch des Feindes, in der Parpatsch-Stellung wieder Front zu machen, wurde durch kühnen Angriff, bei dem das Infanterie-Regiment 213 entscheidend zum Erfolg beitragen konnte, verhindert. Der Hafen von Feodosia wurde von der 170. Division genommen, ehe der Gegner von dort aus nennenswerte Kräfte über das Meer retten konnte.

In Fortsetzung der Verfolgung über die Halbinsel Kertsch hat das Infanterie-Regiment 213 dank der Initiative und des persönlichen Einsatzes seines Kommandeurs sowie der unerhörten Hingabe seiner Truppe immer wieder die Versuche des Feindes, in günstigen Höhenstellungen erneut Widerstand zu leisten, zunichte gemacht.

Bis dann das Regiment eine die Stadt und den Hafen von Kertsch beherrschende Höhenstellung nahm und in ihr alle Versuche des Gegners, sie zurückzugewinnen, um den Transport des russischen IX. Korps über die Meerenge von Kertsch zu ermöglichen, abwies.

Am 16.11. konnte das IR 213 dann Stadt und Hafen Kertsch besetzen. Damit war die ganze Krim bis auf das Festungsgebiet von Sewastopol in der Hand der 11. Armee.

Seit dem Durchbruch bei Perekop waren zwei feindliche Armeen mit 12 Schützen- und vier Kavallerie-Divisionen bis auf geringe Reste aufgerieben worden.

Von etwa 200.000 Mann hat der Feind im Raume Kertsch und auf der Krim mindestens 25.000 Tote und 100.000 Gefangene verloren. 700 Geschütze und 16 Panzer waren in unsere Hand gefallen.

An allen diesen Erfolgen hat das Infanterie-Regiment 213 einen besonderen Anteil."

Auf dem Rückmarsch durch die Parpatsch-Enge meldete sich Oberst Hitzfeld im Raume Keneges als Führer der letzten Marschgruppe soeben ab. Er bat dabei, sein Regiment auch dann ziehen zu lassen, wenn die Russen wieder irgendwo auf der Krim landen sollten. Daran dachte aber niemand: Daß der Feind es noch einmal wagen würde.

Otto Hitzfeld aber wußte es besser, vielmehr ahnte er Böses.

Am Weihnachtsabend 1941, die 73. ID hatte mit seiner Masse die Krim bereits verlassen, bezog das IR 213 im Raume Genitschewsk Ortsunterkünfte. Soeben wurde das IR 213 von der 11. Armee freigegeben und hoffte, nunmehr in den nächsten Tagen wieder bei der Division zu sein, als es Befehl erhielt, sich mit unterstellter I./AR 173 beim Korps Bieler zu melden. Oberst Hitzfeld erhielt am Fernsprecher durch seinen Divisionskommandeur und unmittelbar danach auch vom Korps Nachricht, daß der Feind in der Nacht zum 29.12. mit stärkeren Kräften bei Feodosia gelandet sei. Das Regiment mußte auf der Krim zurückbleiben.

Am 31.12.1941 erreichte das Regiment 213 Islam-Terek, wo Oberst Hitzfeld zwei rumänische Regimenter anhielt, die zurückwichen. Er führte sie wieder nach vorn und reihte sie in die Abwehrfront ein.

Am Nachmittag traf denn auch Generalleutnant Hans Graf von Sponeck, Führer des XXXXII. AK, hier ein. Er orientierte Oberst Hitzfeld und sagte ihm, daß die 46. ID im Angriff auf Feodosia stehe und daß er die Stellungen bei Parpatsch verlassen habe. (Damit ermöglichte er mit den Einbruch der Russen auf der Krim.) GenLt. Graf Sponeck wurde in der kommenden Nacht abgelöst und für ihn Gen.d.Inf. Mattenklott mit der Führung des XXXXII. AK beauftragt.

Der Kampf um die Rückgewinnung von Feodosia wurde vom IR 213 bis zum 6.1.1942 allein geführt. Dann trafen andere Verbände ein, die sich am 9.1. in die Abwehrfront gegen die Feindangriffe einfügten. Der Gegner wurde von der KGr. Hitzfeld geschlagen.

Am 15. Januar wurde Bairasch im Gegenangriff zurückgewonnen.

Ein letzter Angriff der Roten Armee am 16.1. gegen die Höhe 132,2 wurde abgewiesen. 500 Rotarmisten blieben auf dem Gefechtsfeld liegen. Damit war der erste Schritt zur Wiedereroberung von Feodosia getan.

Petrowka und Tambowka wurden nach hartem Kampf in Besitz genommen. Jedes Haus wurde dort und auch in Nairatsch wie eine Festung von den Russen verteidigt. Nahkämpfe forderten auf beiden Seiten hohe Opfer. Hier fielen auch Lt. Lauer, ferner Ofw. Fritz Hacker, der erst am 24.12. das Deutsche Kreuz in Gold erhalten hatte.

Wenige Wochen später sollte Gefreiter Willibald Unfried, MG-Schütze in der 9./IR 213 das Ritterkreuz erhalten.

In den folgenden Abwehrkämpfen, die der russische Großangriff des 27.2.1942 heraufbeschworen hatte, stand das IR 213 abermals im Brennpunkt der Abwehr als neue „Gruppe Hitzfeld".

In den folgenden Abwehrkämpfen, die am 13.3. erneut aufflammten, ging strahlend der Stern von Leutnant Spielmann auf, der mit seinem Sturmgeschütz-Zug im Abschnitt des IR 213 insgesamt 49 Feindpanzer abschoß. (Johann Spielmann erhielt hier als Chef der 1./StGeschAbt. 197 das Ritterkreuz, das ihm am 27.3.1942 verliehen wurde. Am 28.3.1945 wurde er noch als 804. deutscher Soldat mit dem Eichenlaub zum RK ausgezeichnet.)

Auch über diesen Einsatz ist von Generalfeldmarschall von Manstein berichtet worden, was unterstreicht, daß dieses Regiment, dessen Kampf auf der Krim und bei Kertsch hier dargelegt wird, der Schilderung wert ist:

Was geschah bei Eupatoria?

Am 5. Januar 1942 landeten sowjetische Streitkräfte zusätzlich auch noch bei Eupatoria. Gleichzeitig damit wurde in der Stadt ein Partisanenaufstand ausgerufen. Dies zwang die 11. Armee trotz der angespannten Lage bei Feodosia, nunmehr das erste Regiment der 170. ID – das IR 75 – auf Eupatoria abzudrehen. Es gelang dieser Truppe, zuerst unter dem Kommando von Oberst Ritter von Heigl, dann unter Oberst Müller, die bei Eupatoria gelandeten Feindkräfte und die Partisanen in schwersten Kämpfen und unter hohen eigenen Verlusten auszuschalten. Einige Gebäude, in denen sich die Partisanen verschanzt hatten, mußten durch Pionier-Stoßtrupps gesprengt werden.

Während dieser Kämpfe fiel der Kommandeur der Aufklärungs-Abteilung 22, Oberstleutnant Oskar von Boddien. Die AA 22 und 22. ID war mit dem Befehl angetreten, Eupatoria im Handstreich zu nehmen und dem Hafenkommandanten, Fregattenkapitän Frhr. von Richthofen, zur Hilfe zu kommen, der nach den ersten beiden sowjetischen Seelandungen in der Bucht von Eupatoria mit seinen wenigen Männern in der Falle saß.

Mit dem Führungs-SPW setzte sich der Kommandeur an die Spitze. Unmittelbar hinter ihm der Funkwagen, der die Verbindung nach vorn und rückwärts aufrecht erhielt. Zwei Panzerspähwagen eskortierten diese Spitzengruppe, während die Begleitkompanie dichtauf folgte.

Sie rollten auf der Hauptstraße in Richtung Hafen. Als der

als Merkpunkt genannte Wasserturm in Sicht kam, drehten sie in die dahinter zum Hafen abzweigende Zufahrtsstraße ein. Am Stadtrand wurden sie vom Feuer der Partisanengruppen eingedeckt, die in den Häusern am Stadtrand Stellung bezogen hatten. Das Feuer wurde aus den 2 cm-Kanonen der Spähwagen erwidert. Die Begleitkompanie drang nach Eupatoria ein. Ein Maxim-MG feuerte lange tackernde Feuerstöße, bis es von einem Feuerstoß der Zwozentimeter zum Schweigen gebracht wurde.

Schon sahen sie die Partisanen, die sich abzusetzen versuchten und von den MG und den Kanonen erfaßt und zu Boden geworfen wurden.

Einer der SPW wurde von Brandflaschen erwischt und stand wenig später in Flammen. Es war der Besatzung gelungen, auszusteigen und sich in Deckung zu bringen. Sie erreichten die Rückfront der Kommandantur. Hier schlugen bereits russische Minenwerfergeschosse ein. Seitlich abgesetzt sahen sie entlang der Eckfront der Kommandantur die ersten sowjetischen Landungstruppen vorstoßen. Sie fuhren direkt gegen sie an und schossen aus MG und Kanonen. Eine Gruppe wurde überrollt.

„Absitzen!" befahl Oberstleutnant von Boddien. Sie sprangen mit schußbereiten Waffen, mit Handgranaten und Sprengmitteln bewaffnet von den Fahrzeugen und folgten dem Kommandeur, der bereits in die Kommandantur eindrang. Der Nahkampf dauerte einige Minuten, dann verstummte der höllisch dröhnende und brüllende Feuerkampf im Gebäude. Fregattenkapitän von Richthofen und seine Männer stiegen nun zu ihnen, sie hatten nach vorne verteidigt und wußten, daß es nur noch einige Minuten gedauert hätte, ehe auch sie von den Rotarmisten vernichtet worden wären.

„Nun zum Lazarett!" befahl der Oberstleutnant. Sie saßen wieder auf und rollten in schneller Fahrt, zwei Lotsen auf den Spitzenwagen, dort hin. Als sie dort ankamen, sahen sie die vergeblich gegen das Lazarett anstürmenden Russen, in einem weiten Halbkreis von den Verteidigern niedergemäht, um das Lazarett herum am Boden liegen.

Das Lazarett wurde freigekämpft, und als hier kein Widerstand oder gar ein neuer Angriff zu erwarten war, ging es weiter ins Stadtzentrum hinein. Dort hielt noch eine Gruppe unter Hptm. Gotsche aus. Einer der Spähwagen rollte auf eine Mine. Die Besatzung saß ab und ging zu Fuß weiter vor. Dann war das Zentrum erreicht. Alles mußte absitzen. Der Kampf flammte noch einmal in letzter Erbitterung auf. Aber um 17.50 Uhr war das 20 Minuten dauernde Gefecht mit den Partisanen ebenfalls beendet.

Nun kam als letzter Verteidigungspunkt der Partisanen noch das Museum an die Reihe.

Inzwischen waren zwei 3,7 cm-Pak der AA 22 nachgekommen und fielen in das Feuer aller anderen Waffen ein. Das riesige Gebäude mit seinen beiden Seitenflügeln war dicht bei dicht mit Partisanen vollgestopft, die schossen , was das Zeug hielt. In die Fenster- und oberirdischen Kellerlöcher feuernd, wurden diese Gegner nach und nach zum Schweigen gebracht. Dennoch mußten zwei Sturmangriffe wieder zurückgenommen werden, weil sonst die Verluste zu hoch gewesen wären. Es mußten noch mindestens 300 Partisanen im Museum sitzen.

Am Abend des 5. Januar tobte der Kampf noch immer. Aus weiteren massiven Häusern im Zentrum flammte das Partisanenfeuer wieder auf. Erst als die Vorausabteilung des Pionier-Bataillons 70 unter Oberst Ritter von Heigl auf dem Gefechtsraum in der Stadt erschien, und alle anderen Kompanien rasch nachfolgten, änderte sich die Lage.

Oberst Hubertus Ritter von Heigl übernahm die Führung aller in Eupatoria kämpfenden Soldaten. Seine Pioniere sprengten die Widerstandsnester der Partisanen und entrissen diesen Haus für Haus. Das Museum aber hielt sich noch immer.

Erst als in den frühen Morgenstunden des 6. Januar das IR 105 unter Oberst Friedrich-Wilhelm Müller in Eupatoria eintraf, atmeten die Verteidiger auf, denn eine neue Feindlandung war erfolgt und die Russen schickten sich an, weitere Truppen nach Eupatoria zu karren und die Stadt endgültig zu nehmen, die das nördliche Vorfeld von Sewastopol decken sollte.

Zum Glück für die deutschen Verbände hatte der mit Stärken um 7 bis 8 wehende Wind die beiden weiteren Nachlandungen der Russen unmöglich gemacht.

Nunmehr erfolgte ein neuer Angriff über die Hauptzufahrt zum Museum. Dies sollt ermöglichen, daß die Männer in einem schnellen Spurt das Feindfeuer unterliefen oder durchbrachen, um von vorn in das Gebäude einzudringen. Zwei Pioniergruppen mit geballten Ladungen waren vorn mitgefahren, um die Tore zu sprengen, die sicher verrammelt sein würden.

Sie rasten in die Feuerzone der Verteidiger hinein. Einige Maxim-MG ratterten los, aber schon hatten sie den Ostteil mit dem Haupteingang fast erreicht, als Oberstleutnant von Boddien, durch sein Glas den Eingang beobachtend und Feuerweisungen rufend, nach vorn zusamenbrach und auf den Fahrer herabstürzte. Ein Schuß hatte ihn in die rechte Schläfe getroffen. Oberstleutnant von Boddien war tot.

Die SPW rollten in die Seitendeckung, die Männer sprangen heraus und stürmten in das Museum. Die Maschinenpistolen feuerten in langen Stößen, Handgranaten krachten, und gellende Schreie hallten durch die Eingangshalle.

Draußen entbrannte der Kampf um die SPW, als sich Partisanengruppen aus den Verstecken auf diese stürzten. Sie fielen im Abwehrfeuer der als Sicherer zurückgebliebenen Männer und der nachfolgenden Pioniere.

Mit seinen Pionieren war auch Oberst von Heigl im Kommandowagen bis in den Museumspark vorgedrungen. Dort saßen die Pioniere ab und säuberten die Widerstandsnester hinter Mauern und in Gräben vom Feind.

Eine Stunde später war der letzte Widerstand erloschen. Als einer der letzten wurde Oberst Igor Severomokow schwer verwundet, noch immer feuernd, überwältigt. Dies war der Mann, der von Moskau nach Eupatoria geschickt worden war, um den Partisaneneinsatz zu koordinieren und zu leiten.

Eupatoria war feindfrei. Die weiteren Landungsversuche der Russen wurden teilweise auf See durch die Angriffe der Stukas des VIII. Fliegerkorps und teilweise an Land abgewiesen. Dennoch dauerten die Einzelkämpfe bis zum 7. Januar an, ehe alles Feuer verstummte.

Von den 800 gelandeten Marineinfanteristen der Russen waren 619 gefallen. Die 1.200 Partisanen überlebten diesen Einsatz nicht. Wer von ihnen nicht gefallen war, der hatte sich in den vielen unterirdischen Schlupflöchern des Hafens und der Lagerschuppen verborgen.

Feodosia und Eupatoria waren das letzte Aufbäumen der Roten Armee, die Krim und vor allem Sewastopol zu retten und als Pfahl im Fleische der deutschen Truppen im Kaukasus und weiter im Osten und Nordosten als immerwährende Bedrohung der rückwärtigen Verbindungen zu dienen.

Und jetzt Sewastopol

Mitte April 1942 traf Erich von Manstein im Führerhauptquartier mit Hitler zusammen. In straffen Zügen legte der Generaloberst dem Oberbefehlshaber den Plan zur Eroberung von Sewastopol vor. Hitler hörte sich alles aufmerksam an und stimmte sofort zu. Damit konnte die 11. Armee unmittelbar nach Ende des Kampfes um Kertsch die Umgruppierung aller Kräfte einleiten.

„Für mich und meine Mitarbeiter“, so der Feldmarschall,

„war klar, daß der Angriff diesmal noch schwerer werden würde. Der Gegner hatte sechs Monate lang Zeit gehabt, sich weiter festzusetzen, seine Kampfstände, Gräben und Hinterhalte zu verbessern und eine Vielzahl an kleineren Anlagen im gesamten riesigen Festungsbereich zu besetzen."

Diese Verteidigungsanlagen reichten vom Belbektal bis zur Küste des Schwarzen Meeres und war von einem dichten Netz von Verteidigungsanlagen durchzogen, in denen sich die Festungswerke „Maxim Gorki", „Molotow", das Nordfort, die Stützpunkte „Stalin", „Wolga", „Sibirien", „GPU", „Tscheka" und – weiter zurück gestaffelt – die Stützpunkte der dritten Abwehrzone „Donez", „Don", „Lenin" sowie die stark befestigte Ortschaft „Bartenjewka" befanden. Hinzu kamen eine Unzahl an Laufgräben, Kampfständen und Kleinanlagen.

Die letzte Befestigungslinie zog sich dicht am Stadtrand entlang, und die südlich gelegene Halbinsel Chersones war durch mehrere Sperr-Riegel gegen Osten gesichert.

Nicht zu vergessen die steilen Sapuner Höhen an der Ostfront. An der Küste entlang wiederum lagen eine Reihe moderner Panzer-Batterien, darunter auch das Werk „Maxim Gorki II".

Deutscherseits war vom OKH alles getan worden, um schwere und schwerste Waffen in den Wirkungsbereich für Sewastopol zu schaffen. Neben der üblichen Korpsartillerie gab es einige Haubitzen- und Mörser-Batterien der Kaliber 30,5, 35 und 42 cm. Hinzu kamen zwei schwere Mörser „Thor" und „Odin" von 60 cm Kaliber und das berühmte Geschütz „Dora" mit einem Kaliber von 82 cm.(!)

„Dora" war für die Zerschlagung der Festungswerke der Maginot-Linie während des Frankreich-Feldzuges entworfen worden. Das Rohr war ca. 30 m lang, die Lafette erreichte die Höhe eines zweistöckigen Hauses. Mit 60 Eisenbahnzügen wurde dieses eine Geschütz auf die Krim geschafft. Zwei Flakabteilungen wurden um das Geschütz herum zur Sicherung gegen feindliche Luftangriffe in Stellung gebracht. Sie fielen später auch in das Feuer gegen Sewastopol ein.

Zum Erdeinsatz dirigierte die Führung des VIII. Fliegerkorps mehrere Flakregimenter heran. Sie wurden durch Generaloberst von Richthofen der 11. Armee zur Verfügung gestellt und leisteten im Direktzielbeschuß Außerordentliches.

Wie aus der Sicht der Führung der 11. Armee bereits dargelegt wurde, konnten dort lediglich die Fakten der Höheren Führung offen gelegt werden. Wie die Truppe diese stärkste Festung der Welt überwand, sei ein weiteres Mal am Beispiel des Einsatzes des IR 213 geschildert, damit gezeigt wird, daß zwischen Befehlen und großen strategischen Überlegungen der Mann an der Waffe die Hauptlast der Kämpfe zu tragen hatte.

Das Infanterie-Regiment 213 im Kampf um Sewastopol

Am Morgen des 7. Juni 1942 eröffnete die deutsche Artillerie das Feuer zum Angriff auf die Festung Sewastopol. Im Schutze dieser gewaltigen Feuerwalze gelang es den Angreifern, die Kamyschlucht und das Belbektal zu überschreiten. Ju 87-Staffeln des VIII. Fliegerkorps stürzten den Zielen entgegen, warfen zielgenau ihre Bomben, zogen wieder hoch und verschwanden in einer langen Linkskurve außer Sicht.

Bereits am 6.6. stand das IR 213 in seiner Bereitstellung. Oberst Hitzfeld hatte im Fieseler Storch das Gelände eingesehen und sich im Abschnitt des Korps orientiert. Am Nachmittag zog das IR 213 dicht hinter den Abschnitt der 22. ID vor. Auf dem Gefechtsfeld dieser Division erfuhr Hitzfeld, daß sein verstärktes Regiment das Festungswerk „Bastion“ erobern müsse, um den Durchstoß des XXX. AK nach Südosten sicherzustellen.

Im ersten Büchsenlicht des 11.6. stand die KGr. Hitzfeld hinter dem III./IR 437 der 132. ID bereit und trat um 17.00 Uhr zum Angriff auf „Bastion" an. Die Angriffsspitzen erhielten unmittelbar nach dem Antreten schweres Feuer aus gut getarnten Stellungen und Bunkern, die vorher in dem dichten Busch- und Waldgelände nicht gesehen werden konnten.

Als es sich zeigte, daß sich der Feind näher und näher an die eigenen in Deckung gegangenen Kräfte heranschob, war Abwehr angesagt. Und kurz vor Dunkelheit wurden denn auch mehrere starke Gegenangriffe abgewehrt.

Am frühen Morgen des 12.6. stand Oberst Hitzfeld im vordersten Graben und überzeugte sich von der Feindlage. Die Kommandeure der vorn eingesetzten Bataillone meldeten die Lage. Der weitere Angriff auf den Panzergraben und auf „Bastion" wurde abgesprochen.

Nach der Artillerie-Vorbereitung begann der Angriff um 13.00 Uhr. Er brach nach 300 Metern Bodengewinn zusammen.

Der dritte Versuch begann am 13.6. um 07.00 Uhr. Bis 11.00 Uhr kam dieser Angriff abermals zum Stehen. Es stellte sich heraus, daß die Rote Armee genau im Abschnitt des Regiments einen Großangriff geplant hatte. Dieser war durch den Angriff des IR 213 zwar verhindert worden, aber um den Fehlschlag des eigenen Durchbruchs.

Am Mittag des 14.6. trat auch die 132. ID an, während das IR 213 die erreichten Stellungen hielt. Bald war zu erkennen, daß die Kraft des Gegners nachließ.

Der Angriff des gesamten Regiments am Morgen des 16.6. brachte den Durchstoß. Der Panzergraben wurde genommen und gehalten.

Das XXX. AK befahl für den 17.6. den Angriff auf breiter Front. Um 00.00 Uhr gingen die Spitzengruppen des IR 213 vor.

Aus den Bunkern der „Bastion“ und den dicht davor liegenden Gräben wurde das Rgt. von dichtem Feuer empfangen. Einige Widerstandsnester wurden von der 13./IR 213 genommen, und nach einem zweiten Artillerie-Feuerschlag wurden auch die Beton- und Erdbunker vor und neben der „Bastion“ vernichtet. Um 09.15 Uhr drangen die Sturmgruppen in das Werk Bastion ein.

Da Oberst Hitzfeld die Eroberung auch von Maxim Gorki noch am selben Tage für notwendig hielt, ging es nach einem 15-minütigen Stukaangriff auf das Fort in Richtung Ljubimowka westlich des Forts weiter. Es kam zu einem erbitterten Kampf. Die Russen schossen Sperrfeuer mit schweren Granatwerfern. Der Graben der das Werk eng umschloß, wurde überwunden, die Beton-Kampfstände mit Sprengmitteln ausgeräuchert, und dann lagen die beiden Doppel-Geschütztürme von „Maxim Gorki“ unmittelbar vor den Stürmenden. Einer der riesigen Panzertürme war von Stukabomben vernichtet worden. Eines der Zwillingsgeschütze des intakten Turmes schoß noch.

In kurzen Sprüngen von zehn bis 15 Metern ging es weiter. Vom Panzergraben aus tauchte Oblt. Ponath auf, der das III./IR 213 führte, da Hptm. Beck erkrankt war. Es ging durch die letzten Drahthindernisse.

Einige Männer der Propaganda-Kompanie tauchten in dieser Situation auf, um die Erstürmung von „Maxim Gorki“ zu filmen.

Mit seinem Bataillon stürmte Hptm. Kurt Nolte, eine Handvoll Pioniere zur Sprengung der Kasematten beigegeben, ins Fort „Maxim Gorki“ hinein. Andere Kampfgruppen folgten, und um 12.15 Uhr fiel der letzte Schuß. Das Fort war in deutscher Hand. Hptm. Kurt Nolte erhielt für diesen Einsatz das Ritterkreuz. (Siehe: Anlage: Die Ritterkreuzträger auf der Krim.)

Vom ersten Angriffstag, dem 11.6., hatte das IR 213 bis zum 18.6. 500 Soldaten aller Dienstgrade durch Tod oder Verwundung verloren. Es wurde am 19.6. herausgezogen, um aufzufrischen.

Am frühen Morgen des 23.6. begann der neue Angriff zur Sewernajabucht und über die Bucht hinweg. Bis 13.00 Uhr war das erste Ziel, die Sewernajabucht, erreicht. Ein feindbesetzter Serpentinen-Tunnel wurde von der Radfahr-Kp. im Handstreich genommen und das Flankenfeuer von dort ausgeschaltet.

Am nächsten Tag mußten die beiden feindbesetzten Eisenbahn-Tunnel genommen werden. Das Korps bereitete sich zum Übersetzen über die Sewernajabucht vor, das mit ersten Teilen und nach einem schweren Feuerschlag am 29.6. um 01.30 Uhr begann.

Das II./IR 213 eröffnete diesen Angriff mit den Übersetzfahrten. Binnen weniger Minuten befand es sich auf der anderen Uferseite und trat von dort zum Vorstoß nach Osten an. Der Gegner an der Flanke des Werkes wurde überrascht. An der Bahnlinie und in den Häusern zwischen Bahn und Punkt 314 kam es zu harten Gefechten. Es ging nur meterweise vorwärts.

Beide andere Bataillone waren nachgefolgt und schlossen auf. Am Nachmittag waren sie wieder ganz vorn bei der Truppe. Dazu bemerkte er: „Dies war ein häßlicher, grausamer Krieg, voller Gemeinheiten und Härten." (Siehe dazu auch: Major a.D. Anton Gruber „Das Infanterie-Regiment 213" und Berichte an den Autor).

Als es Nacht wurde, hatte das IR 213 auch diesen schwierigen Auftrag erfüllt, und am darauf folgenden Tage, es war der 30. Juni 1942, wurde das Regiment auf direkten Befehl der 11. Armee herausgezogen und hinter den übrigen hier eingesetzten Teilen der 73. ID im Raume Simferopol versammelt.

Damit war das Regiment wieder zu seiner Division zurückgekehrt. Es war Oberst Hitzfeld, der auf die verheerenden Verluste seines Regiments besonders hinwies, als er schrieb:

„Mit einer Gefechtsstärke von 2.752 Offizieren, Unteroffizieren und Soldaten traten wir in den Krimkrieg ein. Trotz zweimaliger Auffrischung von insgesamt 1.000 Mann verlassen wir die Krim mit einer Gefechtsstärke von nur noch 1.261 Soldaten aller Dienstgrade. Am 30.6. hatte der Rest des Regiments noch die Stärke einer verstärkten Kompanie."

Dieser Einschub eines unerhörten Kämpfens, Leidens und Sterbens soll verdeutlichen, daß der Krimfeldzug – wie auch jeder andere Krieg, wo auch immer er stattfand und noch stattfinden wird – weder Sieger noch Besiegte, sondern nur Geschlagene zurückläßt.

Abschlußbericht über das „Unternehmen Trappenjagd"

Dieses Unternehmen, das am 8. Mai begann, um noch vor dem Generalangriff gegen Sewastopol die latente Gefahr auszuschalten, endete bereits am 18. Mai und wurde im Gefechtskalender als „Schlacht auf der Halbinsel Kertsch" bezeichnet. Die gesamte Halbinsel Kertsch war in dieser Operation zurückgewonnen worden. Das VIII. Fliegerkorps, das diese Operation wirkungsvoll unterstützte, zeichnete sich besonders aus. Es wurden im Gesamtverlauf der Kämpfe um die Halbinsel Kertsch 170.000 Gefangene gemacht.

Im Wehrmachtbericht des 15. Mai und insbesondere in der Sondermeldung des 16. Mai war zu lesen:

„Auf der Krim haben deutsche und rumänische Truppen unter dem Oberbefehl des Generalobersten von Manstein in der Verfolgung des geschlagenen Feindes die Meerenge von Kertsch in ganzer Breite erreicht. Die letzten stark befestigten Brückenköpfe beiderseits der Stadt Kertsch wurden im Laufe des heutigen Tages nach erbittertem Widerstand gestürmt.

Die damit abgeschlossene Angriffs- und Verfolgungsschlacht hat zur Vernichtung von drei sowjetischen Armeen geführt, in der 17 Schützendivisionen, drei Schützenbrigaden, zwei Kavallerie-Divisionen und vier Panzerbrigaden standen. Neben hohen blutigen Verlusten ließ der Gegner

149.256 Gefangene, 1.133 Geschütze,
372 Granatwerfer, 258 Panzerkampfwagen,
3.814 Kraftfahrzeuge, mehrere tausend Pferde
sowie unübersehbare Mengen an Waffen und
Gerät in unserer Hand.

Nur Trümmer des Feindes konnten die Küste jenseits der Meerenge erreichen.

An diesem gewaltigen Erfolg haben starke Luftwaffenverbände unter der Führung der Generalobersten Löhr und Freiherr von Richthofen hervorragenden Anteil.

In unermüdlichem Einsatz haben sie den Kampf der Erdtruppen unterstützt, dem fliehenden Feind Abbruch getan und die feindliche Luftwaffe bekämpft.

In Luftkämpfen verlor der Gegner 323 Flugzeuge. In den Gewässern der Halbinsel wurden 16 Schiffe mit zusammen 13.600 BRT, ein Minensuchboot und 21 kleinere Küstenfahrzeuge versenkt.

Zehn weitere Schiffe mittlerer Größe wurden durch Bombentreffer schwer beschädigt. Der über die Enge von Kertsch übersetzende Gegner erlitt hierdurch weitere Verluste."

Am 17. Mai erfolgte eine weitere Meldung über die Schlacht bei Kertsch, daß nordostwärts „der Stadt Kertsch die Reste des geschlagenen Feindes auf dem Ostzipfel der Halbinsel zusammengepfercht" seien und die über die Straße von Kertsch flüchtenden Rotarmisten durch Luftangriffe weitere Verluste erlitten hätten. „Auf Tamanskaja entstanden große Brände und heftige Explosionen. Deutsche Jäger schossen ohne eigene Verluste 28 Feindflugzeuge ab."

Damit waren die Weichen für den Großangriff auf Sewastopol gestellt. Das Ringen um die Befestigungen und Forts konnte beginnen.

Der Sprung auf die Krim

Gesamtübersicht

Bereits im August 1941 setzten die Angriffe der Luftflotte 4 gegen kriegsentscheidende Ziele auf der Krim ein. Sewastopol, Kertsch, Fedodosia, Eupatoria, Dschanskoje und andere Ziele wurden gebombt.
Gleichzeitig damit begannen eingangs September 1941 die Angriffe der 11. Armee mit der ihr unterstellten 3. rumänischen Armee nach Südosten. Der Übergang über den Dnjepr bei Berislaw wurde im Handstreich erzwungen. Hier war es vor allem die 22. ID, welche die Initialzündung bewirkte.
Am 12. September fiel der OB der 11. Armee einem tragischen Unfall zum Opfer, als sein Fieseler Storch, mit dem er das Gefechtsfeld inspizierte, bei einer Landung in unbekanntem Gelände in ein Minenfeld fiel und explodierte.
Sein Nachfolger wurde General der Infanterie Erich von Manstein, der seit März dieses Jahres Kommandierender General des LVI. Panzerkorps war und mit seinem schnellen Korps von Ostpreußen aus einen Panzerraid über Dünaburg bis an den Ilmensee geführt hatte.
Am 17. September traf er bei der 11. Armee ein. Im Lageraum derselben erhielt er die Meldungen seines Ia und der Divisionskommandeure. Danach stellte sich ihm die Sachlage wie folgt dar:
Das XXX. Armeekorps mit der 22., 72. ID und der „Leibstandarte“ und das XXXXIX. Gebirgskorps mit der 1. und 4. Gebirgs-Division sowie der 170. ID befanden sich im Vorgehen gegen den auf der Linie Melitopol - Nikopol harten Widerstand leistenden Gegner.

Die 3. und 4. rumänische Armee wiederum befanden sich noch westlich des Dnjepr und hatten das mit großer Zähigkeit verteidigte Odessa nicht nehmen können, während die deutschen Truppen bereits über 100 km weiter vorgedrungen waren. (Es erwies sich später, daß in den Katakomben von Odessa auch noch ein Jahr darauf größere Gruppen von Soldaten und Partisanen verborgen waren, zu nächtlichen Handstreichen und Überfällen an die Oberfläche kamen und alles in Aufruhr versetzten.)
General von Manstein setzte zunächst das LIV. AK mit der 46. und 73. ID in Richtung Krim ein. Diesem schwachen Korps wurden alle verfügbaren Heerestruppen wie Artillerie, Pioniere und Flak beigegeben. Der Befehl für sie lautete:
„Angriff über die Landenge von Perekop auf die Halbinsel Krim und Vorstoß auf Sewastopol."
Der Ic der Armee hatte auf der Halbinsel Krim lediglich die 156., 271. und 276. sowjetische Schützendivision erkannt.
Der Zugang zur Krim war nur über die Landenge von Perekop zugänglich, weil die angrenzenden Geländestreifen versumpft und von Wasser bedeckt waren.
Die nur 7 km breite Enge von Perekop wiederum führte über völlig einsehbares Gelände das rechts und links von Wasser umgeben war.
Quer über diese Landenge zog sich der Tatarengraben hin. Es handelte sich hier um einen 10 Meter tiefen und 15 Meter hohen Wall mit einem dahinter aufgerichteten Stoppgraben.
Obgleich dieser Graben bereits zu Beginn des 18. Jahrhunderts von den auf die Krim zurückgeworfenen Tataren errichtet worden war, bildete er auch 240 Jahre später noch ein unüberwindliches Panzerhindernis.
Der alte Auftrag für die 11. Armee, der in einem Doppelschlag bestand, wurde von General von Manstein aufgegeben. Die Armeeführung ließ das XXX. und XXXXIX. Gebirgskorps durch

die 3. und 4. rumänische Armee ablösen und zur Krim in Marsch setzen. Womit er den ersten Teil des Doppelangriffs, Rostow in Besitz zu bringen, aufgab.
Das LIV. AK trat am 24. September mit der 46. und 73. ID zum Angriff über die Enge von Perekop an.
Als diese Armee-Teile mit starker Artillerie-Unterstützung und örtlicher Umgehung der russischen Hauptstellungen durch den Sumpf in erbitterten Kämpfen die Gräben und Stützpunkte der Russen niederrangen, am 26. September den Tatarengraben überwanden und Perekop in Besitz nahmen, war der Einbruch gelungen.
Die Rote Armee hielt immer noch einen 12 km langen und engen Korridor und die Enge von Isjum.
Als dann die Rote Armee mit 12 neu herangeführten Divisionen die Stellungen der 3. rumänischen Armee zwischen Melitopol und Dnjeprknie angriff, wurde die Lage für die 11. Armee bedenklich. Alle bereits nach Perekop in Marsch gesetzten deutschen Verbände wurden abgedreht und konnten mit Unterstützung durch die von Norden herabstoßenden Kräfte der Panzergruppe 1 in der Schlacht am Asowschen Meer diese Gefahr bannen. Drei russische Armeen wurde hier teilweise vernichtet.
Am 6. Oktober wurde der gesamte Stab der 9. sowjetischen Armee gefangengenommen. Am 10. Oktober wurde die Leiche des OB der 18. Sowjetarmee auf dem Schlachtfeld gefunden.
Im Zusatzbericht für den Wehrmachtbericht vom 11.10.1941 wurde gemeldet:
„Die Schlacht am Asowschen Meer ist abgeschlossen. Im Zusammenwirken mit der Luftflotte (4) des Generaloberst Löhr hat die Armee des Generals der Infanterie von Manstein, die rumänische Armee des Korpsgenerals Dumitrescu und die Panzerarmee (1.) des Generaloberst Kleist die Masse der 9. und 18. sowjetischen Armee vernichtet. Bei schwersten blutigen Verlu-

sten hat der Gegner 64.325 Gefangene, 126 Panzer, 519 Geschütze und unübersehbare Mengen an Kriegsmaterial verloren."

Durch diese Kampfhandlungen war der Einsatz auf der Krim vorübergehend zum Stillstand gekommen.
Dieser Umstand bewog die HGr. Süd dazu – wie angemerkt – den Auftrag der Eroberung von Rostow für die 11. Armee aufzugeben. Damit war General von Manstein freie Hand zur Wiederaufnahme des Angriffs auf die Krim gegeben. Der Angriff gegen Rostow wurde der 1. Panzerarmee übertragen. Dazu wurden dieser Armee die zur 11. Armee gehörenden Divisionen des XXXXIX. Gebirgskorps und die „Leibstandarte" zugeführt. Nunmehr standen der 11. Armee zur Verfügung:
Das XXX. Armeekorps mit der 22., 72., 170. ID und das LIV. Armeekorps mit der 46., 50. und 73. ID. Die Zuführung eines weiteren Armeekorps wurde zugesagt.
Diesen sechs deutschen Divisionen standen auf der Krim nunmehr acht sowjetische Schützen-Divisionen und vier Kavallerie-Divisionen gegenüber. Diese Truppen hatten die Gunst der Stunde genutzt, um sich in den starken Feldstellungen mit einer Vielzahl an Bunkern erneut festzusetzen.
Die 11. Armee verfügte über keine einzige Panzerdivision, nicht einmal über ein Pz-Abteilung. Es war die Sturmgeschütz-Abteilung 190, die bereits vorher unter der Führung von Oberstleutnant Haupt mit der 22. ID den Vorstoß über Antonowka und Ploskoje sowie in der Vorausabteilung von Boddien auf Chaschtschewato erfolgreich mitgemacht hatte. Im weiteren Verlauf dieses Vorstoßes auf Krinitschki schlug sie einen starken feindlichen Panzerangriff ab.
Im Verband des XXX. AK setzte die StGeschAbt. 190 über den Ingul und kämpfte beim IR 47 der 22. ID. Lediglich die 1. Batterie wurde beim IR 72 eingesetzt.

Oberstleutnant Haupt fiel beim weiteren Vorstoß. Oblt. Naether übernahm die Abteilung. Diese hatte seit Beginn des Ostfeldzuges eine Vielzahl an Gegnern überwunden, so u.a. 173 Geschütze, 122 Pak und 45 Panzer.

Zunächst ging der Angriff nur schrittweise vorwärts. Die Gegner verteidigten mit äußerster Zähigkeit. Sie griffen mit ihren Luftwaffenverbänden in starken Kolonnen und Pulks an. Erst nachdem das Jagdgeschwader 52 unter dem legendären Major Werner Mölders der 11. Armee zugeführt worden war, gelang es, die verlustreichen Angriffe durch die russischen Schlachtflieger IL 2 und die Bombenangriffe radikal zu stoppen. Hier errangen eine Reihe Flieger des Geschwaders ihre hohen und höchsten Auszeichnungen (Fotoseite).

Am 28. Oktober brach die feindliche Verteidigung zusammen. Nunmehr staffelte die Armeeführung die Verfolgerverbände in drei Gruppen, die in drei verschiedenen Richtungen antraten: Unter dem neu zugeführten Generalkommando XXXXII. mit der 170., 73. und 46. ID in Richtung Feodosia-Kertsch. Mit der Masse der Armee nach Süden auf Simferopol-Jalta zu. Ihr unterstanden das XXX. AK mit der 22. und 72. ID. Gegen Festung und Kriegshafen von Sewastopol trat das LIV. AK mit der 50. und 132. ID an.

Wenn alle drei Kampfgruppen ihre Ziele erreicht haben würden, war der Feldzug auf der Krim erfolgreich beendet. Damit war auch die russische „Fliegerbasis“, die sowjetische Flankenbedrohung der HGr. Süd und das Bollwerk der Rotbannerflotte zur Beherrschung des Schwarzen Meeres ausgeschaltet.

Wenden wir uns an dieser Stelle der Übersicht dem Einzelbericht der 50. ID zu.

Mit der 50. Infanterie-Division auf der Krim

Unter der Führung von Generalleutnant Karl Adolf Hollidt stand die 50. ID mit ihren Regimentern 121, 122 und 123 während des Jahres 1941 im Einsatz. Sie war aus Rumänien zum Feldzug gegen die Sowjetunion angetreten und hatte am 2. Juli 1941 die erste Feindberührung. Die Division stand im Verband des LIV. AK, das wiederum der 11. Armee unter General Ritter von Schobert zugeführt worden war.

Mitte Juli wurde die 50. ID nach Südosten, in Richtung zum Schwarzen Meer abgedreht. Der Dnjestr und die dahinter liegende Stalin-Linie wurden von den beiden IR 121 und 122 vorn überwunden, während das IR 123 Sicherungsaufgaben übernahm. Bei strömendem Regen ging es bis in den August hinein weiter nach Osten vor. Es galt nunmehr, die rechte Flanke der 11. Armee zu sichern. Dies vor allem zwischen Odessa und der Bugmündung.

Nach der Übernahme der 11. Armee durch General von Manstein wurde von der Division gemeinsam mit der „Leibstandarte“ Cherson und die Kinburn-Halbinsel gewonnen. Nach der Kapitulation der russischen Kräfte dort sammelte die 50. ID südostwärts von Cherson, und nachdem der Zugang zur Krim bei Perekop geöffnet und die Schlacht am Asowschen Meer (wie später dargelegt) erfolgreich beendet wurde, kam die Stunde der 50. ID auf der Krim.

Am 17. Oktober kam die 50. ID mit einer von Oberst Frenking, Kdr. des IR 173, geführten Kampfgruppe zum Einsatz gegen sowjetische Truppen gegen Odessa, das die Rumänen nicht hatten in Besitz nehmen können. Oberst Hermann Frenking fiel. Er wurde posthum am 15.12.1941 mit dem Deutschen Kreuz in Gold ausgezeichnet. Die Rote Armee gab Odessa auf.

Ende Oktober gelangte die Kampfgruppe Frenking unter neuer Führung wieder auf die Krim zur eigenen Division. Der Zugang zur Krim war geöffnet, die Russen hatten ihre Stellungen nach erbitterten Kämpfen geräumt. Die 50. ID ging zur Verfolgung über und erreichte am 3. November die Alma. Die Vorausabteilung rollte nach Bachtschissaray hinein.
Zu der Vorausabteilung Scholz waren auch die 6., 7. und 8./IR 123 eingeteilt worden, die von Hptm. Willig geführt wurden. Als dieser verwundet ausfiel, übernahm ein bis dahin nicht besonders aufgefallener junger Leutnant die Führung der drei Kompanien auf dem Gefechtsfeld als Führer der Vorausabteilung. Mit diesen drei Kompanien und zugeteilter Flak, Pak-Zügen und einer Artillerie-Batterie stürmte dieser Leutnant mit Namen Erich Bärenfänger von Bulganak über die Alma und stieß in Richtung Bachtschissaraj vor. Der Feind wurde aus den Feldstellungen geworfen und setzte sich auf einem Höhenrücken 1 km südwestlich der Höhe 158,7 fest. Erich Bärenfänger griff hier ab 11.00 Uhr des 3. November den Höhenzug an. Der Gegner wurde geworfen und in die Flucht geschlagen. Er zog sich nach Bij-Eli zurück. Es wurde eine Menge Beute gemacht.
Nunmehr erhielt Lt. Bärenfänger Weisung, mit der Vorausabteilung über Alma nach Sably vorzustoßen. Dort sollte die Straße 10 km südlich von Simferopol gesperrt werden.
Bei Kukurekowka hatte sich der Feind hinter einem eingegrabenen Fahrzeug verschanzt. Nach der Meldung wurde Bärenfänger durch Oberstleutnant Scholz befohlen, mit einer Schützen-Kp., drei Pak und einer Flak 8,8 cm das eingegrabene Fahrzeug (das sich als Lkw entpuppte) zu zerschießen, das Dorf in Besitz zu nehmen und die Rückzugsstraße der Russen zu sperren.
Das Hindernis wurde zerschossen. Mit drei MG-Bedienungen des Regiments „Brandenburg“, das hier den Durchgang für die VAbt. offen hielt, ging es gegen das Dorf. Die mitgefahrenen

schweren Waffen, Panzerjäger und die 8,8 cm-Flak schossen die Widerstandsnester zusammen. Der Feind setzte sich ab. Der Verfolgungskampf gestaltete sich erfolgreich, der Feind wurde vernichtend geschlagen, und am Nachmittag erstattete Lt. Bärenfänger Oberstleutnant Scholz Meldung.
In einem Divisionsbefehl vom 12.11.1941 schrieb GenLt. Hollidt: „Der Leutnant Bärenfänger, Kp.-Fhr. der 7./IR 123 hat bei der Zerschlagung eines russischen Artillerie-Regiments durch die Vorausabteilung am 2.11. bei K. großen Anteil. Es war ihm gelungen, mit der ihm unterstellten 6., 7. und 8. Kp. unbemerkt an den Gegner heranzukommen und ihn durch schlagartig einsetzendes Feuer aller Waffen zu vernichten.
Ich spreche Lt. Bärenfänger meine Anerkennung aus.
gez. Hollidt, Generalleutnant."
Am 26.12. erhielt Erich Bärenfänger das Deutsche Kreuz in Gold.
Als am 17.12.1941 der Angriff gegen Sewastopol begann, konnte der Feind nicht überwunden werden. Er ging in mehreren Gegenstößen gegen die 50. ID vor, die am 23.12. plötzlich aus der Front herausgelöst und in den Norden der Angriffsfront geworfen wurde.
Das Ziel dieses neuen Angriffs sollte die 6 km entfernte Ssewernaja-Bucht sein.
In dieser Lage landeten russische Truppen bei Kertsch und Feodosia im Osten der Krim zur Entlastung von Sewastopol. Der am 28.12. errungene Geländegewinn vor Sewastopol mußte wieder aufgegeben werden.
Es waren vor allem jene zwei russischen Divisionen, die am 26.12. auf der Halbinsel Kertsch einen großen Brückenkopf gebildet hatten, welche die 11. Armee in eine Zwangslage brachten. Die bei Feodosia gelandeten Feindkräfte waren nach Westen auf Stary-Krim angetreten. Gegen diese Kräfte wurde eine KGr. des IR 122 unter den Hauptleuten Stephanus und Marienfeld

angesetzt, die diesen Vorstoß zum Stehen brachten. Zwei Divisionen wurden aus der Sewastopol-Front herausgenommen und an die Landenge von Parpatsch sowie nach Feodosia geworfen. Damit standen vor Sewastopol nur noch vier deutsche Divisionen und eine rumänische Brigade. In dieser gewaltigen Festung mit seinen weiträumigen Gräben und Kampfständen verteidigten sieben russische Schützendivisionen.

In dieser Situation erwog General von Manstein zeitweise die – wenn auch nur vorübergehende – Aufgabe der Krim. Aber in den nächsten Tagen wurden beide Krisenherde neutralisiert.

Eine weitere Landung der Roten Armee bei Eupatoria, nördlich von Sewastopol, wurde nach zweitägigen harten Kämpfen zerschlagen.

Die Kämpfe um Sewastopol wurden von häufigen Ausfallversuchungen der Russen bestimmt. Erst am 15. Januar 1942 ließ General Petrow als OB von Sewastopol zu einem Großangriff gegen die Nordfront antreten.

Der Kampf dauerte den ganzen Tag an. Besonders betroffen war das IR 123, das die Angriffe abweisen konnte. Ein weiterer russischer Angriff erfolgte nicht.

Am 28. Januar 1942 wurde GenLt. Hollidt mit der Führung des XVII. AK betraut. Sein Nachfolger wurde Generalmajor Friedrich Schmidt. Er sollte die Division auf den Tag genau ein Jahr führen. (Als Oberst und Kdr. des IR 72 hatte er bereits am 22.11.1941 das Deutsche Kreuz in Gold erhalten.)

Im Februar 1942 wurde die Gesamtlage auf der Krim für die 11. Armee besser, wenngleich der Gegner seine Truppen noch durch einige nächtliche Nachschubkonvois verstärkt hatte. Auf beiden Seiten der Front auf der Krim standen insgesamt sieben Divisionen zur Verfügung. Der Feind konnte auf inzwischen 25 Divisionen zurückgreifen.

Der sowjetische Großangriff an zwei Frontabschnitten

Am 27.2. griff die Rote Armee im Raume Sewastopol und bei Parpatsch gleichzeitig an. Die Festungsartillerie von Sewastopol schoß eine Stunde lang Trommelfeuer. Dieser Angriff richtete sich im Kern gegen die 22. und 24. ID. Die drei angrenzenden Regimenter der 50. ID wurden nur mit Teilen in die Kämpfe einbezogen.

Fünf Tage dauerten die Kämpfe an. Am 3. März mußte General Petrow den Großangriff einstellen.

Am Parpatsch wurden die deutschen Truppen an einer schmalen Stelle um 12 km zurückgeworfen.

Nunmehr entschloß sich Generaloberst von Manstein, am 7. März zu diesem Rang befördert, die Einbruchstelle durch eine Umfassungsschlacht zu bereinigen. Schwerpunktmäßig auf Parpatsch angesetzt, sollte nach Norden umgehend eingeschwenkt und die Einbruchstelle aus dem Rücken des Gegners abgeriegelt und vernichtet werden.

Das war jener kühne Schlachtplan, der als „Unternehmen Trappenjagd" in die Kriegsgeschichte einging.

Am 8. Mai begann dieser Angriff mit einem starken Artillerie-Feuerschlag. Dann griff die 50. ID in Richtung Parpatsch an.

14 Sturmgeschütze, die auf sechs soeben zur Front gelangten Langrohr-Geschütze L 48 zurückgreifen konnten, rollten vom Feuer einer Nebelwerfer-Abteilung unterstützt, bei der 28. ID (mot.) an. Hptm. Peitsch konnte im Duell gegen feindliche T 34 den Sieg erkämpfen. Der Gegner ließ hier 24 Panzer zerschossen zurück. Die schlesischen Jäger des IR 49 bauten diesen Einbruch zum Sieg aus.

Die Sturmgeschütze kämpften auch bei der 50. ID mit großem Elan und konnten einen russischen Gegenangriff in die Flanke des IR 123 stoppen. Die nachfolgende Infanterie wurde von der 8./IR 123 unter Hptm. Berthold Frhr. von Bibra abgewehrt. (Er erhielt am 1.7.1942 das Deutsche Kreuz in Gold.)
Der russische Panzergraben wurde erreicht und am nächsten Tage bereinigt.
Mit dem Vorstoß nach Norden wurde es jedoch nichts, denn der am Abend einsetzende Platzregen verwandelte das gesamte Gelände in Schlammlöcher. Selbst die 22. PD, die hier eingesetzt wurde, blieb im Matsch stecken.
Erst am 10.5. traten die Verbände wieder an. Stoßrichtung war Norden. Es zeigten sich die ersten Erscheinungen, daß der Feind weich wurde. Dieses Weichwerden wurde durch eine nach Osten durchgestoßene deutsche Vorausabteilung noch verstärkt.
Am Nachmittag des 11.5. griff das II./IR 123 unter Hptm. Marienfeld den „Drei-Pilze-Hügel“ an, der – nordwärts von Parpatsch gelegen – in eigene Hand fiel. Die Russen versuchten, nach Osten aus dem sich bildenden Kessel zu entkommen.
Im Bereich der 7./IR 123 unter Erich Bärenfänger wurden eine Reihe Gräben und Bunker erstürmt.
Die Schlacht um Kertsch war zu Ende. Der Feind war geflohen, und die 50. ID marschierte jenen Divisionen hinterher, welche die Russen verfolgten. Sie erreichte die Stadt Sultanowka westlich Kertsch und wurde im Lkw-Transport ab dem 16.5. Richtung Feodosia-Sewastopol verlegt.
Erich Bärenfänger, nunmehr Oberleutnant, führte seit dem 10. Mai bereits das III./IR 123. Aus seiner Feder wissen wir genau über das Festungsgelände um Sewastopol und deren Umgebung Bescheid. Er schrieb in einem Brief an seine Eltern aus der Zeit einer Ruheperiode im Raume Simferopol:
„Während der Schlacht um die Osthälfte der Krim war der Feind

in Sewastopol erstaunlich ruhig geblieben. Unsere eigene Luftaufklärung zeigte aber deutlich den weiteren Ausbau der Verteidigungsanlagen.
Im Grunde verdankte die Festung ihre einmalige Stärke dem sie umgebenden Gelände. Eine unruhige von Kuppen, Schluchten, Steilabhängen und Felsenriegeln durchsetzte Landschaft, bewachsen mit lückenlosem Buschwald aus meterhohem Eichengestrüpp, Wachholderbüschen und Dornensträuchern, die beinahe jede Einsicht und Übersicht verwehrten. Nur wenige gangbare Wege und eine einzige Straße durchzogen sie.
Südlich der tief ins Land einschneidenden Ssewernaja-Bucht bildet ein etwa 10 km langer, kahler Höhenzug einen gigantischen natürlichen Festungswall mit steilem Abfall nach Osten. Unter Ausnutzung dieses Geländes hatte der Feind durch die Anlage zahlloser Kampfanlagen unterschiedlichster Bauart mit gegenseitigem Flankenschutz ein meisterhaftes Festungswerk geschaffen.
Zehn starke Artilleriewerke großer Kaliber, mehrere Stockwerke tief in das Lavagestein gesprengt, mit Beton und Stahlplatten gegen Beschuß gesichert, waren die ‚Korsettstangen' des Nordabschnittes. Das stärkste Panzerfort verfügte über zwei Geschütze mit einem Kaliber von 30,5 cm, die um 360 Grad schwenkbar waren. Das Gelände zwischen den Artilleriewerken war von einem klug angelegten Grabensystem durchzogen, mehrfach gestaffelt, mit Betonbunkern für schwere Waffen verstärkt und untereinander verbunden.
Die tiefer und schmaler als üblich angelegten Gräben waren nur durch Artillerie-Volltreffer zu bezwingen und deshalb für die Verteidiger außerordentlich sicher. Nach der Einnahme der Festung wurden auf einer Fläche von ca. 1.100 x 200 Metern im Gefechtsstreifen eines deutschen Regiments 3,5 km Schützengräben mit vier Beton-Kampfanlagen, 55 kleineren Anlagen, 49

Bereitschaftsräumen und drei Batteriestellungen in mehreren Zonen gezählt." (Siehe Stickling/Leukefeld, Generalmajor Bärenfänger)
Das AOK 11 hatte sich dazu entschlossen, den schwierigen Mittelabschnitt der Festung beim ersten Angriff auszusparen. Der Schwerpunkt wurde im Nordabschnitt festgelegt. Ziel dort waren das Erreichen der Ssewernaja-Bucht und die Gajtani-Höhen.
Der Angriff aus dem Südabschnitt wiederum sollte gegen die Sapuner-Höhen geführt werden.
In den Monaten der verhältnismäßigen Ruhezeit hatte man deutscherseits starke Artilleriekräfte herangeführt, darunter einige „dicke Hämmer", wie man beispielsweise den Mörser „Max" und das Eisenbahngeschütz „Dora" im Landsermund bezeichnete.
Allein im Nordabschnitt standen 56 schwere und 41 leichte Artillerie-Abteilungen sowie 18 Werfer-Batterien. Dem geplanten Angriff der Infanterie-Kräfte sollte ein fünftägiges Trommelfeuer aus allen Waffen vorausgehen. Darin einfallen würden auch die Kampfverbände des VIII. Fliegerkorps und nicht zuletzt die Flak-Batterien, die im Direktbeschuß gegen feindliche Bunker feuern würden, sobald diese erkannt waren.
Vier Divisionen standen im Nordabschnitt angriffsbereit. Zu ihnen zählt auch die 50. ID, über deren Einsatz soeben berichtet wurde. Ihr weiterer Einsatz sei im folgenden dargelegt.

Die Kampfgruppe Bärenfänger im Kampf um Sewastopol

Das von Oblt. Bärenfänger geführte III./IR 123 marschierte am 6. Juni 1942 durch die Kamyschly-Schlucht nach Südwesten. Der um 03.30 Uhr begonnene Artillerie-Feuerschlag war ver-

stummt, nun ging es dem Feind entgegen. Als die Schlucht durchquert war, ging es den Westhang derselben empor. Die ersten Gräben und Feldstellungen wurden erreicht. Der Nahkampf setzte schlagartig ein, als sich die Männer des Bataillons auf den Feind stürzten. Der Morgennebel und das dichte Buschwerk hatten ihre unbemerkte Annäherung auf Einbruchsentfernung ermöglicht.
Plötzlich dröhnten die Flugzeugmotoren der gemeldeten Ju 87 durch den Morgendunst; die ersten Ketten tauchten auf und stürzten heulend auf den nur etwa 200 Meter vor ihnen verteidigenden Feind und die dortigen Bunker.
Den Schock der Russen ausnutzend stürmte das Bataillon unmittelbar nach der Detonation der Bomben vor. Hier kam es zum Nahkampf in seiner schlimmsten Form. Handgranaten, Pistolen und Seitengewehre wüteten hüben und drüben. Der Feind wich und die Spitze des Bataillons erreichte noch am Vormittag den Kartenpunkt 713.
Zu den beiden Nachbarn zur Rechten und Linken klafften Lücken bis zu 1000 Meter. Als die Russen dem Bataillon in die Flanke fielen, wurden sie durch MG-Trupps abgewiesen.
Am Ende des Tages hatte die 50. ID den Festungsgürtel an dieser Stelle um 2 km eingedrückt. Aber um welchen Preis! 20 Offiziere und 529 Soldaten fielen hier. An keinem anderen Tage um Sewastopol waren die Verluste höher, denn es kamen noch etwa 700 Verwundete hinzu.
Am 8. Juni wurden die Sturmgeschütze durch die geräumten Minengassen nachgeführt, und der Angriff des III./IR 123 gewann auch am nächsten Tage an Boden. 1.200 Meter waren die Soldaten – Bärenfänger an der Spitze – voran gekommen. Mit der Inbesitznahme von Punkt 711 wurde ein entscheidender Erfolg erzielt.
Nach einigen Artillerie-Schlagabtauschen in der Nacht zum 9. Juni griff die 50. ID erneut an. Diesmal mit dem I./IR 123 vor-

aus. Der Besitz des Panzergrabens, der angestrebt wurde, blieb der Division versagt.
Dennoch erreichte das I./IR 123 den Graben und wurde hier auf der Grabensohle festgenagelt. Die Feindartillerie schoß aus allen Rohren. Russische Gegenangriffe erforderten eine Verteidigung der Divisionskräfte nach Westen, Süden und Osten.
Der Zusammenhang zwischen den Regimentern war unterbrochen. Auch der 10. Juni brachte keinen durchschlagenden Erfolg. Auf Befehl des LIV. AK erfolgte der nächste Angriff am Morgen des 11. Juni. Oberstleutnant Viebahn, Kdr. des IR 123, trat aber erst dann an, als seine Nachbarn auf gleicher Höhe angekommen waren. Dies war am 11.6. nicht der Fall und Oberstleutnant Viebahn erhielt Weisung, mit dem II./IR 123, dem III./ IR 123 und dem II./IR 122 eine Kampfgruppe zu bilden. Sie gruppierte in der kommenden Nacht in den Bereich des anschließenden IR 32 um. Dies bedeutete, daß sich die neue Angriffsrichtung nach Osten verschob und über die Höhe 644 erfolgen sollte. Dennoch kamen die Angriffe am 12. nicht voran.
Der 13. Juni sah die Truppe in ihren Stellungen in Ruhe. Kampftrupps räucherten die stehengebliebenen Bunker und Kampfstände aus. Gegenangriffe der Russen gegen die KGr. Viebahn, die am Vortage wieder einen Geländegewinn erzielt hatte, wurden abgewiesen.
Der 14. Juni sah den Einsatz gegen die Flankenbedrohung an der Westseite. Hier wurden einzelne Bunker in direktem Beschuß und durch Pioniere mit Sprengmitteln zerschlagen. Aus einem der Bunker, die bis zuletzt schossen, kam nach einer gewaltigen Sprengung ein verwundeter Russe ins Freie. Er berichtete den Pionieren, daß ein Kommissar, zwei Offiziere und 40 Soldaten in diesem Bunker gefallen seien. Er war der letzte.
Dies zeigt die Härte und unerbittliche Verteidigungsbereitschaft

der Soldaten der Roten Armee auf der Krim, denen Stalin zu halten befohlen hatte.
Erst am 17. Juni wurde der Angriff mit dem Unternehmen „Tatzelwurm“ fortgesetzt. Nach Korpsbefehl sollten diesmal alle fünf Divisionen im Nordabschnitt gleichzeitig und ohne vorbereitendes Artilleriefeuer angreifen. Ziel war das alte Fort nordostwärts des Punktes 644.
Gleichzeitig damit griffen rumänische Verbände im Osten der Einschließungsfront an, während das XXX. AK die Rote Armee fesselte und die Festungsartillerie niederhielt.
Der Angriff schlug durch. Die Tagesziele wurden erreicht. Am 18. Juni wurde der Angriff fortgesetzt. Diesmal stieß die 22. ID, die mit ihrem IR 47 direkt an die 50. ID anschloß, genau in einen russischen Gegenangriff hinein. Dieser traf auch die direkt anschließende 1./IR 123. Der Feind wurde mit herangeholten Kräften gestoppt und geworfen. Im Rückgehen erhielten sie von einigen herangekommenen Panzern und Sturmgeschützen Feuer und setzten sich fluchtartig ab.
Am 19. Juni gelang es, fünf aus dem Tunnel heraus vorbrechende russische Angriffe zu stoppen, während im westlichen Kampfabschnitt die 24. ID bis zum Ufer der Ssewernajabucht vorstieß.
Diese Kämpfe setzten sich weiter fort. Am 22. Juni begann der direkte Angriff gegen Sewastopol aufs Neue. Es ging mit Feuerunterstützung durch das dicht bewachsene Gelände, in dem Kampfstände, MG-Nester und Grabenstellungen überwunden werden mußten. Das III./IR 123 eroberte eine wichtige Höhe und lag wenig später direkt vor dem Dorf Meckensiewy-Gory im Tal der Tschornaja. Diese mündete an der Ostspitze der Ssewernajabucht ins Meer.
Am 23.6. kämpfte sich das IR 123 durch. Der Rand der Tunnelschlucht war vom Feind verlassen worden, während zu linker Hand noch starke Kämpfe um den Leuchtturm und die angren-

zenden Höhen tobten. Bis zum 24. Juni stand die Schlacht auf des Messers Schneide. Die personelle Situation machte auch dem OB der 11. Armee große Sorge. Keines der 28. Infanterie-Regimenter hatte um diese Zeit mehr als Bataillonstärke.
Dennoch ging es weiter! Bis zum Stadtkern von Sewastopol verteidigten noch die Sapun-Höhen und die Inkerman-Festung auf einer Felsenhöhe. Am 26. Juni scheiterte der Angriff. Die 50. ID zog nun das IR 123 wieder vor und mit dem ersten Büchsenlicht des 28. Juni begann der entscheidende Angriff, der das II./IR 123 unter Hptm. Willy Marienfeld an der Spitze sah. Dichtauf folgend und dann aus eigenem Entschluß zum Nachbarbataillon aufschließend, erreichte auch das III./IR 123 unter Oblt. Bärenfänger die gleiche Höhe. Das II. Batl. erreichte am Nachmittag den Inkerman-Felsen und stand damit auf dem Kartenpunkt 1662. Um 22.45 Uhr schlug die Divisionsführung Hptm. Marienfeld zum Ritterkreuz vor.
Der Divisionskommandeur hatte für Oblt. Bärenfänger bereits zwei Wochen vorher das RK beantragt. Aus diesem Grunde wurde vorgeschlagen, ihn für diese neue Tapferkeitstat im Wehrmachtbericht zu nennen, da sein Bataillon „großen Anteil am Eindringen nach Inkerman und der Bildung eines Brückenkopfes zum neuen Angriff auf die Festungshöhen von großer Bedeutung war."
In der Nacht zum 29. Juni gelang es übrigens der 22. und 24. ID an zwei Stellen mit Sturmbooten an das Südufer der Ssewernajabucht überzusetzen und Brückenköpfe zu bilden. Als diese erweitert waren, griff die 22. ID von Norden die Denkmalshöhe an, während gleichzeitig die 50. ID von Osten her antrat. Das III./IR 123 konnte das Alte Fort auf der Höhe 194 im Handstreich in Besitz nehmen, nachdem einige Stukaangriffe die Verteidiger mürbe gemacht hatten.
Südlich von Sewastopol beim XXX. AK brachen deren Divisionen auf die Sapuner Höhen durch und rollten hier die feindli-

chen Stellungen auf. Der letzte Festungsgürtel von Sewastopol war gefallen, und am 1. Juli meldete der Wehrmachtbericht den Fall von Sewastopol (siehe Anlage). Die Krim war in deutscher Hand.

General Petrow, ihr Verteidiger, seine Kommandeure und Kommissare waren in der Nacht zuvor mit U-Booten herausgeholt und auf andere Kriegsschiffe verbracht worden. Dieses Absetzen war von Marschall Stalin persönlich befohlen worden.

Oberleutnant Bärenfänger erhielt am 7. August 1942 das Ritterkreuz. Im selben Abschnitt des Kampfes wurde er im Ehrenblatt des Deutschen Heeres genannt und erhielt am 14.8.1942 die Ehrenblattspange. Am 16. August 1942 rief sein Kommandeur Oberstleutnant von Viehbahn ihn im Lazarett in Berlin an und berichtete dem Kameraden, daß er mit Wirkung vom 1.8.1942 zum Hauptmann befördert worden sei.

Hauptmann Willy Marienfeld erhielt am 17.8. das Ritterkreuz. Am 25.5.1944 wurde er als Major und Kdr. des ruhmreichen Grenadier-Regiments mit dem 482. EL ausgezeichnet. (Als Oberstleutnant und Kdr. des IR 123 hatte Oberstleutnant von dem Borne von Viebahn am 4. September 1942 das Deutsche Kreuz in Gold erhalten.)

Erich Bärenfänger wurde am 23. Januar 1944 als Major und Kommandeur des III./IR 123 mit dem 45. Schwertern zum RK mit EL ausgezeichnet und wenig später zum Oberstleutnant befördert.

Unter Überspringung des Oberstenranges erhielt er am 20.4.1945 die Beförderung zum Generalmajor. Als Kommandant des Verteidigungsabschnittes A in der Reichshauptstadt versuchte er am 1. Mai 1945 mit einigen Panzern und nur wenigen Soldaten den Ausbruch aus Berlin. An seiner Seite war auch seine Frau Margot geborene Rücker. Am 2. Mai 1945 sind Erich Bärenfänger und seine Frau in einer Ruinenanlage neben der Schultheiß-

Brauerei in Berlin mit dem Bruder seiner Frau Armin Rücker durch Freitod aus dem Leben geschieden. Bärenfänger hatte bereits vorher zum Ausdruck gebracht, daß die Russen ihn nie kriegen würden.

Im Führerhauptquartier
Die Schlucht am Ladogasee
Der Tod unseres Sohnes
Hitler, wie ich ihn erlebte

Mit Generaloberst Halder habe ich in Winniza die Frage der Zweckmäßigkeit einer neuen Verwendung der 11. Armee im Norden und ihren Abzug aus dem Südabschnitt eingehend besprechen können. Aber Halder glaubte, im Gegensatz zu mir, daß man auf dem Südflügel der Front auch ohne die 11. Armee auskommen könne.

Beim Lagevortrag erlebte ich einen Hitler, der mir zeigte, wie schlecht das Verhältnis zwischen ihm und dem OKH geworden war.

Es wurde gerade eine russische Teiloffensive der Front der Heeresgruppe Mitte besprochen. Hitler erging sich in Angriffen auf die dort kämpfenden eigenen Verbände. Generaloberst Halder widersprach ihm entschieden. Er sagte, daß die Kräfte der Truppen zu lange Zeit überspannt gewesen seien, daß der hohe Ausfall an Offizieren und Unteroffizieren die Schlagkraft geschwächt hätte.

Diese Einwände Halders, die ich nur unterschreiben konnte, ließen Hitlers Wut offen zum Ausbruch kommen. Es war das erste und das einzige Mal, daß ich einen solchen Hitler erlebte.

Hitler zog die Berechtigung Halders zu einem solchen Urteil mit taktlosen Worten in Zweifel. Die Szene war so unwürdig, daß ich ostentativ den Kartentisch verließ und erst auf ausdrücklich Aufforderung Hitlers, nachdem dieser sich beruhigt hatte, zum Vortrag zurückkehrte.

Ich sprach anschließend mit General Schmundt, dem Chef des

Personalamtes, der zugleich Adjutant der Wehrmacht bei Hitler war. Ich sagte Schmundt deutlich, daß ein solches Verhältnis zwischen dem Obersten Befehlshaber und dem Chef des Generalstabes einfach unmöglich sei.

Sechs Wochen später wurde Halder von Hitler offenbar ohne jeden Dank und Anerkennung verabschiedet.

Am 27. August traf das Armeeoberkommando 11 an der Leningrader Front ein. Es sollte im Abschnitt der 18. Armee Angriffsmöglichkeiten erkunden und einen Plan für den Angriff auf Leningrad festlegen.

Das Gelingen dieser Operation war zweifelhaft.

Im Sommer 1941 hätte die Heeresgruppe Nord die Möglichkeit gehabt, Leningrad im Handstreich zu nehmen. Die damals gegebenen Chancen waren nicht genützt worden. Schließlich wollte Hitler die Stadt aushungern. Auch dies war nicht gelungen.

Unsere Erkundungen zeigten mir, daß sich die Armee auf gar keinen Fall in einen Kampf im Stadtgebiet einlassen konnte, denn dann würden sich unsere Kräfte nur zu rasch verzehren.

Auch Hitlers Vorstellung, Leningrad durch das VIII. Fliegerkorps sturmreif zu bomben, konnten weder ich noch General von Richthofen teilen.

Meine Absicht war es nun, die feindliche Front südlich Leningrad mit drei Korps zu durchbrechen und am Südrande der Stadt stehenzubleiben. Dann sollten zwei dieser drei Korps nach Osten einschwenken und überraschend die Newa südostwärts der Stadt überschreiten. Diese beiden Korps sollten jene Feindkräfte zerschlagen, die nunmehr zwischen der Newa und dem Ladogasee standen, den Nachschub über den See abschneiden und die Stadt auch von Osten her eng abschnüren. Dann würde ihr Fall ohne schweren Häuserkampf erreicht werden können.

Aber es kam auch diesmal anders. Als der Gegner den Antransport der 11. Armee nach Leningrad bemerkte, griff er sofort die nach Osten gerichtete Front der 18. Armee an. So mußte unsere eben erst eingetroffene 170. ID dort eingesetzt werden.

In den nächsten Tagen erwiesen sich die sowjetischen Angriffe als Entsatzoffensive für Leningrad.

So kam der Anruf Hitlers für mich nicht ganz aus heiterem Himmel. Er erklärte mir am 4. September, daß ich sofort an der Wolchowfront eingreifen müsse, um eine sich dort anbahnende Katastrophe zu verhindern. Ich sollte dort sofort den Befehl übernehmen und die Lage offensiv wiederherstellen.

Der Feind hatte einen breiten und tiefen Durchbruch südlich des Ladogasees erzielt und die dünne Front der 18. Armee aufgerissen.

So entwickelte sich anstelle der Schlacht um Leningrad die Schlacht südlich des Ladogasees.

Es kam darauf an, den Feind zunächst zum Stehen zu bringen. Dies gelang in den folgenden Tagen unter schweren Kämpfen. Als dann die übrigen Divisionen versammelt waren, trat die Armee zum Gegenangriff an und schnürte den Gegner bis zum 21. September völlig ein. Feindliche Entsatzgruppen wurden abgewiesen. Einem Entlastungsangriff erging es ebenso. Er wurde von der Leningrad-Armee über die Newa geführt. In einem Kessel zwischen Mga und Gaitolowo war der Feind eingeschlossen. Bis zum 2.10. wurden diese starken Feindkräfte aufgerieben. Hauptsächlich durch stärkstes Artilleriefeuer der an sich für den Angriff auf Leningrad bestimmten Heeresartillerie, die hier ihre für Leningrad bestimmte Munition verschoß. Aber – und das wiegt schwerer – wir sparten damit das Blut unserer Soldaten. Damit war die Lage in diesem Abschnitt der Ostfront wieder hergestellt. Doch zum Angriff auf Leningrad waren wir nicht gekommen und würden auch nicht sehr bald dazu in der Lage sein.

Während wir nun hier im Nordabschnitt untätig blieben, war allem Anschein nach im Süden der Ostfront unsere Offensive im Kaukasus und vor Stalingrad liegengeblieben.

So wurde mein Ordonnanzoffizier Pepo Specht, der immer auf eine Frontverwendung drängte, unruhig, und ich ließ ihn auf seinen Wunsch zur 170. ID an die Newa ziehen. Auf dem Flug dorthin stürzte er mit dem Fieseler Storch ab. Wir begruben ihn am 25. Oktober 1942. Es war für uns alle ein schwerer Schlag, diesen fröhlichen Offizier zu verlieren.

Unmittelbar vom Begräbnis meines jungen Freundes Specht mußte ich ins Führerhauptquartier fliegen, wo ich aus Hitlers Hand den Marschallstab in Empfang nehmen sollte.

Bei diesem Treffen mit Hitler zeigte er sich wie immer ausgesucht liebenswürdig und sprach mit großer Anerkennung über die Leistungen der 11. Armee in der Schlacht am Ladogasee.

Es gelang, ihm die ungeheure Beanspruchung unserer Infanterie darzulegen und die Notwendigkeit vorzustellen, daß die Regimenter zur rechten Zeit Ersatz erhalten müßten. Durch die Notwendigkeit stets mit unzureichenden Kräften zu kämpfen, würden die Divisionen ausbrennen. Immer wieder neu aufgestellte Divisionen würden durch mangelnde Kampferfahrung unnötig hohe Verluste erleiden.

Ich trug Hitler auch vor, daß die Aufstellung von 22 Luftwaffen-Felddivisionen, die auf seine Weisung von Göring betrieben wurde, falsch sei. Diese Soldaten waren zweifellos erstklassig. Aber sie hatten keine Erdkampferfahrung und keine kampferfahrenen Führer.

Diese Soldaten – 240.000 an der Zahl – hätten bereits im Herbst 1941 der kämpfenden Truppe Zug um Zug als Ersatz nachgeführt werden müssen. Damit hätte man die Divisionen auf ihrer vollen Kampfkraft gehalten und ihren sinnlosen Verschleiß durch hohe Opfer vermieden, die durch den späteren Einsatz dieser im Erdkampf unerfahrenen Luftwaffen-Feld-Divisionen eintraten.

Dies alles trug ich Hitler vor und brachte meine Gedanken darüber später noch einmal in einer Denkschrift zum Ausdruck. Hitler hörte sich alles aufmerksam an, aber er blieb bei seiner Meinung, in der er von Göring unterstützt wurde.

Abschließend sagte er mir, daß unser Einsatz im Nordabschnitt bald zu Ende gehen würde. Wir würden in den Raum der Heeresgruppe Mitte, nahe Witebsk, verlegt. Dort seien Anzeichen für eine bevorstehende russische Großoffensive erkannt worden.

Ich fuhr also zunächst wieder zu meiner Armee zurück. In den letzten Tagen des Einsatzes im Leningrader Raum erhielten meine Frau und ich eine Nachricht, die uns schwer traf.

Unser ältester Sohn Gero war am 29. Oktober 1942 als Leutnant im Panzergrenadier-Regiment 51 meiner alten 18. Division gefallen.

Am 18. Oktober hatte ich ihn zum letzten Mal gesehen, als mein Freund, Generaloberst Busch, Gero und mich zum AOK 16 eingeladen hatte. Es war ein Abend voller Fröhlichkeit gewesen, 12 Tage später brachte mir mein treuer Chef, General Schulz, der die Nachfolge von Wöhler angetreten hatte, nach Erstattung der Morgenmeldung die Nachricht.

Gero war in der vergangenen Nacht durch eine russische Fliegerbombe gefallen. Er war als Ordonnanzoffizier seines Bataillons unterwegs gewesen, um einem Zugführer in der vordersten Linie einen Befehl zu überbringen.

Wir begruben ihm am 31. Oktober an den Ufern des Ilmensees. Divisionspfarrer Krüger begann seine Trauerrede mit den Worten:

„Ein Leutnant von der Infanterie.“

Anschließend flog ich für einige Tage zu meiner Frau und den Kindern nach Hause.

Gero Erich Sylvester von Manstein ist wie so unendlich viele junge Deutsche als tapferer Soldat vor dem Feind gefallen!

Noch während ich mich in Liegnitz befand, wurde das AOK 11 aus dem Leningrader Raum in den Bereich der Heeresgruppe Mitte nach Witebsk verlegt. Aber noch ehe das AOK gegen die vermutete russische Offensive in Tätigkeit treten konnte, trat im Süden der Ostfront ein Ereignis ein, das alle Vorausberechnungen über den Haufen warf.

Das AOK 11 erhielt am 20. November einen Befehl, daß wir als Oberkommando einer neuzuschaffenden „Heeresgruppe Don" sofort den Befehl im Abschnitt beiderseits Stalingrad zu übernehmen hätten.

Diese Nachricht erhielt ich draußen beim Korps von der Chevallerie, wo ich mit meinem Ia, Busse, weilte. Durch einen Minenanschlag auf unseren Zug wurde ich aufgehalten, so daß wir erst am 21. November in unserem Hauptquartier eintrafen.

Am 24. November 1942, meinem 55. Geburtstage, trafen wir beim Oberkommando der Heeresgruppe B ein, die noch den Befehl über unseren zukünftigen Abschnitt führte. Die Wetterlage hatte ein Fliegen nicht zugelassen.

Ich war nunmehr Oberbefehlshaber einer Heeresgruppe geworden und trat damit erstmalig unmittelbar unter den Befehl Hitlers als Oberbefehlshaber der Wehrmacht und des Heeres.

An dieser Stelle soll über meine Erkenntnis und meine Meinung über Hitler, seine Fähigkeit, Heere zu führen und Befehle zu erteilen, die in einsamen Entschlüssen herangereift waren, gesprochen werden.

Die vielen dahin zielenden Fragen werde ich durch einige Erfahrungen eigener Art mit Hitler zu beantworten versuchen.

Bis zu diesem 20. November 1942 hatte ich das Einwirken Hitlers im militärischen Befehlsbereich nur von Hörensagen, gewissermaßen aus der Ferne, gespürt. Nun erst sollte ich persönlich erfahren, daß er versuchte, neben der Staatsführung auch als Feldherr zu wirken, und dies auch tat.

In die Führung des Feldzuges der 11. Armee auf der Krim hatte Hitler nicht eingegriffen. Nun aber, als Oberbefehlshaber einer Heeresgruppe, sollte ich bald mit seinem Eingreifen Bekanntschaft machen.

Oft wurde Hitler in den vergangenen Jahren und heute auch noch mit dem Schlagwort vom „Gefreiten des Ersten Weltkrieges" abgetan.

So einfach sollte man es sich jedoch nicht machen. Hitler besaß ohne allen Zweifel einen Blick für operative Möglichkeiten. Darüber hinaus verfügte er über ein enormes Wissen und über ein gut funktionierendes Gedächtnis. Seine schöpferische Phantasie in Bezug auf technische Fragen und Probleme der Rüstung ist bekannt.

Das Aufzählen der eigenen und der feindlichen Produktionszahlen schien so etwas wie ein besonderes Hobby von ihm zu sein. Ein Hobby und eine Notbremse, denn auf diese Zahlen griff er immer wieder zurück, wich er immer wieder aus, wenn irgendein Vortrag ihm unangenehm wurde.

Im Ganzen gesehen aber machen diese Kenntnisse noch keinen Feldherrn. Hitler fehlte das auf Erfahrung beruhende militärische Können. Und das konnte durch Intuition nicht ersetzt werden.

Er hatte einen Blick für operative Chancen. Was ihm fehlte, war das Urteil über die Vorbedingungen und Möglichkeiten der Durchführung eines operativen Gedankens. Ihm fehlte das Verständnis für das Verhältnis zwischen operativer Zielsetzung und der daraus herzuleitenden Weiträumigkeit einer Operation, zum Zeit- und Kräftebedarf, der dafür aufgewendet werden mußte.

Daß seine weitreichenden Offensivpläne z.B. im Sommer 1942 in Anlage und Durchführung falsch waren, weil Hitler lediglich die Zahlen für den ersten Angriff zu Grunde legte und den späteren Kräfte- und Nachschubbedarf ebenso wenig in Betracht zog wie die kräfteraubende Wirkung des weiten russischen Raumes.

Ihm fehlte auf dem politischen wie auf dem militärischen Gebiet das Maß für das Erreichbare.

Er verstand nicht, daß man an einer entscheidenden Stelle stark sein mußte, so stark wie eben möglich – selbst unter Verzicht auf Nebenfronten –, um ein gestecktes Ziel auch zu erreichen.

So brachte er es nicht über sich, in der Offensive des Jahres 1942 alles an den Erfolg zu setzen. Das sollte sich auch im Jahre 1943 wieder zeigen, wie wir später noch lesen werden.

Hitler hat außer Acht gelassen, daß das Ziel eines jeden Krieges die Vernichtung der feindlichen Widerstandskraft ist und nicht die Erringung von Wirtschaftsgebieten oder politischen Vorteilen.

Er hat geglaubt, daß ein starker Wille genüge, um den Sieg zu erringen und scheute andererseits vor einem Risiko auf militärischem Gebiet zurück, weil der Diktator bei Mißerfolgen um sein Prestige fürchtete. Deshalb lehnte er in Rußland jede bewegliche Operationsführung ab. Ferner ließ er es nie zu, daß Nebenfronten oder Nebenkriegsschauplätze entblößt wurden, um an den Hauptkriegsschauplätzen die Entscheidung zu unseren Gunsten zu beeinflussen.

Vielmehr zog er es vor, jede Entscheidung, die ihm nicht genehm war, möglichst lange – oftmals zu lange! – hinauszuschieben. Wochenlang mußte darum gekämpft werden, wenn es darum ging, eine unhaltbare Position aufzugeben.

Hitlers starre Verteidigung eines jeden Fußbreit Bodens wurde schließlich zum alleinigen Prinzip seiner Führung. Damit hatte er nach der Krise vor Moskau im Winter 1941 von Stalin das Rezept des sturen Haltens um jeden Preis übernommen.

Stalin aber war 1942 von diesem Rezept abgegangen, weil es Rußland an den Rand des Unterganges gebracht hatte. Er hatte unter starken Verlusten und schweren Schlägen gelernt. Hitler lernte nicht!

„Halten um jeden Preis!“

Unter dieser Devise starben viele deutsche Divisionen, starb auch die 6. Armee bei Stalingrad.

Damit hatte Hitler es verstanden, die Kriegskunst in nackte Gewalt umzumünzen.

Immer wieder hatte er seine Frontkämpfereigenschaften betont, und dennoch habe ich bei meinen vielen Vorträgen niemals das Gefühl gehabt, daß sein Herz der Truppe gehört hätte.

In einem allerdings dachte er durchaus soldatisch: Und zwar in der Frage der Auszeichnungen! Er wollte durch diese Kriegsauszeichnungen allein den Tapferen ehren. Seine Bestimmungen für die Verleihung des Eisernen Kreuzes waren mustergültig.

Natürlich ist es nicht, daß ausgerechnet deutsche Kriegsauszeichnungen mit dem Schlagwort „Lametta“ abgetan werden, während die ordensgeschmückten Bilder ausländischer Soldaten diese Reaktion nicht nur nicht hervorrufen, sondern sogar durchaus gebilligt werden.

Hitler wollte es einem Napoleon nachtun. Aber er besaß weder dessen militärische Vorbildung, noch gar sein militärisches Genie.

Bliebe noch die Frage nach der Wahrheit jener Version, die Hitler als teppichbeißenden kläffenden Terrier zeigt. Ich kann aus eigenem Erleben darüber einiges berichten. Ich habe ihn kein einziges Mal mit Schaum vor dem Mund in einem Wutanfall erlebt.

Ich habe lediglich erlebt, daß Hitler bei jenem bereits geschilderten Zwischenfall mit Generaloberst Halder laut und taktlos war und daß er auch Keitel nicht mit der seinem Range gebührenden Achtung behandelte.

Mir gegenüber ist er nur einmal mit einer Bemerkung unsachlich und persönlich geworden. Daraufhin habe ich ihn sofort mit einer recht scharfen Replik geantwortet, die er schweigend hinnahm.

Bei meinen Auseinandersetzungen mit ihm, die nun bald folgen sollten, war es unwahrscheinlich, mit welch einer Zähigkeit Hitler seinen Standpunkt verfocht.

Es wurden immer wieder stundenlange Gespräche, ein hartes Ringen, bis man erreichte, was man wollte oder auch nur mit einem vagen Versprechen entlassen wurde.

Dabei war das Verblüffende, daß man Hitlers Argumente nicht einfach ad absurdum führen oder abweisen konnte. Sie waren fast immer nur sehr schwer beweiskräftig zu widerlegen.

Denn wenn Hitler spürte, daß seine operativen Einwendungen nicht verfochten, wich er auf politische und wirtschaftliche Bereiche aus. Hier waren seine Argumente nicht zu widerlegen, da man selbst nicht die Kenntnis über die politische Lage bei den Neutralen oder über die eigene Kriegsproduktion und ihre Kapazitäten hatte.

Hitler hatte sich selbst zum Oberbefehlshaber der Wehrmacht und des Heeres gemacht. Dreimal habe ich versucht, ihn dazu zu bewegen, dies im Interesse einer vernünftigen Kriegsführung zu ändern. Vergebens!

Aus seinen Ausführungen ging zweifelsfrei hervor, daß er niemals bereit sein würde, den Oberbefehl abzugeben.

Was die Frage eines Staatsstreiches zu dieser Zeit betrifft, so habe ich in meinem Prozeß darauf geantwortet:

„Man kann nicht als hoher militärischer Führer Jahre hindurch von seinen Soldaten die Hingabe des Lebens für den Sieg fordern, um dann mit eigener Hand die Niederlage herbeizuführen."

Ganz abgesehen davon, daß ein Staatsstreich hoher militärischer Führer weder im Volk noch bei den beiden anderen Wehrmachtteilen, von der SS nicht erst zu reden, Anerkennung gefunden hätte. Zum Krieg wäre noch ein Bürgerkrieg hinzugekommen.

Die Heeresgruppe Don und Stalingrad
Warum die 6. Armee nicht gerettet werden konnte
Die Erhaltung des Südflügels der Ostfront

Im Befehl des OKH, der am 21.11.1942 beim AOK 11 eintraf, wurde zum Ausdruck gebracht, daß „zwecks schärferer Zusammenfassung der an den schweren Abwehrkämpfen westlich und südlich Stalingrad beteiligten Armeen das AOK 11 als ‚Heeresgruppenkommando DON' den Befehl über die 4. Panzerarmee, die 6. Armee und die 3. rumänische Armee übernehmen" sollte.

Für die uns fehlende Quartiermeisterabteilung sollten wir die bereits für den Stab von Marschall Antonescu gebildete Oberquartiermeister-Abteilung erhalten, die von Oberst i.G. Finkh geleitet wurde.

Finkh war ein wertvoller Charakter und ein hervorragender Organisator. Die Versorgung der 6. Armee aus der Luft lag außerhalb seiner Möglichkeiten.

Finkh wurde in die Verschwörung des 20. Juli 1944 verwikkelt und danach hingerichtet.

Die „Heeresgruppe Don" hatte folgenden Auftrag:

„Die feindlichen Angriffe zum Stehen bringen und die vor dem Beginn des Angriffs innegehabten Stellungen wieder zu gewinnen."

Auf der Fahrt von Witebsk zur HGr. B konnte ich noch mit Feldmarschall von Kluge und dessen Chef, General Wöhler, sprechen. Ich erfuhr, daß der Gegner mit starken Kräften – insgesamt mit 30 Verbänden – die Front der rumänischen 3. Armee am Don nordwestlich Stalingrad durchbrochen habe.

Ebenso war es den Sowjets gelungen, südlich Stalingrad bei der 4. rumänischen Armee, die der 4. Panzerarmee unterstellt war, durchzubrechen.

Noch von Witebsk aus richtete ich angesichts dieser neuen Tatsachen ein Fernschreiben an den Chef des Generalstabes, in dem ich erklärte, daß es sich bei Stalingrad für uns angesichts des feindlichen Kräfteansatzes nicht nur um die Rückgewinnung einer Stellungsfront handeln könne.

Es bedürfe zur Wiederherstellung der Lage starker Kräfte in der Größenordnung einer Armee, die möglichst nach beendetem Aufmarsch zur Gegenoffensive anzutreten habe.

General Zeitzler stimmte mir zu und stellte vorerst eine Panzer- und drei Infanterie-Divisionen in Aussicht.

Gleichzeitig sandte ich ein Fernschreiben an die Heeresgruppe B, in dem ich darum bat, die 6. Armee anzuweisen, rücksichtslos aus ihren Abwehrfronten Kräfte herauszuziehen und mit diesen den eigenen Rücken am Don-Übergang bei Kalatsch freizuhalten.

Als wir schließlich im Hauptquartier der Heeresgruppe B in Starobjelsk eintrafen, es war am 24.11.1942, gaben uns Generaloberst Freiherr von Weichs und sein Chef, General von Sodenstern, einen Überblick über die Ereignisse der vergangenen Tage und die gegenwärtige Lagebeurteilung.

Der Feind war an zwei Stellen durchgebrochen und hatte die Rumänen an beiden Fronten überrennen können. Am 21.11. bereits hatte er den Don bei Kalatsch erreicht und die für die Versorgung der 6. Armee lebenswichtige Brücke unzerstört in die Hand bekommen. Hier hatten sich die beiden Zangenarme vereinigt und damit die 6. Armee eingeschlossen.

In meinem Buche „Verlorene Siege“ habe ich die Kämpfe und Begebenheiten ausführlich dargestellt, so daß ich hier nur auf das Wesentliche eingehen will und die Fragen, die im Zusammenhang mit meiner Dienststellung hier auftauchten, beantworten.

Zunächst versuchte die Heeresgruppe, genaue Angaben über die Zahl der im Kessel eingeschlossenen deutschen Soldaten zu erhalten. Wir erhielten darüber keine genauen Unterlagen. Die angegebenen Zahlen schwankten zwischen 200.000 und 270.000 Mann.

Die Unterstellung der 6. Armee unter die Heeresgruppe Don war mehr oder weniger eine Fiktion. Die Armee hatte bisher zwar formal der Heeresgruppe B unterstanden, aber Hitler hatte die operativen Weisungen für sie gegeben und insbesondere diese stärkste Schlagkraft der HGr. B bei Stalingrad festgenagelt. Damit hatte er die Sowjets geradezu eingeladen, die Armee nach Durchbruch auf den nur von Rumänen besetzten Anschlußfronten einzukesseln. Praktisch war die 6. Armee operativ gesehen, völlig bewegungslos. Hitler hielt auch jetzt noch seine Befehlsgewalt über sie aufrecht. Er hatte dort einen Verbindungs-Generalstabsoffizier mit einer eigenen Funkstelle, der Bericht erstatten und neue Befehle entgegennehmen mußte.

Was ich bei der Heeresgruppe Don vorfand, waren Trümmer. Bei der Heeresgruppe B war mir ein Funkspruch von General Paulus vorgelegt worden, in dem dieser Hitler am 22. oder 23.11. gemeldet hatte, daß nach seiner und seiner Kommandierenden Generale Auffassung der Ausbruch der Armee nach Südwesten unumgänglich notwendig sei.

Hitler hat diese Genehmigung und auch jede Zurücknahme der Nordfront der 6. Armee verweigert.

In dieser Situation wäre es die Sache der obersten Führung gewesen, der 6. Armee rechtzeitig jenen Befehl zu geben, durch den sie die operative Bewegungsfreiheit zurückgewinnen konnte.

Paulus mußte eigentlich wissen – er war schließlich im Winter 1941 Oberquartiermeister I im OKH gewesen –, daß die einzige Chance, Hitler zur Genehmigung des Ausbruches zu bringen, eine vollendete Tatsache gewesen wäre.

Diese selbständige Handlungsweise hätte ihm unter Umständen den Kopf kosten können. Aber ich bin sicher, daß nicht diese Besorgnis um den eigenen Kopf General Paulus gehindert hat, einen solchen Befehl eigenmächtig zu geben.

Die Auffassung der Heeresgruppe Don war es, daß in jedem Falle die Befreiung der 6. Armee unsere erste Aufgabe zu sein habe. Zum einen handelte es sich hierbei um das Schicksal von über 200.000 Soldaten. Zum anderen war ohne die Befreiung der 6. Armee nicht daran zu denken, die Lage auf dem Südflügel der Ostfront wieder herzustellen.

Mein Generalstabschef, General Schulz, und ich waren ebenso wie der Ia Oberst Busse der Meinung, daß die Möglichkeit eines Ausbruchs nur bestanden hätte, so lange die feindliche Einschließungslinie sich noch nicht gefestigt hatte. Nun aber, wo der Ausbruch erst am 28. November erfolgen könnte, war diese Chance verpaßt.

Falls die Armee aber allein ausbrach, dann würde sie die gesamten Feindkräfte, die an der Stalingrader Nord- und Ostfront standen, auf den Fersen haben und früher oder später in der winterlichen Steppe gestellt und vernichtet werden, da sie auf keinerlei Entsatzkräfte rechnen konnte.

So kamen wir zu dem Entschluß, die 6. Armee zunächst noch in ihrer Igelstellung um Stalingrad stehen zu lassen, bis die vom OKH in Aussicht gestellten Entsatzkräfte eingetroffen waren.

Wir sahen vor, daß das von der HGr. A aus dem Kaukasus kommende LVII. Panzerkorps von Süden, aus dem Raume Kotelnikowo ostwärts des Don gegen die Südfront des Kessels vorstoßen, die Armeegruppe Hollidt, für die das OKH zunächst drei Infanterie- und eine Panzer-Division zugesagt hatte, von Westen her gegen den Donübergang von Kalatsch vorstoßen sollte.

Sobald diese Entsatzkräfte sich dem Kessel näherten, sollte die 6. Armee zum Ausbruch, und zwar ostwärts des Don in Richtung Südwesten antreten.

In der Meldung an das OKH über unsere Absichten ließen wir jedoch keinen Zweifel darüber, daß jedes vorläufige Stehenlassen der 6. Armee ihre Versorgung auf dem Luftwege mit mindestens 400 Tonnen täglich zur Voraussetzung habe. Göring hat Hitler diese Versorgung garantiert. Sie ist aber niemals erreicht worden.

Die Hoffnung, eine noch operationsfähige 6. Armee zu retten, war es, die meine Mitarbeiter und mich bewegte. Wir fuhren am 24. November von Starobjelsk nach Nowotscherkassk. Am Nachmittag des 26.11. traf ich in meinem neuen Hauptquartier ein. Am nächsten Morgen konnten wir den Befehl über die Heeresgruppe Don übernehmen.

Wir hatten zwei große Aufgaben: Die 6. Armee zu retten und die Vernichtung des gesamten Südflügels der Ostfront zu verhindern. Daß es überhaupt gelungen ist, die in den kritischen Novembertagen zwischen der 6. Armee und der HGr. B klaffende riesige Lücke am Tschir mit einem schwachen Abwehrschleier zu überziehen, ist zwei Persönlichkeiten zu danken: Einmal war es das Verdienst des Oberbefehlshabers der 4. Panzerarmee, Generaloberst Hermann Hoth. Zum anderen das des Oberst im Generalstabe Walther Wenck, der zum Chef des Generalstabes der 3. rumänischen Armee ernannt wurde. Wenck hatte das Kunststück fertiggebracht, indem er überall herumreiste, Soldatengruppen auffing und sie persönlich in die Lücken hineinführte.

Anläßlich der Kommandoübernahme sprach ich auch mit Generaloberst Frhr. von Richthofen, dem Oberbefehlshaber der Luftflotte 4. Richthofen sagte mir, daß nach seiner Ansicht bei der derzeitigen Wetterlage eine ausreichende Versorgung der 6. Armee nicht geflogen werden könne. Er habe dies Göring gemeldet. Auch ich meldete Richthofens Meinung sofort dem OKH. Daß die eingeflogene Versorgung niemals auch nur annähernd das Soll tatsächlich erreichte, lag nicht – und dies sei ausdrücklich hier eingeflochten – an den Transportstaffeln. Diese Flieger haben sich aufopfernd eingesetzt. Die Luftwaffe verlor bei diesen Flügen 488 Maschinen.

Nachdem die Verpflegungsvorräte im Kessel aufgebraucht waren, mußte die Mindestrate der täglichen Versorgung auf 150 Tonnen festgesetzt werden. Bei einem einmaligen Flug am Tage wären dazu 225 Ju 52 erforderlich gewesen, und die waren einfach nicht vorhanden.

Hinzu kam, daß im Winter ein Einsatz der Transportstaffeln oftmals wegen der Wetterlage unmöglich wurde. Göring hätte die Pflicht gehabt, Hitler auf die Unmöglichkeit der Versorgung der 6. Armee aus der Luft aufmerksam zu machen.

Aber er sicherte sie zu, und es ist fraglich, ob er alles getan hat, um sein Versprechen gegenüber den 200.000 Soldaten einzulösen.

Das tägliche Tauziehen des Oberkommandos der Heeresgruppe mit Hitler begann. Hitler wollte um jeden Preis an Stalingrad festhalten. Er wußte, daß 143 sowjetische Großverbände gegen die 6. Armee standen. Wir schlugen vor, einen Korridor zur 6. Armee zu öffnen, sie durch Auffüllen von Treibstoff und Munition wieder beweglich zu machen, um sie aus dem Kessel herausnehmen zu können. Das war am 28.11.1942.

Antwort erhielten wir am 3. Dezember. Immerhin enthielt sie Hitlers Einverständnis mit unserer Auffassung, wobei er jedoch in zwei Punkten Vorbehalte machte.

In der Folge zeigte es sich aber, daß Hitler nicht daran dachte, die 6. Armee aus Stalingrad zu lösen.

Der Entsatzplan der Heeresgruppe sah vor, daß ostwärts des Don die 4. Panzerarmee aus dem Raume Kotelnikowo gegen die

Südfront der Einschließungskräfte antreten sollte. Zu ihrer Verstärkung waren vom OKH noch die 17. Panzer-Division und die 306. Infanterie-Division zugesagt. Westlich des Don sollte die Armeegruppe Hollidt, in erster Linie mit dem XXXXVIII. Panzerkorps, aus dem zwischen Don und Tschir gelegenen Brückenkopf gegen die Einschließungskräfte vorgehen, sobald in diese eine Lücke geschlagen und die erste Verbindung zur 6. Armee hergestellt war. Dieser sollten zu allererst 3.000 Tonnen Nachschubgut zugeführt werden, um sie überhaupt zum weiteren Ausbruch zu befähigen.

Vorweg sei gesagt, daß die Entsatzoperation der Armeegruppe Hollidt nicht zu Stande kam. Diese Gruppe wurde durch Angriffe weit überlegener Kräfte an der Tschirfront gefesselt, und es war fast ein Wunder, daß sie diese Front überhaupt halten konnte.

(Über diesen Einsatz der Operationen „Wintergewitter" und „Donnerschlag" sei im folgenden Abschnitt detailliert berichtet, da beide Operationen von entscheidender Bedeutung für den Untergang der 6. Armee waren. Hier jedoch zunächst der Bericht des Generalfeldmarschalls, um die Kontinuität seiner Ausführungen zu sichern.)

Vorgesetzte, Kameraden und Mitkämpfer des Generalfeldmarschalls von Manstein

Generalfeldmarschall Erich von Manstein

Generalfeldmarschall von Blomberg: Reichskriegsminister und Oberbefehlshaber der Wehrmacht ab 21.5.1935. Am 4.2.1938 entlassen.

Generalfeldmarschall Wilhelm Keitel. Vom 4.2.1938 bis Kriegsende Chef des OKW. Ritterkreuz am 30.9.1939. Am 16.10.1946 in Nürnberg hingerichtet

Generalfeldmarschall Walther von Brauchitsch, zuletzt Oberbefehlshaber des Heeres, RK am 30.9.1939, verstorben am 18.10.1948 in britischer Kriegsgefangenschaft

Generaloberst Werner Frhr. von Fritsch. Am 4.2.1938 verabschiedet. Kämpfte mit dem ArtRgt. 12 in Polen; gefallen am 22.9.1939 vor Warschau

GFM Walter von Reichenau. Zuletzt OB der Heeresgruppe Süd. Gestorben am 17.10.1942 in Poltawa (Schlaganfall)

Generalfeldmarschall von Kleist. 60. Schwerter zum RK mit Eichlaub am 30.3.1944. Gestorben im Lager Wladimirowka, UdSSR, am 16.10.1954 (!)

links oben: Generalfeldmarschall Ritter von Leeb. Von Hitler als OB der Heeresgruppe Nord entlassen. Ritterkreuz am 24.6.1940

rechts oben: Generaloberst Erich Hoepner, OB der 4. PzArmee. Am 8.1.1942 ausgeschieden. Ritterkreuz am 27.10.1939. Am 8.8.1944 in Plötzensee hingerichtet.

unten links: Generaloberst Hans von Salmuth, zuletzt OB der 15. Armee. Ritterkreuz am 19.7.1940

Generaloberst Karl-Adolf Hollidt. RK als Generalleutnant und Kdr. 50ID am 8.9.1941 für den Vorstoß zur Krim, 239. EL am 17.3.1943 als General der Infanterie und OB der 6. Armee

General der Infanterie Ludwig Wolff, 100. EL zum RK als GenMaj. und Kommandeur der 22. ID am 22.6.1942. Auch er ein Krim-Kämpfer

GenLt. Erpo Frhr. von Bodenhausen, RK am 17.12.1943, Freitod am 9.5.1945 in Kurland

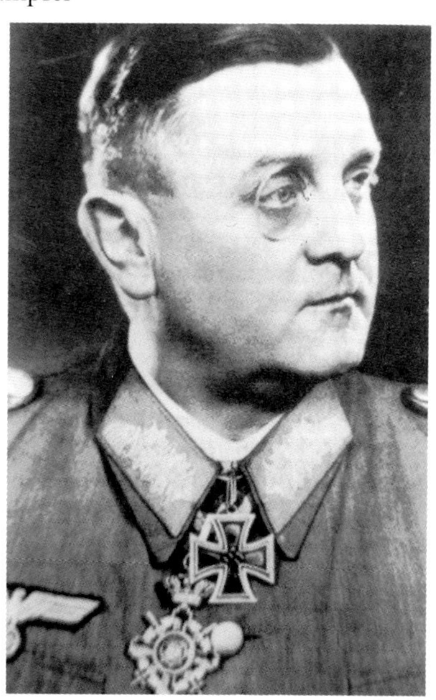

Gen.d.Inf. Dietrich von Choltitz, RK am 18.5.1940, führte auf der Krim die 22. ID und hatte großen Anteil am Sieg

General der Infanterie GenLt. Bruno Bieler führte 1942 als Gen. d. Infanterie das VI. AK. RK am 26.10.1941 als GenLt., Kdr 75. ID

Gen. d. Inf. Otto Hitzfeld wurde mit seinem IR 213 auf der Krim bekannt. RK als Oberstlt. am 30.10.1941, 65. EL am 17.1.1942 mit seinem Regiment 213. 158. Schwerter am 9.3.1945 für die Verteidigung von Witebsk

General der Infanterie Rudolf von Bünau führte das XXXXVII. PzKorps. RK als Oberst und Kdr. IR 133 am 13.8.1940, 766. EL am 4.3.1945

Major Paul Marbach führte als Major das I./GR 217 vor Sewastopol. Hier errang er das RK, das ihm am 20.2.1943 verliehen wurde

Hauptmann Helmut Leicht, 2./Stuka Geschwader 77, kämpfte in Sewastopol. RK am 3.9.1942. 631. EL am 24.10.1944. Gefallen am 26.6.1944 im Raum Witebsk

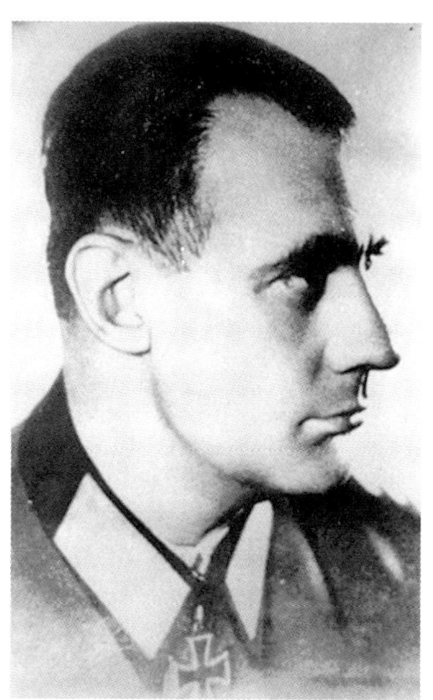

GenMaj. Erich Dethleffsen, RK am 23.12.1943. Oberst i.G., zuletzt Che Führungsabt. im Wehrmachtführungsstab

GenLt. Otto Fretter-Pico, KommGen. der Armee-Abt. „Fretter-Pico", RK am 26.12.1941, 368. EL am 16.1.1944

Gen. d. Inf. Hans von Tettau, Kdr. der 24 ID, RK am 3.9.1942, 821. EL am 5.5.1945, Fhr. der Korps-Gr. „von Tettau"

Generalfeldmarschall Wolfram Freiherr von Richthofen, RK am 17.5.1940, EL als 26. Soldat am 17.7.1941, führte als Komm.Gen. das VIII. Fliegerkorps, das entscheidenden Anteil am Erfolg der Schlacht um Sewastopol hatte

Generalfeldmarschall Fedor von Bock führte zu Beginn des Rußlandfeldzuges die Heeresgruppe Mitte und ab Januar 1942 die Heeresgruppe Süd

Der Kampf auf der Halbinsel Krim mit Schwerpunkt Sewastopol

Eisenbahnflak sichert einen Nachschubtransport auf der Krim

Auf dem vorgeschobenen Gefechtsstand der 11. Armee besprechen die beiden Generalober sten von Richthofen (links) und von Manstein die nächsten Aktionen

Sewastopol sah die deutschen Geschütze und Mörser mit den größten Kalibern

Hermann Albert Schrader erhielt am 24.5.1940 das RK als Chef der 11./IR 16. Gefallen am 14.6.1942 als Hptm. und Kdr. III./IR 16 vor Sewastopol

Oblt. Georg Bittlingmaier fiel am 30.6.1942 vor Sewastopol. Posthum wurde er am 25.7.1942 mit dem RK ausgezeichnet.

Gen. d. Inf. Günther Blumentritt war als Oberst am 1.9.1939 in der HGr. Süd. Er diente auch in von Mansteins Stab. 741. EL als Gen. d. Inf.

Hans von Salmuth war als Oberst im Stabe de HGr. Süd; später diente er auch im Stabe vo GFM von Mansteins 11. Armee

Gen. d. PzTr. Mortimer von Kessel erhielt als GenMaj. und Kdr. 20. PD am 28.12.1943 das RK; 611. EL am 16.10.1944

GenLt. Hans Graf von Sponeck nahm sei XXXXII. AK ohne Genehmigung von der Krim zurück. Er wurde zur Festungshaft verurteilt und am 23.7.1944 im Wehrmachtsgefängni Germersheim erschossen (siehe den umfassenden Bericht von GFM von Manstein)

Major Hermann Stiefvater, der am 18.5.1941 das RK erhielt, war mit seiner PzJägAbt. 173 im Ringen um Sewastopol erfolgreich. Am 11.4.1942 erhielt er vor Sewastopol das Deutsche Kreuz in Gold

Willy Marienfeld führte als Major das II./IR 123 und errang am 17.8.1942 das RK. Als Major führte er das GR 123 und starb im Lazarett Konstanza. Posthum zum Oberstlt. befördert. Mit seinem Kameraden Bärenfänger erstürmte er mehrere russische Stellungen vor Sewastopol

Einer der Mitkämpfer um Sewastopol war auch Hptm. Kurt Nolte, Kdr. II./IR 213. RK am 6.9.1942

Als Oberst erhielt Werner v. Eichstedt mit seinem IR 436 am 18.8.1942 das RK. ERkämpfte auf der Krim und fiel als GenMaj. und Kdr. 294. ID am 26.8.1944 bei Kishinew

Harald Frhr. von Elverfeldt war Chef des Generalstabes des LVI. AK. RK am 9.12.1944; 801. EL am 23.3.1945

Bei Breilly war Oberst Heinz Greiner als Che[illegible] des IR 63 erfolgreich. Von Manstein reicht[illegible] ihn zum RK ein, das er am 22.9.1941 erhielt 572. EL am 3.9.1944 als GenLt. und Kdr. de[illegible] 362. ID

Jürgen Gauss erhielt das RK erst am 28.3.1945 als Hptm. Er war beim Sturm auf die Krim dabei

Vor Sewastopol kämpfte auch Hptm. Kur[illegible] Schiele. Am 25.8.1942 erhielt er das RK. Da[illegible] 544. EL wurde ihm als Major und Kdr. de[illegible] PiBatl. 24 am 8.8.1944 verliehen

GenOberst Dr. Ing. Wolfram von Richthofen als KommGen. des VIII. FlKorps mit Major Hubertus Hitschhold, dessen I./StGeschw 2 auf dem Weg zur Krim und vor Sewastopol kämpfte. RK am 21.7.1940. 57. EL am 31.12.1941

Oblt. Bärenfänger erhielt als Fhr. des III./IR 123 am 7.8.1942 das RK

Hans-Joachim Floer, einer der Leutnante, die auf der Krim von sich reden machten. RK erhalten am 5.3.1945 als Oblt.

Hptm. Alfred Dürrwanger wurde auf de Krim am 10.7.1942 mit dem RK ausgezeich net

Als Ofw. wurde Friedrich Hengstler am 12.9.1941 auf dem Weg zur Krim mit dem RK ausgezeichnet

Erich Bärenfänger führte auf der Krim als Oblt. die 2./IR 123 als Chef und wurde bald mit der Führung des III./IR 123 betraut. Das RK erhielt er am 7.8.1942 für die Eroberung einiger Werke von Sewastopol. Als Hptm. und Kdr. seines III./GR 123 errang er am 17.5.1943 das 243. EL. Die Schwerter wurden ihm am 23.1.1944 verliehen. Bärenfänger brachte es bis zum GenMaj. Er fiel bei einem Ausbruch aus der Reichshauptstadt. Hitler verleiht ihm hier in der Reichskanzlei die Schwerter zu RK mit Eichenlaub.

Hptm. Gordon Gollob kämpfte mit dem JG 77 auf der Krim. Am 23.6.1942 erhielt er die 13. Schwerter zum RK mit EL.Knapp sieben Wochen später wurde er als 3. deutscher Soldat mit den Brillanten zum RK mit EL und Schwertern ausgezeichnet

Generaloberst Erich von Manstein, OB der 11. Armee, in den russischen Laufgräben

Generaloberst Dr. Ing. Wolfram Frhr. von Richthofen mit dem Chef des Stabes der Luftwaffe, GenOberst Hans Jeschonnek, und Oberstleutnant Christ bei der Angriffsbesprechung gegen Sewastopol

Luftbild Sewastopol

Stukas des VIII. Fl.-Korps im vollen Einsatz

Marschall Antonescu, der rumänische Staatsführer und Oberbefehlshaber der rumänischen Armee, bei seiner Truppe auf der Krim. GenOberst von Manstein begleitet ihn

Erich von Manstein (links) im Führerhauptquartier noch vor dem Feldzug zur Krim

Die schweren Doppeltürme Sewastopols bieten ein sehr flaches Ziel. Dennoch wurden sie zerschmettert.

Der Eingang zu einer Kasematte wurde von den Pionieren gesprengt

Flüchtlinge verlassen ihre Dörfer

Russische Soldaten auf dem Weg in die Gefangenschaft

Die Zwillingsrohre einer Kasematte sind vernichtet

Auch dieser Gefechtsstand fiel dem VIII. Fliegerkorps zum Opfer

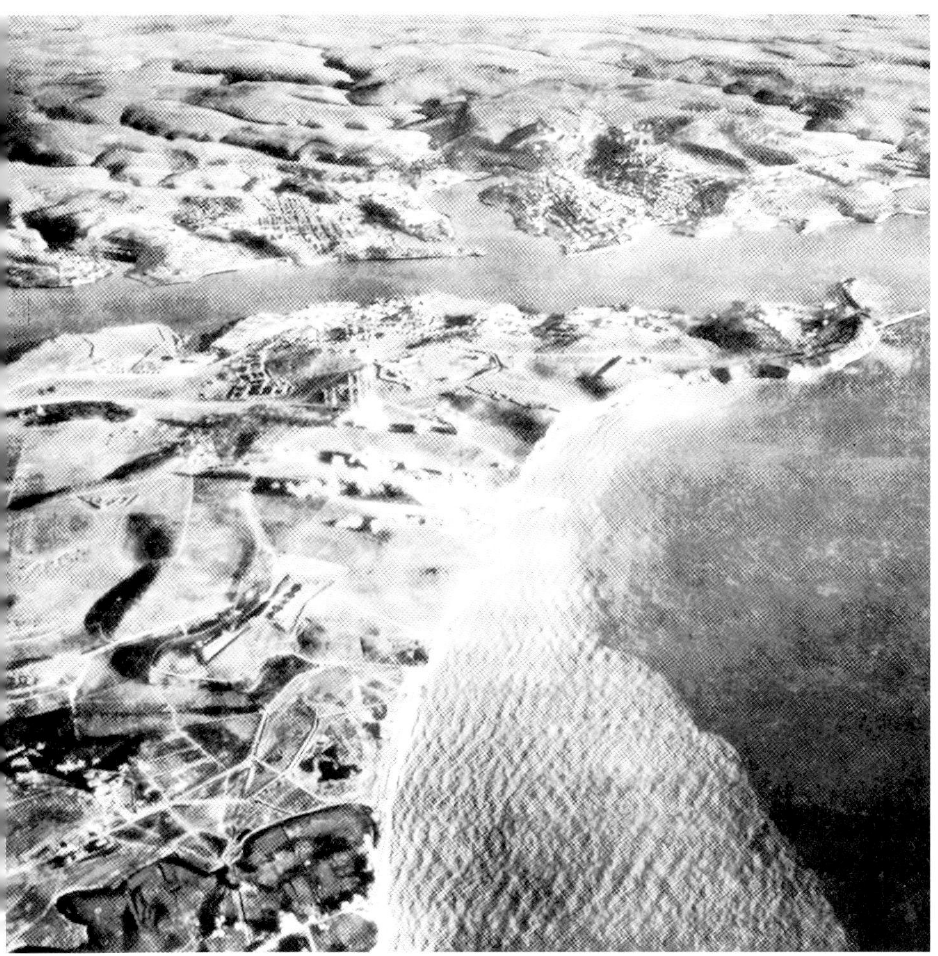

Die Nordseite der Sewernaja-Bucht. In diesem Gebiet lagen die Forts und Festungen Stalin, Maxim Gorki, Molotow, Wolga, Lenin, Ural und Sibirien. Eine „uneinnehmbare waffenstarrende Front“.

Diese Stellung auf der Sapun-Höhe wurde von den Stukas vernichtet

Der vorgeschobene Gefechtsstand des VIII. FlKorps. GenOberst von Richthofen fährt zum Adlerhorst (vorgeschobener Beobachtungsstand in den Bäumen)

Auf dem Adlerhorst von Richthofens. Von hier aus konnte ein Teil der Luftoperationen per Fernglas verfolgt werden.

Hier befand sich die Kommandobehörde der sowjetischen Krim-Armee. Auch sie wurde ausgeschaltet

Die Serpentinen der „Choltitz-Straße“ waren Rollbahnen der Roten Armee - bis die Stukas kamen

In diesem Gelände mit den Tunnels kämpften die Männer um Oblt. Bärenfänger in mehrfachen Anläufen

Die Festungswerke in der Strelezkajabucht schienen unüberwindlich

rechts: Anlegestellen in de Strelezkajabucht wurden von de Roten Armee als Anlaufpunkte zu Nachschub-Versorgung genutzt.

unten: am Strand ein Bild der Ver-wüstung

Der Inkermann mit seinen Höhlen und Kasematten. Hier spielten sich erschütternde Tragödien ab, wurde ein hoher Blutzoll entrichtet

Der Einstieg zu einer unterirdischen Verteidigungsanlage wurde von den Infanterie-Kämpfern im Sturm genommen

Diese Maschinentypen flogen auf der Krim vom 2.6. bis zum 4.7.1942 insgesamt 23.751 Einsätze und trugen mit dazu bei, daß die 11. Armee den Sieg errang und von Manstein den Marschallstab erhielt

Diesen Angriffen konnte nichts widerstehen

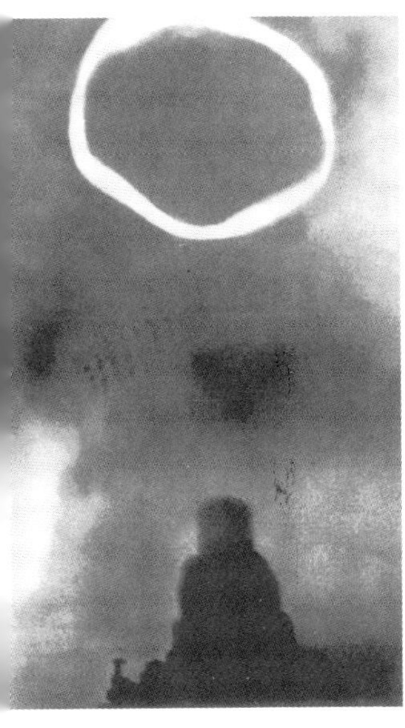

Vom schwersten Mörser der Welt (hier beim Nachtschießen) bis zum schweren Eisenbahngeschütz (rechts) wird die Festung unter Feuer gehalten

Infanterie stürmt russische Hügelstellung bei Sewastopol

Granatwerfer sichern die Straßen zur Front vor Partisanenüberfällen

von Manstein auf dem Schlachtfeld von Sewastopol

Stabsbesprechung der 11. Armee

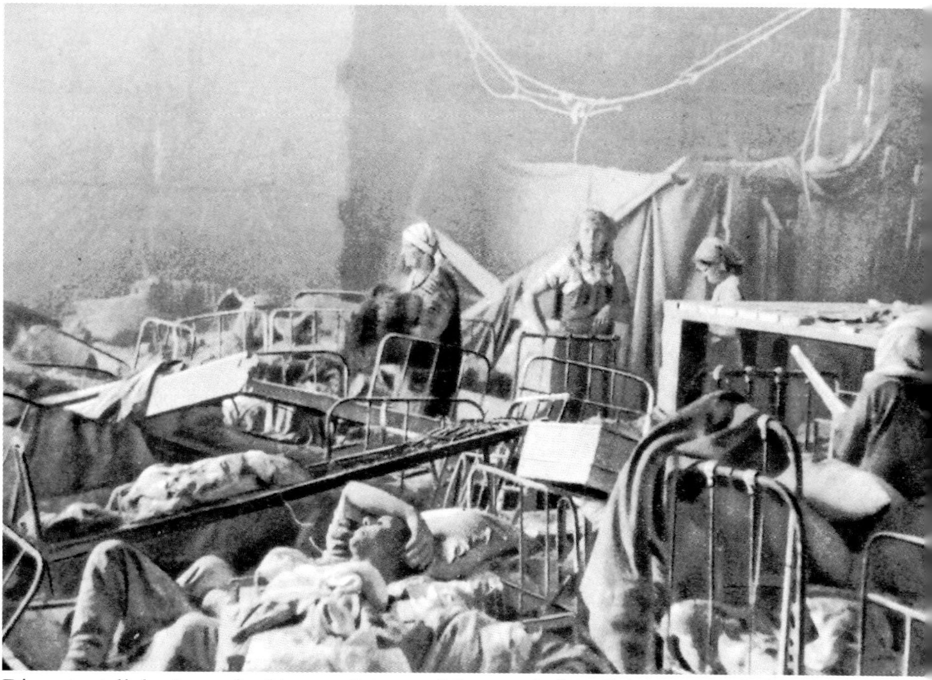

Die entsetzliche Lage der Verwundeten und der russischen Schwestern, die bis zum bitteren Ende bei ihnen blieben, erforderte rasche Hilfe durch deutsche Ärzte

Sewastopol ist vernichtet. Hier wurde auch im Krimkrieg und im Ersten Weltkrieg gekämpft

Sewastopol - die schöne Stadt war nicht mehr

Im Gefechtsstand der 11. Armee bei der Morgenlage

In Perekop fanden schwerste Grabenkämpfe statt

Marschall Antonescu im Hauptquartier der 11. Armee (Mitte, von Manstein rechts neben dem rumänischen Oberbefehlshaber)

Generalfeldmarschall von Manstein und Generalleutnant Speidel

Der Krimschild: Anerkennung für alle Kämpfer auf der Krim

Operation „Wintergewitter“
Die versuchte Befreiung der in Stalingrad eingeschlossenen 6. Armee

Generalfeldmarschall Erich von Manstein führte die Operation „Wintergewitter“ mit dem Ziel, die in Stalingrad eingeschlossene 6.Armee zu entsetzen und zu befreien. „Dies wäre mein größter Sieg geworden und hätte weit über 100.000 Soldaten das Leben erhalten, aber mein Herzenswunsch wurde nicht erfüllt.“ (Der Feldmarschall an seinen Biographen)

Gen. d. PzTr. Traugott Herr errang das RK als Oberst am 2.10.1941, das 110. EL am 9.8.1942 und die 117. Schwerter am 18.12.1944. Bei der HGr. Süd führte er das LXXVI. PzKorps

Generaloberst Hermann Hoth wurden Panzerverbände entzogen, als sie zur Befreiung der 6. Armee „bitter nötig“ waren (an den Autor anläßlich der Korrespondenz um eine Lebensbeschreibung des Panzerführers)

'riedrich Paulus, Oberbefehlshaber der 6. Armee, erhielt am 15.1.1943 das 178. EL. Am 1.1.1943 ernannte ihn Hitler zum Generalfeldmarschall

Eine FW 200 der 2./Kampfgeschwader 40 auf dem Weg nach Stalingrad

Die He 111 trugen die Hauptlast der Versorgung der „Festung“ und erlitten die höchsten Verluste

Auch die Ju 290 V-8 wurden in den Skat geworfen. Dennoch war die Versorgung der 6. Armee zum Scheitern verurteilt

Sturmgeschütz auf dem Vorstoß nach Stalingrad

Sturmgeschütz, abgeschossen von einer sowjetischen schweren Pak 7,62 cm

L

Sturmgeschütz auf einer Brücke abgestürzt

JU 52 startbereit zum Flug in den Kessel von Stalingrad

Auf dem Gefechtsstand in Golobinskaja: (von links) Gen. d. Art. Heitz, GenLt. Arthur Schmidt, Chef des GenStabes der 6. Armee, und GenOberst Paulus

Deutsche Grenadiere in der Eiswüste Stalingrads

Der deutsche Stalingradkämpfer bei klirrender Kälte im Inferno der Stadt an der Wolga

Auch dies sind deutsche Soldaten, die bis zum bitteren Ende ausharrten

Generalfeldmarschall Friedrich Paulus geht, von russischen Offizieren begleitet, in die Gefangenschaft

Die gesamte 6. Armee, soweit sie überlebte, geht ihm nach

LV

Die Standarte der Sturmgeschütz-Abteilung 184 im Traditionsraum zu Karlstadt

Erich von Manstein im Traditionsraum im Gespräch mit Kameraden

Die Einweihung des Traditionsraumes im Katzenturm zu Karlstadt. Von links: Dr. Schrader-Rottmers, GFM von Manstein, Oberstlt. Tornau, Altbürgermeister Krapf, RegRat H.J. Heise

Am Ehrenmalder Sturmartillerie wird die Standarte der StGesch-Batterie „Rhodos" enthüllt. Links der Ehrenvorsitzende GenMaj. a.D. Hoffmann-Schönborn

Das 34. Bundestreffen in Karlstadt 2./3.6. 1985. Das Präsidium ist zum Gruppenbild versammelt. Von links: Albert Kramer, Sepp Brandner, Fritz Müller, 1. Vorsitzender Anton Wickelmaier, Martin Buhr, Hermann Kronawitter, Peter-Paul Land

Das Sturmartillerie-Denkmal in Karlstadt

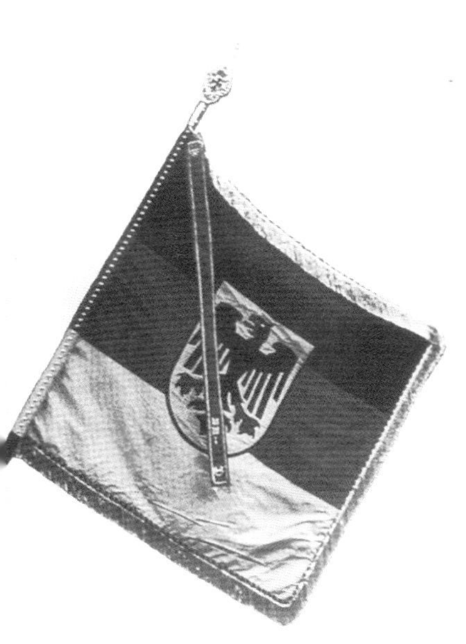

Die Truppenfahne des Panzer-Batl: 354

Das Bundestreffen des Jahres 1957. Vorn von links: Major a.D. Sepp Brandner, Oberstlt. a.D. Konrad Sauer, Stabswachtmeister Leopold Stockinger

Urkunde

Die Gemeinschaft
der Sturmartillerie
übernimmt
zur sichtbaren Bekundung ihrer
Verbundenheit mit den Panzersoldaten
der Bundeswehr mit dieser Urkunde
die Patenschaft
für das Panzerbataillon 354
Hammelburg

1. Bundesvorsitzender

Karlstadt,
den 27. Mai 1967

Oberst a.D. Werner Frhr. von Beschwitz Kdr. des PzBatl. 354, Hammelburg. Ihr wurde die Patenschaftsurkunde der Ge-meinschaft der Sturmartillerie übergeben

Oberstlt. Anton Wickelmaier hält die Ansprache (Mitte)

ben: die Ehrenwache der Bundeswehr ist
ufgezogen
nten: der abendliche Aufmarsch, voran
ie Bundeswehr-Abordnung

Die Standarte der Sturmartillerie wird vom Panzer-Batl. 354 in Obhut genommen (oben). Das Ehrenmal mit dem Sturmgeschütz war jahrzehntelang nicht aus dem Stadtbild wegzudenken

Zu seinem 83. Geburtstag war GFM Erich von Manstein, der Schöpfer der Sturmartillerie, i Karlstadt. Von links: der Chef des Bundesnachrichtendienstes, General Gehlen, der GFM Wickelmaier und Mathes

)as Ehrenmal der Sturmartillerie in Radstadt, Österreich, anläßlich seiner Einweihung.
)ie österreichische Armee stellt die Ehrenwache

Ritterkreuzträger der Sturmartillerie

Rudolf Gustav Buhse

Gottfried Tornau (RK am 28.3.1945 al
Kdr. der StGeschBrig. der Führer-Gre
nadier-Division „GD“)

Alfred Müller (ehemals Kdr. der StGesch-Schule zu Burg. RK am 20.2.1943, 354. EL am 15.12.1943

Heinz Knoche

Der Verlauf der Kämpfe

Am 2.12.1942 begannen die sowjetischen Angriffe auf die 6. Armee. Sie wurden am 4. und 6.12. wiederholt und abgewiesen.

Bereits am 2.12. meldete die Armee, daß sie mit gekürzter Verpflegung und bei Aufbrauch der Pferde 12 bis 16 Tage versorgt sei. Übrigens konnten am 5.12. erstmals und einmalig 300 Tonnen Versorgungsgüter in die Festung eingeflogen werden.

Am 9.12. hörten die Angriffe gegen die 6. Armee auf. An der Tschirfront dauerten sie jedoch noch an.

Am 12.12. konnte endlich das LVII. Panzerkorps – allerdings zunächst noch ohne die 17. Panzerdivision, die Hitler vorübergehend zum Schutz von Rostow angehalten hatte – und ohne die 306. ID, die bei der 3. rumänischen Armee hatte eingreifen müssen, zum Entsatzangriff antreten. In harten Kämpfen wurde der Myschkowa-Abschnitt erreicht.

Der Tag des Ausbruchs der 6. Armee war gekommen. Hitler aber lehnte am 19.12. einen dringenden Appell des Oberbefehlshabers der Heeresgruppe Don ab, die Aufgabe von Stalingrad zu erlauben. Er tat dies mit der Begründung: „Was wollen Sie eigentlich? Paulus hat ja nur für 20, höchstens für 30 Kilometer Treibstoff. Der kann ja, wie er meldet, zur Zeit gar nicht ausbrechen." Dennoch gab das Heeresgruppenkommando Don am 19.12. den Befehl zum Ausbruch. Dieser sollte in zwei Schritten erfolgen: Auf das Stichwort „Wintergewitter" sollte die 6. Armee mit allen verfügbaren Kräften die feindliche Südfront durchbrechen und die Verbindung mit der 4. Panzerarmee herstellen, um dort durchgeschleust und zu dem bereitgestellten Geleitzug mit dem Nachschub gelotst zu werden.

Der zweite, entscheidende Schritt sollte der Ausbruch der

gesamten 6. Armee nach Südwesten – unter Aufgabe von Stalingrad – sein. Er sollte auf das Stichwort „Donnerschlag“ erfolgen, der sich unter Umständen direkt an „Wintergewitter“ anschließen mußte.

Die Heeresgruppe hatte diesen Weg gewählt, weil Hitler ihn sofort verboten hätte, wenn die Aufgabe Stalingrads als erster Schritt befohlen worden wäre. Mit der Durchführung von „Donnerschlag“ nach dem ersten Schritt „Wintergewitter“ hätte er sich wohl abfinden müssen.

Darüber hinaus hätte die sofortige Räumung Stalingrads mit der Nord- und Westfront des Kessels die Rote Armee sofort nachstoßen lassen, womit die 6. Armee auf engstem Raum zusammengedrückt worden wäre. Dies aber hätte den sicheren Untergang bedeutet. Es kam darauf an, wenigstens einen, besser noch zwei Tage lang diese Fronten zu halten und damit ein Halten auf Dauer vorzutäuschen, während der Angriffskeil der 6. Armee die Verbindung zur 4. Panzerarmee erkämpfte.

Zum Zweck der Beweglichmachung und weiteren Versorgung der durchgestoßenen 6. Armee hatten wir hinter der 4. Panzerarmee die 3.000 Tonnen Versorgungsgüter auf Kraftwagenkolonnen bereitgestellt und Zugkraftwagen zur Beweglichmachung eines Teiles der Armee-Artillerie des AOK 6 herandirigiert. Noch hielt die Front am unteren Tschir.

Am 20.12. kam es bei der Spitzengruppe des LVII. Panzerkorps, das Myschkowa erreicht hatte, zu erbitterten Kämpfen. Die Rote Armee wollte unter allen Umständen das Näherkommen unserer Entsatzarmee vereiteln.

Die vordersten Truppen dieser Armee konnten bereits den Widerschein der Kanonade aus Stalingrad sehen. Wenn nur jetzt die 6. Armee antrat und dadurch der 4. Panzerarmee etwas Luft verschaffte!

Doch dieser Angriff fand nicht statt.

Der Entsatzangriff Wintergewitter und Donnerschlag bei der Truppe Kurze Übersicht

Die in der Sprache der Kommandobehörden und der Obersten deutschen Führung gegebenen Befehle und die Erfolge wie auch die Mißerfolge in der dürren Sprache der Führung deuten nur an, was die Truppe zu leisten hatte. Deshalb an dieser Stelle ein Bericht, der die unsäglichen Strapazen und Opfer, welche die Truppe im Vorfeld von Stalingrad erlitten und erduldet hat, um den Kameraden im Kessel zu helfen. Hier der Bericht des Chronisten als Ergänzung dazu:

Die 6. Armee mit ihren 20 Divisionen war um Stalingrad herum eingeschlossen. Der Stalingrader Kessel hatte, nachdem General Paulus die Truppen des XI. und VIII. AK in eine neu gebildete Stalingrad-Westfront zurückgenommen und aus Reserven eine neue Südfront gebildet hatte, eine Ausdehnung von etwa 50 km in der Ost-West-Ausdehnung und 50 km in südlicher Richtung.

Auch General Paulus hatte bereits am 23. November „den Ausbruch der 6. Armee nach Südwesten als unumgänglich notwendig" erachtet. Hitler verwarf diesen Antrag des OB der 6. Armee, obgleich es – nach Kenntnis der Lage – Sache der Obersten Führung gewesen wäre, der 6. Armee rechtzeitig den Befehl zum Ausbruch zu geben und ihr damit die operative Bewegungsfreiheit zu schaffen, einer dichteren Einschließung und Vernichtung vorzubeugen.

Die oberste deutsche Führung wußte spätestens ab dem 19. November, was die Stunde geschlagen hatte.

„Sie hätte", so GFM von Manstein, „spätestens am Abend des 19. November der 6. Armee den Auftrag geben müssen, durch den sie ihre Operationsfreiheit erhielt.“ (siehe von Manstein/ Kurowski: a.a.O.)

Als es schließlich darum ging, mit der 4. Panzerarmee den Entsatzangriff auf Stalingrad zu fahren, war das XXXXVIII. PzK mit der inzwischen auch bei ihr eingetroffenen 11. PD und der 336. ID, die ebenfalls zum Entsatzangriff gegen Stalingrad antreten sollten, von der 4. Panzerarmee zur Stützung der Front am Tschir eingesetzt worden.

Dort hatte die Rote Armee bereits am 4. Dezember einen starken von Panzerverbänden getragenen Angriff gegen die auf einem Frontabschnitt von 120 km Breite verteidigende 3. rumänische Armee gestartet. Hier sollte der Durchbruch auf Rostow erzwungen werden.

Das Halten dieser Front war notwendig, da der deutsche Brükkenkopf zwischen Tschir und Don und ostwärts des Don mit der Donbrücke bei Nishne Tschirskaja für den Entsatz der 6. Armee von entscheidender Bedeutung war. Darüber hinaus wäre mit dem Fall dieser Stellungen der Roten Armee der Weg zu den Flugplätzen Morosowskaja und Tazinskaja frei gewesen, über welche die 6. Armee versorgt wurde.

Darüber hinaus hätte die Rote Armee im Falle des Gelingens dieses Durchbruchversuchs hier am unteren Tschir auch freien Zugang zu Rostow gehabt.

Dies waren die Gründe, die das OKH bewogen, seine Einwilligung zum Einsatz des XXXXVIII. PzK zu geben, mit dem diese Front am Tschir gehalten werden mußte.

Für den Entsatzangriff gegen Stalingrad waren Generalfeldmarschall von Manstein zunächst sieben Divisionen der Armeeabteilung Hollidt versprochen worden. Doch schon sehr bald erkannte dieser, daß er froh sein könne, wenn er das XXXXVIII. PzK mit zwei (!) Divisionen erhielt. Damit aber konnte er nicht die ihm gestellte Aufgabe erfüllen. Es mußten weitere Truppen, vor allem noch eine PD hinzu kommen. Dazu beantragte die HGr. Don die Unterstellung des III. PzKorps der HGr. A mit zwei Panzer-Divisionen. Außerdem sollte das OKH noch die 17. PD und die neu aufgestellte 306. ID heranführen.

Das OKH ließ jedoch die 17. PD hinter dem linken Flügel der HGr. Don ausladen. Als Hitler sie dann endlich frei gab, kam sie nicht mehr rechtzeitig zu Beginn des Unternehmens „Wintergewitter“ heran.

Die Ereignisse am Tschir hatten GFM von Manstein gezeigt, daß auch das XXXXVIII. PzK nicht rechtzeitig frei werden würde, so daß dieser Teil des Gegenangriffs gegen den Kessel nicht stattfinden konnte.

Aus diesem Grunde war das Antreten des LVII. PzK um so dringlicher, betonte von Manstein.

Der Angriff des LVII. Panzerkorps

Die 6. PD, eine der Elite-Panzer-Divisionen des Heeres, stand im Bereitstellungsraum zum Angriff allein. Sie sollte mit Beginn von „Wintergewitter“ in einem Raid über 100 km durch feindbesetztes Gebiet bis zum Kesselrand von Stalingrad vorstoßen.

Gleichzeitig mit ihr sollten auch die 17. und 23. PD an diesem Raid teilnehmen, um ihm die notwendige Durchschlagskraft zu geben.

Von der 23. PD waren zum Angriffsbeginn nur erst Teile vorhanden. Die 17. PD befand sich noch in weiter Ferne und wurde zu allem Übel noch durch Hitler festgehalten.

Am frühen Morgen des 24. November traf als erster Verband der 6. PD das PGR 4 (Panzergrenadier-Regiment) in Kotelnikowo ein. Es wurde bereits beim Ausladen von russischer Artillerie beschossen. Die 8. Kp erwiderte mit den von den Waggons ausgeladenen Geschützen das Feuer. Alle nachkommenden Transporte mußten eine Station eher ausgeladen werden.

Am Morgen des 29. November übernahm GenMaj. Raus die Divisionsführung, und am 1. Dezember übernahm der KommGen. des LVII. PzK Gen. d. PzTr. Kirchner die Division, deren 1. und 5. Kp. des PR 11 ebenfalls an diesem Tage eingetroffen waren.

Zwei Tage darauf kam es zum ersten Gefecht der 6. PD, als zehn Feindpanzer aus Kudinoff antraten und in dichtem Schneetreiben Pochlebin erreichten. Der dort stehende Pakzug schoß sieben davon ab. Aber die 3./SR (Schützen-Regiment) 114 (der 6. PD) mußte sich auf Safranoff zurückziehen.

Major Dr. Bäke mußte die 5. Kp seiner II. Abteilung zur 1./PR 11 schicken, damit beide PzKpn. mit dem II./SR 114 als KGr. Küper von Katelnikowo aus zum Angriff antreten konnte.

Als etwa 20 Feindpanzer beiderseits der Straße von Pochlebin nach Kotelnikowo vorstießen, schickte GenMaj. Raus die 1./PzJägAbt. 41 dort hin. Diese zerschoß die feindliche Panzerspitze, bevor sie sich vor nachdringenden russischen Schützen zurückziehen mußte.

Nun wurden alle Angriffskompanien nach vorn geworfen, um der gestoppten KGr. Küper (Hptm. Küper, Kdr. des Kradschützen-Batl. 6 erhielt am 2.4.1942 das Deutsche Kreuz in Gold) nach Pochlebin vorzuhelfen und die Ansiedlung zu nehmen.

Oberst von Hünersdorff, Kdr. des PR 11, schlug nunmehr vor, die II. Abteilung seines Verbandes unter Hptm. Dr. Bäke nach Maiorski zu werfen und diese dort dem PGR 114 unter Oberst Zollenkopf zu unterstellen (Deutsches Kreuz in Gold am 28.2.1942).

Der Feind hatte sich in der Nacht bedeutend verstärkt und stellte sich nach Spähtruppberichten zum Angriff gegen

Kotelnikowo bereit, dies mußte verhindert werden. Oberst von Hünersdorff stand nun das gesamte PR 11 mit 90 Panzern zur Verfügung.

Als der Angriff begann, rollte die II. Abt. unter Major Dr. Bäke frontal auf Pochlebin vor. Auf Schußweite herangekommen, erhielt der Verband Feuer aus einigen Russenpak 7,62 cm – Ratschbumm genannt. Feindpanzer fielen gut gedeckt nacheinander in dieses Feuer ein. Drei Panzer der 8. Kp. erhielten Volltreffer und blieben liegen. Einer explodierte nach weiteren Treffern mit hoher Stichflame. Einige Panzer der II. Abt., die zum weiträumigen Vorwärtskommen Benzinkanister auf ihren Hecks aufgeladen hatten, erhielten unglücklicherweise Hecktreffer und gingen in Flammen auf. Hptm. Hagemeister, Chef der 2./PR 11, wurde bei einem solchen Brand abgeschossen. Die Besatzung wurde zum Aussteigen gezwungen, wobei Hptm. Hagemeister schwer verwundet wurde.

Die I./PR 11, die Befehl hatte, von Nordwesten her gegen Pochlebin anzutreten, wurde in ein Gefecht verwickelt und in dessen Verlauf weiter und weiter nach Norden gezogen.

Oberst von Hünersdorff gab ihr über Funk Befehl, sofort abzudrehen und auf Pochlebin zu operieren. Nur so konnte der schwer ringenden Abteilung Bäke Entlastung gebracht werden.

Dieser Schwenk brachte Verwirrung in die feindlichen Kampfgruppen. Diese mußten nun ihre Abwehrkräfte teilen; damit wurde die Abteilung Bäke spürbar entlastet.

Major Dr. Bäke handelte sofort: „Angriff und durch!“ befahl er. In schneller Fahrt ging es gegen Pochlebin. Weit auseinandergezogen folgten die Kompanien der führenden schweren Kp., die, im Zentrum vorrollend, mit ihren 7,5 cm-Kanonen den Gegner vernichtend traf. Auf die Flanken zu ausbrechende feindliche Kavallerie-Einheiten wurden mit Sprenggranaten vernichtet.

Es war Mittag, als die Panzer von Dr. Bäke nach Pochlebin eindrangen. Leider klaffte nun zwischen seiner II. und der I. Abteilung eine breite Lücke, durch die der Feind ins Freie entkam.

Dennoch war der Sieg errungen und das Divisions-KTB meldete:

„Großen Anteil am Erfolg hatte die II. Abteilung des PR 11 unter Major Dr. Bäke. Besonders hervorgehoben sei noch Oberleutnant Ranzinger, Chef der 8. Kompanie."

(Am 11.1.1943 erhielt Dr. Franz Bäke das Ritterkreuz.)

Es war an dieser Stelle die 81. Kavallerie-Division und die 85. Panzerbrigade der Roten Armee, die hier zerschlagen wurden. Generaloberst Hoth, OB der 4. Panzerarmee, ließ über Funk übermitteln: „Bravo 6. Panzer-Division!"

Bei Werchne Kumskij waren inzwischen starke feindliche Panzerkräfte aufmarschiert. Es sollte sich nach Gefangenen-Aussagen um über 300 Panzer des IV. und XIII. sowjetischen Panzerkorps handeln. Dieser Verband mußte geschlagen werden, ehe der Durchbruch nach Stalingrad aufgenommen werden konnte.

Oberst von Hünersdorff wies bei der Kommandeursbesprechung darauf hin, daß dies die entscheidende Panzerschlacht zur Befreiung des Kessels von Stalingrad sein werde. „Alle dem Korps zur Verfügung stehenden Panzerkräfte müssen dazu freigegeben werden", schloß er die Lageschilderung. „Wenn wir diesen Panzerfeind knacken, ist der Weg nach Stalingrad frei, kann die 6. Armee gerettet werden."

Allerdings mußte das LVII. PzK den Angriff allein führen, weil das ebenfalls dazu vorgesehene XXXXVIII. PzKorps unter Gen. d. PzTr. von Knobelsdorff den eigenen Brückenkopf Tschirskaja verteidigen mußte, der von starken Feindkräften berannt wurde.

Mittlerweile waren die ersten Teile der 23. PD eingetroffen.

Die 17. PD wurde immer noch durch Führerbefehl festgehalten. Sie hätte das Zünglein an der Waage bedeuten können.

Am Morgen des 12. Dezember trat die 6. PD, zu der Unterstellungen gekommen waren, mit nunmehr 134 Panzern und sieben Befehlswagen an. Von ihnen gehörten 69 Panzer III und 12 Pz IV zur 23. PD. Das war bestenfalls die Stärke von eineinhalb Panzer-Divisionen von den 12 zugesagten (!).

Damit war schon vor Beginn dieses Angriffs, die letzte und einmalige Chance vertan worden, die 6. Armee frei zu schlagen. Es war niemand anderer, als der spätere General der Bundeswehr und damalige Hauptmann Horst Scheibert, der den Teilnehmern an diesem erbitterten Ringen in seinem Werk „Nach Stalingrad 48 Kilometer“ ein bleibendes Denkmal gesetzt hat. Daraus sei mit Erlaubnis von General Scheibert hier zitiert:

„Die 6. Panzer-Division hatte sich in vier Kampfgruppen gegliedert und zwar in drei schwächere Panzergrenadier-Gruppen und der starken Panzergruppe unter Oberst von Hünersdorff. Die drei PG-Gruppen wurden von Oberst Zollenkopf, Oberst Unrein und Major Quentin geführt.

Der Angriff begann, und im KTB des PR 11 heißt es dazu:

I. Abteilung rechts, II. Abteilung links, dazwischen die Panzerjäger und Selbstfahr-Lafetten.

Dahinter auf Schützenpanzerwagen (SPW) das II./PGR 114 in breiter Front.

Das Tagesziel: Übergang über den Askaj, konnte nicht erreicht werden, da der Vorstoß durch zwei vereiste Schluchten stark verzögert wurde. Der Weiterstoß am Morgen des 13. Dezember aber brachte bereits um 08.00 Uhr den Übergang.“

Unangefochten rollte die I./PR 11 über die Brücke. Als der Befehlswagen von Oberst von Hünersdorff ebenfalls darüber fahren wollte, brach die Brücke ein und sperrte den Übergang.

Oberst von Hünersdorff forderte nun Stukas an. Als diese das feindbesetzte Werchne Kumskij bombten, befahl von Hünersdorff den Angriff der I./ PR 11.

Unmittelbar nach Ende des Bombardements rollte diese Abteilung nach Werchne Kumskij hinein und eroberte die Ortschaft.

Die 23. PD, die nun voll in den Kampf hätte eingreifen sollen, war noch nicht herangekommen.

Als in dieser Phase des Kampfes starke feindliche Panzerbewegungen aus Nishne Jablotschnij gemeldet wurden, forderte General Raus erneut Stukas an. Dieser nun einsetzende Stukaangriff wurde bis zur Abenddämmerung fortgesetzt und zerschlug einen Teil der dort aufgefahrenen Feindpanzer.

Am 14. Dezember rollte das PR 11 mit allen unterstellten gepanzerten Verbänden und Einheiten nach Werchne Kumskij und fuhr dem Panzerfeind frontal entgegen, anstatt ihn auf sich zu ziehen.

Die Panzerschlacht begann. Sie sollte bis zum 17. Dezember andauern. Es war ein mörderisches Ringen, das die Kampfgruppe von Hünersdorff nicht weniger als 90 der insgesamt 120 Panzer kostete und damit das gesamte PR 11 ausschaltete.

Daß dies ein entscheidender Fehler in der Operation „Wintergewitter" war, wurde zu spät klar erkannt. Es wurde, nach den Worten von Generaloberst Hoth „bataillert anstatt durchzustoßen!" (siehe Hermann Hoth: Unterlagen an den Verfasser)

Die von Generalmajor Raus befohlene „Vernichtung des Gegners" im Raume Werchne Kumskij wurde zu einem Alptraum, und Major Bäke hat diesen für das KTB festgehalten.

Major Bäke rollte mit seiner Kampfgruppe los. Ein flacher Höhenrücken wurde erreicht, und damit schien die südliche Umgehung von Werchne Kumskij zu klappen. Danach war die Vernichtung des zwischen dieser Ortschaft und Sagotskot stehenden Feindes möglich.

Von dem erreichten Höhenrücken aus sah Major Bäke plötzlich auf etwa 1000 Meter Distanz einen feindlichen Panzerpulk von etwa 40 Wagen, die ebenso weiß gestrichen waren, wie die deutschen Panzer.

„Näher heranrollen - Kampfbereitschaft herstellen!" befahl Bäke. „Erst schießen, wenn der Feind klar aufgefaßt ist."

Es war dem Major noch nicht klar, ob dies nicht doch die ersten Panzer der 23. PD sein könnten, deshalb seine Vorsicht. Die Richtschützen hatten den Panzerfeind (wenn er denn einer war) angerichtet. Erst als beide Verbände nur noch 600 Meter voreinander standen und sich zwei Panzer des Gegners aus einer flachen Mulde in Bewegung setzten, erkannte Dr. Bäke den Feind.

„Achtung, an alle! - Der Russe! Feuer frei!"

Die beiden ersten russischen Panzer wurden von einer Reihe Treffer erschüttert und blieben brennend liegen. Die 38 übrig gebliebenen wurden von den Kompanien in ihren Sektoren angegriffen. Im Stakkato der Panzerabschüsse blieben immer mehr Feindpanzer liegen. Als die letzten fliehenden T 34 aus der Reichweite der deutschen Panzerkanonen entkommen waren, standen 32 abgeschossene T 34 auf dem Gefechtsfeld, fast alle brennend.

„Sammeln, weiterer Vorstoß nach Norden!" befahl Major Bäke. Es ging in Richtung Sagotskot weiter. Von dort aber peitschte den anrollenden deutschen Kampfwagen das Feuer sowjetischer Panzer entgegen.

„Angriff, hinein!" befahl der Abteilungskommandeur.

Nach einigen Abschüssen zog der Gegner sich aus dieser Ortschaft zurück. Als Bäke der Befehlswagen zerschossen wurde, stieg er auf einen Panzer IV um. Er ließ die auseinanderdriftenden Kompanien sammeln und zeigte ihnen durch Leuchtkugeln seinen Standort. Einige der angeschossenen eigenen Panzer mußten hier zurückgelassen werden.

Nach Einbruch der Dunkelheit wurde die II. Abteilung durch Leuchtkugeln der I. Abteilung, bei der sich der Regimentskommandeur befand, nach Werchne Kumskij geleitet. Insgesamt hatte die 6. PD an diesem Tage 42 Feindpanzer abgeschossen.

Am nächsten Vormittag, standen nur noch zwei Kompanien der I./PR 11 unter Major Loewe in Werchne Kumskij.

Ihm und seinen Vorposten zeigten sich in den nächsten Stunden mehr und mehr Panzer, die bis gegen Mittag auf die stattliche Zahl von etwa 300 angewachsen waren. Ein großer Teil dieser Panzer drehte auf Werchne Kumskij ein. Major Dr. Bäke bemerkte diese Bewegung und meldete unverzüglich dem RgtKdr.:

„Herr Oberst, die Russen ziehen nach Werchne Kumskij!"

Major Dr. Bäke sah die Feindpanzer in dichten Scharen auf Werche Kumskij eindrehen, ohne daß er in den Kampf eingreifen konnte, weil seine Aufgabe noch nicht erfüllt war.

Wenig später traf ein Funkspruch von Major Loewe ein. Er meldete dem RgtKdr: Etwa 30 Panzer dicht vor Werchne Kumskij. Unsere Panzermunition geht zur Neige. Erbitten Entsetzung."

Oberst von Hünersdorff ließ zurückfunken:

„Aushalten, wir kommen!"

Eine halbe Stunde darauf erreichte den RgtKdr. ein neuer Funkspruch von Major Loewe:

„Höchste Not! - Feind im Ort! - Wann kommt Bäke?

Oberst von Hünersdorff gab Bäke nun freie Hand. Dieser wies die Panzerkommandanten ein:

„In schnellstem Tempo nach Werchne Kumskij hinein!"

Der Abteilungskommandeur führte den Panzerpulk an, der sich nun in schneller Fahrt der vom Feind attackierten Ortschaft näherte. Es wurde eine wilde Jagd, denn offenbar kam es auf Minuten an, die über Tod und Leben entschieden.

Im Fahren schießend, dann auch zugweise Schießhalt machend,

während die anderen Panzer den Feind nach wie vor direkt aus der Fahrt beschossen, wurde die Ortsmitte erreicht. Dort wurden die ersten Wagen vom Stab der I./PR 11 eingewiesen. Alle Offiziere der I. Abteilung waren verwundet.

Brennende Panzer zeigten die Härte des Kampfes an, den die I. Abteilung zu bestehen hatte. Hptm. Wils, Chef der 4. Kp, und die Reste der 6. Kp fuhren bis zum jenseitigen Ortsrand durch und bargen die Verwundeten. Drei hier noch stehende Feindpanzer wurden abgeschossen. Danach verließen die Kampfwagen des PR 11 Werchne Kumskij und rollten nach Saliwskij.

Der Feind hatte 19 eigene Panzer abgeschossen, fünf weitere waren durch technische Defekte ausgefallen. Der Gegner hatte in diesem Gefecht 23 Panzer verloren.

Am 17. Dezember waren endlich die ersten Teile des 17. PD herangekommen. Sie erreichten das Gefechtsfeld genau 10 Tage zu spät! Vielleicht hätten sie den Ausschlag gegeben, die Kameraden aus Stalingrad zu befreien.

Nunmehr waren die 11., 17. und 23. PD vereint und sollten das entscheidende Werchne Kumskij zurückgewinnen.

Bis zum Abend des 16.12. waren 60 defekte Panzer wieder einsatzbereit gemacht worden. Nunmehr ging es ums Ganze, und die Panzergruppe Hünersdorff, bestehend aus allen Panzern der drei genannten PzDivisionen und dem Schützenpanzer-Bataillon I des PGR 126 der 23. PD sollten den Feindbrückenkopf Schestakoff und Werchne Kumskij erobern und endgültig den Weg frei machen.

Daß sich der Kampf um Schestakoff dramatisch gestalten würde, war allen klar, denn dort lag die scheinbar im Winter voll vereiste Neklinskajaschlucht. 12 Panzer wurden abgeschossen, aber vor der Schlucht war „Zappen düster“ wie einer der Panzerkommandanten bemerkte, als hier kein Durchkommen war.

Ein neuer Stukaangriff auf Werchne Kumskij ließ die Männer

des PR 11 direkt nach Abdrehen derselben vorwärts rollen. Voran die KGr. Bäke, die am Südeingang der Ortschaft von einem dichten Pakriegel gestoppt wurde. Drei Panzer blieben mit Beschußschäden liegen. Die übrigen zogen kompanieweise vor und schossen die erkannten Pak zusammen. Dennoch mußte Oberst von Hünersdorff den Befehl zum Absetzen geben.

Abermals wurden Stukas angefordert. Sie heulten der Ortschaft entgegen, warfen ihre Bombe auf die Flak- und Pakstellungen und eine erkannte Panzerbereitstellung der Russen, ehe die Panzer zum zweiten Male angriffen. Auch dieser Angriff wurde verlustreich für die I./PR 11 vom Feind abgewiesen.

Das Regiment wurde eine Stunde vor Mitternacht zurückgenommen. Nunmehr erfolgte der Befehl von der PzGruppe 4, den Myschkowka-Abschnitt zu erreichen. Von dort aus waren es noch genau 48 Kilometer bis nach Stalingrad. Diese Distanz mußte die 6. Armee, von Stariza aus antretend, bei ihrem Ausbruch überwinden, um dann auf die Versorgungskolonne zu stoßen, die ihr die Chance eines endgültigen Durchbruchs bot.

Die Kämpfe der folgenden Tage, zur Erreichung dieses entscheidenden Zieles brachten neue schwere Verluste für die 6. PD, der am Abend des 19. Dezember noch 51 Panzer zur Verfügung standen. Mit diesen trat das PR 11 um 13.20 Uhr des 19.12. an.

Das erste Ziel, Wassilewska wurde erreicht. Hier war es mit der Kraft auch der 6. PD zu Ende. Desgleichen waren die beiden anderen Divisionen des LVII. PzKorps erschöpft. Am Abend dieses letzten Vorstoßes verfügte das PR 11 noch über 20 Panzer. Diese Nachtfahrt nach Wassilewka über annähernd 30 Kilometer war der letzte noch mögliche Kraftakt durch feindbesetztes Gebiet.

Das Ziel wurde gegen Mitternacht erreicht. Der Auftrag aber

mußte unerfüllt bleiben, trotz aufopfernden Einsatzes auch des letzten deutschen Soldaten.

Das Unternehmen „Donnerschlag“ konnte nicht mehr stattfinden, weil die Voraussetzungen dazu nicht mehr gegeben waren.

Am 15. Dezember übernahm die HGr. Don auch die Versorgung der 6. Armee. Der Oberquartiermeister Oberst Finkh leitete dieses Vorhaben in unmittelbarer Zusammenarbeit mit dem Chef des Oberquartiermeisterstabes im Kessel, Oberst Bader. Die 6. Armee wartete auf den Ausbruchsbefehl. Sie hatte noch insgesamt 50 Panzer zusammengerafft, um sie als Speerspitze vorn einzusetzen. Aber am 20. Dezember rief Major von Kunowski, zusammen mit Hauptmann Toepke Quartiermeister im Kessel, die Bereitstellung jener Truppen, die nach dem Durchbruch mit dem bereitstellenden Transportraum durch die Lücke brechen sollten an.

„Der Ausbruch entfällt. Kommen Sie zurück!“

Was war geschehen? Nach der Bitte der HGr. Don an das OKW vom 19.12. die Operation „Donnerschlag“ freizugeben, mußte Hitler diesen Ausbruchsbefehl, der seinem Haltebefehl entgegenstand, geben. Aber er sagte nur (nach Befragung seines Verbindungsoffiziers im Kessel): „Was wollen Sie eigentlich, die 6. Armee hat doch höchstens noch für 20 bis 30 km Sprit. Paulus kann zur Zeit gar nicht ausbrechen.“

„Donnerschlag“ war gestorben, und in seinem Gefolge starb auch die 6. Armee in Stalingrad. Auf dem Marsch in die Gefangenschaft und in den sowjetischen Kriegsgefangenen- und Straflagern gingen die Männer zugrunde. 6.500 kehrten nach teilweise zehnjähriger Kriegsgefangenschaft nach Deutschland zurück.

Generalfeldmarschall von Mansteins letzte Worte zu Stalingrad und zu den Kämpfern im Kessel aber lauteten:

„Über den verwehten Spuren der in Stalingrad gefallenen, verhungerten und erfrorenen deutschen Soldaten wird sich nie ein Kreuz oder ein Gedenkstein erheben.

Die Erinnerung aber an ihr unsagbares Leid und Sterben, an ihre beispielslose Tapferkeit, Treue und Pflichterfüllung wird die Zeiten überdauern, wenn längst das Triumphgeschrei der Sieger verhallt, die Klagen des Leides verstummt sind."

(Ende des Einschubs über den „Entsatzangriff Wintergewitter und Donnerschlag bei der Truppe" - weiter im Kapitel „Die Heeresgruppe Don und Stalingrad")

Der Kampf am Tschir wogte hin und her. Am 23.12. mußte die Heeresgruppe Don den schweren Entschluß fassen, die kritisch gewordene Lage auf dem linken Flügel der Heeresgruppe zu entschärfen und das XXXXVIII. Panzerkorps mit der 11. PD zur Wiederherstellung der Lage auf dem Westflügel freizumachen.

Einen Tag später zeigte sich bereits die Dringlichkeit dieses Entschlusses, als uns der für die Versorgung der 6. Armee so wichtige Flugplatz Tazinskaja verlorenging. Er wurde am 28.12. zurückgewonnen.

Als Ersatz hatte die 4. Panzerarmee eine Panzerdivision zum Einsatz am unteren Tschir abgeben müssen.

Damit war das Korps für die Fortsetzung seines Angriffes zu schwach.

Dies alles hätte vermieden werden können, wenn die von der Heeresgruppe beantragte Zuführung der 16. ID (mot.), welche die 300 Kilometer breite Lücke zwischen der 4. PzArmee und dem linken Flügel der HGr. A sicherte, stattgefunden hätte. Sie war vor 10 Tagen gefordert worden und hätte am 23.12. am Tschir bereitstehen können.

So wurde das LVII. PzKorps am 25.12. von einem von Stunde zu Stunde stärker werdenden Gegner berannt. Es wurde schließlich auf den Akssay-Abschnitt zurückgeworfen.

Vor der Nord- und Ostfront der 4. Panzerarmee wurden zwei

sowjetische Armeen festgestellt. Durch diese mehrfache Überlegenheit wurden die Entsatzverbände bis nach Kotelnikowo zurückgedrückt. Hier waren sie am 12.12.1942 zum Entsatzvorstoß angetreten.

Der Versuch, die 6. Armee zu entsetzen, war gescheitert.

Am 31.12.1942 ging bei uns eine Weisung des OKH ein, wonach Hitler uns das soeben neu ausgerüstete und aufgefüllte Waffen-SS-Panzerkorps mit drei Panzergrenadier-Divisionen zuführen werde. Dieses Korps sollte bei Charkow bereitgestellt und dann zur Entsatzoffensive auf Stalingrad angesetzt werden. Das könnte jedoch nicht vor Mitte Februar 1943 der Fall sein.

Es war völlig klar, daß dieses eine Korps nicht in der Lage gewesen wäre, sich von Charkow antretend gegen weit überlegenen Gegner mehrere 100 km bis Stalingrad durchzukämpfen. Ganz abgesehen davon, daß die 6. Armee sich nicht mehr so lange halten konnte.

Alles, was wir unternommen, woran wir jeden verfügbaren Mann gesetzt hatten, war vergebens gewesen. Umsonst war der Einsatz gewesen, in dem wir die gesamte Heeresgruppe in die Waagschale geworfen hatten.

Wie die ersten fünf Wochen des Jahres 1943 verliefen, zeigen unsere beiden Aufgaben in diesem Zeitraum auf.

Die erste war der Endkampf der 6. Armee im Gebiet Stalingrad.

Die zweite der Kampf um die Erhaltung des ganzen deutschen Südflügels, der den Bereich der Heeresgruppe B, Don und A umfaßte.

An dieser Stelle soll einmal aufgezeigt werden, wie der Kampf und Untergang der 6. Armee doch noch von Bedeutung für den Südflügel der Ostfront wurde.

Die Geschichte vom Kämpfen, Leiden und Sterben der 6. Armee in Stalingrad ist in erschütternden Dokumenten niedergelegt, so daß an dieser Stelle nicht versucht zu werden braucht, dies nachzuholen.

Wichtig ist jedoch, die Frage nach dem Sinn dieses Kampfes. Nicht dem Sinn im Hinblick auf den Endausgang des Krieges, sondern auf die damals gegebene operative Lage und ihre unabdingbaren Notwendigkeiten hin.

Wir hielten Funkkontakt mit der 6. Armee, denn die Fernschreibverbindung konnte nicht mehr aufrechterhalten werden. Außerdem kamen Kurier-Offiziere zu uns aus dem Kessel. An der Stalingradfront herrschte Ruhe.

Am 8.1.1943 erschien auf unserem Gefechtsstand der Kommandierende General des 14. PanzerKorps, General Hube. Er war auf Befehl Hitlers aus Stalingrad nach Lötzen geflogen und hatte über die Lage der 6. Armee Bericht erstatten müssen.

General Hube gab – wie er mir versicherte – Hitler ein ungeschminktes Bild von der Lage im Kessel. Eines bemerkte ich an Hube, was ich vorher schon an anderen Offizieren und Generalen bemerkt hatte, die bei Hitler gewesen waren. Hitler hatte auch ihn zu überzeugen gewußt, daß alles geschehen werde, um die 6. Armee auf die Dauer zu versorgen, hatte auf den für später geplanten Entsatz verwiesen, und Hube glaubte ihm.

Was mich besonders berührte, war Hubes Bericht, daß im Kessel eine Nachricht von mir an die 6. Armee in Umlauf gesetzt worden war, mit dem Wortlaut:

„Haltet aus, ich hau' Euch 'raus! Manstein."

Es war niemals meine Art gewesen, der hoffenden Truppe Versprechungen zu machen, deren Erfüllung ich nicht sicher war und die auch nicht in meiner Hand lag.

Hube sagte auch, daß er Hitler vorgeschlagen habe, den militärischen Oberbefehl im Osten an einen Soldaten zu übergeben, damit sein Prestige als Staatsoberhaupt nicht leide.

Als ich nach dem Fall von Stalingrad den gleichen Vorschlag machte, war Hitler bereits gewarnt und zeigte sich völlig ablehnend.

Am 9. Januar wurde General Paulus von der sowjetischen Führung eine Aufforderung zur Kapitulation zugeleitet.

Paulus lehnte diese Kapitulation ab, und es war seine militärische Pflicht, dies zu tun, denn die Armee konnte noch kämpfen, und sie hatte – so aussichtslos ihre eigene Lage geworden war – noch eine entscheidende Rolle zu spielen. Sie mußte die ihr gegenüberliegenden starken Feindkräfte so lange wie irgend möglich binden.

Der Gegner führte immer neue Verbände nach Stalingrad. Am 19. Januar 1943 standen insgesamt 259 Großverbände vor der Heeresgruppe Don, davon allein 90 um Stalingrad und die 6. Armee.

Hätte General Paulus am 9.1.1943 kapituliert, dann wären am nächsten Tage diese 90 Divisionen und Brigade frei geworden und hätten aller Wahrscheinlichkeit nach den gesamten Südflügel der Ostfront aufrollen können.

Warum nicht kapituliert wurde, wo doch der Krieg zu dieser Zeit ohnehin verloren gewesen sei und man durch ein schnelleres Ende viel Leid erspart hätte?

Auch auf diesen immer wieder zu hörenden Einwurf muß ich knapp antworten.

Das, was in diesem Satz zum Ausdruck kommt, ist eine nachträgliche Weisheit, die zum Zeitpunkt des Kampfes um Stalingrad noch in keiner Weise erkennbar war.

Wir hätten immer noch, bei richtiger Führung des Kampfes im Osten, ein Remis erreichen können. Wenn es gelang, die Lage auf dem Südflügel der Ostfront wiederherzustellen, wäre dies möglich gewesen. Und die Lage auf diesem neuralgischen Südflügel wurde ja wiederhergestellt.

Für diesen Erfolg aber war das Ausharren der 6. Armee Vorbedingung. Das Festhalten der 90 Feindverbände bei Stalingrad war die Voraussetzung zur Wiederherstellung der Lage.

Und das war die harte, unerbittliche Notwendigkeit des Krieges, daß die oberste Führung dazu gezwungen war, auch noch dieses letzte Opfer von der tapferen Truppe zu fordern.

Daß die oberste Führung für diese Verzweiflungslage verantwortlich war, das steht auf einem anderen Blatt.

Am 12.1.1943 konnte wegen der Wetterlage kein Versorgungsflug von Stalingrad stattfinden. In den folgenden Tagen gelangen der Roten Armee an mehreren Stellen der Stalingradfront zum Teil tiefe Einbrüche. Der Flugplatz Pitomnik ging verloren. Nun stand im Kessel nur noch der Flugplatz Gumrak zur Verfügung.

Die 6. Armee forderte Verstärkungen an. Wir konnten sie ihr nicht geben, denn auch sie wären ja dann verloren gewesen. Es schnitt uns ins Herz, wenn wir mit ansehen mußten, wie die von der Armee dringend benötigten vom Urlaub zurückkommenden Kommandeure und Stabsoffiziere in den Kessel geflogen wurden.

Keiner dieser Offiziere weigerte sich. Träger ältester Soldatennamen flogen in den Kessel zurück, wie zum Beispiel Below und Bismarck.

Am 13.1.1943 wurde Hauptmann i.G. Behr aus Stalingrad ausgeflogen. Er brachte das Kriegstagebuch der Armee und auch Briefe von Generaloberst Paulus und berichtete, wie anständig Offiziere und Soldaten sich mit diesem harten Schicksal abfänden.

Am 16.1.1943 griffen die Sowjets wieder mit starken Kräften an allen Fronten an. Flugplatz Gumrak war nicht anzufliegen. Hitler betraute Feldmarschall Milch mit der Leitung der Versorgung der Armee auf dem Luftwege. Am nächsten Tag funkte die

Armee, daß Gumrak wieder frei sei. Die Luftwaffe wollte nicht dorthin fliegen, weil sie anderer Ansicht war. Aber die Heeresgruppe bestand darauf.

Am 19.1. betonte ich Feldmarschall Milch gegenüber die Notwendigkeit der bestmöglichen Versorgung der 6. Armee. Das seien wir unseren Kameraden schuldig.

Aus Milchs Angaben entnahm ich, daß ihm einige Wochen vorher vielleicht eine wesentlich bessere Versorgung möglich gewesen sei, weil er in der Heimat über Mittel verfügen könne, die Generaloberst von Richthofen nicht habe.

Damit war bewiesen, daß Göring – der Verantwortliche dafür – nicht dafür gesorgt hatte, daß diese Mittel rechtzeitig zum Tragen kamen.

Am 24.1. erhielt ich eine Mitteilung von General Zeitzler, dem Chef des Generalstabes des Heeres, daß Generaloberst Paulus einen Funkspruch an das OKH abgesetzt habe, in dem er zum Ausdruck brachte, daß die Festung nur noch wenige Tage zu halten sei.

Die Versorgung sei auf ein Minimum abgesunken. Er wollte in letzter Stunde Befehl geben zum Durchschlagen nach Südwesten und schlug das Ausfliegen von Spezialisten aus Stalingrad vor, wobei seine Person selbstverständlich ausgeschlossen sei.

Das OKH gab folgende Antwort:

„Funkspruch erhalten. Deckt sich voll mit meinem Vorschlag von vor vier Tagen. Führer nochmals vorgetragen. Führer entschied:

1. Betreff Durchschlagen: Führer hat sich letzte Entscheidung vorbehalten. Ich bitte also, mir gegebenenfalls nochmals Funkspruch zu schicken.

2. Betreff Ausfliegen: Führer hat zunächst abgelehnt. Bitte Zitzewitz nach hier zu entsenden, der darüber nochmal vortragen soll. Ich werde ihn zum Führer mitnehmen.

gez. Zeitzler.“

Was das Ausfliegen von Spezialisten anlangt, so wäre dies zu begrüßen gewesen, wenn vorher alle Verwundeten ausgeflogen worden waren. Da dies jedoch nicht der Fall war, mußte das Ausfliegen gesunder Männer unterbleiben. Aus soldatischen und menschlichen Gründen.

Außerdem wären ja vorwiegend Offiziere ausgeflogen worden, und das würde der soldatischen Auffassung der Offiziere zuwiderlaufen. Denn wenn es um die Rettung von Menschenleben geht, hat der Offizier hinter seinen Mannschaften zurückzustehen.

Aus diesem Grunde konnte das Heeresgruppenkommando Don diesen Vorschlag auch nicht unterstützen.

Was das Ausbrechen kleinerer Gruppen anlangt, so hat die Heeresgruppe alles getan, um Lebensmöglichkeiten für sie zu schaffen. Sie hat hinter der feindlichen Front Lebensmittel abwerfen lassen. Sie hat auch Aufklärer geschickt, die nach solchen Gruppen suchten. Es wurde jedoch keine Gruppe gesichtet.

Am 22.1. fiel der Flugplatz Gumrak in die Hand der Sowjets. Damit wurde die Versorgung aus der Luft unmöglich. Generaloberst Paulus bat bei Hitler um die Genehmigung, Übergabeverhandlungen zu führen.

Auch wir waren der Auffassung, daß nunmehr die Zeit gekommen war, dem Todesringen dieser tapferen Armee ein Ende zu setzen. Darum erbat ich von Hitler die Genehmigung zur Kapitulation der 6. Armee.

Jetzt war das Ende gekommen, jetzt mußte die Armee kapitulieren.

Hitler aber lehnte unsere Bitten ab und verlangte das „Kämpfen bis zur letzten Patrone“.

Ich hatte mindestens 45 Minuten lang mit Hitler gerungen und ihn beschworen, vergebens!

Ich hätte Hitler den Kram vor die Füße geschmissen, wenn

nicht Oberst Busse immer wieder gebeten hätte, um der Truppe willen zu bleiben. Und damals hatte ich an die gesamte Heeresgruppe Don zu denken. Ich blieb.

Am 24.1.1943 zerfiel die bis dahin geschlossen kämpfende 6. Armee in drei Gruppen und konnte keine nennenswerten Feindverbände mehr binden. Die letzten verzweifelten Tage begannen. Am 31.1.1943 fiel Paulus, soeben zum Generalfeldmarschall befördert, in russische Gefangenschaft. Die ersten beiden Gruppen ergaben sich, und am 1.2.1943 folgte auch die bis zuletzt kämpfende Nordgruppe mit dem Rest des II. AK.

Dank der Hingabe deutscher Flieger konnten insgesamt 30.000 Verwundete aus dem Kessel ausgeflogen werden.

Am 5.2.1943 wurde ich ins Führerhauptquartier befohlen. Hitler eröffnete seine Ansprache mit folgenden Worten:

„Für Stalingrad trage ich allein die Verantwortung! Ich könnte vielleicht sagen, daß Göring mir ein unzutreffendes Bild über die Möglichkeiten der Versorgung durch die Luftwaffe gegeben hat und damit zumindest einen Teil der Verantwortung auf ihn abwälzen. Aber er ist mein von mir selbst bestimmter Nachfolger. Deshalb kann ich ihn nicht mit der Verantwortung für Stalingrad belasten."

Hitler machte also keinen Versuch, einen Sündenbock für Stalingrad zu suchen. Aber er zog auch nicht die aus diesem schrecklichen Ereignis sich uns allen aufdrängenden Folgerungen für die Zukunft.

Eines sei abschließend zum Abschnitt Stalingrad noch an dieser Stelle gesagt:

Die Offiziere und Soldaten dieser Armee haben dem deutschen Soldatentum durch ihre unvergleichliche Tapferkeit und Pflichterfüllung ein Denkmal gesetzt, das, wenn auch nicht aus Erz oder Stein errichtet, doch über die Zeiten dauern wird.

Für die deutsche oberste Führung hätte nach der Niederlage bei Stalingrad noch ein Weg offen gestanden, aus der Gefahr herauszukommen, indem man das im Sommerfeldzug des Jahres 1942 eroberte Gebiet preisgegeben hätte.

Das hätte für uns bedeutet, die Kräfte der Heeresgruppe A und Don aus diesem weit nach Osten vorspringenden Bogen zunächst hinter den Don bzw. hinter den Donez und später auf den unteren Dnjepr zurückzunehmen.

Außerdem hätten alle nur verfügbaren Kräfte diesen Heeresgruppen einschließlich jener Divisionen, die durch die Frontverkürzung freigeworden wären, im Raume Charkow versammelt werden müssen.

Diese Gruppen hätten den Auftrag erhalten müssen, dem nachdrängenden Gegner in die Flanke zu stoßen, der sicherlich versuchen würde, die zurückgehenden deutschen Kräfte von den Dnjeprübergängen abzuschneiden.

So hätte man aus einer großzügigen Rückzugsoperation heraus zu einer Umfassungsoperation gelangen können und wäre in der Lage gewesen, den nachdrängenden Feind an das Meer zu drücken und dort zu vernichten.

Diese Lösung schlug die Heeresgruppe dem OKH vor.

Hitler jedoch ließ sich nicht darauf ein. Er wollte auf die Eroberungen des Jahres 1942 nicht verzichten. Außerdem wollte er das zweifellos vorhandene operative Risiko nicht eingehen.

Er hoffte, durch das angesagte Waffen-SS-Panzerkorps die Lage auf dem Südflügel wiederherstellen zu können.

Nach Abschluß dieses Abschnittes des Kampfes um Stalingrad sei an dieser Stelle der in Stichworten bereits von Feldmarschall von Manstein genannte Kampf um die Rettung der 6. Armee dargestellt, wie er sich aus der Sicht der dort eingesetzten Verbände darbot.

Nach Stalingrad - bis „Zitadelle“
Die Folgen von Stalingrad

Mit dem Ausscheiden der 6. Armee durch ihre Vernichtung wurden alle durch sie im Großraum Stalingrad gebundenen sowjetischen Kräfte frei. Darüber hinaus hatte die Rote Armee bereits im Dezember die 3. rumänische Armee durchstoßen und damit zugleich auch die HGr. B zerschlagen, indem sie vorher die italienische, dann auch noch die ungarische Armee überrannt hatte.

Diese drei Armeen waren praktisch weggewischt worden.

Hitler mußte die HGr. B zurückziehen und unterstellte ihr noch die intakte 2. Armee.

Zwischen dem linken Flügel der HGr. Don (der Armeegruppe Hollidt) und dem rechten Flügel der HGr. Mitte aber klaffte eine mehrere hundert Kilometer breite Lücke. In ihr kämpfte nur noch die neu gebildete Gruppe „Fretter-Pico“ um Debalzewo, die wie ein Fels in der Brandung stand, obgleich sie nur noch aus eineinhalb Divisionen bestand.

Das noch in der Versammlung befindliche SS-Panzerkorps hatte Charkow (wenn auch nur vorübergehend) aufgeben müssen. Erst Ende Dezember gab Hitler der HGr. Don die Genehmigung, aus ihrer nach Süden gerichteten Front im Kaukasus in eine nach Osten gerichtete Front in die Nogaische Steppe zurückzuschwenken. Danach „durfte sie“ mit der 1. Panzerarmee auf Rostow am Don und mit der 17. Armee in einen am Kuban einzurichtenden Brückenkopf zurückgehen.

Diese sich nur langsam vollziehenden Bewegungen hatte die 4. Panzerarmee gegen die ihr nachdrängenden zwei Sowjet-Armen zu decken.

Daß dies gelang, war der wendigen Führung durch Generaloberst Hoth zu danken, der immer wieder Panzerkräfte zu überraschenden Schlägen gegen den Gegner zusammenfaßte, um nach ihrem Erfolg elastisch zurückzuweichen. Mit einer starren Verteidigung der von Hitler festgelegten Linien wäre diese Aufgabe nie zu lösen gewesen.

In dieser Phase des Winterfeldzuges 1942/43 ging es also nicht mehr nur um das Schicksal der 6. Armee, sondern vielmehr um die Notwendigkeit, den gesamten deutschen Südflügel zu erhalten.

Der Gegner, der in der breiten Lücke zwischen den HGr Don und Mitte zunächst völlig freie Hand hatte, konnte ihn durch Zerschneiden der rückwärtigen Verbindungen bei Rostow oder an den südlichen Dnjepr-Übergängen am Asowschen Meer oder am Schwarzen Meer einzukesseln versuchen.

Für die HGr. Don blieb nur der Versuch, durch eine kühne Operation, die „Niederlage unter ihren Fuß zu bringen". (So hatte dies Schlieffen einmal zum Ausdruck gebracht.)

Es kam darauf an, durch eine große „Rochade" den Schwerpunkt der bisher auf dem Ostflügel der HGr. Don gelegen hatte, auf den Westflügel zu verlagern, um hier das Abschnüren der rückwärtigen Verbindungen der HGr. Don und A zu verhindern. Es mußte also zunächst die 1. Panzerarmee – gedeckt durch die noch vorwärts des Unteren Don kämpfenden 4. Panzerarmee – bei Rostow über den Don geführt werden. Ihr hätte dann die 4. Panzerarmee zu folgen.

Diesen Abzug nach Westen hätte wiederum der Armeegruppe Hollidt unter allmählichem Zurückschwenken zunächst hinter den Unteren Don, dann weiter hinter den Miusabschnitt das Absetzen ermöglicht. Dort hatte die Ausgangsstellung der deutschen Offensive des Jahres 1942 gelegen.

Auch sie hat diese Aufgabe dann in beweglicher Verteidigung, verbunden mit kurzen Gegenschlägen, vorzüglich gelöst.

Das große Risiko dieser Operation bildete unter anderem die Gefahr, daß eine im Süden früher als im Norden eintretende

Schlammperiode den Marsch der 1. und 4. Panzerarmee nach dem Westflügel so verzögern konnte, daß der Gegner vor ihnen die unteren Dnjeprübergänge erreicht hätte.

Nach dem Verlust des Kaukasusgebietes stand aber auch noch der Verlust des Ostteiles des Donezbeckens zu befürchten.

Als ich am 6. Februar 1943 im FHQ war, gelang es mir in einer mehrstündigen Unterredung mit Hitler – der immer wieder auf Fragen der Kriegsproduktion auszuweichen versuchte – ihm seine Einwilligung zur Zurücknahme der Ostfront der Heeresgruppe in die Miusstellung abzuringen.

Wie hartnäckig Hitler an dem Wunsch nichts aufzugeben festhielt, zeigte sich, als er mich bereits nach meiner Verabschiedung noch einmal zurückrief und mich bat, noch einmal zu überlegen, ob wir denn nicht schon am unteren Don stehenbleiben könnten, da an dem Fluß sicher bald der Eisgang eintreten werde.

Ich konnte nur noch einmal betonen, daß es bei unseren Operationsabsichten bleiben müsse, wenn wir nicht die HGr. Don und A spätestens am Schwarzen Meer eingekreist sehen wollten.

Es gelang dann, die mit vielen Unsicherheitsfaktoren belastete „große Rochade“ durchzuführen. Allerdings blieben dabei die Krisenlagen nicht aus.

So war es beispielsweise dem Gegner gelungen, mit einem Kavalleriekorps die Front der Armee-Abteilung Hollidt am Mius vorübergehend zu unterbrechen, da wir von ihr alle Panzerverbände zu dem geplanten Gegenschlag auf unserem Westflügel hatten abziehen müssen. Ferner hatte eine starke Feindgruppe den mittleren Donez überschritten. Diese konnte durch die herankommende 1. PD eingekreist und vernichtet werden.

Auch im Gebiet südlich und südwestlich von Charkow hatte der Gegner gegenüber der Armeeabteilung Kempf, die aus dem SS-Panzerkorps und der neu zugeführten PGD „Großdeutschland“

gebildet worden war, noch die Oberhand. Vor allem aber war es ihr gelungen, den mittleren Donez beiderseits Isjum zu überschreiten und unsere wichtigste Nachschubbahn ostwärts von Dnjepropetrowsk zu sperren. Vorgeworfene sowjetische Panzer standen bereits 20 km vor unserem HQ Saporoshje.

Aber nun näherten sich die 4. und 1. Panzerarmee dem für das Schicksal dieses Feldzuges entscheidenden Kampfraum.

Am 17.2. erschien Hitler in unserem HQ Saporoshje, um uns – wie Goebbels behauptet hat – den Rücken zu stärken. So als ob ausgerechnet unser Heeresgruppenkommando – das viele Krisen durchgestanden hat – einer solchen Stärkung bedurft hätte.

Die Frage war nun, ob es zunächst gegen die Feindarmeen zwischen Donez und Dnjepr oder gegen die über Charkow vorgegangenen Feindkräfte geführt werden sollte.

Hitler wollte natürlich aus Prestigegründen zunächst Charkow zurückerobern. Aber ich bestand auf unserer Absicht, zuerst den zur Zeit gefährlichsten Gegner, der auf die Übergänge über den unteren Dnejpr zielte, zu schlagen. Hitler gab schließlich nach.

Es gelang auch, den Feind zwischen Donez und Dnjepr vernichtend niederzuwerfen. Danach erfolgte im Zusamenwirken mit der Armeeabteilung Kempf der zweite Schlag gegen den Gegner südlich Charkow.

Insgesamt wurden in diesen Kämpfen sechs feindliche Panzer- bzw. mechanische Korps, drei Schützen-Divisionen und ein Kavalleriekorps zerschlagen.

In Ausnutzung dieser Erfolge konnte dann auch Charkow zurückgewonnen werden und kurz darauf auch das an der Grenze zur Heeresgruppe Mitte liegende Bjelgorod.

Damit war die Front des Jahres 1942 vom Asowschen Meer bis Bjelgorod wieder hergestellt, die Initiative wieder auf unsere Seite übergegangen.

Am 20. März 1943 meldete der Wehrmachtbericht:

„Die unter dem Oberbefehl des Generalfeldmarschall von Manstein stehenden Truppen des Heeres und der Waffen-SS haben in hervorragendem Zusammenwirken mit Verbänden der Luftwaffe unter dem Oberbefehl des Generalfeldmarschall von Richthofen im Verlaufe der deutschen Gegenoffensive zwischen Donez und Dnjepr, die zur Wiedereroberung der Städte Charkow und Bjelgorod führte, dem Feind schwerste Verluste an Menschen und Material zugefügt.

Der Feind verlor seit dem 13. Februar nach vorläufigen Zählungen 19.594 Gefangene, weit mehr als 50.000 Tote, 3372 Geschütze aller Art, 140 Panzer und Panzerspähwagen, 2045 schwere Infanteriewaffen aller Art und 1846 Kraftfahrzeuge.

Im Raume Charkow-Bjelgorod und nordwestlich Kursk vermochten weder verschlammte Straßen noch heftige Gegenstöße und stellenweise hartnäckiger Widerstand des Feindes die deutschen Angriffs-Divisionen aufzuhalten. An mehreren Stellen wurde der obere Donez erreicht.

An Stelle seiner ausgebluteten Angriffsverbände führte der Feind im Abschnitt Orel - Wjasma - Staraja Russa und seit gestern wieder südlich des Ladogasees und vor Leningrad frische Truppen zum Angriff vor. Auch diese brachen im zusammengefaßten Feuer unserer Abwehrfront zusammen oder wurden in harten Nahkämpfen zerschlagen.“

(Zurück zu jenen vielen Fragen, die der Chronist dem Generalfeldmarschall stellte.)

Am 14.3.1943 erhielt ich ein Fernschreiben, daß mir als 209. deutschen Soldaten das Eichenlaub zum Ritterkreuz verliehen worden war.

Mit der Einnahme von Charkow und Bjelgorod war der zweite Gegenschlag der Heeresgruppe Don beendet. Bei dem Regenwetter und dem zunehmenden Schlamm konnte vorerst keine weitere Operation geführt werden. Wir hatten an und für sich gehofft, noch vor dieser Schlammperiode den großen Kursker Frontbogen auszuräumen und dadurch eine um 300 bis 400 km kürzere Front zu schaffen. Diese Absicht mußten wir fallen lassen, da die HGr. Mitte sich nicht zu einer Mitwirkung im Stande sah. Es blieb dieser Frontbogen, der im Sommer zu einem hart umkämpften Schlachtgelände werden sollte.

Das Unternehmen „Zitadelle"
Warum wurde „Zitadelle" so lange aufgeschoben?
Warum schlug „Zitadelle" fehl
Hitlers größter Fehler
Warum ich kaltgestellt wurde

Das „Unternehmen Zitadelle" sollte der letzte Versuch werden, deutscherseits im Osten die Vorhand zurückzugewinnen.

Inzwischen waren zwei Feldzüge geführt worden, ohne daß es gelungen wäre, die Sowjetunion niederzuringen. In welchem Maße Hitlers politische und militärische Entscheidungen daran schuld waren, soll nicht näher untersucht werden.

Entscheidend war, daß langsam die Frist ablief, die uns blieb, mit dem Gegner im Osten fertigzuwerden.

Die Landung der angloamerikanischen Streitkräfte in Nordafrika zeigte das Ende auf diesem Kriegsschauplatz an. Der Zeitfaktor war damit für den Ostkriegsschauplatz von entscheidender Bedeutung geworden.

Unser Oberkommando, das inzwischen in „Heeresgruppe Süd" umbenannt worden war, war zu diesem Augenblick der Überzeugung, daß ein Remis noch möglich war. Der Gegner hatte auf seinem Wege von Stalingrad bis zum Donez schwere Schläge erhalten und zwei Niederlagen hinnehmen müssen. Zum Schluß war die Initiative wieder auf uns übergegangen. Die Sowjetunion hatte seit Kriegsbeginn nach den Schätzungen des OKH an schwerverwundeten, gefangenen und toten Soldaten 11 Millionen Mann verloren. Einmal mußte auch sie mit ihrer Angriffskraft am Ende sein. So sahen wir damals die Lage.

Wir standen im übrigen einem Feind gegenüber, den wir unbedingt von Deutschlands Grenzen fernhalten mußten.

Jede nachträgliche Kritik sollte dies beachten, wenn sie sagt, wir hätten einfach damals Schluß machen sollen.

Was konnten wir 1943 tun? Offensiven mit weitgestecktem Ziel zu führen, war unmöglich geworden. Die Defensive schien das Gegebene. Doch auch das war nur bedingt auf unsere Lage anwendbar.

Mehrere Faktoren sprachen gegen eine Kampfführung in Art des Stellungskrieges.

Wir mußten jene Faktoren zur Geltung bringen, die noch immer unsere Überlegenheit gegenüber dem Gegner darstellten: die bessere und wendigere Truppenführung, den höheren Kampfwert und die größere Beweglichkeit unserer Truppen im Sommer.

Durch wuchtige Teilschläge mußten wir versuchen, den Gegner verhandlungsbereit zu machen.

Im Sinne einer derartigen wendigen Kampfführung war unser Oberkommando bereits im Februar an das OKH und an Hitler herangetreten. Der Gedankenaustausch darüber ging bis Ende März weiter. Wir unterbreiteten zum Beispiel einen Plan zum Schlagen aus der Nachhand, falls (was bei der Bedeutung des Donezgebietes so gut wie sicher war) die Sowjets unseren Südflügel angreifen sollten.

Diesen Vorschlag akzeptierte Hitler nicht, da darin das zeitweise Preisgeben des Donezgebietes eingeschlossen war.

Bliebe noch das Schlagen aus der Vorhand. Man mußte versuchen, die Schwächeperiode des Gegners nach der Winterschlacht auszunutzen.

Dieser Gedanke führte schließlich zum Unternehmen „Zitadelle". „Zitadelle" bedeutete die Ausräumung des Kursker Frontbogens von Bjelgorod über Sumy und Rylsk bis in die Gegend südostwärts Orel. Dieser Bogen verlängerte unsere Front um rund 500 Kilometer.

„Zitadelle“ sollte den Gegner noch im Stadium der Schwäche treffen.

Es kam jedoch zu einem Aufschub, der verhängnisvoll werden sollte.

Ich mußte nach Abschluß der Winterkämpfe Urlaub nehmen, um mich einer notwendigen Mandeloperation zu unterziehen. Durch diese Operation hofften die Ärzte einen beginnenden – altersmäßig noch nicht bedingten Star – in seiner Entwicklung aufzuhalten.

An der Front vertraten mich nacheinander Generaloberst Model und Feldmarschall Frhr. von Weichs.

Ich blieb jedoch während meiner Abwesenheit von der Truppe mit meinem Heeresgruppen-Oberkommando und auch mit dem Chef des Generalstabes des Heeres in Verbindung.

Am 18.4. richtete ich an General Zeitzler ein für Hitler bestimmtes Schreiben, in dem ich betonte, daß „Zitadelle“ so früh wie möglich beginnen müsse, denn je eher das Unternehmen anlaufe, desto weniger bestehe die Gefahr eines feindlichen Großangriffes auf das Donezgebiet.

Ich erlebte einige Wochen im Kreise meiner Lieben in Liegnitz. Es war schön und notwendig, wieder für einige Zeit den häuslichen Frieden zu spüren und die Liebe und Pflege einer Hausfrau um sich zu wissen.

Am 4.5. wollte ich zurückfliegen. Am Abend vorher erschien mein Chef, Generalmajor Busse, in Liegnitz. Er brachte mir die Meldung, daß wir am nächsten Tag zu einer Besprechung beim Führer in München sein sollten.

Busse führte aus, daß auch der Oberbefehlshaber der Heeresgruppe Mitte, Feldmarschall von Kluge, Generaloberst Guderian und der Chef des Generalstabes der Luftwaffe, Generaloberst Jeschonnek, zugegen sein würden.

Generaloberst Guderian war nach langer Kaltstellung im Frühjahr 1943 Generalinspekteur der Panzertruppen geworden. Man hatte ihn zu spät zurückgeholt, nachdem er schon nicht hätte in die Wüste geschickt werden dürfen.

Bei dieser Besprechung wies Model nachdrücklich auf die Schwierigkeiten hin, denen sein Angriff infolge des stark ausgebauten feindlichen Stellungssystems gegenüberstehen würde. Er hatte seinem Angriff demzufolge einen Sechstageplan zu Grunde gelegt.

Das wieder ließ Hitler argwöhnen, daß der Angriff dann nicht rasch genug durchschlagen würde und sah eine Verstärkung der deutschen Panzerkräfte zu diesem Angriff als notwendig an. Hitler stellte insgesamt eine Verdoppelung der Panzerkräfte bis zum 10. Juni in Aussicht.

Feldmarschall von Kluge sprach sich – ebenso wie ich – gegen eine Hinauszögerung des Angriffes aus.

Ich führte als Begründung aus, daß auch der Gegner sich neu ausrüsten würde und daß die monatliche russische Panzerproduktion 1500 Stück betrage. Außerdem würden sich die Kampfstärken der jetzt noch geschwächten feindlichen Verbände bis dahin erheblich verbessern.

So verlockend auch eine eigene Verstärkung an Panzern sei, so wiege sie nicht die Nachteile auf, die durch das Zuwarten entstehen mußten. Ich machte zudem darauf aufmerksam, daß nach der bevorstehenden Aufgabe des Kriegsschauplatzes in Nordwest-Afrika eine Landung des Gegners auf Sizilien oder gar auf dem europäischen Festland mit unserer Planung „Zitadelle“ zusammenfallen könne.

Hitler behauptete dagegen, daß die Alliierten so schnell nicht würden landen können. Der Kriegsverlauf hat jedoch meine Überzeugung bestätigt und schließlich auch zum vorzeitigen Abbruch der Operation „Zitadelle“ geführt.

Auch der Chef des Generalstabes der Luftwaffe erklärte, daß eine Verschiebung von „Zitadelle“ keinen Vorteil biete.

Generaloberst Guderian schlug vor, sämtliche Panzerkräfte auf einer Angriffsfront zusammenzufassen, gleich auf welcher der beiden Fronten.

Hitler kam zu dem Schluß, sich dies alles noch einmal zu überlegen. Busse und ich fuhren in unser HQ zurück und warteten hier auf das Fallen des Stichwortes für Aufmarsch und Bereitstellung zu „Zitadelle".

Am 11. Mai erreichte uns der Befehl, daß das Unternehmen bis Mitte Juni verschoben werden würde. Es folgte dann eine weitere Verschiebung bis in den Juli hinein.

Eine Forderung von mir, der Heeresgruppe noch einige Infanterie-Divisionen zuzuführen, damit die Panzerkräfte nicht schon zum ersten Durchbruch eingesetzt werden müßten, lehnte Hitler ebenfalls ab.

Genau zwei Tage später, am 12. Mai 1943 kapitulierten in Tunesien die letzten Teile der Heeresgruppe Afrika. Das war entscheidend, denn nun war der Tag nicht mehr fern, an dem der westliche Gegner den Sprung auf das europäische Festland wagen würde.

Am 1. Juli mußten alle Befehlshaber und Kommandierenden Generale, die für „Zitadelle" vorgesehen waren, nach Rastenburg kommen. Zur Täuschung des Gegners flog ich, nachdem Hitler uns unterrichtet hatte, daß „Zitadelle" nunmehr am 5. Juli starten werde, anschließend nach Bukarest, um dort zum Jahrestag der Eroberung von Sewastopol Marschall Antonescu den Krimschild in Gold zu überreichen.

„Zitadelle" rollt!

Das Unternehmen Zitadelle begann planmäßig am 5.7.1943. An anderer Stelle wurde diese große Schlacht eingehend gewürdigt. Hier sei nur in knappen Worten der Ablauf skizziert und auf die Fragen geantwortet, die sich stellten.

Der nördlichen Angriffsfront der Heeresgruppe Mitte (9. Armee) gelang binnen zweier Tage gegen zähen feindlichen Widerstand ein 14 Kilometer tiefer Einbruch in das feindliche Stellungssystem. Der 10 Kilometer breite deutsche Angriffskeil erreichte bis zum 9.7. auch noch eine Höhenstellung beim Olchowatka. Hier – 18 Kilometer tief im gegnerischen Stellungssystem – lief sich der Angriff fest.

Am 11.7. trat die Rote Armee mit starken Kräften zur Offensive gegen die 2. Panzerarmee an, welche die Stellungen nördlich der 9. Armee hielt.

Diese Entwicklung der Lage zwang das Oberkommando der Heeresgruppe Mitte, den Angriff der 9. Armee einzustellen, um schnelle Kräfte von ihr zur 2. Panzerarmee werfen zu können.

Im Angriffsstreifen meiner Heeresgruppe Süd erwies sich der erste Durchbruch ebenfalls als sehr schwer. Bei der Armeeabteilung Kempf gelang es dem als Flügelkorps eingesetzten XI. AK unter General Raus nicht, bis an den Korodscha-Abschnitt vorzudringen, der als neue Abwehrfront vorgesehen war. Dennoch war ich mit dem Erreichen des Koren-Abschnittes durch das Korps zufrieden.

Das III. Panzerkorps hatte ebenfalls schwer zu ringen. Der Angriff beiderseits Bjelgorod über den Donez forderte schwere Opfer. Dann lag das Korps schließlich vor einer rückwärtigen Stellung des Gegners fest.

Nach einer Besprechung mit General Breith und seinen Divisionskommandeuren entschied ich, daß die Offensive fortgesetzt werde. Am 11.7. gelang dem III. Panzerkorps der Durchbruch durch die letzte feindliche Stellung, der Weg war frei, um den Kampf mit den operativen Kräften des Gegners aufzunehmen, die aus dem Raum ostwärts Charkow heraneilten.

Die 4. Panzerarmee hatte in schweren Kämpfen in den beiden ersten Tagen die erste und zweite feindliche Stellung durchbrochen. Am 7.7. gelang dem XXXXVIII. Panzerkorps unter General von Knobelsdorff der Durchbruch in das freie Gelände bis etwa 11 Kilometer vor Obojan.

In den folgenden Tagen mußte es starke Feindangriffe abwehren. Ebenso das Waffen-SS-Panzerkorps, das unter Führung von Obergruppenführer Hausser ebenfalls ins freie Gelände durchgestoßen war und am 11.7. im Angriff auf Prochorowka stand und dazu weiter westlich einen Übergang über den Pssel erkämpft hatte.

Feindliche Gegenstöße am 12.7. wurden an diesem und dem folgenden Tage von beiden Armeen der Heeresgruppe abgewiesen. Wir stellten fest, daß der Gegner sämtliche wesentlichen Reserven in den Kampf geworfen hatte.

Die Schlacht stand auf einem Höhepunkt. Eine Entscheidung, ob Sieg oder Niederlage stand unmittelbar bevor. Uns war seit dem 12.7. bekannt, daß die 9. Armee die Schlacht hatte abbrechen müssen und daß der Feind vor der 2. Panzerarmee zur Offensive übergegangen war.

Dennoch stand unser Entschluß fest, die Schlacht fortzuführen. Noch stand uns das XXIV. Panzerkorps mit der 17. PD und der Waffen-SS-Division „Wiking" zur Verfügung, die wir als Trumpf in die Schlacht werfen konnten.

So stand die Schlacht, als Feldmarschall von Kluge und ich für den 13.7. ins Führerhauptquartier befohlen wurde.

Hitler erkläre uns, daß die Lage auf Sizilien – hier waren die Westalliierten am 10.7.1943 gelandet – ernst sei. Der nächste Zug des Gegners würde wahrscheinlich auf das Festland zielen. Deshalb sei die Bildung neuer Armeen in Italien und auf dem westlichen Balkan notwendig.

Dazu müsse auch die Ostfront Kräfte abgeben, und somit könnte „Zitadelle" nicht fortgeführt werden.

Es war jetzt die Lage eingetreten, vor der ich am 4. Mai 1943 in München gewarnt hatte.

Feldmarschall von Kluge meldete, daß Models 9. Armee nicht vorwärtskomme und schon 20.000 Mann verloren habe.

Demgegenüber erklärte ich, daß – was die Heeresgruppe Süd anlange – die Schlacht jetzt auf einem entscheidenden Punkt stehe und daß nach den Abwehrerfolgen der vergangenen Tage fast die gesamten operativen Feindreserven verbraucht oder eingespannt seien. Der Sieg läge in greifbarer Nähe. Jetzt den Kampf abzubrechen würde voraussichtlich bedeuten, daß wir den Sieg verschenkten. Den Sieg, den wir so notwendig brauchten!

So lange die 9. Armee wenigstens den Feind binden und vielleicht später ihren Angriff wieder aufnehmen könne, würden wir zunächst die Feindkräfte, die mit uns im Kampf stünden, zu zerschlagen versuchen.

Danach würde die Heeresgruppe Süd wieder nach Norden antreten, den Pssel ostwärts Obojan mit zwei Panzerkorps überschreiten, um sodann, nach Westen eindrehend, die im Westteil des Kursker Bogens stehenden Feinde zu einer Schlacht mit verwandter Front zwingen.

Feldmarschall von Kluge hielt aber auch eine spätere Wiederaufnahme des Angriffes der 9. Armee – die Vorbedingung für diesen Plan – für unmöglich, sondern forderte sogar noch die Zurücknahme in die Ausgangsstellungen.

Das gab den Ausschlag. Hitler entschied, daß „Zitadelle" abgebrochen werde. Das XXIV. Panzerkorps wurde uns nicht zur Verfügung gestellt.

Immerhin erklärte sich Hitler damit einverstanden, daß wir versuchten, die uns zur Zeit gegenüberstehenden Feindkräfte so weit zu schlagen, daß die Heeresgruppe auf der Front von „Zitadelle" die Möglichkeit zum Herausziehen der Kräfte erhalte.

Am 16.7. erließ ich dazu die notwendigen Befehle. Bereits 24 Stunden später griff der Gegner nunmehr an der Mius- und Donezfront an. Er erzielte bei der 6. Armee und bei der 1. Panzerarmee einige Einbrüche.

Damit war die Operation „Zitadelle“ beendet. Wir hatten den Sowjets einige schwere Schläge versetzt, aber auch unsere Divisionen hatten erhebliche Verluste erlitten.

Damit war das Unternehmen „Zitadelle“ von der obersten deutschen Führung vor dem Fallen einer Entscheidung abgebrochen worden. Beide Erwägungen, die dazu führten, waren voraussehbar und hätten demzufolge vermieden werden können.

Die deutsche oberste Führung hatte kräftemäßig (durch Verweigerung einiger Infanterie-Divisionen, die sie natürlich anderen Fronten hätten wegnehmen müssen) wie auch zeitlich dem Risiko auszuweichen versucht. Sie hätte diese beiden Risiken auf sich nehmen müssen.

Durch Vermeiden der Risiken hat sie den Sieg aus der Hand gegeben.

Seit Abbruch von „Zitadelle“ war die Initiative in Rußland auf die sowjetische Seite übergegangen. Nach diesem Ereignis mußte nach und nach sein Kräfteübergewicht zur Auswirkung kommen.

Mit dem Angriff auf den Orelbogen leitete der Gegner seinerseits die Großoffensive ein.

Am 17.7. traten die Sowjets – wie erwähnt – gegen die 6. Armee am Mius und die 1. Panzerarmee am mittleren Donez zur Offensive an, konnten jedoch keinen Durchbruch erzwingen. Die Angriffe konnten im Donezgebiet bis Ende Juli zum Stehen gebracht werden.

Wieder griff Hitler mehrfach in die Führung der Heeresgruppe ein. Ich schrieb darauf hin einen Brief an General Zeitzler, den ich hier – als Antwort auf die Frage, was ich gegen das

Eingreifen Hitlers in die Führung der Heeresgruppe unternommen hätte – im Auszug wiedergeben möchte.

„Wenn meine Bedenken“, so schrieb ich, „hinsichtlich der kommenden Entwicklung der Lage nicht beachtet werden, wenn meine Führungsabsichten, die nur darauf abzielen, die nicht durch mich entstandenen Schwierigkeiten der Lage auszugleichen, fortgesetzt durchkreuzt werden, so kann ich daraus nur den Schluß ziehen, daß beim Führer nicht das notwendige Vertrauen in die Führung der Heeresgruppe besteht. - - -

Wenn der Führer glaubt, einen Oberbefehlshaber oder ein Heeresgruppenkommando zu haben, das bessere Nerven hat, als wir sie im vergangenen Winter gezeigt haben, das mehr Initiative zeigt als wir auf der Krim, am Donez oder bei Charkow, das bessere Aushilfen findet als wir im Feldzug auf der Krim oder im letzten Winterfeldzug, oder das die Entwicklung, weil sie kam, wie sie kommen mußte, klarer vorausgesehen hat als wir, so bin ich gern bereit, meinen Posten an diesen abzutreten.

Solange ich jedoch an dieser Stelle stehe, muß ich auch die Möglichkeit haben, von meinem Kopf Gebrauch zu machen.“

Der Schlacht westlich Bjelgorod und dem Kampf um Charkow, der am 3. August losbrach, war zu Anfang ein Durchbruch beschieden, den die Sowjets in den nächsten Tagen noch vertieften. Fünf Tage später klaffte zwischen der angegriffenen 4. Panzerarmee und der Armeeabteilung Kempf, die inzwischen in 8. Armee umbenannt war, deren Oberbefehlshaber ein ehemaliger Generalstabschef, General Wöhler, wurde, nordwestlich von Charkow eine Lücke von 55 Kilometern. Dem Feind stand der Weg nach Poltawa offen. So schien es jedenfalls.

Der Gegner war entschlossen, die Entscheidung gegen die Heeresgruppe Süd herbeizuführen.

Dem am 8.8. bei uns erscheinenden Chef des Generalstabes

des Heeres sagte ich, daß es jetzt nicht mehr um Einzelfragen gehe, die Kardinalfrage sei, daß von unserer Seite alles eingesetzt werden müsse, um die vom Gegner angestrebte Vernichtung des Südflügels der Ostfront zu verhindern. Man müsse – um dieses Ziel zu erreichen – entweder das Donezgebiet aufgeben, oder das OKH müsse von einer anderen Front schnellstens zehn Divisionen in Richtung auf den Dnjepr heranführen. Zehn weitere Divisionen müßten an die Fronten der 4. Panzer- und der 2. Armee gebracht werden.

Es geschah nichts.

Natürlich hätte die Zuführung solcher Kräfte ein Risiko an anderen Fronten bedeutet, und dieses wollt Hitler nicht eingehen. Obwohl die Frontbreiten der Divisionen bei der HGr. Mitte geringer waren als bei uns und bei der HGr. Mitte die Möglichkeit wesentlicher Frontverkürzungen bestand.

Mit dem nächsten sowjetischen Angriff am 12.8. lag die Einschließung und Vernichtung der 8. Armee in der Luft. Hitler forderte – vor allem aus Prestigegründen – die Stadt unter allen Umständen zu halten.

Wir aber waren nicht bereit, für das Halten dieser Stadt abermals eine Armee zu opfern. So ließ ich am 22.8. Charkow räumen. Damit bekamen wir Kräfte frei, die die beiden bedrohten Flügel der 8. Armee freischlagen konnten.

Es gelang bis zum 23.8., den feindlichen Durchbruch auf Poltawa aufzuhalten und eine dünne Front zwischen der 8. und 4. Panzerarmee von hart südlich Charkow bis südwestlich Achtyrka herzustellen. Hier trat also eine Entspannung ein.

Anders im Donezgebiet, wo die Lage sich bedrohlich gestaltete. Wir forderten deshalb kategorisch, bei gleichbleibendem Auftrag, die Zuführung weiterer Kräfte oder Bewegungsfreiheit für den Südflügel, um den Feind hier in einer kürzeren rückwärtigen Linie zum Stehen zu bringen.

Erst nach dieser kategorischen Forderung kam Hitler von Rastenburg nach Winniza, wo in seinem ehemaligen Hauptquartier am 27.8. eine Besprechung stattfand.

Hitler erhielt von mir, von den Oberbefehlshabern der unterstellten Armeen, von einem Kommandierenden General und von einem Divisionskommandeur ein umfassendes Bild der Lage dargestellt.

Insbesondere wies ich darauf hin, daß bei einem Gesamtausfall von 133.000 Mann nur 33.000 Mann Ersatz zur Front gekommen seien.

Mit den augenblicklich zur Verfügung stehenden Kräften würde das Donezgebiet nicht zu halten sein. Aber die Hauptgefahr würde auf dem Nordflügel der Heeresgruppe lasten. Ein Durchbruch auf den Dnjepr könne von der 8. und 4. Panzerarmee nicht mehr verhindert werden.

Hitler machte Zusagen. Das Aufgeben des Donezgebietes kam für ihn jedoch nicht in Frage. Aber bereits am nächsten Tage, als Feldmarschall von Kluge im Hauptquartier in Winniza erschien, zeigt es sich, daß aus den Zusagen nichts wurde.

Von Kluge verstand es, auf den Führer einzuwirken, daß aus seinem Heeresgruppenbereich keine Kräfte herausgezogen werden durften. Auch bei der Heeresgruppe Nord waren angeblich keine Kräfte mehr vorhanden.

Die Sowjets griffen weiter an. Die Front der 6. Armee wurde durchbrochen. Die Lage spitzte sich derart zu, daß ich am 3.9. ins Führerhauptquartier flog. Ich bat Feldmarschall von Kluge, mich zu begleiten.

Das Gespräch zwischen von Kluge, Hitler und mir verlief ergebnislos. Es erfolgten auch keine Maßnahmen, so daß ich – zur Heeresgruppe zurückgekehrt – am 7.9. noch einmal die Lage an der Front der Heeresgruppe darlegte.

Einen Tag später erschien – überraschend – Hitler auf unserem Gefechtsstand in Saporoshje. Er hatte auch den Oberbefehlshaber der Heeresgruppe A, Feldmarschall von Kleist, und Generaloberst Ruoff – dessen 17. Armee sich noch immer im Kubangebiet befand – dorthin bestellt.

Wieder gab es ein langes Tauziehen, und als ich mich auf dem Flugplatz von Hitler verabschiedete, gab er mir vor Besteigen seiner Maschine noch einmal das Versprechen auf Zuführung der versprochenen Kräfte.

Aber die zugesagten vier Divisionen für die Dnjepr-Linie kamen nicht. Die Bereitstellung eines Korps auf unserem Nordflügel durch die Heeresgruppe Mitte wurde verzögert.

Am 15.9. traf ich abermals mit Hitler zusammen. Meine massive Kritik auch an seiner Führung nahm er ruhig hin.

Hitler wollte von der Heeresgruppe Mitte, am 17.9. beginnend, vier Divisionen zu uns im Höchsttempo heranbringen.

Als ich in mein Hauptquartier zurückgekehrt war, erging noch am 15.9. der Befehl der Heeresgruppe zur Zurücknahme aller Armeen in die Linie Melitopol-Dnjepr (bis oberhalb Kiew)-Desna-Abschnitt.

Das hatte Hitler stillschweigend zugestanden.

Der Rückzug hinter den Dnjepr stellt angesichts des dichtauf folgenden Gegners eine der schwierigsten Operationen dar, die die Heeresgruppe im Verlaufe des Feldzuges 1943/44 durchzuführen hatte. Wir mußten verhindern, daß der nachdrängende Feind nach Erreichen des Dnjepr seine Offensive aus der Verfolgung heraus fortführte. Aus diesem Grunde mußte auch deutscherseits zum Mittel der „Verbrannten Erde“ gegriffen werden.

Dieses Mittel hatten die Sowjets in den vergangenen Jahren bei ihren Rückzügen angewendet. Alles, was in einer Zone bis zu 30 Kilometer vorwärts des Dnjepr stand und lag und zur Fortführung der sowjetischen Offensive dienen konnte, mußte zerstört werden.

Wir richteten scharfe Kontrollen ein, daß kein Privatgut unrechtmäßig mitgenommen wurde. Plündereien hat die Wehrmacht zu keiner Zeit geduldet.

Da die Sowjets in den zurückgewonnenen Gebieten alle Männer bis zu 60 Jahren sofort in ihre Streitkräfte einspannten und darüber hinaus die gesamte Bevölkerung zum Schanzen und zu anderer Arbeit für militärische Zwecke einsetzten, war von der deutschen obersten Führung auch Befehl ergangen, die Zivilbevölkerung über den Dnjepr mitzunehmen. Diese Zwangsmaßnahmen beschränkten sich nur auf die Wehrfähigen.

Ein großer Teil der Zivilbevölkerung entschloß sich hingegen aus freien Stücken zum Rückzug und schloß sich uns an. Die Leute wollten den Sowjets entrinnen, die sie fürchteten. So bildeten sich große Trecks, die von uns alle Unterstützung erhielten. Diese Menschen wurden nicht verschleppt. Ihnen wurde in den Gebieten westlich des Dnjepr Unterbringung und Versorgung sichergestellt.

Sie konnten alles, was sie besaßen, mitnehmen. Wir haben ihnen – wo immer wir dazu in der Lage waren – Transportmittel zur Verfügung gestellt.

In jedem Falle waren sämtliche getroffenen Maßnahmen durch die Kriegsnotwendigkeiten bedingt.

Mit Überschreiten des Dnjepr hatte die Heeresgruppe ein starkes natürliches Hindernis zwischen sich und den Gegner gelegt. Dennoch waren wir sicher, daß der Feind die Entscheidung nach wie vor in unserem Abschnitt suchen würde.

Wie standen nun unsere Chancen, uns zu behaupten? Konnten wir hoffen, den Gegner auf der Dnjepr-Linie zu halten?

Leider war diese Linie keine stark ausgebaute Verteidigungsstellung. Das Oberkommando der Heeresgruppe hatte bereits im Winter 1942/43 gefordert, diese Linie beschleunigt zu befestigen. Hitler hatte jedoch ihren Ausbau abgelehnt. Er brauchte die Arbeitskräfte und das Material für den Atlantikwall. Außerdem betrachtete er eine rückwärtige starke Linie als eine Versuchung für die Truppe, dahin auszuweichen.

Als sich das Kampfgeschehen im ersten Viertel des Jahres 1943 dem Dnjepr näherte, hatte die Heeresgruppe auf eigene Faust den Ausbau von Brückenköpfen bei Saporoshje, Dnjepropetrowsk, Krementschug und Kiew durchgeführt. Es sollte verhindert werden, daß die Gegner die rückwärtigen Verbindungen der Heeresgruppe an diesen Punkten durchschnitten.

Nach Ende der Operation „Zitadelle“ hatte die Heeresgruppe wiederum den weiteren Ausbau der Dnjepr-Linie in Angriff genommen. Doch konnte sie von sich aus nur leichte Feldstellungen bauen, weil einmal keine Baumaschinen, dann keine Materialien und auch nicht genügend Leute zur Verfügung standen.

Wir hätten auch für die geschwächten Divisionen Ersatz und neue Divisionen für die 700 Kilometer breite Dnjeprfront der Heeresgruppe haben müssen.

Am 3.10.1943 sagte mir General Heusinger, daß er vorgeschlagen habe, die Krim zu räumen und die Heeresgruppe Nord in eine verkürzte Front zurückzunehmen, um im Rahmen der Ostfront Kräfte für die Heeresgruppe Süd freizumachen. Außerdem habe er vorgeschlagen, in einer weiter rückwärts abgesetzten Linie einen Ostwall zu bauen. Hitler habe jedoch beides abgelehnt.

Mitte September hatte das Oberkommando der Heeresgruppe sein Hauptquartier von Saporoshje nach Kirowograd verlegt. Von hier aus konnte ich die Krisenstellung an der Dnjeprfront besuchen.

Anfang Oktober übersiedelten wir mit dem gesamten Stab

der Heeresgruppe in das ehemalige Führerhauptquartier nach Winniza. Hier hatten wir gute Unterkünfte mitten im Wald.

Anfang Oktober begannen die sowjetischen Angriffe auf die Dnjepr-Linie. Angriffe auf den Brückenkopf Saporoshje wurden abgewiesen. Schließlich aber gelang ihm doch unter Einsatz von zehn Divisionen der Einbruch in die Brückenkopfstellung. Sie mußte aufgegeben werden.

Auf dem linken Flügel der 8. Armee bei Perjasslaw gelang dem Feind die Bildung eines Brückenkopfes. Als er diesen Brükkenkopf erweitern wollte, wurde der Angriff sowie das Übersetzen der Sowjetkräfte zerschlagen.

Im Bereich der 4. Panzerarmee kamen die Sowjets im Laufe des Oktober hart nördlich Kiew auf das Westufer des Flusses und faßten hier Fuß.

Die folgende Schlacht im Dnjeprbogen endete unter anderem mit der Zurücknahme der 6. Armee hinter den Unterlauf des Dnjepr.

Anfang November trat die Rote Armee erneut mit starken Kräften zum Angriff gegen den Nordflügel der Heeresgruppe, die Dnjeprfront der 4. Panzerarmee, an.

Aus diesem Angriff zeichnete sich die Schlacht um Kiew ab, und am 5.11. war zu erkennen, daß Kiew verlorengehen würde.

Daraus resultierte für uns die Notwendigkeit, alle verfügbaren Kräfte, vor allem drei im Anrollen befindliche Panzer-Divisionen, auf dem Nordflügel der Heeresgruppe anzusetzen.

Hitler aber hatte diese drei Divisionen ausdrücklich nur für den Einsatz im Bereich des unteren Dnjepr hergegeben. Deshalb mußte das Einverständnis des OKH für die anderweitige Verwendung eingeholt werden. Das OKH mußte anstelle der drei Panzer-Divisionen andere starke Kräfte an den unteren Dnjepr entsenden. War es dazu nicht in der Lage, mußte es auf den Dnjeprbogen verzichten.

In dieser Frage konnte keine Einigung erzielt werden, so daß ich am 7.11. selbst ins Führerhauptquartier flog.

Während dieser Besprechung sagte mir Hitler, daß er auf keinen Fall auf diese „erste und einzigartige Chance Verzicht leisten“ würde, die sich dadurch biete, daß die Heeresgruppe bei der 6. Armee eingreifen würde, um die Erhaltung der Krim zu sichern.

Dagegen erklärte ich, daß die Lage auf dem Nordflügel diesen ersten Plan, den wir gemacht hatten, nicht mehr zulasse.

Hitler beharrte auf dem Einsatz am unteren Dnjepr. Hier wäre das Manganerzvorkommen von Nikopol zu sichern. Auch dürfe man den Gegner nicht auf die Krim lassen, da sie als russische Einsatzbasis für Luftangriffe auf die rumänischen Ölfelder dienen würde.

Es gelang mir, zu erreichen, daß nur die 4. PD, die SS-Brigade „Nordland“ und die 2. Fallschirmjäger-Division für unseren Nordflügel zugeführt werden.

Am nächsten Tage entstand eine Krisenlage. Kiew mußte schließlich geräumt werden. Das VII. AK in der Stadt wurde vom Feind bis zu 60 Kilometer weit zurückgetrieben.

Die beiden Armeekorps, die nördlich Kiew am Dnjepr standen, wurden weit nach Westen zurückgeworfen. Das XIII. AK bis Shitomir und das XXXXIX. AK auf Korosten. Der Gegner erreichte diese beiden wichtigen Knotenpunkte, die die Verbindung mit der Heeresgruppe Mitte aufrecht erhalten hatten und für die Versorgung der 4. Panzerarmee wichtig waren.

Die Gegenmaßnahmen, die von der Heeresgruppe eingeleitet wurden, kamen erst Mitte November zur Wirkung. Am 15.11. trat das XXXXVIII. PzKorps zu einem Gegenschlag an. Shitomir konnte von der 7. Panzer-Division unter General von Manteuffel zurückgewonnen werden. Doch der weitere Vorstoß in Richtung Shitomir-Kiew, in den Rücken der Feindfront südlich Kiew, blieb im Schlamm stecken.

Korosten wurde vom IL. AK zurückgewonnen.

Hitler glaubte, daß das anfängliche rasche Ausweichen der 4. Panzerarmee durch einen Fehler in der Armeeführung verursacht worden sei. Er ließ Generaloberst Hoth, einen der erfahrensten Oberbefehlshaber, in die Führerreserve versetzen.

Diese Ablösung bedauerte ich ganz besonders. Aber ich erhielt die Zusage, daß Generaloberst Hoth nach einem Urlaub eine Armee im Westen bekommen würde. General Raus, ein erfahrener Panzerführer, bewährt in vielen Schlachten, wurde sein Nachfolger.

Die zweite Schlacht im Dnjeprbogen brachte weitere Einbußen. So gelang es dem Gegner, den Übergang beiderseits Tscherkassy zu gewinnen. Auf einer Breite von fast 100 Kilometern mußte das Dnjeprufer preisgegeben werden. 50 Kilometer südlich des Flusses wurde eine neue Verteidigungslinie aufgebaut, die allerdings hauchdünn war.

Ende November war die Dnjeprlinie von nördlich Saporoshje bis westlich Tscherkassy und von südlich Kiew bis in den Bereich der Heeresgruppe Mitte hinein in der Hand der Sowjets. Die 4. Panzerarmee stand Anfang Dezember 1943 mit ihrem rechten Flügel noch am Dnjepr. Ihre Front bog 50 km südlich Kiew scharf nach Westen ab und verlief bis in die Gegend nördlich Shitomir. Den ganzen Dezember hindurch versuchten die Sowjets, am Dnjeprbogen eine Entscheidung zu erzwingen. Unentwegt stürmten sie gegen unsere weit nach Osten vorspringende Bastion an.

Am 24. Dezember 1943 kam es zu einer krisenhaften Entwicklung. Beiderseits der Straße Kiew-Shitomir griffen die Russen an. Ich erhielt die Nachricht von diesem Angriff bei der 20. Panzergrenadier-Division, wo ich den Weihnachtsfeiern der Regimenter beiwohnen wollte, um den Soldaten das Gefühl zu geben, daß wir für sie da waren.

Es sah nicht kritisch aus. Erst als ich nach Winniza zurückgekehrt war und die Abendmeldung erhielt, war mir klar, daß sich ein feindlicher Durchbruch mit starken Kräften in Richtung Shitomir anbahnte. Die Lage wurde nicht nur bedrohlich, sie wurde tödlich, und wieder versuchte Hitler, hinzuhalten und mit Halbheiten zu operieren.

In den ersten Januartagen 1944 verschärfte sich die Gesamtlage der Heeresgruppe mehr und mehr. Wieder flog ich am 4.1.1944 ins Führerhauptquartier, um bei Hitler endlich die Möglichkeit einer durchgreifenden Kräfteverlagerung vom rechten zum linken Heeresgruppenflügel zu erreichen.

Die Räumung des Dnjeprbogens war die Voraussetzung für eine durchgreifende Zurücknahme des deutschen Südflügels. Sie zu fordern, wäre vergebens gewesen. Das bemerkte ich, als Hitler schon vorher die Räumung des Dnjeprbogens zum Gewinn von Kräften für den Nordflügel der Heeresgruppe und die Aufgabe von Nikopol kategorisch ablehnte.

Hitler führte auch aus, daß er aus mehreren Gründe der Heeresgruppe keine weiteren Divisionen zuführen könne. Da beim großen Lagevortrag eine weitere Diskussion sinnlos war, bat ich Hitler, ihn allein, nur in Gegenwart des Generalstabschefs sprechen zu können.

Sichtlich widerwillig und mißtrauisch, was ich nun wieder vorbringen werde, stimmte er zu.

Ich war mit dem Entschluß ins Führerhauptquartier gekommen, noch einmal die Fragen der militärischen Gesamtführung anzuschneiden.

Ich bat Hitler, als nur noch General Zeitzler anwesend war, offen sprechen zu dürfen. Eisig, mit verschlossener Miene, antwortete Hitler:

„Bitte sehr!“

„Man muß sich klar sein, mein Führer“, eröffnete ich das

Gespräch, das reinstes Dynamit war, „daß die überaus kritische Lage, in der wir uns jetzt befinden, nicht allein auf die unbestreitbare Überlegenheit des Gegners zurückgeführt werden darf. Sie ist auch die Folge der Art, in der bei uns geführt wird."

Hitler starrte mich an, als wollte er mich hypnotisieren und meinen Willen niederzwingen. Blitzartig durchzuckte mich der Gedanke an einen indischen Schlangenbeschwörer. Es war ein wortloser Kampf, der binnen weniger Sekunden stattfand. Aber mich „kriegte er nicht klein", sondern ich fuhr fort:

„In der Art, wie bei uns die Führung gehandhabt wird, geht es nicht, mein Führer! Ich muß auf meinen bereits zweimal gemachten Vorschlag zurückkommen. Sie brauchen für die Gesamtkriegführung einen wirklich verantwortlichen Generalstabschef, auf dessen Rat Sie sich in Bezug auf militärische Führungsfragen stützen und verlassen müssen. Als Folge davon ist für die Ostfront – wie dies ja auch für den Westen und für Italien der Fall ist – die Ernennung eines Oberbefehlshabers notwendig, der im Rahmen der Gesamtkriegführung volle Selbständigkeit haben muß."

Hitler verhielt sich völlig ablehnend. Er sagte, daß nur er allein, der alle Mittel des Reiches in der Hand habe, den Krieg auch militärisch wirksam führen könne. Hitler sagte in Bezug auf die Autorität, die er habe: „Selbst mir gehorchen die Feldmarschälle nicht! Glauben Sie, daß sie zum Beispiel etwa Ihnen besser gehorchen würden? Ich kann sie notfalls absetzen, kein anderer würde diese Autorität haben."

„Die Befehle, die ich gebe, werden auch von den Feldmarschällen befolgt werden" antwortete ich ihm.

Hitler war auf gütlichem Wege nicht dazu zu bringen, eine Änderung unserer obersten militärischen Führung zuzulassen oder durchzuführen.

Wenn man aber versuchen wollte, eine Änderung durch Gewaltanwendung herbeizuführen, dann würde die Front wahrscheinlich zusammenbrechen. Der Gedanke, daß dann die Rote Armee auf schnellstem Wege nach Deutschland hinein gelangte, schloß die Gewaltanwendung aus.

Unverrichteter Dinge flog ich zurück.

Der Kampf tobte im Januar 1944 im Dnjeprbogen mit unverminderter Heftigkeit um unsere noch immer zu haltenden Bastionen.

In einem Schreiben an Hitler, das über den Generalstabschef lief, schrieb ich unter anderem:

„Jede Führung besteht – wenn sie erfolgreich sein soll – in einem verständnisvollen Zusammenspiel der verschiedenen Führungsinstanzen, das auf klaren Weisungen der Führung und einer übereinstimmenden Beurteilung der Feindlage beruht. Die Führung der Heeresgruppe kann nicht vom einen Tag zum anderen denken. Sie kann nicht mit der Weisung, daß alles zu halten sei, auskommen, wenn sie zugleich die weitere Entwicklung in einer entscheidungssuchenden feindlichen Umfassung sehen muß, der sie nichts entgegenzustellen haben wird.

Ich muß daher bitten, daß das OKH aus den ihm von der Heeresgruppe vorgelegten Beurteilungen entweder die unerläßlichen Folgerungen im Sinne der Heeresgruppe zieht oder die Ansicht der Heeresgruppe durch Übermittlung seiner Beurteilung der weiteren Entwicklung der Lage entkräftet.

Wenn jedoch den von der Heeresgruppe auf Grund der Erkenntnisse ihres beschränkten Gesichtskreises angestellten Erwägungen nicht nur das Ohr der obersten Führung verschlossen, sondern auch dessen Stimme stumm bleibt, dann kann von einem Zusammenspiel der Führungsinstanzen schlechterdings nicht mehr die Rede sein."

Auch auf diese Eingabe erfolgte keine Antwort, so daß ich mich in einem neuen Schreiben an Hitler wandte.

Noch einmal legte ich die Lage der Heeresgruppe, den Zustand der Truppe und die sich dem Gegner bietenden operativen Möglichkeiten dar.

Ich schloß mit folgenden Worten:

„Ich darf, mein Führer, zum Schluß noch folgendes sagen. Es handelt sich für uns nicht darum, einer Gefahr zu entgehen, sondern einer unter Umständen unvermeidlich kommenden so zu begegnen, daß wir sie meistern können."

Wenige Tage später, am 27.1.1944, berief Hitler alle Oberbefehlshaber der Ostfront und eine größere Zahl anderer höherer Offiziere in das Führerhauptquartier. Er wollte uns einen Vortrag halten über die Notwendigkeit nationalsozialistischer Erziehung im Heer. Hier kam es zu einem ersten schweren Zusammenstoß.

Hitler legte in seiner Rede dar, daß die Generale und Feldmarschälle und ihr Verhalten zweifelhaft seien. Er sagte:

„Wenn es einmal zum letzten kommen sollte, dann müßte es doch eigentlich so sein, daß die Feldmarschälle und Generale als die Letzten bei der Fahne aushielten."

Er wiederholte dies noch in beleidigender Weise.

Diese Worte waren eine bewußte Brüskierung der Führer des Heeres, und ich unterbrach ihn durch den Zwischenruf:

„Das wird auch der Fall sein, mein Führer!"

Durch diesen Zwischenruf wollte ich zum Ausdruck bringen, daß wir uns von Hitler keine derartige moralische Herausforderung bieten ließen. Es war nicht als Antwort meiner persönlichen Einstellung zum nationalsozialistischen System gedacht.

Hitler hatte eine Unterbrechung seiner Ansprachen noch nie erlebt. Er geriet offenbar aus dem Konzept. Dann rief er mir zu:

„Ich danke Ihnen, Feldmarschall von Manstein!"

Als ich wenig später bei Zeitzler Tee trank, erhielt ich dort einen Anruf, mit der Weisung, daß Hitler mich in Keitels Gegenwart zu sprechen wünsche.

Hitler empfing mich mit den Worten:

„Herr Feldmarschall, ich muß es mir verbitten, daß Sie mich in einer Ansprache, die ich an die Generale halte, unterbrechen. Sie würden sich das auch nicht von Ihren Untergebenen gefallen lassen."

Ich nahm das zur Kenntnis und Hitler fuhr fort:

„Übrigens haben Sie mir vor einigen Tagen eine Denkschrift geschickt. Sie soll wohl dazu dienen, Sie später einmal durch das Kriegstagebuch vor der Geschichte zu rechtfertigen?"

Das war der Gipfelpunkt. Ich schlug sofort zurück:

„Briefe, die ich an Sie persönlich richte, kommen selbstverständlich nicht in das Kriegstagebuch. Dieser Brief ist durch Kurier nur über den Chef des Generalstabes gegangen. Im übrigen bitte ich zu entschuldigen, daß ich jetzt einen englischen Ausdruck gebrauche. Ich kann zu Ihrer Auffassung sagen, ich bin ein Gentleman."

Nach einer Pause rang sich Hitler eine Antwort ab.

„Ich danke sehr."

Bei dem abendlichen Lagevortrag, zu dem ich eigens gebeten wurde, gab sich Hitler auch mir gegenüber wieder sehr liebenswürdig. Ich war sicher, daß er mir meine Entgegnung nicht vergessen würde.

Aber ich hatte andere Sorgen.

Die Sorgen, die mich quälten waren mit den Namen Nikopol, Tscherkassy und Rowno gekennzeichnet. Hier brach der Sturm im Februar 1944 los.

Der Kessel von Tscherkassy, für jeden Kriegsgeschichtler ein Begriff, konnte im letzten Augenblick für den Ausbruch der zwei Armeekorps Stemmermann und Lieb durch das III. Panzerkorps aufgebrochen werden. Bis zum Abend des 28.2. wußten wir, daß rund 32.000 deutsche Soldaten aus diesem Kessel herausgekommen waren. General Stemmermann fiel beim Ausbruch. Es war uns gelungen, den beiden Korps das Schicksal der 6. Armee zu ersparen.

Auch hier hatte Hitler das Halten des Kessels verlangt. Der Befehl zum Ausbruch war vom Oberkommando der Heeresgruppe ohne vorherige Verständigung Hitlers gegeben worden. Damit wollte ich jede Möglichkeit eines Hitlerschen Einspruches vorbeugen.

Im Raume Rowno griffen die Sowjets gleichzeitig mit starken Kräften an. Hier focht das isoliert stehende XIII. AK, das den feindlichen Vormarsch nicht aufhalten konnte. Rowno fiel Anfang Februar. Das XIII. AK wich nach Westen, auf Dubno, aus. Der Kom.General Hauffe, mein früherer Generalstabschef im Frankreich-Feldzug, fiel.

Es wurde März, und in diesem Monat wurde uns die offenstehende Rechnung präsentiert für die grundlegenden Fehler der obersten deutschen Führung. Hitlers Hoffnung, daß der Gegner erschöpft seine Angriffe einstellen werde, erfüllten sich nicht. Der Eintritt der Schlammperiode Anfang März brachte ihn auch nicht zum Stehen. Der Kampf ging weiter.

Am 3. März begann der Angriff auf dem linken Flügel der Heeresgruppe, im Bereich der 4. und 1. Panzerarmee. Der feindliche Hauptstoß zielte mit Einsatz zweier Panzer- und einer Infanterie-Armee auf einen Durchbruch über Proskurow-Tarnopol nach Süden. Offenbar wollten die Sowjets bis an den Dnjepr durchstoßen.

Im Bereich der Heeresgruppe A unternahm der Feind bei der 6. Armee, die inzwischen unter den Befehl dieser HGr. getreten war, ebenfalls einen Angriff in Richtung auf Nikolajew an der Mündung des Bug.

Ungefähr um diese Zeit hatte Hitler wieder eine seiner Ideen, mittels derer er den Feind halten zu können glaubte. Er ernannte Ortschaften und Städte, die er halten zu müssen glaubte, zu „festen Städten“.

Er nannte sie „Feste Plätze“.

Ein Kampfkommandant war ihm persönlich verantwortlich für das Halten jedes festen Platzes.

Doch dieses Verfahren konnte nicht wirksam sein. Es mußte vielmehr dazu führen, daß kampfkräftige Teile der Truppe in diesen Plätzen jeweils eingeschlossen und vernichtet wurden, denn ohne Festungswerke waren diese „festen Plätze“ nicht zu verteidigen.

Das Oberkommando der Heeresgruppe hat deshalb in jedem Falle verlangt und auch durchgesetzt, daß diese „festen Plätze“ aufgegeben wurden, bevor sie eingeschlossen und vernichtet wurden. Lediglich bei Tarnopol gelang es uns zu spät.

Die Sowjets drangen auf der gesamten Front der Heeresgruppe Süd vor. Bis zum 15.3.1944 zerschlugen sie den linken Flügel der 8. Armee. Eine breite Lücke klaffte zwischen Uman bis Winniza.

Ebenso gelang ihnen bei der 1. Panzerarmee ein Durchbruch. Sie kamen dort südlich Winniza bis an den Bug heran.

Lediglich bei der 4. Panzerarmee gelang es, durch einen erfolgreichen Angriff von Divisionen, die das OKH rechtzeitig zugeführt hatte, die Lage bei Tarnopol wieder herzustellen.

In dieser Situation wurde ich auf den Obersalzberg gerufen. Hitlers Adjutant, General Schmundt, war ein paar Tage vorher bei uns gewesen und hatte mir ein merkwürdiges Schriftstück zur Unterschrift vorgelegt. Es stellte eine Loyalitätserklärung der Feldmarschälle für Hitler dar. Damit sollte der Propaganda des Generals von Seydlitz entgegengewirkt werden. Seydlitz war bei Stalingrad in russische Gefangenschaft geraten und trieb jetzt sowjetische Propaganda.

Alle Feldmarschälle außer mir hatten das Schriftstück bereits unterschrieben. Außerdem fand ich noch die Unterschrift von Generaloberst Model, der ja noch nicht zu dieser Gruppe gehörte. Es blieb mir nichts anderes übrig, als auch zu unterschreiben. Dennoch sagte ich Schmundt, daß ich eine derartige Kundgebung für überflüssig hielte.

Angesichts der in den letzten Seiten vorgebrachten Streitereien und der wiederholten Eingriffe Hitlers in die Führung meiner Heeresgruppe erhebt sich zwangsläufig die Frage, warum ich denn auf meinem Posten geblieben sei.

Diese Frage ist berechtigt, und sie soll beantwortet werden.

Ich war – ebenso mein Stab – durch Jahre hindurch bereits in der Front mit schwierigsten Problemen und Dingen so stark beschäftigt, daß mir kein Blick nach außen übrigblieb. Dieses völlige Abgleiten des Hitler-Regimes zum Schlechten blieb uns weitgehend verborgen. Gerüchte, die die Heimat kannte, gelangten nicht zur Front. Wir waren hier an der Front, unter dem dauernden feindlichen Druck, nicht in der Lage, uns mit anderen Problemen zu beschäftigen, als denen, unsere Soldaten zu erhalten und die Sowjets nicht durchbrechen zu lassen. So haben wir auf politischem Gebiet keinen Einfluß gehabt und auch nicht auszuüben versucht.

Einzig Hitlers militärische Führung wurde von uns als dilettantisch und unzureichend, ja gefährlich, erkannt, und dagegen kämpfte ich seit langem an. Was mich trotz der Nichtanerkennung meiner Vorschläge auf meinem Posten ausharren und nie resignieren ließ, war die Überzeugung, daß wohl kein anderes Oberkommando als unseres, in der Lage sein würde, die Aufgaben zu meistern, vor denen die Führung in unserem entscheidenden Frontabschnitt stand.

Dazu kam das Gefühl, die Truppe nicht im Stich lassen zu können und zu dürfen.

Während der Zusammenkunft auf dem Obersalzberg unterbreitete ich Hitler wieder einige Vorschläge, die die Kampfführung in meiner Heeresgruppe betrafen. Es war eine weitreichende operative Konzeption mit der Zurücknahme der 6. Armee hinter den Dnjestr als Haupterfordernis.

Hitler lehnte abermals ab, obgleich auch der Oberbefehlshaber der Heeresgruppe A, Feldmarschall von Kluge, den Vorschlag gemacht hatte, die 6. Armee hinter den Dnjestr zurückzunehmen.

In einer eingehenden Beurteilung der Lage, die ich am 22.3. an Zeitzler schickte, wiederholte ich diese Vorschläge noch einmal.

Die Lage hatte sich inzwischen erneut verschärft. Bis zum Abend des 23.3. kamen Spitzengruppen der sowjetischen 1. Panzerarmee bis dicht an den Dnjestr-Übergang Czernowitz heran. Die feindliche 4. Panzerarmee erreichte den Übergang bei Kamenez-Podolak. Damit drohte der 1. PzArmee die Einschließung.

Am 24.3. mittags meldete die Heeresgruppe, daß sie der 1. Panzerarmee den Befehl zum Durchbruch nach Westen geben werde, wenn nicht bis 15.00 Uhr eine Weisung einginge, die auf unseren früheren Antrag zur schnellen Heranführung von Kräften zum Freikämpfen der abgeschnittenen rückwärtigen Verbindungen dieser Armee Bezug nähme.

Um 16.00 Uhr ging der Bescheid ein, der Führer sei mit dem Grundgedanken einverstanden, daß die 1. Panzerarmee sich ihre Verbindung nach Westen freikämpfe. Aber außerdem sollte die Armee im wesentlichen ihre bisherige Front zwischen dem Dnjestr und Tarnopol beibehalten. Woher die Armee diese Kräfte zu einer solchen zweifachen Aufgabe nehme sollte, wo sie sie nicht einmal für die eine Aufgabe besaß, wurde offen gelassen.

Dies als eines der vielen Beispiele der Hitlerschen Führungskunst.

Am 25.3. flog ich von Lemberg ab. Ziel war wieder der Berghof, wo ich zum Mittags-Lagevortrag eintraf.

Ich legte Hitler die Lage der 1. Panzerarmee dar. Dann fügte ich an, was zu tun sei: Durchstoß mit den Panzer-Divisionen der Armee nach Westen zum Freikämpfen der Nachschubverbindungen und Fühlungsaufnahme mit der 4. Panzerarmee.

Hitler versuchte, die unglückliche Entwicklung der Lage auf mich abzuschieben. Es wurde eine scharfe Auseinandersetzung, in der Hitler allerdings dennoch die Form wahrte.

Nachdem ich den großen Lageraum mit Blick auf Salzburg verlassen hatte, ließ ich General Schmundt hinausbitten. Ich ersuchte den Adjutanten, Hitler zu melden, daß ich es für zwecklos hielte, weiterhin das Kommando über die Heeresgruppe zu führen, wenn er nicht auf meine Vorschläge eingehe.

Am Nachmittag rief mich General Busse in meinem Berchtesgadener Quartier an. Generaloberst Hube, der die 1. Panzerarmee führte, hatte den dringenden Antrag gestellt, nicht nach Westen durchzubrechen, sondern nach Süden über den Dnjestr zu gehen. Meine Entscheidung war – auch als ein zweiter Anruf einging –, daß es bei dem befohlenen Durchbruch bleiben müsse.

Während des Abendvortrages hatte sich Hitlers Meinung und Stimmung wieder geändert. Er stimmte meinem Vorschlage zu. Er sagte sogar zu, vier Divisionen für eine beantragte Stoßgruppe der 4. Panzerarmee zuzuführen.

Angesichts dieses überraschenden Nachgebens trug ich sofort einige Gedanken über die weitere Operationsführung vor.

Am 26.3. flog ich zur Heeresgruppe zurück. Die nächsten Tage vergingen mit der Abwehr sowjetischer Angriffe.

Es war der 30. März, als ich mit der überraschenden Meldung geweckt wurde, daß die Condor-Maschine Hitlers bald in Lemberg landen würde. An Bord befände sich schon Feldmarschall von Kleist. Ich sollte zusteigen und mit Kleist zum Obersalzberg kommen.

Mit meinem Ia, Schulz-Büttger, und meinem Ordonnanzoffizier Stahlberg wartete ich in Lemberg auf das Landen der Condor. Während ich wartete, sprach General Busse mit General Zeitzler. Dieser teilte mit, daß Hitler sowohl von Kleist als auch mich des Kommandos entheben werde.

Das war nichts Neues für mich, ich hatte nichts anderes erwartet.

In Berchtesgaden sprachen Kleist und ich zunächst mit General Zeitzler. Zeitzler berichtete, daß Göring und Himmler erneut gegen mich gehetzt hätten.

Am Abend waren wir bei Hitler. Hitler verlieh mir als 59. Soldaten die Schwerter zum Ritterkreuz mit Eichenlaub.

Anschließend erklärte er, daß er sich entschlossen habe, die Heeresgruppe anderweitig zu besetzen. Im Osten seien die Operationen großen Stils vorbei. Es käme jetzt darauf an, starr an den Stellungen festzuhalten. Diese Art der neuen Führung müsse auch mit einem neuen Namen und einer neuen Parole eingeleitet werden. Daher der Wechsel in der Heeresgruppenführung, deren Namen er auch ändern wolle.

Er betonte, daß keine Vertrauenskrise zwischen uns bestehe und daß er nie etwas an der Führung der Heeresgruppe zu beanstanden gehabt habe.

Für das, was jetzt im Osten zu tun sei, schien ihm Model der richtige Mann, da dieser bereits vorher bei der Heeresgruppe Nord einen schwierigen Rückzug zum Stehen gebracht habe.

Was auch immer dazu zu sagen war, Hitler hatte bei meiner Verabschiedung wenigstens eine anständige Form gewählt. Dies war meines Wissens auf eine Forderung Zeitzlers zurückzuführen, der Hitler unerschütterlich gesagte hatte, daß er selbst Kleist und mich verabschieden und uns die Gründe mitteilen müsse.

Zeitzler hatte wegen unserer Verabschiedung zweimal selbst seinen Rücktritt gefordert.

Als Hitler mir beim Abschied die Hand gab, sagte ich ihm:

„Ich wünsche Ihnen, mein Führer, daß Ihr heutiger Entschluß sich nicht als nachteilig erweisen möge!"

Anschließend wurde auch Feldmarschall von Kleist verabschiedet. Als wir den Berghof verließen, standen schon unsere Nachfolger bereit, der zum Generalfeldmarschall ernannte Generaloberst Model und General Schörner, der Kleists Nachfolge antreten sollte.

Ich flog nach Lemberg zurück und hatte am 1.4.1944 noch Gelegenheit, durch einen letzten Heeresgruppenbefehl, das Zusammenwirken unserer beiden Panzerarmeen bei der eingeleiteten Durchbruchsoperation zu erreichen.

Am nächsten Tag übergab ich den Befehl an den inzwischen eingetroffenen Feldmarschall Model. Wie von mir vorgesehen, ist dann die 4. Panzerarmee am 5.4. zu dem befohlenen Stoß nach Osten angetreten. Bis zum 9.4. war die 1. Panzerarmee freigekämpft.

Der Abschied von meinem Stabe war schwer. Meine engsten Mitarbeiter erbaten für sich andere Verwendungen. Das Personalamt gab diesen Gesuchen auch statt. Nur General Busse mußte noch für einige Zeit auf seinem Posten bleiben, um die Kontinuität der Führung zu gewährleisten.

Was die Enthebung von meinem Posten für mich bedeutete?

Diese Frage ist mit einigen Sätzen erklärt und beantwortet.

Zunächst bedeutete sie die Entbindung von einer Verantwortung, die zu tragen unter den vorher geschilderten Umständen immer schwerer wurde.

Sodann war dadurch die unvereinbare Verschiedenheit der strategischen und auch operativen Gedankengänge zwischen Hitler und mir beendet.

Ich war der Auffassung des Diktators entronnen, der glaubte, Entscheidungen durch die Kraft seines Willens und nicht durch die Stärke der Divisionen herbeiführen zu können.

Und wenn ich erleichtert schied, dann im Hinblick darauf, daß sich die Heeresgruppe Süd – wenn auch aus tausenden Wunden blutend – im Felde behauptet hatte.

Am 3.4.1944 verließ ich unser Hauptquartier in Lemberg. Alle meine Kameraden und Getreuen standen am Bahnhof. Als sich der Zug bereits in Bewegung setzte, vernahm ich noch die Stimme von Oberleutnant Langer, unserem Flugzeugführer:

„Herr Feldmarschall, wir haben heute das Krimschild – unser Siegeszeichen – von der Maschine abgenommen!“

Kriegsende
Augenzeuge einer Katastrophe
In Gefangenschaft
Nürnberg und der Generalstab
Mein Prozeß

Nachdem ich von Hitler entlassen war, fuhr ich nach Liegnitz zurück und hatte die Freude, Frau und Kinder gesund wiederzusehen. So erlebte ich als nicht mehr Handelnder und nur noch mit dem Herzen Beteiligter den Vorstoß der Roten Armee während der Sommeroffensive, die Stalin „Bagration" genannt hatte. Diese führte zum totalen Zusammenbruch der Heeresgruppe Mitte.

Eine Staroperation und ihre Folgen schalteten mich praktisch von jeder Einflußnahme auf das Geschehen aus.

Im Winter sah ich die Offensive der Roten Armee, ab dem 12. Januar 1945, und schließlich deren Sturmangriff auf die Reichshauptstadt und ins Herz von Deutschland hinein.

Als sich die Rote Armee Liegnitz näherte, mußte meine Familie ausweichen. Wir fuhren nach Schleswig-Holstein, wo ich mich nach Kriegsende dem britischen Oberbefehlshaber Montgomery stellte.

Ich wurde im sogenannten Sperrbezirk „F" interniert und mußte von dort ins Lazarett nach Heiligenhafen, um einen lebensgefährlichen Spritzabzeß auszukurieren, den ich mir bei der Nachbehandlung meiner Augenoperation im Jahre zuvor zugezogen hatte.

Danach lag ich mehrere Monate in einem Gefangenenlager bei Lüneburg, um schließlich mein Quartier im Zeugenflügel des Nürnberger Gefängnisses zu beziehen. Mit mir zusammen lebten in einer der uns zur Verfügung gestellten Zellen Generalfeldmarschall Kesselring, Generaloberst Halder und General der Kavallerie Westphal. Später erhielt ich eine eigene Zelle.

An dieser Stelle ist es geboten, neben dem Feldmarschall auch einige der Mitarbeiter im Kampf um die Rehabilitierung des Oberkommandos der Wehrmacht und des deutschen Generalstabes zu Wort kommen zu lassen, um jene Stellen deutlich zu machen, die Erich von Manstein nicht ansprach, um sich nicht in den Vordergrund zu schieben.

Es oblag den genannten Generalen, gemeinsam mit Generalfeldmarschall von Brauchitsch und General Warlimont die Beratung des offiziellen Verteidigers des Generalstabes, Rechtsanwalt Laternser, zu übernehmen.

Es war der berüchtigte Colonel Andrus, der zu einer der ersten Gelegenheiten als zahlreiche Kommissionen der vielen alliierten Nationen durch den großen Zeugenflügel geführt wurden, die dort sitzenden deutschen Generale mit folgenden Worten vorzustellen:

„Ladies and Gentlemen, you see here the Top Gangsters of the German Army."

Womit in der ausländischen ebenso wie in der deutschen (von den Alliierten gegängelten) Presse die Vorverurteilung bereits vollzogen war.

Neben den deutschen Generalen gab es im Zeugenflügel weitere Hunderte deutsche Offiziere, aber auch Frauen. Unter den weiblichen Gefangenen waren auch Frau und Tochter Heinrich Himmlers zu finden. Was sie verbrochen hatten, wußte allerdings niemand.

Alle zwei Stunden wurden auch vor den Zellen der Generale die Posten abgelöst. Diese zogen gröhlend und lachend auf und ab, klapperten mit ihren Stöcken gegen die Wände, traten gegen die Türen und machten allen möglichen Lärm. Hier Ge-

neral Westphal zu diesen Behinderungen der Zeugen, die er dem greisen Generalfeldmarschall von Brauchitsch vortrug und was dieser erwiderte:

„Mein lieber Westphal, Sie müssen immer bedenken, daß wir den Krieg verloren haben."

Lassen wir einige Zeilen über die Abtransporte aus dem Zuchthaus, wohin auch immer, durch den Zeitzeugen Siegfried Westphal einfließen:

„Diese Abtransporte geschahen grundsätzlich nach einer nur halbstündigen Vorankündigung und ohne Angabe des Zieles. Wer den Gefangenen zu helfen versuchte, wurde weggescheucht. Der herzkranke Feldmarschall von Brauchitsch brach beim Schleppen seiner Habseligkeiten, so wenige dies waren, fast zusammen. Der ebenfalls schwer kranke Feldmarschall Sperrle fiel gegen die Wand, und niemand durfte ihm beispringen, anderen alten Offizieren, die größtenteils im Ersten Weltkrieg bereits gedient hatten, erging es ähnlich."

Hauptankläger in Nürnberg war US-General O'Donovan. Dieser wollte von dem Rechtsanwalt Laternser wissen, wie die Geschichte des deutschen Heeres nach dem Ersten Weltkrieg und bis zum Ende des Zweiten Weltkrieges verlaufen sei. Dieser wandte sich an Generalfeldmarschall von Brauchitsch, und dieser erklärte sich bereit, mit vier weiteren Generalen darüber Zeugnis abzulegen.

Er forderte dazu auf:

Generalfeldmarschall Erich von Manstein,

Generaloberst Halder,

General der Artillerie Warlimont,

General der Kavallerie Westphal.

Die Denkschrift, die der Verteidigung des Generalstabes und des Oberkommandos der Wehrmacht diente, ging aus dieser Aufforderung hervor. Binnen sechs Tagen wurde sie von den Zeugen erstellt und in einem Umfang von 134 engzeiligen Schreimaschinenseiten am 19. November 1945 – genau einen Tag vor Beginn des Internationalen Militärtribunals in Nürnberg – übergeben.

Generalfeldmarschall von Manstein bearbeitete die Zeit von 1920 bis 1938 und gemeinsam mit General Westphal von 1943 bis 1945. Die Jahre von 1938 bis 1942 wurden durch Feldmarschall von Brauchitsch und Generaloberst Halder zusammengestellt, während General Warlimont alle das Oberkommando der Wehrmacht betreffenden Fragen bearbeitete.

Die von Generalfeldmarschall von Brauchitsch geschriebene Einleitung lautete:

„Als letzter Oberbefehlshaber des deutschen Heeres vor Übernahme seiner Führung durch Hitler im Dezember 1941 fühle ich mich verpflichtet, in Übereinstimmung mit mehreren Generalen der früheren Armee vor dem Internationalen Gerichtshof in Nürnberg Zeugnis abzulegen für die Gesamtheit des Deutschen Heeres.

Unsere Erklärung wird hierzu in rückhaltloser Offenheit eine, nach unserem besten Wissen vollständige, Übersicht aller Tatbestände und Ereignisse umfassen, die für das Deutsche Heer in der maßgeblichen Zeit vor und während des Krieges von Bedeutung gewesen sind.

Die darin enthaltenen Angaben können jeweils von wenigstens einem der Unterzeichnenden beeidet werden. Die Erklärung ist aus der Erinnung ohne amtliche Unterlagen zusammengestellt (solche wurden den Zeugen nicht zur Verfügung gestellt).

Ich verfolge mit dieser Erklärung den Zweck, den Vertretern der Alliierten Mächte, die hier zusamengetreten sind, einen Beitrag zur Verfügung zu stellen, damit sie ein möglichst klares Bild auf diesen Gebieten gewinnen können. Gleichzei-

tig glaube ich, damit aber auch meine Pflicht gegenüber den ehemaligen Soldaten des deutschen Heeres zu erfüllen.

Walther von Brauchitsch

Generalfeldmarschall, zuletzt Oberbefehlshaber des Heeres (bis 19. Dezember 1941)

Erich von Manstein

Generalfeldmarschall, zuletzt Oberbefehlshaber der HGr. Süd (bis 31. März 1944)

Franz Halder

Generaloberst, zuletzt Chef des Generalstabes des Heeres (bis 24. September 1942)

Walter Warlimont

General der Artillerie, zuletzt stellv. Chef des Wehrmachtführungsstabes (bis 6. September 1944)

Siegfried Westphal

General der Kavallerie, zuletzt Chef des Generalstabes des Oberbefehlshabers West (bis 8. Mai 1945)

Nürnberg, den 19. November 1945

Immer wieder versuchte General O'Donovan, diese Offiziere dazu zu bringen, gegen irgend einen anderen General auszusagen und Namen von Schuldigen zu nennen.

Aber Feldmarschall von Manstein und sein Gehilfe General Westphal vertraten den Standpunkt, daß die Amerikaner den oder die Schuldigen selbst herausfinden sollten, zumal sie als Frontoffiziere nicht dazu in der Lage seien. Es war von Manstein, der in der Runde der genannten Zeugen ausrief: „Wie kommen wir dazu, das zu schreiben, was dem General O'Donovan von Nutzen oder angenehm ist."

Alle stimmten ihm zu. Kein Lebender wurde belastet.

O'Donovan fehlten die Belastungen anderer Generale und die erhoffte Anprangerung verschiedenster Führer. Aber ehe er seinen Frust loslassen konnte, wurde er abgelöst und durch Justice Robert Jackson ersetzt. Er sollte die Anklageführung schärfer handhaben.

Neben den beiden genannten Gruppen der Offiziere waren fünf weitere Organisationen angeklagt, verbrecherisch zu sein. Es war das Führerkorps der NSDAP, die SS, der SD, die SA und die Gestapo. Nach der Anklage umfaßte diese Gruppe insgesamt 131 Personen. Zu den beiden Gruppen OKW und Generalstab zählten die Oberbefehlshaber des Heeres, der Armeegruppen und Armeen, die Chefs des Generalstabes des Heeres und die Inhaber der entsprechenden Stellen bei Luftwaffe und Kriegsmarine. Ferner die Chefs des OKW, des Wehrmachtführungsstabes und sein Stellvertreter.

Alle Generale und Admirale, die nach dem 4. Februar 1938 – dem Stichtage – eine dieser Stellungen inne gehabt hatten, waren damit zu potentiellen Kriegsverbrechern erklärt worden, wenn nicht jene Offiziere und Befehlshaber das Kunststück fertigbrachten, diese Anklagen als ungerechtfertigt abzuweisen.

„In der verbleibenden Zeit bis zur Hauptverhandlung," so GFM von Manstein hier weiter, „arbeiteten wir eine umfangreiche Verteidigungsschrift aus, die für Rechtsanwalt Laternser die Grundlage für seine Verteidigungsplädoyers werden sollte. Sie wurde die Grundlage der von der Verteidigung einzuschlagenden Taktik.

Als Motor dieser Verteidigungs-Arbeitsgemeinschaft mußte ich versuchen, die alten Mitarbeiter aus den Gefangenenlagern herauszuholen.

Das Ergebnis unserer Arbeit war, daß der Generalstab von der Anklage, eine „Verbrecherische Vereinigung" zu sein freigesprochen wurde. Es wurde ihnen ausdrücklich bestätigt, daß sie keinen Angriffskrieg vorbereitet, entfesselt und durchge-

führt haben, sondern daß sie – im Gegenteil – die deutsche Führung nicht zum Krieg gedrängt, sondern sie davor gewarnt hatten.

Nach Studium der erbeuteten deutschen Unterlagen kam auch der US-Generalstabschef General Marshall zu der Überzeugung, daß diese Anklage völlig zu Unrecht erhoben worden war.

Als GFM von Rundstedt auch noch nach Nürnberg gebeten wurde und das erträgliche, korrekte britische Generalslager verlassen mußte, um in den „Nürnberger Schweinestall gelockt zu werden", wie er selbst dieses ausdrückte, zeigte es sich dennoch, daß das Gericht vor dieser Persönlichkeit, vor seiner knappen und klaren Ausdrucksweise und Wahrheitsliebe wenigstens gedanklich den Hut ziehen mußte.

„Er war", so General der Kavallerie a.D. Westphal, „ein Zeuge, mit dem die deutsche Armee auch vor diesem Tribunal alle Ehre einlegte, auch wenn eine ungezügelte Verwahr-Soldateska ihn schuriegelte, wo immer es nur ging."

Es war vor allem der US-Psychiater Major Dr. Goldensohn, der sich weit aus diesem scheußlichen Rahmen der Tribunal-Umgebung heraushob und für jeden einzelnen der Angeklagten und Zeugen ein mitfühlender Mensch und helfender Arzt wurde. Er war es, der Worte prägte: „Die Handlungsweise des Nürnberger Gefängniskommandanten ist kein Ruhmesblatt für die US-Army." Diese Haltung der Soldaten und Bewacher wurde von General Westphal besonders herausgehoben, als er einmal formulierte:

„Die uns in Nürnberg bewachenden US-Soldaten waren durch mehrjährige Propaganda unglaublich verhetzt. Ihnen war nicht auszureden, daß jeder deutsche General als Voraussetzung zu seiner Beförderung mindestens 1000 Juden umgebracht haben mußte."

Wie es in den Gefangenenlagern und Gefängnissen zuging, wie dort alte Generale gepiesakt wurden, darüber weiß ebenfalls General Westphal ein Wort zu sagen: „Es war unsere Überzeugung, daß für die US-Streitkräfte bestimmte Richtlinien erlassen worden waren, uns nicht nach herkömmlichem Brauch oder gar nach der Genfer Konvention zu behandeln.

So mußte ich erleben, wie der schwerkranke GFM von Weichs im eiskalten Winter 1945-46 mit einem schweren Lastwagen ohne Verdeck, auf der Ladefläche kauernd, von Allendorf nach Nürnberg befördert wurde. Man gestattete dem Greis nicht einmal eine Decke."

Zurück zu GFM von Manstein.

Vor dem Gericht im Hamburger Curio-Haus

Für zwei Jahre sah ich mich in einem Bäumchen-wechsle-dich-Verfahren in verschiedenen Gefängnissen und Lagern, und im Herbst kam ich dann in ein Generals-Gefangenenlager in England.

Ich hatte nun Zeit, viel zu lesen und zu schreiben und die Gelegenheit, über alles das nachzudenken, was in Deutschland und mit Deutschland geschehen war. So schrieb ich schließlich ein Buch mit dem Titel „Der Weg zum Frieden". In diesem Buche hatte ich noch vor der berühmt gewordenen Rede Churchills in Zürich für die „Vereinigten Staaten von Europa" plädiert.

Damals stellte ich fest, daß das industrielle Potential eines geeinten Europas ausreichen müßte, die Sowjetunion vor einer Aggression zurückschrecken zu lassen. Das könnte durchaus aus eigener Kraft entstehen, womit auch eine von den USA unabhängige Politik betrieben werden könne.

Es wurde inzwischen Sommer, und ich wartete mit anderen

Kameraden auf meine Entlassung aus der Kriegsgefangenschaft, als ich plötzlich mit den Feldmarschällen von Brauchitsch, von Rundstedt und Generaloberst Strauß nach Deutschland gebracht wurde. Gegen uns vier bereiteten die Engländer einen Prozeß vor.

Generalfeldmarschall von Brauchitsch starb in einem englischen Lazarett in Hamburg, wo man uns und unsere Frauen untergebracht hatte.

Generalfeldmarschall von Rundstedt und Generaloberst Strauß wurden krankheitshalber freigelassen. Mir aber sollte im Hamburger Curio-Haus der Prozeß gemacht werden. Es waren die Engländer, die diesen Prozeß durchführen wollten. Was ich seinerzeit nicht wußte, war die Tatsache, daß in beiden Häusern des englischen Parlaments gegen eine Durchführung dieses Prozesses so lange nach Kriegsschluß protestiert wurde.

Noch etwas erfuhr ich später: Lord Bridgman und Lord L'Isle and Dudley richteten einen Verteidigungsfonds für mich ein. Als einer der ersten spendete Winston Churchill einen namhaften Betrag für diesen Fond. Er hatte sich übrigens mehr als einmal gegen solche verspäteten Prozesse gegen betagte deutsche Generale ausgesprochen.

(Es war besonders überraschend, nicht nur für GFM von Manstein, daß sich der Labour-Abgeordnete Reginald T. Paget als Verteidiger des Feldmarschalls zur Verfügung stellte. Dieser Jurist gab seiner Entrüstung gegenüber diesem Prozeß dadurch Ausdruck, daß er für Erich von Manstein kämpfen wollte.

Man hatte den Feldmarschall wegen angeblicher Kriegsverbrechen in Polen, auf der Krim und in der Ukraine angeklagt. Insgesamt waren es sechs Anklagepunkte, die zur Verhandlung anstanden. Die schwerwiegendste Anklage beschäftigte sich mit dem angeblichen Mord auf der Krim an 90.000

Juden. Die Anklagebehörde unterstellte, daß GFM von Manstein diese Morde angeordnet habe. Andererseits wurde hervorgehoben – der Mordversion widersprechend –, daß die Morde die Folge seines absichtlichen, fahrlässigen Versagens gewesen seien, die Zivilbevölkerung hinreichend zu schützen. In einem der Nebenpunkte wurde noch erwähnt und sogar unterstellt, er sei dafür verantwortlich, daß Kriegsgefangene und Zivilisten dem SD zur Ermordung übergeben wurden.

Als die Zeugen des Sicherheitsdienstes (SD), die Manstein den Todesstoß versetzen sollten, ausgesagt hatten, war klar, daß Manstein an diesen Morden keinen aktiven Anteil hatte.

Daß sich Reginald Paget so vehement für den Angeklagten einsetzte, stieß vor allem bei einigen britischen Anwälten auf Unverständnis, da diese mit allen übrigen britischen Anwälten vorher beschlossen hatten, sich nicht an der Verteidigung feindlicher Staatsangehöriger zu beteiligen, die wegen Kriegsverbrechen angeklagt waren.)

Hier die Bemerkung des Feldmarschalls, die auf ein Faktum hinweisen, das bisher unbekannt war:

Im Hintergrund meines Prozesses stand die in Jalta verkündete Politik der Bestrafung „von Einzelpersonen unter unseren Feinden".

Der so genannte Prozeß, der unter der Begriffsbestimmung dessen durchgeführt wurde, was die Sieger jetzt als Verbrechen erklärten, löschte die Jahrhunderte der Zivilisation aus, die zwischen uns und der summarischen Erschlagung des im Kriege besiegten Feindes liegen.

Ein Prozeß unter einem derart vorgeschriebenen Recht ist nichts weiter als eine Scheinanwendung von Recht und Gesetz zur Befriedigung des Rachedurstes. Mit Gerechtigkeit hatte dies nichts zu tun.

Dem Sieger das Recht zuzubilligen, gewisse Handlungen zu

Verbrechen zu erklären und zu bestrafen, würde bedeuten, daß wir in jene Zeit zurückfallen, da es dem Sieger erlaubt war, das besetzte Land zu verwüsten, sich alles öffentliche und private Eigentum anzueignen und die Bewohner entweder zu töten oder in die Gefangenschaft zu verschleppen.

(Alle diese genannten Siegerwillkür-Akte sollten aber nach den Worten des Generalfeldmarschalls nicht darüber hinwegtäuschen oder sogar zu erklären versuchen, daß es zu Gewalthandlungen gekommen ist, die nicht durch die Kriegsgesetze gedeckt waren. Jeder Mord, jedes Verbrechen das geschah, ist unverzeihlich und muß geahndet werden.)

Meine Vertretung in diesem Prozeß unter der Leitung von Reginald Paget hatte Dr. Hans Laternser übernommen. Er hatte auch neben dem Generalstab GFM Kesselring in Venedig und GFM von Leeb in Nürnberg verteidigt. Sein Helfer in Hamburg war auch Dr. Paul Leverkuehn, der im Jahre 1949 nach England reiste, um die britische Regierung zu veranlassen, daß mir auch ein englischer Verteidiger gestellt wurde. Er suchte auch Mr. Paget auf, der neben seiner Position im Unterhaus auch Reserveoffizier und jüngstes Mitglied des Kings Council Englands war.

Als Dr. Leverkuehn den britischen Anwalt bat, im Falle von GFM von Manstein die Verteidigung zu übernehmen, sagte dieser:

„Es wäre gegen meine Auffassung von Anstand gewesen, abzulehnen. Ich sagte jedoch, daß ich der Sache mehr politischen als juristischen Charakter beimessen würde und daher kein Honorar annehmen könnte." (Siehe Paget, Reginald: Manstein - Seine Feldzüge und sein Prozeß, Wiesbaden 1952).

Der Prozeß zeigte auf, daß man mich in 17 verschiedenen Punkten anklagte. Punkte, die sich auf Vorfälle bezogen, die irgendwo in Rußland und irgendwann in meinen viereinhalb

Kriegsjahren im Osten vorgefallen waren oder vorgefallen sein sollten. Was ich tatsächlich getan habe, und welchen Gesetzen und Kriegsbräuchen zuwider ich gehandelt haben sollte, blieb unbestimmt und wurde durch keinen konkreten Punkt verdeutlicht.

Mister Paget besuchte mich einen Tag nach meiner Ankunft in Hamburg im dortigen Krankenhaus. Ich trank mit ihm Tee und sagte ihm anschließend etwa folgendes:

„Es geht mir nicht so sehr darum, was aus mir wird. Mein Leben ist in jedem Falle vorüber. Mir geht es um meine Ehre und die der deutschen Soldaten, die ich führte. Ihre Soldaten wissen, daß wir als ehrenhafte Soldaten kämpften, wo immer Sie auf uns trafen. Sie sind durch die bolschewistische Propaganda überzeugt worden, daß wir in Rußland wie die Wilden gekämpft haben. Das ist unwahr.

In einem unerhört harten Kampf haben wir straffe Disziplin aufrecht erhalten und ehrenhaft gekämpft. Ich bin fest entschlossen, die Ehre der deutschen Armee zu verteidigen."

Mister Paget unterrichtete mich über seine Absichten, die darin gipfelten, die Rechtmäßigkeit des Königlichen Ediktes anzufechten. Ich billigte seine Maßnahmen voll und ganz.

Bei der Prozeßeröffnung kamen die Mitglieder des Gerichtes nacheinander herein. Der ranghöchste Offizier war ein Generalleutnant, die rangniedrigsten drei Oberste.

Danach war das Gericht nicht nach den Kriegsgerichtsprinzipien besetzt, denn keiner der Mitglieder kam meinem Range auch nur nahe.

Das soll keine Überheblichkeit sein, wenn ich dies hier vortrage, sondern es zeichnet die Tatsache auf, daß das Gericht unzulässig besetzt war; mit Männern, die überhaupt nicht wissen konnten, unter welchem Druck und welchen Umständen ein

Feldmarschall handelt, der in Krisenlagen eine ganze Heeresgruppe befehligt.

Nach der Vereidigung trat 20 Minuten lang die Presse in Aktion. Es kam zu einem förmlichen Tumult. Daraus entwickelte sich ein „politischer Zirkus", wie Mister Paget es in seinem Buche treffend ausdrückt.

Als das Gericht, das den Saal verlassen hatte, wieder erschienen war, erklärte Mister Paget sofort das Königliche Edikt für ungesetzlich und daß dieses Gericht nicht zuständig sei.

Das war in den Augen von mir und meinen Verteidigern entscheidend, denn wenn ich vor ein wirkliches Kriegsgericht gestellt würde – das gab die Anklage offen zu – hätte man mich freisprechen müssen.

Mein Status als Kriegsgefangener wurde von dem prächtigen Briten herausgestellt und demzufolg mein unabdingbares Recht auf den Kriegsgefangenen-Status und dessen Anwendung auf mich.

Paget führte aus, daß es das Recht des Kriegsgefangenen ist, von der Gewahrsamsmacht genau so behandelt zu werden, wie sie ihre eigenen Soldaten behandelt. Dazu gehöre das Recht auf ein gleiches Gericht und ein gleiches Gerichtsverfahren, wie es die Gewahrsamsmacht der eigenen Truppe zubilligt. So sagt es auch der Artikel 63 der Genfer Konvention.

Die Anklage antwortete darauf, daß ich kein Kriegsgefangener mehr sei, da mein Entlassungsdatum verstrichen sei. Ein Datum, das der Sieger selbst festgesetzt hatte!

Die Anklage wurde am 24. August 1949 durch Sir Arthur Comyns Carr eröffnet. Der Ankläger hielt eine Rede von sieben Stunden, die auf zwei Tage verteilt war. Was alles gesagt wurde, ist treffend im Buche von R.T. Paget dargelegt. Deshalb kann ich mich hier auf eine kurze Zusammenfassung beschränken und das Resümée ziehen.

Es wurden Grausamkeiten beschrieben, die an Polen, Russen und Juden begangen sein sollten. Dokumente wurden vorgelegt, die die Vernichtung Polens und anderer Länder zum Ausdruck bringen sollten. Es waren sämtliche Dinge, von denen ich nicht einmal gewußt hatte, die mich auch nicht betrafen.

Der Ankläger allerdings argumentierte, daß selbst dann, wenn ich von alledem nichts gewußt hätte, ich dennoch strafrechtlich verantwortlich sei, wenn sich solche Dinge tatsächlich ereigneten.

Judenerschießungen, Zwangsarbeit, Geisel- und Partisanenerschießungen wurden mir vorgeworfen. Alle Anklagepunkte stützten sich auf Beutedokumente, die unter dem Gesichtspunkt ausgesucht wurden, ob sie ein Verbrechen zeigten. Ganz gleich, von wem dieses Verbrechen verübt wurde.

Die Helfer bei meiner Verteidigung, zu nennen seien vor allem mein früherer Generalstabschef Busse, Fräulein Michaelsen, Frau von Werthern und Herr Schacht, arbeiteten beinahe Tag und Nacht, um festzustellen, was von den Dokumenten der Anklage zu halten war und was sie wirklich enthielten.

Als mein englischer Anwalt die Verteidigung eröffnete, war inzwischen der 22. Gerichtstag angebrochen.

Ich muß gestehen, daß ich keinen besseren Anwalt als Paget hätte bekommen können. Niemand hätte sich so unvergleichlich einsetzen können. In 14 1/2 Stunden zerstörte er das gegen mich Vorgebrachte in einer Manier, die unübertroffen war. Er fand Beispiele aus der Geschichte, er zerpflückte Dokumente. Danach traten Dr. Laternser und Dr. Leverkuehn nochmals sieben Tage in Aktion.

Anschließend wurde ich in den Zeugenstand gerufen. Man unterzog mich dem Kreuzverhör. Von den 10 1/2 Tagen als Zeuge stand ich 7 Tage im Kreuzverhör.

Einer der französischen Journalisten schrieb über mich:

„Manstein im Zeugenstand erinnert mich an einen sich zur Wehr setzenden Hirsch – auch da ist das Opfer so sehr viel edler als die Verfolger."

Ich setze diesen Satz hierher, weil ich diesem Journalisten danken möchte. Er hat mir mit seinen Worten, ob sie nun zutreffen oder nicht, viel geholfen.

Was mir stets weiterhalf war ein Blick am Morgen auf den Platz, der meiner Frau zugesprochen war. Sie saß immer dort, und aus ihrem Gesicht, aus ihrer Haltung, fand ich Zuspruch und Trost und alles andere, dessen ein Mensch in solcher Lage bedarf, um nicht zu verzweifeln.

Ich verteidigte die Befehle, die wir durchführten, ich stellte mich vor meine Soldaten, weil dies die erste Pflicht eines Oberbefehlshabers ist: für die Soldaten einzustehen und für sie Verantwortung zu tragen.

Auch über das Kreuzverhör hat R.T. Paget wesentliche Passagen in seinem Buch dargestellt. Im Schlußwort sagte er folgendes:

„Es war der politische Zweck dieses Prozesses, den Ruf der deutschen Armee und den ihres größten Befehlshabers zu ruinieren. Nichts dergleichen ist erreicht worden. Ob wir in Afrika, in Italien oder in Frankreich auf die deutsche Wehrmacht trafen, immer fanden wir in ihr einen anständigen Gegner.

Weil wir viel russische Propaganda gehört haben, glaubten wir, daß die Deutschen im Osten wie die Wilden gekämpft hätten. Die hier vorliegenden Beweise zeigen das nicht. Sie zeigen im Gegenteil, daß der deutsche Soldat unter Verhältnissen von unvorstellbarer Grausamkeit ein großes Maß von Zurückhaltung und Disziplin an den Tag gelegt hat.

Was mich betrifft, so bin ich froh darüber. Wenn Westeuropa überhaupt zu verteidigen sein soll, so müssen diese anständigen Soldaten unsere Kameraden werden. Hohes Gericht, es ist dem

Sieger nicht gegeben, dem Ruf des Besiegten etwas anzuhaben. Manstein ist der Held seines Volkes und wird es bleiben. - - -

Und hier vor dem Gericht hat er einen letzten furchtlosen Kampf um den Ruf der Armee geführt, der er diente, und der Männer, die unter seiner Führung fielen.

Ob Sie ihn nun zum Märtyrer machen oder nicht – er wird für alle Zeiten das leuchtende Beispiel für die besten deutschen Charakterzüge bleiben: Mut, Standhaftigkeit und das, was die Römer ‚gravitas' nennen, und wofür wir kein entsprechendes Wort haben.

Es ist Ihnen nicht gegeben, Mansteins Ruf zu schädigen; nur Ihrem eigenen Ruf können Sie schaden.

Bis zu dieser Nachkriegsirrung sind 500 Jahre vergangen, seit wir zuletzt eine feindliche militärische Führerin verurteilten. Auch damals waren politische Gründe maßgebend. Wir wollten sie als Hexe brandmarken und machten sie zur Heiligen.

Hohes Gericht, ich hoffe, daß Ihre Entscheidung die Rückkehr Europas zu einem zivilisierten und großzügigeren Lebensstil ausdrücken wird.

Keiner von Ihnen hält Manstein für einen schlechten Menschen. Sein Stab und seine Soldaten liebten ihn.

Das zum mindesten ist in diesem Prozeß klar geworden. Die äußere Anklage gegen ihn geht dahin, daß er den Willen seines Oberbefehlshabers ausführte – doch das ist das Verbrechen Deutschlands.

Er ist heute alt. Seine Pension ist gestrichen, sein Vermögen beschlagnahmt. Sein Land ist besiegt, er leidet mit Deutschland. Worauf die Anklage hinzielt ist: ‚Du sollst noch besonders bestraft werden, sofern Du nicht beweisen kannst, daß Du an den Verbrechen, für die Du schon als Deutscher schwer gestraft wirst, keinen Anteil hattest.'

Das ist zutiefst ungerecht und von Grund auf totalitär; denn eine Einzelperson herauszugreifen und ihr symbolisch die Sühne für eine ganze Nation aufzuerlegen, ist gleichbedeutend mit einer Verneinung des Individuums.

Hohes Gericht, ich fordere Mansteins Freispruch, denn ich glaube, daß ein solcher Freispruch ehrenvoll für unser Land sein wird!“

Das Gericht erhob sich, mein Verteidiger kam auf mich zu. Er nahm meine Hand, und ich sagte:

„Sie als mein ehemaliger Gegner haben mir Jahre der Bitterkeit von der Seele genommen.“ Dann mußte ich an meinen Geburtstag denken, der an diesem Tage war, und fuhr fort:

„Das war ein wunderschöner Geburtstag!“

Das Schlußplädoyer war lang. Von den Vokabeln wie rücksichtsloser Verbrecher, die bei der Eröffnung gefallen waren, war nun nichts mehr zu hören.

Dann bereitete der Judge Advocate sein „Summing up“ vor, und das Gericht vertagte sich für drei Wochen.

Das Urteil wurde am 19. Dezember 1949 verkündet. Ich wurde in allen Judenpunkten freigesprochen, auch im Punkte Kommissarbefehl, Kriegsgefangenen-Versorgung, in den Partisanenpunkten und Teilen der Rückzugspunkte.

Nach den restlichen Punkten wurde ich verurteilt. Das Gericht sprach das Urteil: 18 Jahre Gefängnis!

Wegen zwei der siebzehn Anklagepunkte sollte ich also, gerade 62 Jahre geworden, für den Rest meines Lebens ins Gefängnis. Für zwei Anklagepunkte, die ebenso unhaltbar waren wie die anderen. Für zwei Punkte: einmal den Einsatz von Kriegsgefangenen zur Arbeit an militärischen Befestigungen und zum anderen „Zulassung der Deportation von Menschen aus meinem Befehlsbereich zur Arbeit nach Deutschland“.

In diesen beiden Punkten haben sich gerade die Siegermächte, die dieses Urteil aussprachen, auf das Schwerste vergangen. Sie haben diese Praxis nicht auf den Krieg beschränkt, so sie Notwendigkeit war, sondern sie auch im Frieden jahrelang fortgesetzt.

Captain Liddel Hart, der bekannte Militärhistoriker, schrieb in der „Times“:

„Verglichen mit der Schwere der ursprünglichen Anklagepunkte sind diejenigen, unter denen er verurteilt wurde, im Grunde unbedeutend. Und doch bleibt das Urteil – praktisch lebenslänglich – nur wenig unter dem möglichen Maximum. Es läßt jeden Sinn für Proportionen vermissen und zeigt nichts weiter als den Versuch, mit Nürnberg Schritt zu halten.

Es ist ganz klar geworden, daß Manstein nie zu irgendeiner Politik der Brutalität anstiftete, und er wurde von der Anklage freigesprochen, die ihm unterstehenden Truppen zu Grausamkeiten angestiftet zu haben – dem wichtigsten Punkt in jeder Anklage wegen Kriegsverbrechen.“

Ich bedankte mich bei meinem Verteidiger Mister Paget. Dabei bezeugte ich ihm, daß sein Kampf für die Gerechtigkeit und seine Haltung gegenüber dem Angehörigen eines gegnerischen Volkes zu den schönsten und großartigsten Erfahrungen meines Lebens gehören.

Drei Jahre meines Lebens verbrachte ich im Zuchthaus Werl in Westfalen. An der Zellenwand hing der Spruch:

„Selig der, dem aus dem Nachklang goldener Tage die Tröstung blühet für die Gegenwart.“

Mein Blick blieb nicht an den Zuchthausmauern hängen, ich mußte hinüberblicken, um weiterleben zu können. Die politische Entwicklung verfolgte ich, soweit mir dies aus Briefen, Zeitungen und in Gesprächen möglich wurde. Und ich sprach mich auch ohne Ressentiments für die Integrierung der Bundesrepublik Deutschland in das westliche Bündnis und für einen deutschen Verteidigungsbeitrag aus.

Im Jahre 1952 wurde eine Operation auch an meinem zweiten Auge notwendig. Zu diesem Zweck wurde ich in eine Kieler Klink gebracht und erhielt im Anschluß daran „Urlaub auf Ehrenwort“.

Es wurden Wochen des Wiedersehens und Wiederfindens. Alte Kameraden meldeten sich und junge Soldaten, die mir ihr Vertrauen entgegenbrachten.

Im Mai 1953 verfügte die britische Regierung meine vorzeitige Entlassung. Meine Frau, selbst in den letzten Jahren schwer erkrankt, die schon in Kiel bei mir war und mich nach der Staroperation rührend gepflegt hatte, schloß mich überglücklich in die Arme.

Wir lebten bei meiner Schwester im Württembergischen. Dann zogen wir zu unserem jüngsten Sohn Rüdiger nach Westfalen.

Hier sollte ich im Jahre 1954 eine wichtige Nachricht erhalten.

Der Aufbau der Bundeswehr
Ist eine Aufstellung herkömmlicher Streitkräfte im Atomzeitalter noch notwendig?
Die Notwendigkeit eines deutschen Beitrages zur NATO
Das Gleichgewicht der Kräfte
Die zukünftige Weltstrategie

Das Frühjahr 1954 zog herauf, als General Heusinger, Angestellter im Amt Blank, eine Reihe ehemaliger Heerführer zu einer Tagung nach Östrich einlud. Auch ich erhielt eine solche Einladung, und da ich zu keiner Zeit resigniert habe, bin ich ihr auch gefolgt.

Ich habe als Zeuge in Nürnberg die Ehre des Generalstabes, in meinem Prozeß in Hamburg die des deutschen Soldaten und der unter meinem Befehl gefallenen Kameraden verteidigt. So mußte ich denn wohl auch, wenn es darum ging, für die neue Bundesrepublik eine schlagkräftige Truppe aufzustellen, mich für eine Wehrpflicht und für eine moderne Gliederung der Heeresverbände einsetzen.

Uns höhere Heerführer wurden die Pläne vorgetragen, die den Aufbau einer Bundeswehr betrafen.

Wir erfuhren, daß sechs Panzer- und sechs Panzergrenadier-Divisionen vorgesehen seien und zwar in der Gliederung wie im Zweiten Weltkriege.

In der nachfolgenden Diskussion erklärte ich dann, daß die Divisionen in der Stärke und Zusammensetzung wie im Zweiten Weltkrieg unter den veränderten Bedingungen einer eventuell atomaren Kampfführung zu unhandlich seien und der Zahl nach für die der Bundswehr zufallenden operativen Aufgaben, zu gering.

Dagegen schlug ich vor, die Divisionen jeweils in drei Brigaden zu teilen, die die unterste operative Einheit darstellen sollten. Anstelle von 12 Divisionen alter Art würde man 36 handlichere Brigaden erhalten. Über jeweils drei Brigaden würde das Kommando der Division stehen.

Dieser Vorschlag wurde von dem späteren Inspekteur des Heeres, General Röttiger, schroff abgelehnt. Dieser, damals auch im Amte Blank tätig, erklärte, die Divisionen in der Form des Zweiten Weltkrieges, seien nach wie vor die beste Lösung.

Darauf hin habe ich meinen Vorschlag in einer Denkschrift niedergelegt, die ich General Heusinger sandte.

Er antwortete im Prinzip zustimmend, erklärte jedoch, daß mein Vorschlag aus politischen Gründen nicht durchführbar sei.

Vorausgreifend möchte ich sagen, daß ein Jahr später, als es einen Verteidigungsbeitrag der Bundesrepublik offiziell gab und auch einen Verteidigungsminister, diese Denkschrift an Franz Josef Strauß ging.

Der Verteidigungsminister bat mich, nach Bonn zu kommen, und dort hatten wir Gelegenheit, meine Gedanken miteinander zu erörtern.

Die Bundeswehr ging dann tatsächlich zur Brigadegliederung über. Es muß offen bleiben, wie weit die Tatsache zu diesem Entschluß beigetragen hat, daß auch die Amerikaner ähnliches erprobten.

Wenn wir von einem Verteidigungsbeitrag der Bundesrepublik in der NATO sprechen, so erhebt sich automatisch die entscheidende Frage: Ist überhaupt eine Aufstellung herkömmlicher Streitkräfte im Zeitalter der Atomwaffen noch notwendig?

Im Folgenden versuche ich, vereinfacht, dieses Problem darzustellen und zu erklären, warum dies tatsächlich notwendig ist.

Nach Eintritt der Bundesrepublik in die NATO erhob sich

die Frage des Wehrbeitrages, den wir für diese Vereinigung westlicher Staaten leisten sollten. Ob die Bundesrepublik durch die verschiedenen Verträge von Anfang an an einen Verteidigungsbeitrag von 500.000 Mann juristisch gebunden oder moralisch angehalten war, soll nicht erläutert werden. Wichtig ist in Zusammenhang hiermit nur die Frage, was vom Standpunkt der militärischen Sicherheit der Bundesrepublik notwendig und zweckmäßig war.

Um das beurteilen zu können, müssen wir die geographische Lage der Bundesrepublik unmittelbar am Eisernen Vorhang sehen und daß wir der weitaus am stärksten bedrohte Teil der NATO-Gemeinschaft sind.

Aber würden denn herkömmliche Streitkräfte überhaupt im Atomzeitalter einen Nutzen haben?

Der von der NATO erwartete und von der Bundesrepublik vorgeschlagene deutsche Verteidigungsbeitrag sah die Aufstellung herkömmlicher Streitkräfte in Heer, Marine und Luftwaffe vor.

Hat das Vorhandensein von Atom- und Wasserstoff-Bomben Streitkräfte herkömmlicher Art entwertet? Hat es noch einen Sinn, Grenzen zu verteidigen, militärische Entscheidungen herbeiführen zu wollen, wenn inzwischen das gesamte Hinterland in eine unbewohnbare Wüste verwandelt wird? Soll man Korps, Armeen, Heeresgruppen aufstellen, wenn unter Umständen eine einzige Atombombe genügt, in wenigen Minuten eine ganze Division auszulöschen?

Die Praxis zeigt, daß kein Land dieser Erde, das eine Armee besitzt, die Absicht hat, seine herkömmlichen Streitkräfte abzuschaffen, auch nicht, wenn dieses Land ein gut sortiertes Arsenal an Atomwaffen besitzt.

Marschall Schukow hat dies auf dem XX. Parteikongreß in Moskau erklärt: „Wir gingen (beim Aufbau der sowjetischen

Kräfte) davon aus, daß die modernen Waffen, darunter auch Massenvernichtungswaffen, die entscheidende Bedeutung des Landheeres, der Flotte und der Luftstreitkräfte nicht ändern."

Nachdem die USA die Zeit ihres Monopols in nuklearen Waffen nicht ausgenutzt hatte, um die UdSSR zur Freigabe Osteuropas zu bringen, trat nunmehr an die Stelle des amerikanischen Monopols das „Gleichgewicht des Schreckens". Nun würde jeder mit diesen Waffen geführte Krieg zu beiderseitiger völliger Vernichtung führen. Dies wird ein Grund sein, daß die Großmächte sich in Zukunft scheuen, von diesen Massenvernichtungsmitteln Gebrauch zu machen.

Dennoch bleiben Kriege immer noch denkbar, wie dies Korea, Vietnam und der Krieg Israels gegen die Arabischen Staaten unter Beweis gestellt haben. So würde auch für die Bundesrepublik Deutschland die Gefahr bestehen, von den Staaten des Warschauer Paktes angegriffen zu werden, so bald die UdSSR glauben müßte, daß aus irgend einem Grunde die USA und die NATO nicht willens oder zeitweise nicht in der Lage sein würden, ihren Bündnisverpflichtungen nachzukommen. Dabei würde sie zunächst nur mit herkömmlichen Streitkräften operieren, den Einsatz von Atom- und Wasserstoff-Bomben jedoch vermeiden, um nicht die massive Vergeltung durch die USA herauszufordern. Daß so etwas möglich ist, hat auch das Beispiel der Tschechoslowakei gezeigt.

Die Bundesrepublik aber könnte nicht erwarten, daß sie und auch die übrigen westeuropäischen Staaten von den USA verteidigt werden, wenn sie nicht selbst das nur Mögliche für ihre Verteidigung tun.

So lange für den Westen die latente Bedrohung aus dem Osten andauert, müssen also die westeuropäischen Staaten, allen voran die am meisten gefährdete Bundesrepublik Deutschland, wenigstens jene konventionellen Streitkräfte unterhalten, die genügen, ein Vorgehen des Ostens im konventionellen Krieg zu stoppen.

Unter diesen Gesichtspunkten sahen wir auch in der Zeit des Aufbaues der Bundeswehr die Stärke derselben und – daraus resultierend – die Frage der Wehrpflicht und deren Dauer.

Jeder Staat wird bei der Bemessung des Umfanges seiner Verteidigungskräfte von zwei Gesichtspunkten auszugehen haben:

1. von der eigenen Leistungsfähigkeit in personeller und materieller Hinsicht,
2. von der militärischen Stärke des oder der präsumptiven Gegner, deren Aggressivität abzuwehren sein wird.

Ein Verteidigungsbeitrag, der nicht auf jeden Fall das Überleben des deutschen Volkes und der Bundesrepublik Deutschland sicher stellt, würde jeden Sinn verlieren.

Wir haben damals dafür plädiert, daß keine weitere Verzögerung in der Aufstellung der Bundeswehr eintreten dürfe, damit die damals noch bestehende Gefahr eines Überraschungsschlages und das „Freifegen Europas“ durch die Ostblock-Armeen gebannt werde.

Mit der Entscheidung des Bundestages, daß eine Bundeswehr in Stärke von 500.000 Mann erforderlich und sinnvoll sei, mußte die Notwendigkeit der Bejahung der Wehrpflicht gegeben sein, denn es wäre eine Utopie gewesen, zu hoffen, daß sich eine solche Armee aus Freiwilligen aufstellen ließe.

Die unter meiner Führung gebildete Kommission, der auch Generaloberst Reinhardt, General der Infanterie Busse und Generalleutnant Sixt angehörten, hat den Verteidigungsausschüssen des Bundestages und des Bundesrates ein Gutachten erstellt und darin die Forderung einer eineinhalbjährigen Wehrpflicht erhoben.

Die Ausschüsse haben diese Forderung angenommen. Aber

im Hinblick auf die bevorstehenden Wahlen hat schließlich der Bundeskanzler Dr. Adenauer eine Begrenzung auf die einjährige Dienstpflicht verfügt.

Allerdings wurde dann bald klar, daß diese Zeit nicht genügen würde, die Bundeswehr auf den notwendigen Stand zu bringen, so daß sich die Regierung später doch gezwungen sah, auf unseren Vorschlag zurückzugreifen.

Unsere damaligen Forderungen auf Ergänzung des Heeres durch Verbände einer „Bodenständigen Verteidigung" sind aber bis heute auch nicht annähernd erfüllt worden.

Wenn jetzt gefordert wird, die Wehrpflicht auf 15 Monate und in gewissen Truppenteilen auf 12 Monate herabzusetzen, und man glaubt, damit die Bundeswehr vollgültig ausbilden zu können, so halte ich dies für einen Irrtum.

Ziel einer jeden Wehrdienst-Ausbildung muß es ja sein, daß der aktive, wehrpflichtige Soldat bei seiner Entlassung fertig ausgebildet ist zum körperlich, geistig, waffentechnisch und waffentaktisch vollwertigen Kämpfer im Rahmen seines Verbandes. Ist er dies nicht ganz, ist die abgeleistete Wehrpflicht umsonst gewesen. Daß die an den Soldaten gestellten Anforderungen infolge der Vollmotorisierung und des technischen Fortschrittes in Waffen und Gerät sehr viel größer geworden sind, unterliegt keinem Zweifel.

In einem Zukunftskrieg muß jede Truppe bis zurück zu den Versorgungsdiensten jederzeit im Infanteriekampf ausgebildet sein, denn es gilt sicherlich immer wieder, gegenüber einem aus der Luft gelandeten Feind, gegen durchgebrochene Feindkräfte und gegen Partisanen gewappnet zu sein.

Wesentlich mehr als früher muß der einzelne Soldat zu selbständigem Denken und Handeln erzogen werden. Wesentlich mehr als früher wird der einzelne Soldat in der Zukunft vor Lagen und Aufgaben gestellt werden, die von ihm Entschlußkraft und Selbständigkeit erfordern.

Jede im Frieden erlernte gründliche Ausbildung spart im Kriege Blut. Wenn wir schon eine sehr kostspielige Wehrmacht aufgebaut haben, dann sollte man doch auch versuchen, diese Wehrmacht so stark zu machen, daß sie die Bundesrepublik auch wirklich schützen kann. Sonst wäre doch jeder Pfennig hinausgeworfen.

Die von uns seinerzeit vorgeschlagene Wehrdienstzeit von 18 Monaten stellte das Mindestmaß dar, unter dem noch eine solche umfassende Ausbildung zu erreichen war.

Ich möchte diesen Abschnitt verlassen mit einigen Worten, die ich damals an den Schluß unserer Denkschrift setzte:

„Will die Bundesrepublik aus dem Zustand völliger Unsicherheit herauskommen und die Grundlagen für die Behauptung ihrer Freiheit auch im Hinblick auf mögliche weltpolitische Entwicklungen schaffen, dann wird sie, wie jeder andere Staat, sich im Rahmen des ihr Angemessenen und Möglichen wehrhaft zu machen haben. Dies ist der Preis der Freiheit wie auch der Wiedervereinigung!"

Ich hatte bereits in England neben dem Manuskript „Der Weg zum Frieden" ein weiteres Buchmanuskript verfaßt. Es trug die Überschrift „Die andere Seite".

Beide Arbeiten waren auf Anraten der deutschen Verteidigung im Curio-Haus-Prozeß nicht veröffentlicht worden. So wurde „Die andere Seite" nur zur wesentlichen Vorarbeit für „Verlorene Siege" und für den 1958 herausgebrachten weiteren Erinnerungsband „Aus einem Soldatenleben, 1887 - 1939".

„Verlorene Siege" erschien 1955 in der ersten Auflage und erregte bald großes Aufsehen. Dieses Buch schrieb ich als Soldat und als Heerführer. In ihm verzichtete ich bewußt darauf, politische Probleme oder nicht mit den militärischen Ereignissen in Zusammenhang stehenden auszusprechen. Er sollte ein

Report über mein persönliches Handeln im Kriege werden.

In dem zweiten Buch, „Aus einem Soldatenleben“, beschrieb ich meine Jugend- und Entwicklungszeit, den Aufbau der Reichswehr und auch der Wehrmacht.

Im Juni 1956 war ich vorübergehend nach Bonn umgesiedelt, um das vorgenannte Gremium zu leiten und die Federführung desselben zu übernehmen.

Daß meine Frau mich immer begleitete, daß sie – mein treuester Lebenskamerad – war, soll noch ausdrücklich bemerkt werden.

Im Dezember 1958 konnten wir – meine Frau und ich – in Irschenhausen im schönen Isartal, südlich von München, ein eigenes Haus beziehen, von dem aus wir einen Blick auf die Alpen hatten.

Bis zum Jahre 1966 war meine Frau an meiner Seite, dann wurde sie mir durch den Tod entrissen.

Ich möchte an dieser Stelle, zum Abschluß meines Reports der vierzig Fragen, einige Worte schreiben, die ich am 20. Juni 1956 in einer entscheidenden Sitzung des Parlamentsausschusses aussprach:

„So bedauerlich es aus mancherlei Gesichtspunkten vielen auch erscheinen mag, daß die Bundesrepublik wieder aufrüsten soll, so bedingt doch ihre besonders gefährdete Lage, daß in Bezug auf die militärische Sicherheit nichts versäumt wird, was zu schaffen möglich ist.

Der Aufbau einer Wehrmacht dauert Jahre. Sollte es in diesen Jahren zu einer wirklichen Entspannung in Europa kommen, die eine Aussicht auf die deutsche Wiedervereinigung eröffnet und eine allgemeine Begrenzung der Rüstungen erlaubt, dann wird nichts leichter sein, als den deutschen Rüstungsplan zu modifizieren.

Andererseits sind Verzögerungen, Fehler und Unterlassungen, die beim Legen der Grundlagen begangen werden, nicht so leicht wieder einzuholen. Ihre Folgen zeigen sich zumeist erst, wenn der Ernstfall eintritt. Dann aber ist es zu spät, sie wieder gut zu machen."

* * *

Anlage 1:

Vor dem Tribunal der Sieger: Ein Feldmarschall im Zeugenstand

Am 9. August 1946 betrat Generalfeldmarschall von Manstein den Zeugenstand des Nürnberger Tribunals. Nach den allgemeinen Fragen und jenen zur Person sowie der letzten Dienststellung, die von Manstein bekleidet wurde, fragte der Verteidiger Dr. Laternser, der das Oberkommando der Wehrmacht und den Generalstab zu verteidigen hatte:

„War der Generalstab eine Elite?"

Dazu erklärte von Manstein: „Die Generalstabsoffiziere waren insofern eine Elite, als sie auf Grund ihrer taktischen Befähigung ausgewählt wurden und auf Grund ihres Charakters. Von einem ‚Tonangeben' des Generalstabes innerhalb der Wehrmacht kann man kaum sprechen. Die Wehrmacht hatte ja zunächst keinen Wehrmachtsgeneralstab."

Auf die Frage, ob der Chef des Generalstabes als entscheidender Berater Hitlers gelten könne, erklärte der GFM, daß man bei Hitler davon absolut nicht sprechen dürfe. „In der Wehrmacht des Dritten Reiches", so von Manstein, „war der Chef des Generalstabes nichts anderes als der Berater des Oberbefehlshabers des Heeres für die militärischen Führungsfragen. Zwischen ihm und Hitler stand also einmal der OB des Heeres, dann aber, so lange wir einen Reichskriegsminister hatten, auch noch dieser in der Gestalt des Generalfeldmarschalls von Blomberg."

„War das Oberkommando der Wehrmacht sozusagen das Zentralhirn der Wehrmacht?" So lautete eine der folgenden Fragen des Verteidigers, zu der Erich von Manstein erklärte, daß das OKW ja erst 1938 (!) als Arbeitsstab Hitlers entstanden sei.

Vorher habe Reichskriegsminister von Blomberg „die gesamten Belange der Wehrmacht gegenüber Staat und Partei“ zu vertreten gehabt.

Auf die Frage, ob die militärischen Führer der gesamten Wehrmacht in ihrer Auffassung nicht eine einheitliche Gruppe darstellten, mit einheitlicher Willensbildung, erklärte der Zeuge, daß sie sich in ihrer Berufsauffassung zwar einig gewesen seien und demzufolge auch darin einig waren, daß Deutschland stark sein müsse, weil es von drei Nachbarn umgeben sei, von denen man immerhin einiges erwarten konnte. Eine einheitliche Gedankenbildung aber könne man dieses nicht nennen. Von Manstein gab auch dazu seine Begründung:

„Ich möchte sagen, die drei Wehrmachtsteile standen horizontal nebeneinander. Jeder Wehrmachtsteil hatte andere militärische Gedanken und Ziele, die oft sogar gegensätzlich waren.

Vertikal gesehen gliederten sich die 129 Offiziere der militärischen Hierarchie in vier Stufen, die das Verhältnis vom Befehlen zum Gehorchen bedeuteten.

Die oberste Stufe war Hitler, dazu sein Arbeitsstab, das OKW. Bei dieser Stufe lag die gesamte politische und militärische Verantwortung, die ja nach militärischen Grundsätzen immer nur bei einem obersten Führer liegen kann.

Die nächste Stufe waren die drei Oberbefehlshaber der Wehrmachtsteile. Sie waren für die militärischen Aufgaben jener Teile der Wehrmacht verantwortlich, die ihnen unterstellt waren und hatten in diesem Bereich die Gesamtverantwortung.

Die dritte Stufe, die es in der Gestalt der 129 Offiziere ja nur im Kriege gab, waren die Oberbefehlshaber der Heeresgruppen und darunter als vierte Stufe die Oberbefehlshaber der Armeen.

Die Oberbefehlshaber der Heeresgruppen hatten die Verantwortung für die operative Führung der Operationen, die ihnen aufgetragen wurden.

Unter ihnen hatten die gleiche Teilverantwortung für ihre Armee die Oberbefehlshaber der Armeen, die auch die territoriale Gewalt im Operationsgebiet ausübten.

Diese dritte und vierte Gruppe empfing ihre Befehle von den Oberbefehlshabern der drei Wehrmachtsteile und hatten ihnen zu gehorchen."

Die Möglichkeiten, zu Hitlers Plänen Stellung zu nehmen, gab es für die dritten und vierte Gruppe nach Überzeugung des Feldmarschalls nicht. „Sie erfuhren alles erst in Form eines Befehls. Lediglich die Oberbefehlshaber der drei Wehrmachtsteile konnten, wenn sie von Hitler vorher gefragt wurden, ihre Ansicht zur Geltung bringen." Ob und wie oft dies geschah, wußte der Feldmarschall nicht zu sagen, da er ja an der Front führte.

Es gelang Dr. Laternser überzeugend durch die Aussage von Mansteins zu erhärten, daß der Begriff OKW und Generalstab auf der einen und jener 129 Offiziere, die die Hierarchie der Führung der Deutschen Wehrmacht darstellten, auf der anderen Seite, etwas völlig verschiedenes war.

„Die 129 Offiziere waren die militärischen Führer, nicht so der Generalstab und das OKW in seiner Masse. Sie waren keine einheitliche Organisation, weder praktisch noch theoretisch."

Auf die Frage, ob die Waffen-SS ein vierter Wehrmachtsteil gewesen sei, gab von Manstein ein verneinende Antwort, wenngleich Himmler die Waffen-SS und später die SS an und für sich an die Stelle des Heeres setzen wollte.

Auch einen gemeinsamen Plan zwischen Wehrmacht und Partei verneinte der Feldmarschall entschieden. Was dazu fehlte, war eine „gemeinsame Grundeinstellung und außerdem noch die geistige Grundlage. Außerdem stand dieser Zusammenarbeit von Partei und Wehrmacht der totale Machtanspruch der Partei entgegen." Dazu Erich von Manstein abschließend:

„Ich kann wohl sagen, daß wir Offiziere immer in einem

Kampf dagegen gestanden haben, daß Parteieinflüsse Gewalt über unsere Soldaten gewannen und damit das soldatische Element, das wir vertraten, beiseite schoben."

Zu Plänen gemeinsam mit Hitler erklärte der Zeuge: „Wenn jemand einen Plan machte, dann war es Hitler allein! Unter ihm hatte kein Mensch Pläne zu machen, sondern sie hatten zu gehorchen. Darüber hinaus fehlten alle Voraussetzungen, einen solchen gemeinsamen Plan erstellen zu können."

Das Ziel der deutschen Aufrüstung

Da Erich von Manstein von 1929 bis 1932 als Erster Generalstabsoffizier in der Ersten Abteilung des Truppenamtes gedient hatte, ab 1935 Chef der Operationsabteilung des Heeres und ab 1936 Oberquartiermeister I gewesen war – also Stellvertreter des Chefs des Generalstabes des Heeres und ihm in dieser Dienststellung die Operationsabteilung ebenso wie die Organisationsabteilung und verschiedene andere Abteilungen unterstanden hatten, schien er dem Verteidiger als der geeignete Mann, Ziel und Umfang ebenso wie Sinn und Zweck der Aufrüstung der Wehrmacht zu umreißen. Dazu von Manstein:

„Das Ziel unserer Aufrüstung in den Zwanzigerjahren oder in den Jahren vor der Machtergreifung war die primitive Sicherheit gegen den unprovozierten Angriff auch nur eines unserer Nachbarn. Wir wußten, daß alle Nachbarn Wünsche auf deutsches Gebiet hatten und mußten mit einem solchen Angriff rechnen.

Wir wollten beispielsweise verhindern, daß bei einem polnischen Angriff mit der Besetzung von Oberschlesien ein ‚Fait accompli' (vollendete Tatsachen) geschaffen wurden.

Wir wollten sicherstellen, so lange kämpfen zu können, bis der Völkerbund eingriff."

„Weil also Deutschland auf die Hilfe des Völkerbundes angewiesen war, mußte alles getan werden, um jede Verletzung des Versailler Vertrages und jede Provokation auszuschließen. Es gab im Reichsheer dafür eine Gruppe von Offizieren, deren einzige Aufgabe es war, bei allen Befehlen der damaligen Heeresleitung, und später des OKH, darüber zu wachen, daß keine derartigen Verstöße passierten."

Bis zum Jahre 1935 gab es keinen einzigen Aufmarschplan, und der erste mit der Codebezeichnung „Rot" wurde erst 1935 bearbeitet (Fall „Rot" war ein Defensivaufmarschplan am Rhein und an der Westgrenze und zugleich auch ein Aufmarsch zur Defensive an der tschechischen und polnischen Grenze). Der zweite Aufmarschplan war der Plan „Grün", der 1937 bearbeitet wurde.

Bei den angeblichen deutschen Angriffsvorbereitungen gegen Polen (der spätere Fall Weiß) war Erich von Manstein bei der Mobilmachung als Chef des Generalstabes der Heeresgruppe Süd vorgesehen. Dieser Aufmarschplan war nach von Manstein ein „Angriffsaufmarsch", wenngleich es „verschiedene Punkte gab, die gegen einen Aufmarsch sprachen.

„Wenn Hitler Polen hätte angreifen wollen, dann war seine Weisung die deutsche Ostgrenze stark zu befestigen, unnütz."

Von Manstein weiter:

„Uns lag eine völlig zuverlässige Nachricht vor, daß die Polen in der Provinz Posen zu einer Offensive in Richtung Berlin aufmarschieren wollten. Man konnte also mit einem Krieg rechnen und mußte befürchten, daß die Polen, in der Hoffnung auf die zugesagte englische Hilfe, selbst angreifen würden. Dann wäre es selbstverständlich zum Krieg gekommen. Aber nach allen Anzeichen konnte man nicht annehmen, daß Hitler einen Angriffskrieg gegen Polen sozusagen vom Zaune brechen wollte."

Über die Absicht, im Westen anzugreifen, wurde Erich von Manstein am Samstag, dem 10. August 1946, befragt. Dazu erklärte der Generalfeldmarschall, daß es, nachdem eine politische Einigung mit den Westmächten nicht mehr möglich war, keinen anderen Ausweg gegeben habe, als eine Offensive im Westen zu führen, und den Krieg damit zu beenden.

Im Feldzug gegen die Sowjetunion sah Erich von Manstein einen deutschen Präventivschlag, und nach seiner Ansicht hat es für Hitler aus der Lage, in die er Deutschland gebracht hatte, keinen anderen Ausweg gegeben, wieder herauszukommen. Vor allem dann, nachdem er eine Landung in England im Herbst 1940 nicht gewagt hatte. Die einzige Chance, dieser Lage des Zweifrontenkrieges zu entgehen, sah von Manstein in einer Landung in England im Herbst 1940. „Das aber hat Hitler nicht riskiert."

Zum Kommissarbefehl erklärte von Manstein, daß er sowohl dem Oberbefehlshaber der Heeresgruppe als auch dem Befehlshaber der Panzergruppe, denen er unterstand, gemeldet habe, daß er diesen Befehl, der gegen seine soldatische Ehre gehe, nicht ausführen würde.

„Meine Divisionskommandeure waren meiner Auffassung. Und die Truppe hat sicherlich nicht unter den Gefangenen nach Kommissaren gesucht."

Der OB der Heeresgruppe war GFM von Leeb, die Panzergruppe, auf die sich von Manstein bezog, wurde derzeit von Generaloberst Höpner geführt.

Auch zur Behandlung von Kriegsgefangenen fand GFM von Manstein die richtigen Worte. Er erklärte, daß seine Armee bis zu 150.000 Gefangene gehabt habe und daß deren Versorgung immer schwierig gewesen sei, ebenso die notwendige Verpflegung und Unterkunft zu beschaffen, daß er aber im Rahmen seiner Armee damit fertig geworden sei.

„Wir haben zum Beispiel der Zivilbevölkerung erlaubt, Lebensmittel in die Lager zu bringen, um die Lage der Gefangenen zu erleichtern."

(Demgegenüber haben die US-Army ebenso wie die französische Armee in Deutschland nicht nur jede Hilfeleistung für die unter unmenschlichsten Umständen auf den Rheinwiesen und anderwärts in Deutschland liegenden Hunderttausenden deutscher Kriegsgefangenen durch die Zivilbevölkerung verweigert, sondern darüber hinaus auch hunderttausend Tonnen Lebensmittel, die teilweise durch das Rote Kreuz zur Verfügung gestellt worden waren, nicht in die Gefangenenlager hineingelassen. Doch diese Kriegsverbrechen standen ja nicht auf der Tagesordnung. Sie waren von den Siegern begangen worden. Sieger aber diktierten, wer Kriegsverbrecher zu sein hatte.)

Auch über die Zerstörungen im gesamten Kriegsgebiet wurde GFM von Manstein befragt. Er erklärte, daß ohne jeden Zweifel die umfangreichen Zerstörungen, die dem OKW und dem Generalstab in der Anklage gegen beide zur Last gelegt wurden, bereits zum erheblichen Teil vorher durch die Rote Armee verursacht worden waren.

Hier der Wortlaut jener Passage, der zum Ausdruck bringt, was die deutschen Truppen in Westrußland vorfanden:

„Es waren alle Bahnen zerstört. Die Wasserversorgungsanlagen waren nicht einmal im Jahre 1943 wieder voll leistungsfähig. Alle Nachrichtenanlagen und -ämter waren zerstört. Darüber hinaus auch sehr viele Industrieanlagen. Zum Beispiel der große Staudamm von Saporoshje, das Betonwerk in Charkow, die Stahlwerke von Kertsch und Mariupol und die gesamte Erdölindustrie bei Maikop im Kaukasus.

Daß auch im Verlaufe der Kämpfe gewaltige Zerstörungen angerichtet wurden, verdeutlichte FM von Manstein mit dem Willen der beiden Diktatoren Stalin und Hitler, um jeden Fußbreit Boden zu kämpfen und dem „Kampf bis zur letzten Patrone". Diesen Kämpfen seien Sewastopol – wo acht Monate gerungen worden war – Stalingrad, Rostow und Charkow, um nur die hauptsächlichsten zu nennen, zum Opfer gefallen.

Die Frage nach planmäßigen Zerstörungen durch die Deutschen wurde von Erich von Manstein bejaht, indem er erklärte, daß Hitler bei dem Rückzug hinter dem Dnjepr 1943 den Befehl zu planmäßiger Zerstörung alles dessen, was der Roten Armee zur Führung der weiteren Kämpfe dienen konnte, gegeben habe.

„Waren diese Zerstörungen durch die Erfordernisse des Krieges bedingt?"

„Ich muß das für diesen Rückzug hinter den Dnjepr absolut bejahen. Wenn wir die russischen Armeen nicht am Dnjepr zum Stehen brachten und diese den Durchbruch und die Verfolgung der weichenden deutschen Truppen fortsetzen konnten, war der Krieg verloren. Der Krieg wäre noch im Herbst 1943 im südlichen Teil der Ostfront zu unseren Ungunsten entschieden worden."

Eine der wichtigsten Fragen, die dem Feldmarschall gestellt wurden, lautete: „Wie erklären Sie als Soldat alter Tradition die Erscheinungen, welche die Anklage als ‚Verbrechen gegen die Humanität' der deutschen Kriegsführung zur Last gelegt hat?"

Von Mansteins Antwort: „Dieser Krieg wurde vom Beginn des Krieges gegen die Sowjetunion an mit doppeltem Gesicht geführt. Das eine war die militärische Kriegsführung, die wir Soldaten zu führen hatten und das andere – und zwar von beiden Seiten – war die weltanschauliche Kriegführung, die nicht wir Soldaten führten, sondern andere Elemente. – Diesen weltanschaulichen Kampf haben wir Soldaten nicht geführt. Diesen führte Hitler mit einigen seiner engsten Mitarbeiter und mit einer begrenzten Zahl an Helfershelfern, weil Hitler ganz genau wußte, daß wir aufgrund unserer überkommenen Auffassung ritterlicher Kriegführung solche Dinge nicht mitmachen würden.

Hitler entzog diesen Teil der Kriegführung dem militärischen Einfluß, indem er die Masse der besetzten Gebiete dem Einfluß der Oberbefehlshaber wegnahm, im Osten die Reichskommissariate, in den übrigen Ländern die Gebiete der Militärbefehlshaber oder der landeseigenen Regierungen, einsetzte.

Außerdem entzog er uns auch die sachlichen Gebiete, auf denen der Krieg geführt wurde. Wir waren räumlich auf unsere eng begrenzten Operationsgebiete beschränkt. Sachlich aber hatten wir in ihnen aber auch nur sehr wenig zu sagen. Alle Polizeimaßnahmen wurden von Himmler veranlaßt. Die wirtschaftliche Ausnutzung der Gebiete oblag Göring, die Arbeitsbeschaffung war Sauckel zugewiesen, während der Sonderstab Rosenberg die Sichtung, Registrierung und die Wegführung der Kunstschätze durchführte. Auch die Rechtspflege gegenüber der Zivilbevölkerung war uns entzogen. Für uns blieb nur die Führung des militärischen Kampfes an der Front, die militärische Sicherung des Operationsgebietes, die Einrichtung einer örtlichen Verwaltung und das Ingangbringen der Landwirtschaft und des gewerblichen Lebens."

Im weiteren Verlauf dieses besonderen Aspektes der Anklage gegen den Generalstab fuhr von Manstein fort:

„Man muß zwei Dinge unterscheiden. Abseits der militärischen Kriegführung, die uns Soldaten oblag, wurde der Krieg wirtschaftlich geführt, das heißt: zur wirtschaftlichen Ausnutzung für unsere Kriegführung.

Das zweite ist das weltanschauliche Gebiet an sich, also besondere Methoden gegen die Bevölkerung, die von anderen Kräften durchgeführt wurde und die mit der wirtschaftlichen Ausnutzung an sich nichts zu tun hatten. Mit diesen besonderen Methoden meine ich jene der Einsatzgruppen und alle anderen, die unter der Ägide von Himmler standen.

Von diesen Einsatzgruppen wußte ich nur, daß sie zur Vorbereitung der politischen Verwaltung, also für eine politische Überprüfung der Bevölkerung der besetzten Gebiete im Osten vorgesehen waren und daß sie nach Sonderanweisung unter Verantwortung von Himmler arbeiteten.

Von der Absicht und dem Auftrag der Ausrottung der Juden und anderer Teile der Bevölkerung erfuhr ich nichts. Diesen Auftrag hat ja auch – wie der Zeuge Ohlendorf ausgesagt hat – Himmler mündlich und unmittelbar an die Einsatzgruppen und so weiter gegeben."

Über die Anklage, daß GFM von Manstein zumindest von der Ermordung von 90.000 Juden in seinem Befehlsbereich gewußt haben mußte, erklärte der Zeuge:

„Diese 90.000 Juden, die von den Einsatzgruppen angegeben wurden, sind keineswegs in meinen Befehlsbereich ermordet worden. Wie Ohlendorf (Amtschef III im Reichssicherheitshauptamt und SS-Gruppenführer) ausgesagt hat, hat sein Bereich von Czernowitz (von den Karpathen aus) bis nach Rostow gereicht. Das sind schätzungsweise 1.200 Kilometer (!). In der Breite war dieses Gebiet zwischen 300 und 400 Kilometer weit. In diesem Gebiet operierte nicht nur die 11. Armee, sondern die 1. Panzerarmee und die 3. und 4. rumänische Armee. In diesem gewaltigen Gebiet hat die 11. Armee nur den Raum der Krim gehabt. Ich habe mich während der Monate der Belagerung von Sewastopol insgesamt auf 12 oder 13 Gefechtsständen im Kampfgebiet befunden. Mich erreichten nur taktische Meldungen, und der Oberquartiermeister sowie der Armeearzt trugen mir in der Woche ein- bis zweimal vor. Natürlich nur das Wesentliche, für die Kriegsführung Wichtige.

Ein Oberbefehlshaber ist durch die Sorgen des Kampfes restlos in Anspruch genommen.

Das zweite ist, daß unsere Truppen auf der Krim beinahe bis zum letzten Mann im Kampf vorn standen. Wir haben sogar zum

Teil unsere Schreiber und anderes Personal an die Kampffront schicken müssen. Das ganze rückwärtige Armeegebiet war von Truppen entblößt. Nur die wichtigsten Versorgungspunkte wurden besetzt gehalten.

Ich habe keine Meldung über Judenerschießungen erhalten, habe aber einmal von einem Gerücht gehört, in dem berichtet wurde, daß die SS in zurückliegender Zeit – ich war gerade von Nikolajew zu meinem Gefechtsstand gekommen – in Bessarabien Juden erschossen hätten. Das war ein Gerücht über einen Einzelfall. Da ich am nächsten Morgen früh weiterfahren mußte, habe ich meinem Ordonnanzoffizier befohlen, dem Führer der SS zu übermitteln, daß ich dort, wo ich Oberbefehlshaber wäre, derartige Schweinereien nicht dulden würde. Darüber hinaus gab ich Befehl, diesem Gerücht nachzugehen, ob etwa Wahres daran sei. Es konnte kein einziger Mann ermittelt werden, der das gesehen hatte.

Ich kam dann gleich in die schwersten Kämpfe um Sewastopol und die Halbinsel Kertsch und habe seither nie mehr etwas von Judenerschießungen gemeldet bekommen."

Das Bakterienmärchen

Als der Hilfsankläger für die Sowjetunion, Generalmajor G.A. Alexandrow, am Montag, dem 12. August, GFM von Manstein seine letzte Frage stellte, horchten alle Prozeßbeobachter auf.

„Wußten Sie, welche Maßnahme vom Oberkommando der Wehrmacht zur Führung eines biologischen Krieges getroffen worden sind?"

GFM von Manstein wollte zunächst erklärt wissen, was der russische Ankläger damit meinte. Generalmajor Alexandrow erkläre: „Eine Anwendung verschiedener Arten lebensgefährlicher Bakterien im Rahmen der Kriegsführung."

„Davon weiß ich nichts", erklärte der GFM, „ich habe nie etwas von einem Bakterienkrieg oder einem Vergiftungskrieg gehört."

Generalmajor Alexandrow legte dem Gerichtshof das Dokument USSR-510 vor. Darin enthalten eine Erklärung des Generalmajors Walter Schreiber, Professor an der Berliner Militärärztlichen Akademie. Dieses „Dokument" war dem Wissenschaftler Walter Schreiber in sowjetischer Kriegsgefangenschaft entlockt worden. Darin hieß es zu diesem Komplex, daß der Verhörte als ehemaliger Generalarzt des deutschen Heeres, „es für meine Pflicht hielt, gegenüber einem so schwer geprüften Volke und gegenüber der Welt eine weitere Stelle der deutschen Kriegsvorbereitungen aufzudecken. Neben der politischen Führung hätten auch deutsche Wissenschaftler und Ärzte schwere Schuld auf sich geladen. Wenn diese Kriegsvorbereitung zur Ausführung gekommen wäre, dann wären die großen Entdeckungen Robert Kochs für schändliche und schlimme Zwecke benützt worden."

Dr. Hans Laternser, der Verteidiger für den Generalstab, forderte die Zitierung des Generalarztes vor das Nürnberger Tribunal. Damit war die Angelegenheit erledigt. Der General, der sich angeblich in sowjetischer Kriegsgefangenschaft befand, war nicht aufzutreiben.

Die Verlesung dieses „Dokumentes" wurde vom Gericht nicht zugelassen.

Auch SS-Obergruppenführer Ohlendorf gelang es nicht, den Ehrenschild von GFM von Manstein zu beflecken, wie dies zu seinem eigenen Schutz beabsichtigt worden war. Er mußte im Kreuzverhör zugeben, daß „die führenden Personen des Armeeoberkommandos 11, das GFM von Manstein führte, gegen Liquidationen von Zivilisten waren."

Bereits zu Beginn des Prozesses zu Nürnberg hatte der Vorsitzende des Internationalen Militärgerichtshofes Geoffrey Lawrence, bekundet:

„Dieses Gesetz wird hier zwar zunächst auf deutsche Angreifer angewandt, es schließt aber ein, und muß, wenn es von Nutzen sein soll, den Angriff jeder anderen Nation verdammen, nicht ausgenommen jene, die jetzt hier zu Gericht sitzen. – – –

Dieser Prozeß ist der verzweifelte Versuch der Menschheit, die Strenge des Gesetzes auf die Staatsmänner anzuwenden, die ihre Macht im Staate benutzt haben, die Grundlagen des Weltfriedens anzugreifen und die Hoheitsrechte ihrer Nachbarn durch Übergriffe und Überfälle zu verletzen. – – –

Dieser Prozeß ist ein Teil der großen Anstrengung, den Frieden sicherer zu machen." (Daß dies nicht zutraf, daß eklatante Verletzer der hehren Bestimmungen des Nürnberger Statuts auf der Seite der Ankläger standen, zeigte die ganze Farce dieses Beginnens auf. Nach wie vor schreibt in aller Welt der Sieger die Geschichte, und die Besiegten werden verurteilt. Ob sie die Angreifer oder die Angegriffenen waren, spielte dabei keine Rolle.

Daß es trotz der massiven Versuche, den deutschen Generalstab zu einer verbrecherischen Organisation zu stempeln, zu keiner Verurteilung desselben oder des Oberkommandos der Wehrmacht kam, war mit jenen deutschen Offizieren, an ihrer Spitze der Generalfeldmarschall von Manstein, und der deutschen Verteidiger, hier in Sonderheit Dr. Hans Laternser, zu verdanken, die als Zeugen auftraten.

Es gelang Dr. Laternser unter Beweis zu stellen, daß die beiden genannten Dienststellen „Deutscher Generalstab" und „Oberkommando der Wehrmacht" keine Vereinigung und keine homogene Gruppe waren. Von einer Organisation ganz zu schweigen.

Das Plädoyer von Dr. Laternser

„In der Geschichte der Völker sind nicht selten nach einem Krieg die militärischen Führer der unterlegenen Partei gerichtet worden. Man zieh sie – wenn man ihnen keine Verbrechen vorwerfen konnte, die sie als militärischer Führer begangen hatten – des Verrats, verdächtigte sie politischer Ziele und anderer Delikte.

Die Römer haben ihren Feind Jugurtha im Kerker erdrosselt. Hannibal haben sie am Hofe seines Gastfreundes den Giftbecher in die Hand gedrückt. Napoleon I. wurde von den Siegermächten verbannt und starb auf St. Helena.

Wenn die Beweisaufnahme über irgend etwas völlige Klarheit gebracht hat, so ist es die Tatsache, daß die deutschen militärischen Führer ihr Land nicht beherrscht und es nicht in den Krieg getrieben haben. Daß sie nicht Politiker, sondern nur Soldaten waren.

Die Männer hier stehen also vor Gericht, nur weil sie Soldaten waren, weil sie als Soldaten ihrem Lande gedient haben.

Für die deutschen militärischen Führer gilt das, was Carlyle sagte: ‚Wenn jemand Soldat wird, so gehört er nach Seele und Körper seinem kommandierenden Offizier. Er darf nicht darüber entscheiden, ob eine Sache gut oder schlecht ist. Seine Feinde werden für ihn und nicht von ihm gewählt. Seine Pflicht ist, zu gehorchen und nicht zu fragen. – – –"

Die gesamte Anklagte basierte auf dem Versuch, 129 hohe Offiziere der deutschen Wehrmacht, die gewisse Dienststellen in der militärischen Hierarchie innehatten, unter der Doppelbezeichnung Generalstab und OKW zu einer rechtlichen und tatsächlichen Gruppe zusammenzufassen.

Die angeklagten 129 Offiziere stellten als Gesamtheit nicht diese beiden Generalstäbe dar. Angehörige dieser Generalstäbe waren aus dem ganzen Kreis lediglich GenOberst Jodl als Chef des Wehrmachtführungsstabes, der stellvertretende Chef dieses Stabes, und die Chefs der Generalstäbe des Heeres und der Luftwaffe.

Ein großer Teil der genannten Offiziere, und zwar 49 hat nicht einmal früher dem Generalstab angehört. Die Bezeichnung Generalstab trifft also nicht auf diese 129 Offiziere zu, sondern trifft alle Generalstabsoffiziere, die aber auch gar nichts mit dieser Anklage zu tun haben. Sie ist irreführend und rein willkürlich gewählt.

Das OKW hatte erst recht nicht die Bedeutung einer selbständigen Führungszentrale. Es war lediglich der militärische Arbeitsstab Adolf Hitlers, ohne selbständige Befehlsbefugnis. Was hier als Generalstab und OKW bezeichnet wird, stellt in Wahrheit die Gesamtheit der Offiziere dar, die im Laufe des Krieges die höchsten Dienststellungen inne hatten.

Man hatte einen Ausdruck gefunden, der nicht eine Gruppe oder eine Organisation traf, sondern 129 Einzelpersonen.

Was das OKW angeht, so waren nur vier der 129 angeklagten Personen im Oberkommando der Wehrmacht. Alle übrigen trifft die Bezeichnung nicht.

Zusammenfassend ist zu sagen: Die Bezeichnung „Generalstab und OKW“ ist eine Häufung falscher Bezeichnungen. Sie wurde willkürlich gewählt, um eine Zusammenfassung dessen vorzutäuschen, was nicht zusammenfaßbar ist.

Der von der Anklage benutzte weitere Begriff „höchste militärische Führer“ und „Inhaber der höchsten Rangstufen der deutschen Wehrmacht“ träfe zwar die Kenntlichmachung der Gesamtheit der 129 Offiziere besser, wäre aber auch nur der Versuch einer Umschreibung und der klare Hinweis auf eine Personenvielheit, niemals aber der Beweis für das Bestehen eines irgendwie gearteten Zusammenschlusses dieser Persönlichkeiten.

Dies alles zwingt zu dem Schluß, daß es ein rechtliches oder tatsächliches Gebilde dieser Art nie gegeben hat.

Diese Offiziere waren auch nicht Mitglieder dieser „Organisationen", weil ihnen die markante Voraussetzung für eine Mitgliedschaft, nämlich der freiwillige Beitritt, fehlt."

Der. Laternser faßte sein Plädoyer in sieben Punkten zusammen:

„1. Die betroffenen 129 Offiziere stellen eine Personenvielfalt dar, die weder rechtlich noch tatsächlich handlungsfähig ist.

2. Die Bezeichnung Generalstab und OKW ist irreführend und falsch.

3. Der betroffene Offizierskreis ist weder eine Gruppe noch eine Organisation noch ein organisationsähnliches Gebilde.

4. Der bei jeder Organisation feststehende Mitgliederkreis fehlt.

5. Keiner der Offiziere hat weder seinen Beitritt zu einer Organisation erklärt noch das Bewußtsein gehabt, einer solchen anzugehören. Die ‚Mitglieder' kannten sich größtenteils nicht einmal persönlich. Ihre Einstellungen zum herrschenden System war verschiedenartig.

6. Niemals hat es ein handelndes Verbandsorgan, niemals eine Verfassung oder ein Statut gegeben. Eine Verbandshandlung gab es ebensowenig.

7. Die betroffenen Offiziere, die nach Namen und Zahl genau feststehen, können deshalb nur als Einzelpersonen und nur für solche Verbrechen, die sie persönlich begangen haben sollten, zur Rechenschaft gezogen werden."

Diese Maxime hatte bereits Sokrates vertreten, als nach der Schlacht bei Aigospotamoi Feldherren durch ein Kollektivurteil verurteilt werden sollten. Sokrates verlangte:

„Jeder Feldherr ist als Einzelperson anzuklagen und nach dem Maß seiner persönlichen Schuld zu verurteilen."

Damals setzte sich ein Geist wie Sokrates durch. Nach Ende

des Zweiten Weltkrieges wurde die ganze deutsche Nation in die Kollektivschuld genommen, bis hin zu den Nachkommen in der dritten und vierten Generation.

Das Urteil

„Das Gericht wird, nach allen dargelegten Gründen die sogenannte ‚Gruppe Generalstab und OKW' nicht zu einer verbrecherischen Organisation erklären können."

Trotz aller Winkelzüge und Ränke war es dem Internationalen Tribunal in Nürnberg angesichts dieser schlüssigen Beweisführung und des Eintretens der höchsten Offiziere der ehemaligen Deutschen Wehrmacht nicht möglich, einen Schuldspruch zu erreichen. Dazu hieß es:

„Der Gerichtshof ist der Ansicht, daß Generalstab und Oberkommando der Wehrmacht nicht für verbrecherisch erklärt werde sollten. Ein zwingender Grund dafür ist nach Meinung des Gerichtshofes darin zu sehen, daß Generalstab und Oberkommando der deutschen Wehrmacht weder eine Organisation noch eine Gruppe im Sinne des Artikels 9 des Statuts sind. – – –

Deshalb erklärt der Gerichtshof Generalstab und Oberkommando der Wehrmacht nicht für verbrecherische Organisationen."

Das sowjetische Mitglied des Internationalen Gerichtshofes, Generalmajor der Justiz L.T. Nikitchenko, erklärte in seinem Schreiben vom 1. Oktober 1946, daß diese Gerichtsentscheidung der wirklichen Lage der Dinge widerspräche. Er vergaß zu erwähnen, daß in einem Verurteilungsfalle auch der russische Generalstab oder das STAWKA hier vor Gericht hätte verurteilt werden müssen: Wegen Führung eines Angriffskrieges gegen Finnland und gegen Polen und wegen der Aneignung der Hälfte des polnischen Territoriums durch Gewalt.

Wie auch immer: Das Eintreten deutscher Offiziere bis hin zu GFM Erich von Manstein hatte das Gericht überzeugt, daß die angeklagten ‚Organisationen' nach den Regeln der Kriegskunst und jenen der fairen Kriegführung gehandelt hatten.

Anlage 2:
Die Wehrmachtberichte zum Feldzug auf der Krim

6.6.1942: An der Einschließungsfront von Sewastopol wurden die feindlichen Befestigungen durch starkes Feuer schwerster Artillerie und zusammengefaßte Luftangriffe bekämpft.

9.6.1942: Im Festungsgelände von Sewastopol halten die Kämpfe an. Von schwerster Artillerie und starken Kräften der Luftwaffe wirksam unterstützt, hat unsere Infanterie eine Reihe von Festungsanlagen auf beherrschenden Höhen gestürmt und Gegenangriffe des Feindes abgewiesen.

13.6.1942: Vor Sewastopol wurden in schweren Angriffen Befestigungswerke und zahlreiche Kampfstände genommen. In der Zeit vom 7. bis 11. Juni verlor der Feind in diesem Frontabschnitt 3.600 Gefangene, 41 Geschütze, 12 Panzer und über 400 Granatwerfer. Mehr als 20.000 Minen wurden ausgebaut. 645 Beton- und Erdbunker fielen nach harten Einzelkämpfen in unsere Hand.

13.6.1942: Bei den Kämpfen vor Sewastopol haben sich der Ritterkreuzträger Oberleutnant Spielmann, Batteriechef in einer Sturmgeschütz-Abteilung und Oberleutnant Frank, Kompaniechef in einem Infanterie-Regiment, durch besondere Tapferkeit ausgezeichnet.

14.6.1942: Vor Sewastopol dringt der deutsche Angriff in erbitterten Nahkämpfen immer tiefer in das mit allen Mitteln von Natur und Technik geschützte Festungsgelände ein. Das auf beherrschender

Höhe gelegene neuzeitliche und starke Fort „Stalin“ wurde genommen. Gegenangriffe der Sowjets scheiterten. Kampfflugzeuge versenkten ein in die Südbucht der Festung einlaufendes Transportschiff von 10.000 BRT.

15.6.1942: Im Kampf um Sewastopol wurde der Feind trotz hartnäckiger Gegenwehr aus mehreren stark befestigten Stellungen geworfen. Im Nachstoß gelang der angreifenden Infanterie ein tiefer Einbruch in das feindliche Verteidigungssystem. Über dem Festungsgebiet schossen als Begleitschutz der Kampfgeschwader eingesetzte Jägerverbände ohne eigene Verluste 16 Sowjetflugzeuge ab.

17.6.1942: Der Angriff gegen die Festung Sewastopol wurde trotz erbitterten Widerstandes und bei großen Geländeschwierigkeiten weiter vorgetragen. Tiefe Keile wurden in die feindlichen Befestigungslinien getrieben, stark verteidigte Höhenstellungen und Forts auf beiden Angriffsflügeln genommen. In den heutigen Morgenstunden wurde das Kampfwerk „Sibirien“ erstürmt.

18.7.1942: Im Kampf um Sewastopol erstürmten Infanterie und Pioniere, durch zusammengefaßtes Artilleriefeuer und Fliegerangriffe wirksam unterstützt, in harten Nahkämpfen im Nordteil des stark ausgebauten Festungssystems das Werk „Maxim Gorki“, das modernste und stärkste Fort der Festung überhaupt. Damit wurde in diesem Frontabschnitt der Angriff bis auf drei Kilometer an die Hafeneinfahrt der Festung herangetragen.

19.7.1942: Am gestrigen Tage führte der Angriff auf

Sewastopol zu entscheidenden Erfolgen. Die im Nordabschnitt der Befestigungsfront eingesetzten Infanterie-Divisionen durchstießen die durch starken Artillerie- und Fliegereinsatz niedergehaltenen letzten Verteidigungslinien des Gegners und erreichten in breiter Front die Ssewernajabucht gegenüber der Stadt Sewastopol.

Damit fiel nach zwölftägigen harten Kämpfen der gesamte Nordteil der Festung bis auf ein Küstenfort im Südwestabschnitt in unsere Hand. Die Einnahme der letzten Stützpunkte steht bevor. Verzweifelte Gegenangriffe der Sowjets brachen zusammen.

Im Südteil der Festungsfront warfen rumänische Truppen den Feind nach harten Kämpfen aus wichtigen Stellungen.

Die Zahl an Gefangenen und die Beute in der Zeit vom 7. bis 17. Juni hat sich auf 7.585 Gefangene, 20 Panzer, 68 Geschütze und eine Panzerbatterie erhöht. In schweren Einzelkämpfen wurden 1.288 Erd- und Betonbunker genommen und 46.239 Minen ausgebaut.

21.6.1942: Im Nordteil der Festung Sewastopol fiel am gestrigen Tage auch das Befestigungswerk „Lenin". Damit sind sämtliche Forts der Nordfront von Sewastopol mit Ausnahme des Küstenforts in deutscher Hand. Darunter die starken Werke „Stalin", „Maxim Gorki", „Bastion", „Molotow" und zahlreiche alte Forts sowie mehrere Artilleriewerke.

In dem vom Feind noch zäh verteidigten Küstenfort sind deutsche Truppen eingedrungen und stehen im Nahkampf um die vom Gegner gehaltenen Bunker.

Im Südteil der Festungsfront schlugen deutsche und rumänische Truppen mehrere Angriffe ab und brachen im Gegenangriff das feindliche Stellungssystem weiter auf.
Die Luftwaffe unterstützte auch gestern mit starken Kräften die Kämpfe um die Befestigungen und bombardierte Versorgungsanlagen in der Stadt sowie feindliche Schiffe im Hafen.
Zusatzmeldung: Vor Sewastopol haben sich der Kommandeur einer Radfahr-Abteilung, Major Bakke, sein Schwadronschef, Oberleutnant Kupsch und der Chef der Pionier-Kompanie, Oberleutnant Stier, durch besondere Tapferkeit ausgezeichnet.

22.6.1942: Im Nordteil der Festung Sewastopol wurde in harten Kämpfen das Küstenfort genommen und das Gelände nördlich der Ssewernajabucht vom Feind gesäubert. Die Vernichtung der auf der äußersten Landzunge noch haltenden Reste des Feindes ist im Gange.
An der übrigen Einschließungsfront erstürmten deutsche und rumänische Truppen, durch starke Verbände der Luftwaffe unterstützt, mehrere befestigte und zäh verteidigte Höhenstellungen.
Wiederholte Gegenangriffe der Sowjets blieben erfolglos. Über Sewastopol schossen deutsche Jäger am gestrigen Tage 28 feindliche Flugzeuge ab.
Zusatzmeldung: In den Kämpfen vor Sewastopol haben sich der Führer einer aus Infanterie und Pionieren zusammengesetzten Kampfgruppe, Hauptmann Walter, und der Kommandeur eines Pionier-Bataillons, Hauptmann Graumann, durch besondere Tapferkeit ausgezeichnet.

24.6.1942: Im Nordteil der Festung Sewastopol wurden die auf der äußersten Landzunge nördlich der Ssewernajabucht noch Widerstand leistenden Teile des Feindes vernichtet. Im Osten der Festungsfront durchstießen deutsche und rumänische Truppen in einem zerklüfteten Wald- und Buschgelände stark ausgebaute und zäh verteidigte feindliche Stellungen und nahmen weitere Befestigungsanlagen. Die Luftwaffe führte zusammengefaßte Angriffe von Kampffliegerverbänden gegen Feld- und Artilleriestellungen durch.

Vom 7. bis zum 22.6. betrugen die Verluste des Feindes im Kampf um Sewastopol 11.000 Gefangene und 158 Geschütze. In harten Einzelkämpfen wurden 2.014 Erd- und Betonbunker genommen und 65.254 Minen ausgebaut.

24.6.1942: Im Festungsgebiet von Sewastopol gewann der Angriff der deutsch-rumänischen Truppen in erbitterten Wald- und Häuserkämpfen weiter an Boden. Schwere und wirkungsvolle Angriffe von Luftwaffenverbänden richteten sich vor allem gegen die Stellungen an der Südbucht, bei Inkerman und gegen die Verteidigungszone um Nikolajewka.

26.6.1942: Im Festungsgebiet um Sewastopol nahmen deutsche und rumänische Truppen in harten Einzelkämpfen weitere in Felsen eingesprengte Stellungen und Bunker sowie im Schutze dichten Unterholzes angelegte Widerstandsnester.

Die Luftwaffe versenkte in den Gewässern vor Sewastopol einen Zerstörer sowie ein U-Boot.

28.6.1942: An der Ostfront von Sewastopol warfen deutsche und rumänische Truppen den Gegner in schweren Bunkerkämpfen aus mehreren stark ausgebauten Höhenstellungen. Durch den Erfolg dieses Angriffs wurde der Feind zur Aufgabe eines wichtigen Verteidigungsabschnittes gezwungen. Die Luftwaffe bombardierte weiterhin mit starken Kräften Verteidigungsanlagen und Feldstellungen ostwärts der Stadt sowie einen Flugplatz der Festung. Südostwärts Feodosia wurde ein sowjetischer Zerstörer von einer Bombe schwersten Kalibers getroffen.

29.6.1942: Im Festungsgebiet von Sewastopol erzwangen deutsche und rumänische Truppen, durch starke Luftstreitkräfte unterstützt, im kühnen Angriff den Übergang über das tief eingeschnittene Ssewernaja-Tal und brachen in stark ausgebaute Stellungen der beherrschenden Sapun-Höhe ein.

30.6.1942: Im Angriff gegen Sewastopol haben deutsche Divisionen von Norden her die Ssewernaja-Bucht überwunden und sind ostwärts der Stadt gegen zähen feindlichen Widerstand in den inneren Festungsgürtel eingebrochen. Gegenangriffe der Sowjets blieben erfolglos.

Im Angriff von Osten wurden unter Mitwirkung rumänischer Verbände die beherrschenden Sapun-Höhen fast in ihrer gesamten Ausdehnung erstürmt. Starke Kampffliegerverbände zerschlugen feindliche Befestigungsanlagen, vor allem auf den Sapun-Höhen, und fügten Truppenansammlungen der Sowjets schwere Verluste zu.

1.7.1942: Im Angriff gegen Sewastopol wurde der Einbruch in den inneren Festungsgürtel an mehreren Stel-

len zum Durchbruch erweitert. Deutsche Truppen drangen, von der Luftwaffe hervorragend unterstützt, bis zu den Verteidigungsstellungen am Ostrand der Stadt vor und erstürmten das aus dem Krimkrieg bekannte Fort „Malakow".
Von Osten angreifende Divisionen stießen in breiter Front tief in das Festungskampffeld vor und befinden sich in fortschreitendem Angriff. Dabei wurde nach hartnäckigen Kämpfen der Übergang über einen ausgedehnten Panzerabwehrgraben erzwungen und durch zahlreiche moderne Kampfanlagen ausgebaute Höhenstellungen genommen. Rumänische Truppen gewannen im schnellen Vorstoß Stadt und Hafen Balaklawa.

2.7.1942: Wie bereits durch Sondermeldung bekanntgegeben, haben deutsche und rumänische Truppen unter der Führung des Generalfeldmarschalls von Manstein, hervorragend unterstützt vom bewährten Nahkampf-Fliegerkorps des Generalobersten Freiherr von Richthofen, nach 25-tägigem erbitterten Ringen am Mittag des 1. Juli die bisher stärkste Land- und Seefestung Sewastopol bezwungen.
Starke Forts, in Fels gehauene Befestigungswerke, unterirdische Kampfanlagen, Beton- und Erdbunker sowie ungezählte Feldbefestigungen wurden in vorbildlichem Zusamenwirken aller Waffen genommen. Gefangene und Beutezahlen lassen sich noch nicht übersehen. Reste der geschlagenen Sewastopol-Armee haben sich auf die Halbinsel Chersones geflüchtet. Auf engstem Raum zusammengedrängt gehen sie ihrer Vernichtung entgegen.

Zusatzmeldung: Im Seegebiet von Sewastopol haben sich die Verbände des italienischen Fregattenkapitäns Mimbelli, des rumänischen Kapitäns zur See Bardescu und des deutschen Korvettenkapitäns Birnbaum besonders ausgezeichnet.

3.7.1942: Im Kampf um die Festung Sewastopol wurden bis zum 2. Juli über 50.000 Gefangene eingebracht, 21 Panzerkampfwagen, 503 Geschütze, 662 Granatwerfer sowie zahlreiche sonstige Waffen und Kriegsmaterial aller Art erbeutet oder vernichtet.

Ergänzung vom 7.7.1942:

Als Ergänzung zum Wehrmachtbericht vom 3. Juli 1942 gib das Oberkommando der Wehrmacht über den Fall der Festung Sewastopol nunmehr abschließend bekannt:

Im Verlaufe der Kämpfe vom 7. Juni bis zum 4. Juli 1942, die sich mit einer ungewöhnlichen Härte abspielten, wurden 97.000 Gefangene, darunter der stellvertretende Armeeführer, General Nowikow, eingebracht. 467 Geschütze, 26 Panzer, 842 Maschinengewehre, 758 Granatwerfer, 86 Panzerabwehr-Kanonen und 69 Flak erbeutet oder vernichtet.

Die Beute an schweren und leichten Infanteriewaffen ist noch nicht vollkommen erfaßt.

Die blutigen Verluste der Roten Armee sind gewaltig und müssen mit 30.000 bis 40.000 Mann angenommen werden.

Die Gesamtverluste der deutschen Truppen betragen 872 Offiziere und 23.239 Unteroffiziere

und Mannschaften als gefallen oder verwundet, 11 Offiziere und 1.580 Unteroffiziere und Mannschaften werden vermißt.
3.597 Bunker und Befestigungsanlagen aller Art, darunter die beiden modernsten und stärksten Kampfwerke „Maxim Gorki I und II" mit jeweils vier 30,5 cm-Kanonen, wurden genommen sowie 137.000 Minen ausgebaut.
Entkommen sind nur, wie durch die Gefangenenaussagen bestätigt, einige höhere Offiziere, Kommissare sowie in den ersten Tagen des Angriffs einige Verwundetentransporte.
Niedersächsische, brandenburgische, schlesische, sächsische, fränkische, rheinische und sudetendeutsche Divisionen sowie Heerestruppen aller deutschen Volksstämme, zusammen mit rumänischen Divisionen, sind an diesem Erfolg in gleicher Weise beteiligt.
Die Truppen des Heeres wurden durch das deutsche Nahkampf-Fliegerkorps vorbildlich unterstützt, das in pausenlosen Tag- und Nachtangriffen wirksam in den Kampf gegen Erd- und Seeziele eingriff.
In der Zeit vom 2. Juni bis zum 4. Juli flogen sie 23.751 Angriffe durch Kampfmaschinen aller Art. 123 Flugzeuge wurden abgeschossen und 18 am Boden zerstört.
Zahlreiche feindliche Panzer, Bunker, Batterien, Kasernen, Munitions- und Öllager wurden vernichtet, zwei Zerstörer, ein U-Boot, drei Schnellboote, sechs Küstenfahrzeuge und vier Frachter versenkt.

31 eigene Flugzeuge gingen verloren.
Deutsche und italienische Seestreitkräfte bekämpften die feindlichen Schiffsbewegungen vor Sewastopol. Es gelang ihnen den feindlichen Nachschub und den Abtransport zu unterbinden, drei sowjetische U-Boote, zwei Dampfer von jeweils 10.000 BRT, einen mit Truppen besetzten Transporter von 5.000 BRT und zwei mit Truppen besetzte kleinere Einheiten zu versenken.
Der Feldzug auf der Krim ist damit abgeschlossen. Er begann mit dem Durchbruch durch die Landbrücke von Perekop am 21. September 1941 und endete mit der Erstürmung der stärksten See- und Landfestung Sewastopol am 4. Juli 1942.
Er kostete dem Feind den Verlust von 430.000 Mann an Gefangenen, 1.198 Panzern, 2.102 Geschützen und wird als ein Ruhmesblatt der deutschen und rumänischen Wehrmacht in die Geschichte eingehen.

(Diese skizzierten Einsätze, die in ihrer ganzen Fülle nicht in den großen Fragenkatalog des Chronisten aufgenommen werden konnten, sollen hier, wie auch in dem Einschub über den Einsatz um Sewastopol, so wie sie die Soldaten an den Brennpunkten dieses dramatischen Geschehens erlebten, dargestellt werden. Damit ist beabsichtigt, diese Ereignisse eines opfervollen Einsatzes aus jener Sicht in die große Lage einzubinden, wie die ausführenden Truppen sie unter Blut und Tränen und opfervollem Einsatz erlebten.)

Erich von Manstein: Die Vita

Erich von Lewinski, genannt von Manstein:
Geboren am 24. November 1887 in Berlin als Sohn des späteren Generals der Artillerie und Kommandierenden Generals des 6. Armeekorps, Eduard von Lewinski.
Durch General Georg von Manstein und dessen Ehefrau adoptiert. Die leibliche und die Adoptionsmutter des Jungen waren die Geschwister von Sperling. Sowohl die väterliche, als auch die mütterliche Familie brachten bekannte Soldaten hervor.
Nach Schulbesuch in Straßburg im Elsaß von 1900 bis 1906: Erziehung im Kadettenkorps.
Nach Ablegen der Reifeprüfung Eintritt in das 3. Garde-Regiment zu Fuß in Berlin.
1913-1914: Besuch der Kriegsakademie.

Erster Weltkrieg:
Regimentsadjutant des 2. Garde-Reserve-Regiments.
Einsätze in Belgien, Ostpreußen und Südpolen.
November 1914: Schwere Verwundung.
Ab Mai 1915 zunächst Ordonnanzoffizier, später als Generalstabsoffizier in folgenden Armeeüberkommandos:
Generale von Gallwitz und von Below.
Sommer 1915: Offensive in Nordpolen.
Herbst 1915 - Frühjahr 1916: Feldzug in Serbien.
1916: Kämpfe im Westen: Verdun, Schlacht an der Somme.
Frühjahrsschlacht 1917 an der Aisne.
Herbst 1917: 1. Generalstabsoffizier der 4. Kavallerie-Division in Kurland.
Mai 1918: 1. Generalstabsoffizier der 213. ID im Westen.
Offensive bei Reims im Mai und Juli 1918.
Abwehrkämpfe im Westen bis Kriegsschluß.

Zwischen den Kriegen:

Anfang 1919: Als Generalstabsoffizier zum Oberkommando Grenzschutz Süd, Breslau.

1919 Freikorps Reinhardt.

1920 Freikorps von Oven.

Übernahme in die Reichswehr in das IR 9.

Abwechselnd Generalstabs- und Frontstellungen (d.h. Kommandos bei der Truppe).

Kompaniechef im IR 5, Kommandeur des Jäger-Bataillons im IR 4.

Februar 1934: Chef des Stabes des Wehrkreises III, Berlin.

Juli 1935: Chef der I. (Operationsabteilung) des Generalstabes des Heeres.

Oktober 1936: Generalmajor und Oberquartiermeister 1 des Generalstabes.

Als solcher erster Gehilfe und Vertreter des Generalstabschefs, General Beck.

Februar 1938: Im Zusammenhang mit der Verabschiedung des Generalobersten Frhr. von Fritsch der Stellung im Oberkommando des Heeres enthoben und als Divisionskommandeur der 18. ID nach Liegnitz versetzt.

Teilnahme an der Besetzung des Sudetenlandes als Generalstabschef einer Armee.

Mobilmachung 1939: Chef des Generalstabes der Heeresgruppe Süd, Generaloberst von Rundstedt.

Im Zweiten Weltkrieg:

September 1939: in gleicher Eigenschaft mit GenOberst von Rundstedt Teilnahme am Polenfeldzug.

Oktober 1939: Mit GenOberst von Rundstedt zur Heeresgruppe A an die Westfront.

Der Kampf um den Offensivplan. Hitler nimmt den Plan des

Generalleutnants von Manstein Operation „Sichelschnitt“ an. Von Manstein durch das OKH von seinem Posten als Heeresgruppenchef abgelöst.
Ernennung zum Kommandierenden General des XXXVIII. Armeekorps.
1940 Teilnahme am Westfeldzug.
Ritterkreuz am 19.7.1940.
1940: Teilnahme an den Invasionsvorbereitungen an der Kanalküste.
1.6.1940: Beförderung zum General der Infanterie.
März 1941: Kommandierender General des LVI. Panzerkorps.
Ab 22.6.1941: Teilnahme am Ostfeldzug mit seinem Panzerkorps. Vorstoß im Panzerraid über Dünaburg bis an den Ilmensee.
September 1941 (nach dem tödlichen Absturz von Generaloberst Eugen Ritter von Schobert) OB der 11. Armee.
Eroberung der Krim und Winterfeldzug um die Behauptung der Halbinsel Krim.
Frühjahr 1942: Vernichtung bei der Kertsch gelandeten sowjetischen Armeen.
7.3.1942: Beförderung zum Generaloberst.
Eroberung der Festung Sewastopol.
1.7.1942: Ernennung zum Generalfeldmarschall
August 1942: Auftrag, Leningrad zu nehmen (kam nicht zur Durchführung).
Vernichtung einer sowjetischen Armee am Ladogasee.
November 1942: Nach Durchbruch der Sowjets beiderseits von Stalingrad und Einschließung der 6. Armee Oberbefehlshaber der Heeresgruppe Don (später Süd).
Vergeblicher Versuch, die 6. Armee zu befreien.
Schwere Kämpfe zur Rettung des deutschen Südflügels.
Der Sieg von Charkow März 1943.
209. Eichenlaub am 14. März 1943.

Sommer 1943: Teilnahme als Oberbefehlshaber der „Südzange" an der Operation „Zitadelle". Der letzten deutschen Offensive im Osten.
Anschließend Führer der HGr. Süd in den Abwehrkämpfen.
Rückzug hinter den Dnjepr.
Weitere Abwehrkämpfe bis zur polnischen Grenze.
30.3.1944: gleichzeitig mit der Verleihung der 59. Schwerter zum RK mit Eichenlaub Enthebung vom Kommando der Heeresgruppe infolge seiner Differenzen mit Hitler über die Führung der Operationen im Osten.
1945: Nach Kriegsschluß verhaftet.
23.8.1949: In Hamburg, Curiohaus: Kriegsgerichtsverfahren.
Verurteilung zu 18 Jahren Haft.
Nach einer Begnadigung auf 12 Jahre am 7.5.1953 entlassen.
Gestorben am 10. Juni 1973 in Ebenhausen im Isartal.

Gemeinschaft der Sturmartillerie
Gründung und Zweck der Gemeinschaft
Vorgeschichte

Als der Autor dieses Werkes im Jahre 1964 in Gemeinschaftsarbeit mit dem Oberstleutnant Gottfried Tornau das Werk „STURMARTILLERIE - Fels in der Brandung" schrieb, das im folgenden Jahr erschien, war es Generalfeldmarschall Erich von Manstein, der diesem Werk ein Geleitwort beigab:

„Allen Kameraden, die diesen Band in die Hand nehmen, gilt mein besonderer kameradschaftlicher Gruß. Ich gedenke in Dankbarkeit, was die Sturmartillerie als beste Helferin der Infanterie im letzten Kriege geleistet hat, und in Ehrfurcht derer, die ihr Leben geopfert haben!

Für mich ist es eine stolze Erinnerung, daß es mir vergönnt war, den Gedanken zur Schaffung der Sturmartillerie zu haben und seine Durchführung zu erreichen.

von Manstein
Feldmarschall."

Nachdem nunmehr auf diese Art der Kontakt zu den Sturmartilleristen, vom Kommandanten bis zum Abteilungs- und Brigadekommandeur, geknüpft war, gelang es dem Autor, eine Reihe von Darstellungen der Einsätze einzelner Ritterkreuzträger derselben oder einiger Gemeinschaftsleistungen zu erstellen.

Das bei ihm und Oberstleutnant Tornau einlaufende Ergänzungsmaterial ließ es nötig erscheinen, ein neues nicht nur verbessertes, sondern auch vollständigeres Werk mit einer Vielzahl an Fotos folgen zu lassen. Es war Generalfeldmarschall von Manstein, der den Autor ebenso wie Oberst Tornau dazu ermutigte, dieses große Werk in Angriff zu nehmen, das 1977 erschien.

Gottfried Tornau, inzwischen zum Oberst der Bundeswehr befördert, der anläßlich der Besuche des Feldmarschalls während der Treffen der Gemeinschaft in Karlstadt dessen Begleitoffizier war, vermittelte auch eine erste Vorstellung und Bekanntschaft mit dem Schöpfer dieser Waffe.

Gottfried Tornau war am 11. November 1938 als Fahnenjunker in die 6./AR 56, Hamburg eingetreten. Er meldete sich gleich zu Beginn des Aufbaues der neuen Waffe am 10. August des Jahres 1940 zur Sturmartillerie und wurde zur in der Aufstellung begriffenen Sturmgeschütz-Abteilung 184 nach Dorf Zinna kommandiert.

Als Leutnant nahm er am Ostfeldzug seiner Brigade teil und führt schließlich als Chef die 3. Batterie vom 20. Juni 1942 an.

Als Lehroffizier an der Sturmgeschützschule Burg, danach als Oberleutnant mit der Aufstellung der 2./Sturmgeschütz-Brigade 322 in Tours beauftragt, fuhr er mit dieser ab März 1944 wieder zur Ostfront.

Bereits am 28. Mai 1943 war er als Obtl. und Chef der 3./ Sturmgeschütz-Abteilung 184 mit dem Deutschen Kreuz in Gold ausgezeichnet worden.

Seit dem 18. Juli 1944 führte er die Brigade 322, um einen Monat später zum Kommandeurslehrgang an die Sturmgeschütz-Schule Burg kommandiert zu werden.

Mit Aufstellung der Führer-Grenadier-Division „Großdeutschland“ wurde er Kommandeur der Sturmartillerie-Brigade dieser Division. Es gelang ihm Eingangs März 1945 mit seinen Sturmgeschützen einen nächtlichen russischen Panzeranriff, von Osten gegen Neu-Nantikow, völlig zu zerschlagen und ca. 27 Feindpanzer abzuschießen. Dafür erhielt er am 5.3.1945 das Ritterkreuz. Er selbst hat während der Zeit seines Einsatzes 40 Feindpanzer abgeschossen. Am 28.10.1942 hatte er das Goldene Verwundetenabzeichen erhalten.

Aus der russischen Kriegsgefangenschaft wurde er am 5. Oktober 1955 entlassen. „Es war Dr. Konrad Adenauers Werk, daß wir letzten 10.000 die Heimat wiedersehen durften. So bestand für mich kein Zweifel, daß ich mich wenige Monate nach meiner Rückkehr zum Wiederaufbau der Bundeswehr meldete und am 1.11.1956 Major wurde. Meine Beförderung zum Oberstleutnant war für mich ein Zeichen der Anerkennung meiner Leistungen.

Am 1.4.1974 wurde Gottfried Tornau Oberst. Am 9. Februar 1992 wurde er zur „Großen Armee" abberufen.

Neben Gottfried Tornau war es Oberstleutnant a.D. Anton Wickelmaier, der dem Autor bei seinen Besuchen in Karlstadt zur Seite stand und weitere Soldaten mit ihm bekannt machte, um zu einem Werk zu gelangen, in dem alle 145 Ritterkreuzträger der Sturmartillerie zu Wort kommen sollten.

Daß der Autor von diesem alten Soldaten in allen Belangen unterstützt wurde, daß ihm durch diesen aufrechten Offizier alle vorhandenen Unterlagen, Fotos und die Kameradschaftszeitschrift „Der Sturmartillerist" zugänglich gemacht wurden, betrachtete der Autor als einen ganz besonderen Gewinn, der auch diesem letzten Abschnitt über die Gemeinschaft der Sturmartillerie zu Gute kam.

Ein Gedenkwort

„Als am 8. Mai 1945 unsere Sturmartilleristen die Waffen niederlegen mußten, auch wenn noch bestehende Brigaden voll kampfbereit waren, haben sie einander gelobt, sich auch in der Nachkriegszeit um einander zu kümmern und in allen Notlagen zu helfen.

An erster Stelle stand für uns alle die Suche nach den Angehörigen der Waffe, nach Verschollenen und Vermißten.

Ein Großteil der Sturmartilleristen hatte es in andere Städte verschlagen, andere waren in den Wirren der letzten Kriegsmonate gefallen und wieder andere hatte der ehemalige Gegner in eine lange währende Gefangenschaft verschleppt.

Dennoch war es unser Waffenältester, Generalmajor Günther Hoffmann-Schoenborn, der bereits im Jahre 1951 eine Fülle an Adressen gesammelt hatte, die wir anderen auf 270 Anschriften aufstockten.

Das erste Sturmartillerietreffen fand am 2. und 3. Juni 1951 in Detmold, dem neuen Wohnort von General Hoffmann-Schoenborn statt. Gekommen waren 87 Kameraden.

Sie stellten in Detmold einen Sturmartillerie-Ausschuß auf, der die Aufgabe hatte, nach vermißten Kameraden zu suchen, den in Not geratenen Familien von gefallenen Kameraden zu helfen und sich stets gegenseitig in allen Notlagen zu unterstützen.

Das zweite Detmolder Treffen zeigte, daß es bereits etwa 100 Kameraden mehr waren, die zu uns gehörten.

Danach folgte im Juni 1953 das erste Treffen in Karlstadt am Main; das vierte wurde in Volksmarschen abgehalten.

Mit dem fünften Treffen wurde Karlstadt am Main unser ständiger Treffpunkt durch mehr als drei Jahrzehnte.

In dieser Stadt fühlten wir uns wohl. Bürgermeister und Bevölkerung standen auf unserer Seite. Die Andreaskirche sah unsere Gedenk-Gottesdienste, und im Rathaus fanden die Empfänge statt. Die Gedenkstunden am Denkmal der Sturmartillerie am Main wurde von Hunderten Menschen der Stadt miterlebt.

Nunmehr, nachdem die Bundesrepublik Deutschland ab November 1955 wieder eine Truppe – die Bundeswehr – aufzustellen begann, gaben wir unserer Vereinigung eine Grundlage, indem wir einen Eingetragenen Verein ins Leben riefen: „Gemeinschaft der Sturmartillerie e.V.“

Immerhin hatten 140 Sturmartilleristen aller Dienstgrade die Uniform der Bundeswehr angezogen und ihren Anteil am Aufbau der Panzertruppe derselben geleistet. Von ihnen waren nicht weniger als 21 Ritterkreuzträger.

Höhepunkt der Tätigkeit der Gemeinschaft, die sich mehr und mehr festigte und ständig erweiterte, war die Errichtung eines Ehrenmales für die Vermißten und Gefallenen im Ehrenhain der Stadt Karlstadt, im Jahre 1958. Im Jahre 1961 erfolge die Einrichtung eines Traditionsraumes im „Katzenturm“, einem der alten Wehrtürme der Stadt, den diese dazu zur Verfügung stellte. Dieser Traditionsraum entwickelte sich im Laufe der Jahre zu einem würdigen Museum über unsere Geschichte.

Die Traditionsstandarten der einzelnen Einheiten der Sturmartillerie mit ihren Abzeichen der Abteilungen und Brigaden dienten als Erinnerung an unsere Sturmartillerie-Verbände.

Die Stadt Karlstadt wurde – entgegen den vorherigen Ankündigungen – nicht Standort einer Garnison der Bundeswehr. Aus diesem Grunde fanden wir im nahen Truppenübungsplatz Hammelburg bei dem dort stationierten Panzer-Bataillon 354 unseren Partner.

Seit dieser Zeit bestimmt diese Patenschaft wesentlich die Tätigkeit der Gemeinschaft der Sturmartillerie mit.

Die jeweiligen Brigadetreffen mit einem Nordtreffen in Munster-Lager und einem Südtreffen in Radstadt/Tauern in Österreich, die neben den jährlich stattfindenden Bundestreffen eine große Zahl Kameraden vereinen, sind für die Gemeinschaft von großer Bedeutung.

In Radstadt errichtete die dortige Stadtverwaltung ein weiteres Ehrenmal zur Erinnerung an unsere Waffe.

Da die Waffe Sturmartillerie während ihres Bestehens von 1939 bis 1945 über 80 unabhängige Einheiten, selbständige Batterien, Abteilungen und Brigaden umfaßte, bestand die Notwendigkeit, ihre Geschichte aufzuzeichnen. So entstand aus den geretteten Unterlagen mit dem zur Verfügung gestellten Wissen der Kameraden eine Gesamtschau, die in zwei Werken von Tornau/ Kurowski sowie von Thomas/Wegmann zusammengefaßt wurden.

Aber immer noch werden weitere Bausteine zu unserer Geschichte zusammengetragen.

Seit nunmehr 40 Jahren nach Kriegsende steht die Gemeinschaft der Sturmartillerie geschlossen als Traditionsverband von Soldaten der ehemaligen Deutschen Wehrmacht da. Sie spricht etwa 12.000 ehemalige Waffenkameraden an und hält mit ihnen Verbindung. Rund 2.000 tragen mit ihrem Namen und ihren Beiträgen den Verband.

Weit über die ursprünglichen Ziele und Aufgaben hinaus ist unsere Gemeinschaft staatstragender Verband geworden, dessen Angehörige in Einstellung und Haltung bemüht sind, ein gutes Beispiel für andere zu geben und vor allem mit ihrem Bekenntnis zu Staat und Volk, zur Verteidigung und zur Pflege der soldatischen Werte, besonders der Kameradschaft, in die Zukunft wirken wollen.

Anton Wickelmaier

Oberstleutnant der BW a.D.

1. Bundesvorsitzender der Gemeinschaft der Sturmartillerie e.V."

(Siehe dazu auch den Urtext in: Sturmartillerie im Bild, 1940 - 1945, von Franz Thomas).

In seinen letzten Lebensjahren hat der verstorbene Bundesvorsitzende Anton Wickelmaier den Autor in seinem Bemühen unterstützt, die Sturmartillerie auch im Ausland zu der verdienten Wertschätzung zu verhelfen. In einigen Besuchen bei Anton Wickelmaier und auf Treffen der Offizierskameradschaft Mexia in Texas, die in Aschau im Chiemgau stattfanden, hatten beide Gelegenheit, den neuesten Plan in die Wirklichkeit umzusetzen.

So entstand das Werk „Assault Guns To The Front - Sturmartillerie Vor!“, zu dem ein bereits vorhandenes Vorwort von Generalmajor Oskar Munzel, Inspekteur der Bundeswehr von 1957 bis 1962, den ersten Einstieg gibt. Das im Jahre 1999 in Canada erschienene Werk hat ein großes Echo nicht nur im Herausgeberland, sondern auch in den USA, Australien und Neuseeland gefunden. Damit trägt es auch im fünften Kontinent dazu bei, die Ehre des deutschen Soldaten im allgemeinen und jene der Sturmartilleristen im besonderen hochzuhalten.